国際結婚と多文化共生

多文化家族の支援にむけて

佐竹眞明＋金愛慶
編著

明石書店

はじめに——本書の趣旨、特色、構成

1．本書の趣旨

1970年代後半から、日本では在住外国人が増加し、最盛期2007年には200万人を超えた。この時期、来日し、生活を始めた外国籍者はニューカマー（新来外国人）と呼ばれ、戦前から日本に居住してきた在日韓国・朝鮮人、中国・台湾人、及びその子孫で構成されるオールドカマーと対比される。ニューカマーの主な出身地は中国、フィリピン、ブラジルなどである。そうしたニューカマーの増加の背景には南米などからの日系人の増加、及び国際結婚の増加がある。

1990年代以降、ニューカマー外国人が増大した地方自治体では教育、社会保険、就労などの分野で外国人を支援する必要性が高まり、自治体は国に支援を要請した。その結果、2006年、総務省は『地域における多文化共生推進プラン』を公表、全国の都道府県・指定都市に通知し、多文化共生に係る指針、計画を策定するように指示した。こうして、ニューカマーが多数生活する地域では在住外国人を支援する施策が一定進展した。

さらに、2009年には、内閣府の政策の1つ「共生社会」に定住外国人施策が加えられ、定住外国人施策推進室が設置された。リーマンショックで解雇され、その生活が不安定になった南米日系人のための救済措置だったといえる。ただし、推進室が庶務を担当する日系定住外国人施策推進会議（2009年発足）が策定した『日系定住外国人施策に関する基本指針』（2010年8月）はこう述べた。「なお、日本に居住する他の外国人も、同様の課題を抱えている場合があると考えられ、日系定住外国人に対して講ずる施策については、可能な限りこれらの外国人に対しても施策の対象とすることが望ましい」と。つまり、雇用、教育などの支援は南米日系人を主な目的とするが、できる限り他の外国人に適用すると述べており、他の外国人も日系定住外国人の施策の恩恵を受けることも可能である。その後、会議は2014年3月『日系定住外国人施策の推進について』を公表しており、「なお、…」という但し書きはそのまま残っている。しかし、日系定住外国人施策は可能な限り、他の外国人に適用しようということで、依然限定的である。

その一方で、国際結婚家族や外国人配偶者も増大した。そして、外国人配偶者においては日本人配偶者による家庭内暴力、教育歴に見合った就労機会の欠如、キャリアアップの困難が指摘されており、国際結婚家庭の子どもの教育や学校でのいじめなどの問題も深刻である。にもかかわらず、自治体や国の施策において、多文化家族（国際結婚家族）は独立した対象として取り扱われず、支援に関する議論も展開されていない。また、日系定住外国人向けの施策の適用を「可能な限り」受けるだけで十分であろうか。むしろ、自治体の施策や国の政策において、多文化家族（国際結婚家庭）を独立した対象として取り扱い、支援に関する議論を真剣に討論すべきではないか。

そうした問題意識に基づいて、私たちは2014年度から2016年度にかけて、「多文化家族への支援に向けて——国際結婚と多文化共生」というテーマのもと、日本学術振興会の科学研究費の助成を受けて、共同研究を実施してきた。研究対象にした多文化家族としては、国際結婚として多くの数を占めている日本人男性と外国人女性との婚姻家族を中心に据え、中国人、フィリピン人、韓国・朝鮮人との婚姻夫婦を対象とすることにした。それぞれの国際結婚家族に対する研究調査は、その専門的研究に従事している研究者が分担した。あわせて、支援や「多文化共生」施策の実情を知るべく、共同調査として、首都圏、東北、東海、大阪、神奈川地域でも政府機関、自治体の国際（化）協会、市民団体、外国人の自助団体を訪問し、聞き書きを重ねた。さらに、国際結婚家族を支援するため法律を制定し、政府が積極的に多文化家族への支援を行っている韓国に関しても研究担当者を決め、個別の調査をしてもらった。韓国に対する共同調査として、2グループによる訪問聞き書き調査も行った。2016年には名古屋学院大学にて公開シンポジウム『世界につながる——国際結婚家族と私たち』も開催し、研究成果の還元を図った。そして、2017年3月に研究成果として、報告書をまとめた。本書は基本的に、この報告書に投稿された文書を書き直し、世に問うたものである。国際結婚家族の実情を把握し、望ましい支援のあり方を明らかにするというのが趣旨である。

2．研究の分担と研究の成果

この研究の研究分担は、次の表のとおりである。

研究課題・役割分担氏名・専門

①国際結婚総論	佐竹眞明（名古屋学院大学）：社会学・移民研究	
②日中多文化家族	夫婦：賽漢卓娜（長崎大学）—社会学	子ども・若者：李原翔（玉川大学）—社会学
③日比多文化家族	夫婦；佐竹眞明	子ども・若者 メアリー・アンジェリン・ダアノイ（愛知大学）—社会学 津田友理香（四谷ゆいクリニック）—心理学
④日韓朝多文化家族	夫婦：李仁子（東北大学）—文化人類学	子ども・若者：李善姫（東北大学）—社会学
⑤多文化家族支援政策	移民統合政策：近藤敦（名城大学）—移民政策・憲法	共同調査に基づく：佐竹眞明
⑥韓国の多文化家族支援	全国・ソウル：金愛慶（名古屋学院大学）—心理学	光州地区：馬兪貞（立命館大学博士課程修了）—社会学

そして、共同研究に関しては、すでに以下の4論文を公刊している。全論文がインターネットで公刊されているので、参考にしていただきたい。

1）佐竹眞明・金愛慶・近藤敦・賽漢卓娜・李善姫・津田友理香・馬兪貞（2015a）「多文化家族への支援に向けて——概要と調査報告」『名古屋学院大学論集』（社会科学篇）第51巻第4号．49-84.

2）佐竹眞明・李仁子・李善姫・李原翔・近藤敦・賽漢卓娜・津田友理香（2015b）「東北・宮城、東海・愛知における多文化家族への支援——調査報告」『名古屋学院大学論集』（社会科学篇）第52巻第2号．211-236.

3）金愛慶・馬兪貞・李善姫・近藤敦・賽漢卓娜・佐竹眞明・メアリー・アンジェリン ダアノイ・津田友理香（2016）「韓国の多文化家族に対する支援政策と実践の現況」『名古屋学院大学論集』（社会科学篇）第52巻第4号、113-144.

4）佐竹眞明・李原翔・李善姫・金愛慶・近藤敦・賽漢卓娜・津田友理香（2017）「多文化家族に対する支援——愛知・大阪・神奈川の事例から」『名古屋学院大学論集』（社会科学篇）第53巻第3号．99-131.

3．研究の特色

ここで、本書の特色について6点ほど、述べておきたい。

第1に、本書を読まれる方は執筆者の専門がいろいろな分野にまたがっていることに気づくであろう。その専門は移民研究・社会学、憲法学・移民政策、文化人類学、心理学といった分野にひろがり、本書が学際的アプローチをとっていることがわかろう。多文化家族の諸側面や支援策は多分野にまたがるゆえに多面的な視点で接近したことが特色である。

第2に、執筆者に、外国人配偶者と出身国が重なり、言語・文化に精通する研究者が多数参加していることも挙げられる。賽漢卓娜・李原翔（中国)、ダアノイ（フィリピン)、李仁子・李善姫・金・馬（韓国）である。国際結婚家庭の子女という出自を持つ者もいる（津田―日本とフィリピン)。逆に「純粋日本人」は、近藤・佐竹の2人だけであった。この点、外国籍者あるいはハーフ（ダブル）としての多様な視点を取り入れることにより、日本人の見方に染まった議論になりがちな側面を避ける上で、有意義であった。

第3に、日本や韓国における実態調査を重視する点も本書の特色である。文献の研究、統計資料の収集・分析も行うが、多文化家族の実相を把握するため、聞き書きを中心としたフィールド調査を重ねた。現場を重視した調査となっている。

第4に、本書が日本の多文化家族で多数を占める日中、日比、日朝の国際結婚に焦点を絞ったことである。その他の国籍も興味深いところだが、3つの国籍、それも数の多い「日本男性夫＋外国人妻」に絞って詳しく分析した。各結婚について研究を重ねてきた研究者が参加し、主要な国際結婚における相違点や共通する問題点、課題、支援策を明らかにしようとした。

第5に、韓国調査も実施し、比較の視点を持とうとした点も挙げられる。多文化家族を支援する法律や制度が整った韓国を例にとることにより、日本で欠けているものは何か、また、制度が整備されない中で日本が何を多文化家族に提供できているかについて、明らかにしようとした。韓国の支援を考察することは、日本の多文化家族にむけた支援政策を考える際に多くの示唆を与える。

第6に、本書の目的は望ましい支援体制・施策・政策を明らかにすることであり、政策志向が強い。その意味で、本書の公刊を通じて、国や自治体の支援体制や施策の充実をもたらしたい。民間の支援団体にも何らかの示唆になることを願っている。そして、本書は永住・長期滞在する外国人配偶者に関する考察を含むため、日本における長期的な移民受け入れ政策の立案にも貢献しうる、と期待している。

4．本書の構成

最後に、本書の構成は次のようである。

第1章では多文化家族――日本人との国際結婚家族の概要を述べる。多文化家族の定義、類義語、意義、学術用語としての使用、日本における国際結婚・離婚、多文化家族の数、子どもの数を示す。その数の多さ、数に見合った支援の重要性を提言する。

第2章から第4章までは、日中、日比、日韓朝の夫婦に関する論文である。日本人男性と中国人女性、フィリピン人女性、韓国・朝鮮人女性との夫婦について、日本での全体像、そして、個別の調査に基づいて、どのような支援が必要であるか、を明らかにする。

第5章から第8章までは、日中、日比、日韓朝の国際結婚家族に生まれた子どもたちに関する論考である。日中、日比の子どもたちに関してはハーフ（ダブル）と呼ばれる若者たちの問題、経験、アイデンティティ、希望などが論じられる。日韓朝の子どもたちについては親と子どもへの調査によって、子どもたちの母語継承、移動の現実を論証している。

第9章は移民政策の立場から、移民統合政策指数（MIPEX）を日本の多文化家族に引き寄せて論じ、国際結婚家族をめぐる権利上の問題点を探る。さらに、日本における多文化家族にむけた政策の課題と展望を論じている。

第10章と第11章は韓国における多文化家族法の実情について、法の制定経緯、意義に触れ、ソウル、光州のケーススタディによって明らかにする。韓国の例は日本における支援に多くの示唆を与えている。

第12章は2014年から2016年までの共同調査を踏まえて、日本の多文化家族への支援を考察する。行政の認識、国、自治体（国際交流協会等）、市民団体がどのような支援を行ってきたか、をみる。そして、全体のまとめとして、韓国と比較し、どのような支援が求められているのか、法や制度を含めて検討する。

これらの論考を通じて、日本の国際結婚家族の実情を把握し、望ましい支援のあり方を明らかにするというのが本書の趣旨である。多くの方に本書を読んでいただきたいと思う。ご意見、ご感想を寄せていただければ、幸いである。

なお、李仁子氏は日韓朝夫婦の論文を投稿するはずであったが、健康上の理由で断念した。李善姫氏が代役を快諾してくれた。李仁子氏の快復を祈りつつ、李善姫氏に感謝申し上げたい。

編著者

国際結婚と多文化共生

——多文化家族の支援にむけて

目次

第１章　多文化家族のあらまし

佐竹 眞明

1．はじめに

多文化家族の概要をまとめる。すなわち、日本人と外国人との婚姻家族。及び、日本人と帰化を取得した者との婚姻家族。日本人と婚姻後、配偶者が帰化により日本籍を取得した婚姻家族。そして、「ダブル」の子どもを抱える国際離婚家族である。これらの家族は日本の中に多数存在しながら、十分な支援を受けてこなかった。本論はその前提として、そもそもの多文化家族の定義、類義語、意義、学術用語としての使用をみて、多文化家族研究の意味を考えてみたい。さらに、日本における多文化家族の実情を知るべく、国際結婚・離婚、多文化家族の数、多文化家族の子どもの数を明らかにしたい。

2．多文化家族とは

(1) 定義

まず、本稿で用いる多文化家族という用語について、説明する。日本における「多文化家族」に関しては近年いくつかの文献があらわされるようになった（川村 2012a; 鈴木・原 2015; 佐竹ほか 2015a, 2015b; 尹・近藤・岡田編 2016; 斎藤 2016)。このうち、「多文化家族」の定義に触れているのは川村（2012a)、佐竹ほか（2015a, 2015b）である。鈴木・原（2015）は外国につながる子どもへの支援として、フィリピン人、日系ブラジル人、フィリピン人と日本人の間に生まれた子ども、中国人と日本との間に産まれた子どもを紹介している。ただし、「多文化家族」の定義はなされていない。尹・近藤・岡田編（2016）は、「多文化家族における家庭内暴力と福祉的介入」に関する国際比較研究として、興味深い。しかしながら、韓国、台湾、日本の事例が紹介・分析されているものの、「多文化家族」については特に定義がなされていない。もっとも、同書の記述内容から判断して、国際結婚家族であることは間違いない。斎藤（2016）は「インドネシア＝日本多文化家族からみた日本社会」という副題となっている。ただし、「インドネシアの文化を持つ人」（2016: 145）とあるように、日本・インドネシア国際結婚家族だけでなく、日本在住のインドネシア人夫婦、両親がインドネシアという子どもも紹介されている。

さて、「多文化家族」の定義を論じた川村（2012a: 4）は、「一般的には、多文化家族とは、国際結婚に象徴されるような異なる文化的背景を持った家族である」という。そして、日本では「全婚姻数の国際結婚の比率は年ごとに増加し、2006年度では6.11％と報告され、東京都新宿区のような都市部では約10組に1組が国際結婚といわれている。一方、（外国籍の＝引用者）農村花嫁といわれる人々も増えて、そこに誕生する子どもたちは日本国籍を持つことが多く、多文化家族の内実は可視化されにくい」と指摘する（川村 2012a: 4）。

ただし、川村（2012a: 246）は2011年3月11日の東日本大震災以後、被災地で展開された外国籍者による支援活動を踏まえ、「『多文化家族』を法的な国際結婚家庭に限定せず、愛情とケアの実践を通して相互に助け合っている間柄を含んだものとして広義に捉えている」と述べる。具体的にはインドシナ難民、ブラジル人、外国人花嫁などが「ともだち家族」のように相互につながり、ケアを実践しているという。つまり、川村は国際結婚家族のみならず、日本において多文化空間をつくりだす外国人移民を含めて多文化家族という用語を用いる。その点では鈴木・原（2015）、斎藤（2016）の用法と重なる。とはいえ、本稿では川村が「一般的」と指摘した国際結婚家族を中心に多文化家族を考察していきたい。これは佐竹ほか（2015a, 2015b）における定義を踏襲するものである。また、用法としては尹・近藤・岡田編（2016）に重なる。

ここで、日本国内の国際結婚の増加に対応して、韓国で制定された多文化家族法における定義を紹介する。韓国では、外国人労働者や結婚移民の増加を背景に2007年「在韓外国人処遇基本法」が制定され、次いで、2008年「多文化家族支援法」が制定された（金 2011: 266-277; 金ほか 2016: 117）。後者の支援法は、基本的には外国からの結婚移住者と韓国国民との国際結婚に基づく家族を対象にしている。その意味で本論の多文化家族の定義に近い。ただし、第2条1項では、多文化家族とは「在韓外国人処遇基本法上の結婚移住者、または『国籍法』第3条及び第4条により韓国国籍を取得した者と、『国籍法』上の韓国国民である者との結婚による家族」を指すという。同条2項には「結婚移住者とは、国籍法の第4条により帰化が許可された者も包合される」とある（馬 2013: 33; 金 2011: 270）。

日本でも帰化により日本籍を取得した者と日本国籍者との婚姻のケースがある。また、婚姻後、外国人配偶者が日本籍を取るケースもある。いずれも、後述する日本の統計では日本人同士の婚姻、もしくは日本人同士の婚姻家族とみなされてしまう。しかし、多文化という視点から考えると、こうした「日本」籍者同士の婚姻や、外国人配偶者が日本籍を取得した家族も「多文化家族」に含めて考察する必要がある。

さらに、日本では日本人と外国籍者との婚姻家族だけでなく、異なった国籍・地域出身の外国人同士の国際結婚家族もある。中国人と韓国・朝鮮人、フィリピン人とブラジル人の間の婚姻家族などである[▶1]。これらの家族も多文化家族と呼ぶことができるが、本稿では多文化家族のうち、日本で暮らす日本人と外国籍者、及び、婚姻前後を問わず帰化した者との国際結婚家族に焦点を絞る。

そして、国際結婚における離婚＝国際離婚の後、日本人もしくは外国人配偶者が子どもを養育する場合がある。日本ではこうした子どもは「ハーフ」とも呼ばれるが、両親の文化を受け継ぐ可能性のある「ダブル」ともいえる。「国際児」という表現もある。さらに「異文化間に育つ子ども」（Cross-Cultural Kid、CCK）、「外国とつながる子ども」とも呼ばれる[▶2]。よって、そうした離婚家族には多文化的要素がある。とりわけ、子どもを抱える外国人シングル・マザーについては家計収入の低さを含め、公的支援も求められ、多文化家族の枠の中で支援を考えるべきであろう。そこで、本稿では離婚家族をも多文化家族に含めて考察する。

整理すると、本論で焦点を当てる多文化家族は以下のとおりである。日本で暮らす日本国籍者と外国籍者、及び、帰化により日本国籍を取得した者との婚姻家族。日本人と婚姻した外国籍配偶者が婚姻後、帰化により日本籍を取得した婚姻家族。そして、「ダブル」の子どもを抱える国際離婚家族である。

(2) 類義語

次に、多文化家族、並びに国際結婚家族という呼称について、国際結婚の呼称と重ねて検討する。日本では日本人と外国籍者との婚姻は一般に「国際結婚」と呼ばれる（嘉本 2001）。英語圏では従来、雑婚（mixed marriage）、近年は主に交婚（intermarriage）と表現される。その下位概念として、異文化間結婚（inter-cultural marriage または cross-cultural marriage）、異宗教間結婚（inter-faith or inter-religious marriage）、異民族・人種間結婚（inter-ethnic marriage or inter-racial marriage）という表現がある。これらには国籍よりも文化、宗教、言語、民族・人種的な慣習の違いの方が日常の結婚生活に影響を及ぼすという認識がある。他方、法的地位や国籍を重視する２国籍間結婚（bi-national marriage）、国際結婚（inter-national marriage）という用語もある（Cahill 1990: 5; 嘉本 2008: 1-6; 賽漢卓娜 2011: 12）。婚姻により、一方の配偶者が結婚移民・移住者として、国境を越えることも多く、越境結婚（Cross-border marriage）という語もある（Constable 2005）。

一連の表現を踏まえ、国際結婚家族は異文化間家族、異宗教間家族、異民族・人種間家族、２国籍間家族、越境家族と呼びうる。「２文化家族」（Nitta 1989 = 1992）という用語もある。そして、国際移民に関して「トランスナショナル」（国家間にまたがる、国境を越える）な属性がしばしば議論されており、国際結婚でも外国人配偶者の婚姻による越境、同配偶者や子どもの帰郷、故郷との紐帯を踏まえ、トランスナショナル家族（Transnational family）と呼ぶこともできよう▶[3]。

(3) 用語の意義

では、なぜ本稿で「多文化家族」という用語を専ら用いるか、以下、３点論じてみたい。

第１に、新しい家族の形態を表す可能性を表す言葉として、ふさわしいと思われるからである。オーストラリアにおける国際結婚を研究した Penny and Khoo (1996: 210) の研究を引用し、説明する。オーストラリア人とアメリカ人、オランダ人、イタリア人、レバノン人、インドネシア人、中国人との婚姻について、２人はこう結論づける。２文化が入り組む生活に対して、文化的妥協と結合を通じ、創造的で因習にとらわれない解決方法を見つける夫婦もいる。彼／彼女らは文化的相違に寛容となり、互いの文化から取捨選択して、新しい価値観、行動様式を生み出し、違いを乗り越える。そうした夫婦はダイナミックな家族モデルを示し、家族のライフサイクルの変化にもうまく対処し、異文化間結婚（cross-cultural marriages）が文化的衝突に陥る、などと暗に想定してしまうことの危険性を示している。つまり、社会文化的属性が異なる者の結婚には困難な側面もあるが、新しい家族像を指し示す可能性もある。例えば、多様な文化の尊重、夫婦間のジェンダー的な平等（佐竹・ダアノイ 2006）、異文化間に育つ子ども（Cross-Cultural Kid、CCK）（関口 2008: 2-3、6）の豊かな可能性などである[4]。そうした新しい家族像を示す言葉として、「多文化家族」を位置付けたい。

第２に、在住外国人と共に生きるという「多文化共生」の概念との関係である。「多文化共生」という理念は外国人移民の増加に伴い1990年代から日本の市民団体や地方自治体が提唱してきたが、２つ定義を示す。まず「多文化共生の推進に関する研究会」が2006年３月に作成し、総務省に提出した報告書『地域における多文化共生の推進に向けて』はこう記した。「国籍や民族などの異なる人々が、互いの文化的違いを認め合い、対等な関係を築こうとしながら、地域の構成員として共に生きていくこと」。

さらに、神奈川県川崎市の「多文化共生社会推進指針――共に生きる地域社会を目指して」（2008年３月）はより積極的に「共生」を定義した。「国籍や民族、文化の違いを豊かさとして生かし、すべての人が互いに認め合い、人権が尊重され、自立した市民として共に暮らすことができる『多文化共生社会』の実現を目指します」とする。つまり、文化的違いを認め合うだけでなく、多様性を豊かさとみなし、外国籍者の人権を尊重し、その自立を指向するという。

本論に関連させて考察すると、地域社会、日本社会において、外国人配偶者の文化的相違や多様性を尊重し、その権利や「自立」を保障することは重要な課題である。外国人配偶者に対する文化的同化の圧力、家庭内暴力や低賃金職への就労にみられるように、十分権利が保障されていない現状を踏まえると、「多文化共生」の実現が強く求められる。文化的同化の圧力とは、例えば日本人の夫側の家族が日本の習慣を外国人妻に強要する（初瀬 2009: 14）ことがあり、家庭内暴力については高い比率で移住女性がDV被害を受け、保護を求めている現状がある（カラカサン・IMDAR編 2006; 佐竹 2009: 4; 山岸 2009: 80）。彼女たちのニーズに対応した支援は十分行われていない（尹・近藤・岡田編 2016: 196）。就労に関しても、日本人男性と結婚している移住女性の職業をみると、例えばフィリピン人女性の61％は工場労働か現場労働、18％はサービス業に従事し、専門職と管理職は3％にすぎない（カラカサン・川崎市男女共同参画センター 2013: 11）。2010年の国勢調査に基づき、日本籍の夫を持つ日本女性とフィリピン国籍の女性の就労を比較すると、日本女性は管理・専門技術職7.6％、事務職12.2％、生産工程4.8％、サービス8.2％に対し、フィリピン女性は各々1.2％、1.6％、18％、9.2％である。

フィリピン人女性の就労は、管理・専門職、事務職が少なく、生産工程、サービス業が多い（髙谷ほか 2015: 95）。これは彼女らの低賃金職への就労を示している（本書第2～3章、主婦化については第4章を参照）。

初瀬（2009: 15）も国際結婚に伴う人権問題の発生を予防する社会的環境として、日本社会が多文化主義的になることが重要である、と指摘する。こうして、多文化共生の視点から国際結婚家族を取り巻く環境を考え、支援を考える必要がある。

ここで国際結婚の当事者が組織した2団体を紹介したい。まず、2008年、宮城県登米（とめ）市で結成された「多文化ファミリーとめ」（略称、登米・家族会）がある。外国人と結婚した日本人の夫たちが中心となり、結婚移民女性も加わり、多文化共生の推進、町づくり、相談に努めている。東北で国際結婚家族が結成した最初の例である（李 2012: 38）。公益財団法人宮城県国際化協会（MIA）（http://mia-miyagi.jp/pdf/ngo/2_35_tabunka_family.pdf）（最終閲覧日：2016年4月12日））に掲載された団体紹介文は、発足の趣旨をこう語る。「…外国人市民が地域社会の一員として、登米市に来て良かったと感じてもらえるような『多文化共生のあり方』について、国際交流と切り口の違う活動をしていこう」。地域への適応に苦労したであろう自らの外国籍配偶者の体験を踏まえ、外国人市民との共生を目指しているのである。実際、2015年2月8日、筆者たちは登米市にて、代表の小野寺正幸氏にインタビューした。それによれば、2007年、宮城県が「多文化共生推進条例」を制定したこともあり、「多文化共生」の考えを意識して、団体の命名がなされたという。

他方、2009年、神奈川で結成されたNPO（非営利団体）法人「多文化家庭支援センター」（英語名 Multicultural Family Support Center）がある。長男が小学校で「米国に帰れ」といわれ、米国人を夫に持つエインズワース（松本）千明さんが同じ境遇の子どもが集える場をつくろう、言葉や文化の違いで悩みを持つ親を支援していこう、と考え、活動を開始した。彼女はいう。「…多文化家庭を支援することは日本の国際化につながる。文化は1つではないことに気づいてほしい」（『神奈川新聞』（2012年9月15日付））と（松本千明さんにも、筆者たちは2014年9月24日にインタビューした）。

このように、共生や支援に取り組む団体が「多文化」（ファミリー、家庭）という言葉を使う。ともに多文化共生的な視点から国際結婚家族を見つめる姿勢がうかがえる。本論も「多文化」という用語を媒介して、多文化共生の視点から国際結婚家族への支援を考える趣旨から、「多文化」家族という用語を使ってみたい。

第３に、韓国における「多文化家族支援法」との関連がある。同国では前述のように在韓外国人処遇基本法、多文化家族支援法が制定された。急増する外国人労働者と結婚移住者に対応する立法であり、国際結婚は2005年総結婚数の13.5%に達した（金ほか 2016: 115)。日本では最盛期の2006年が6.12%であり、韓国における国際結婚の割合には及ばなかったものの、当時国際結婚数は1970年代末の4倍に増加し、日本の国際結婚における問題も多々指摘されてきた（松尾 2005; 桑山 1995)。また、韓国では国際結婚による外国からの移住者が2015年1月現在で14万7,382人といわれるが（金ほか 2016: 115)、一方の日本では国際結婚の世帯数は2015年の国勢調査によると、後述のように34万世帯である。その意味でも金ほか（2016: 142）が指摘するように、国際結婚家族の総数は韓国よりもはるかに大きいと推計される。加えて、韓国に先立って在住外国人が増加しながら、今でも日本では明確な移民政策が策定されていない。2009年以降の日系定住外国人施策があるのみである。よって、外国人移住者の権利を保障する法律や国際結婚家族を支援する立法が検討されてしかるべきである。実際、前述のNPO「多文化家庭支援センター」は活動の一環として、そうした検討を進めているという（2014年9月24日インタビュー)。その意味で韓国における立法経緯や趣旨に着目すべきではないだろうか（本書第10、11章)。そこで同国で法文化された「多文化家族」という語を本論でも用いて、喚起を促してみたい。

以上、まとめると、①新しい家族像を示す用語としての適切性、②「多文化共生」との関係、③韓国における立法との関係、という３つの観点から、本稿では「多文化家族」という語を主に用いる。

(4) 学術用語としての使用

多文化家族という語は日本でなじみが薄いようであるが、近年、その用語を含む研究論文は増えており、研究書も刊行されている。「多文化家族」や「多文化家庭」をタイトルに含む論文を日本語論文・著書検索インターネットサイトCiNii（サイニー）で検索すると（2016年12月8日実施)、韓国、台湾の多文化家族に関する研究が多い。まず「多文化家族」で検索すると、表示される44論文のうち、メインタイトル、副題に同語が含まれる論文は36点、その内訳は韓国関係（25)、日本関係（7)、台湾関係（3)、中国関係（1)（酒井 2013）である。「多文化家庭」で検索すると、表示される10点中、同語を含む文献は8点で韓国関係(6)、カナダ関係（1)（嘉納 2003)、日本・中国・韓国関係（1）である[▶5]。韓国、台湾研究が多数を占める理由は韓国の多文化家族支援法（金 2009: 92; 金 2011: 270; 金ほか 2016)、2007年の台湾における移民法制定（夏 2009: 103）と関連していよう。
「多文化家族」という語を含む日本関係の論文は、（佐竹ほか 2015a）執筆のために行った2014年10月23日の検索では2点のみであった。前掲川村（2012a）の書評（飯笹 2013)、川村による学会発表要旨（川村 2012b）である。今回2016年12月の再検索では5点増加している。先に紹介した川崎・青丘社における多文化家族支援（鈴木・原 2015)、インドネシア＝日本多文化家族に関する研究（斎藤 2016）がある。ほかの3点は筆者や共同研究者による研究（佐竹 2015; 佐竹ほか 2015a、2015b）である。さらに、「多文化家庭」という語を含む日本に関連する論文は2014年の検索では皆無だったが、今回の検索では、「多文化家庭の子育て戦略の課題：日韓中の国際カップルへのインタビュー調査」（渡辺ほか 2014）が見つかった。この研究は日本在住の日中、日韓カップル、韓国在住の韓日、韓中カップル、中国在住の中日、中韓カップルの子育ての有り様と戦略を論じている。2年余りのうちに研究論文が増えていることがわかる。
また、「多文化家族」という語を含む和文研究書について、前記CiNiiや国立情報研究所の文献情報NACSIS（ナクシス）で調べると、2014年には川村（2012a）のみだったが、今回、『多文化家族における家庭内暴力と福祉的介入の国際比較研究』（尹・近藤・岡田編 2016）が見つかった。前述のとおり、韓国、台湾、日本における国際結婚家族における家庭内暴力、及びそれに対する福祉的介入に関する意欲的研究である。「多文化家庭」を含む和文研究書は未刊行である。かつて川村（2012a: 246）は「日本における『多文化家族』というテーマは端緒が開かれたばかり」と指摘したが、それから4年の間に日本では「日本の多文化家族・家庭」に関する研究が徐々に積み重ねられつつあるといえよう。
英語文献では異文化間家族（cross-cultural family)、越境家族（transnational family）という語を含む研究書が存在し、相応の研究水準が見られる（例えば Clark 1998; Broude 1994; Bryceson and Ulla 2003)。海外の研究については今後研究を深めたい。
日本では多文化家族は新しい概念といえよう。英語では cross-cultural family がより正確かもしれないが、多文化共生（multiculturalism、multicultural co-existence）との関連を踏まえ、multi-cultural family と表現してよいかもしれない。

3．多文化家族の実情

(1) 日本における国際結婚・離婚

日本人と外国人との婚姻は 1970 年代末から増えた。特に 80 年代半ば以降、農村における国際結婚（宿谷 1988)、興行資格で来日しパブ、クラブで歌手、ダンサーとして就労するフィリピン女性と日本人男性との結婚が増加した（佐竹・ダアノイ 2006)。1990 年代、結婚業者が仲介する日本人男性と中国人、韓国人女性などとの婚姻も増えた（桑山 1995: 15-17; 賽漢卓娜 2011: 8-9; 武田 2011: 52-67)。こうして、国際結婚は 1978 年の 6,280 組から最盛期 2006 年の 4 万 4,701 組へと 7 倍にも増加した。しかし、2005 年、日本政府がフィリピン人女性の興行就労を制限したこと（ビザの発給基準を厳格化)、2008 年以降のリーマンショックによる経済不況、11 年の東日本大震災といった要因が重なり、国際結婚の数は減少した（佐竹 2013: 189)。2015 年の総数は 2 万 976 組であり、1988 ～ 89 年頃の水準である **(表 1)**。

表 1　婚姻統計―夫妻の国籍別にみた年次別婚姻件数

国籍	昭和 53 年 (1978)	昭和 60 年 (1985)	平成 2 年 (1990)	平成 7 年 (1995)	平成 12 年 (2000)	平成 17 年 (2005)	平成 18 年 (2006)	平成 22 年 (2010)	平成 25 年 (2013)	平成 27 年 (2015)
総数	793,257	735,850	722,138	791,888	798,138	714,265	730,971	700,214	660,613	635,156
夫妻とも日本	786,977	723,669	696,512	764,161	761,875	672,784	686,270	670,007	639,125	614,180
夫妻の一方が外国	6,280	12,181	25,626	27,727	36,263	41,481	44,701	30,207	21,488	20,976
夫日本・妻外国	3,620	7,738	20,026	20,787	28,326	33,116	35,993	22,843	15,442	14,809
妻日本・夫外国	2,110	4,443	5,600	6,940	7,937	8,365	8,708	7,364	6,046	6,167
夫日本・妻外国	3,620	7,738	20,026	20,787	28,326	33,116	35,993	22,843	15,442	14,809
妻の国籍										
韓国・朝鮮	2,110	3,622	8,940	4,521	6,214	6,066	6,041	3,664	2,734	2,268
中国	655	1,766	3,614	5,174	9,884	11,644	12,131	10,162	6,253	5,730
フィリピン	…	…	…	7,188	7,519	10,242	12,150	5,212	3,118	3,070
タイ	…	…	…	1,915	2,137	1,637	1,676	1,096	981	938
米国	172	254	260	198	202	177	215	223	184	199
英国	…	…	…	82	76	59	79	51	38	44
ブラジル	…	…	…	579	357	311	285	247	212	277
ペルー	…	…	…	140	145	121	117	90	70	83
その他の国	683	2,096	7,212	990	1,792	2,859	3,299	2,098	1,852	2,200
妻日本・夫外国	2,660	4,443	5,600	6,940	7,937	8,365	8,708	7,364	6,046	6,167
夫の国籍										
韓国・朝鮮	1,500	2,525	2,721	2,842	2,509	2,087	2,335	1,982	1,689	1,566
中国	198	380	708	769	878	1,015	1,084	910	718	748
フィリピン	…	…	…	52	109	187	195	138	105	167
タイ	…	…	…	19	67	60	54	38	31	36
米国	601	876	1,091	1,303	1,483	1,551	1,474	1,329	1,158	1,127
英国	…	…	…	213	249	343	386	316	247	235
ブラジル	…	…	…	162	279	261	292	270	286	344
ペルー	…	…	…	66	124	123	115	100	107	115
その他の国	361	662	1,080	1,514	2,239	2,738	2,773	2,281	1,705	1,829

注：フィリピン、タイ、英国、ブラジル、ペルーについては 1992（平成 4）年から調査しており、1991（平成 3）年までは「その他の国」に含まれる。

出典：労働厚生省統計情報部『平成 26 年度人口動態統計』ならびに e-stat 政府統計『平成 27 年度人口動態調査（上巻）』「婚姻　第 9.18 表　夫妻の国籍別にみた年次別婚姻件数」より作成。

この件数は同年、日本で提出された婚姻届総数（63万5,165）の3.3％であり、約30組に1組が国際結婚である。夫日本・妻外国という婚姻が1万4,809組で国際結婚の70.6％を占める。女性の国籍は中国5,730人、フィリピン3,070人、韓国・朝鮮2,262人、タイ938人などである。

ここで国際結婚の累積数を見てみよう。フィリピン、タイ、英国、ブラジル、ペルーが統計上、数値として公表される1992年から2015年までの24年間、国際結婚の総数は75万2,844組である。最も多い婚姻は「中国人女性＋日本人男性」で20万7,643組、次いで「フィリピン人女性＋日本人男性」が15万5,918組、「韓国・朝鮮人女性＋日本人男性」が11万2,250組である。さらに、国際結婚が増え始めた1978年から2015年までの38年間累計は94万582組である。多数の「多文化夫婦」が誕生してきたといえる。

他方、国際結婚における離婚＝国際離婚も増えてきた。政府統計で数値が示

表2　離婚件数、年次×夫妻の国籍別

国　　籍	平成8年(1992)	平成7年(1995)	平成12年(2000)	平成17年(2005)	平成22年(2010)	平成23年(2011)	平成24年(2012)	平成25年(2013)	平成26年(2014)	平成27年(2015)
総　　数	179 191	199 016	264 246	261 917	251 378	235 719	235 406	231 383	222 107	226 215
夫妻とも日本	171 475	191 024	251 879	246 228	232 410	217 887	219 118	216 187	207 972	212 540
夫妻の一方が外国	7 716	7 992	12 367	15 689	18 968	17 832	16 288	15 196	14 135	13 675
夫日本・妻外国	6 174	6 153	9 607	12 430	15 258	14 224	12 892	11 887	10 930	10 440
妻日本・夫外国	1 542	1 839	2 760	3 259	3 710	3 608	3 396	3 309	3 205	3 235
夫日本・妻外国	6 174	6 153	9 607	12 430	15 258	14 224	12 892	11 887	10 930	10 440
妻の国籍										
韓国・朝鮮	3 591	2 582	2 555	2 555	2 560	2 275	2 003	1 724	1 619	1 450
中　国	1 163	1 486	2 918	4 363	5 762	5 584	4 963	4 573	4 093	3 884
フィリピン	998	1 456	2 816	3 485	4 630	4 216	3 811	3 547	3 245	3 200
タ　イ	171	315	612	782	743	665	652	649	603	563
米　国	75	53	68	76	74	66	64	63	73	67
英　国	15	25	41	28	23	14	18	21	22	19
ブラジル	39	47	92	116	103	96	92	93	101	79
ペルー	6	15	40	59	59	49	47	38	29	37
その他の国	126	174	465	966	1 304	1 259	1 242	1 179	1 145	1 141
妻日本・夫外国	1 542	1 839	2 760	3 259	3 710	3 608	3 396	3 309	3 205	3 235
夫の国籍										
韓国・朝鮮	956	939	1 113	971	977	915	811	747	791	791
中　国	148	198	369	492	632	632	610	568	582	488
フィリピン	33	43	66	86	119	126	109	109	106	127
タ　イ	4	8	19	30	45	37	42	32	37	36
米　国	203	299	385	398	397	397	415	384	356	390
英　国	22	40	58	86	77	98	71	71	60	84
ブラジル	3	20	59	81	140	112	120	133	130	142
ペルー	3	7	41	68	70	70	74	73	62	55
その他の国	170	285	650	1 047	1 253	1 221	1 144	1 192	1 081	1 122

出典：統計情報部「平成26年人口動態統計」Estat政府統計「平成27年度人口動態調査　上巻　離婚　第10.13表　夫妻の国籍別にみた年次別離婚件数及び百分率」

されている最も古い1992年の7,716件と比べ、2015年では1万3,675件に達し、1.7倍に増えている（**表2**）。ただし、国際結婚世帯（母数）の増加を考慮すると、国際離婚が単純に増加したとも言い切れない[6]。国際離婚でも夫日本、妻外国の夫婦が多く、2015年では1万440件、76.3％である。妻の国籍は多い順に中国（3,884）、フィリピン（3,200）、韓国・朝鮮（1,450）、タイ（563）である。国際離婚も1992～2015年までの24年間の累計をとると、32万6,766件成立しており、妻の国籍では中国（87万508）、フィリピン（73万682）、韓国・朝鮮（59万286）などである。「多文化夫婦」の別離も多数生まれてきた。

（2）多文化家族の数

では、日本には多文化家族は何世帯あるだろうか。この点に関して、佐竹ほか（2015a）の執筆のため調査していた2014年に遡って、時系列的に記したい。まず筆者は日本人と結婚した外国人配偶者の数から推計すべく、法務省が外国人配偶者に認めている在留資格に注目した。つまり、日本人と婚姻した外国籍者は「日本人の配偶者等」という在留資格を得る。その後、「実態を伴った婚姻生活」を3年以上続け、かつ引き続き1年以上日本に在留していれば、永住資格を申請できる[7]。「配偶者等」から「永住者」資格に切り替えた外国籍者配偶者も多い[8]。また、日本人と離婚した場合、夫との間に生まれた子ども（日本国籍）の親権を得れば、「定住者」資格を取得できる。子どもがいなくても、「配偶者等」の資格で3年以上在留し、独立生計を営む資産・技能があれば、「定住者」資格を取得しうる。なお、永住資格を得ていれば、離婚後も在留資格に変更はない。こうして、日本人と結婚して在留する外国籍者は「日本人の配偶者等」「永住者」「定住者」いずれかの資格を有する。さらに帰化する例もあるが、外国人配偶者の帰化に関しては実数の把握が難しい。

法務省『出入国管理白書』2015年版では、「日本人の配偶者等」資格による中長期在留者は、2014年総数14万5,312人で、多い順に中国4万6,469人、フィリピン2万9,150人、ブラジル1万5,565人、韓国・朝鮮1万5,134人である。だが、「日本人の配偶者等」には日本人の配偶者、日本人の実子、特別養子[9]が含まれる[10]。それぞれ何人か不明であり、2014年に2013年版白書に関して法務省の担当者に電話照会したが[11]、細かい統計は集計していないという[12]。

「永住者」は2015年版白書によると、2014年末・総数67万7,019人で、うち中国21万5,155人、フィリピン11万5,857人、ブラジル11万1,077人、韓国・

朝鮮6万5,711人である。しかし、同様に永住者のうち、何人が配偶者なのか不明である。永住者にも多様なカテゴリーがあり[13]、永住資格前に「日本人の配偶者」だった者が何人いるか、同様に法務省担当者に尋ねたが、集計していないという[14]。定住資格についても詳細は不明という[15]。こうして、在留資格により、結婚移住者の数を掌握し、国際結婚の家族数を知るという努力は実らなかった。

さらに調べると、総務省『平成22年度国勢調査　最終報告書「日本の人口・世帯」』第16章「外国人人口」に「16-5 外国人のいる世帯」という項目があった[16]。国勢調査は5年に1回行われ、2014年当時、2010年版（＝平成22年版）が最新だった。同調査によると、外国人のいる一般世帯は109万3,000世帯で、うち外国人のみの世帯は70万3,000世帯（64.4％）、外国人と日本人のいる世帯が38万8,000世帯（35.6％）だという[17]。この38万世帯が国際結婚夫婦の総数だと考え、総務省統計局に電話で確認した（2014年10月4日）。すると、数値には単に日本人か外国人の親族と暮らす世帯も含まれ、国際結婚数とはいえない、国際結婚数なら、同国勢調査に基づく『平成22年度　国勢調査人口等基本集計』（総務省統計局）「第46表　夫の国籍（12等分）、妻の国籍（12等分）別夫婦数　全国」を参照すべきであると指示された。その表によると、日本人と外国籍の夫婦は約32万組（31万9,962）いることがわかった（詳しくは佐竹ほか（2015a: 60-61）を参照）。

そして、2015年に国勢調査が実施され、『平成27年度　国勢調査人口等基本集計』（総務省統計局）が2016年10月28日、公表された。そこに掲載されている「第43表　夫の国籍（13区分）、妻の国籍（13区分）別夫婦数－全国」を**表3**として示し、最新の数値を紹介したい。

同表によると、日本における夫婦の総数は2,987万9,136組おり、その内訳は日本人同士が2,928万9,490組、日本人と外国籍者の夫婦が34万5,434組、同国籍同士を含む外国籍と外国籍夫婦が24万4,212組である。日本人と外国籍者の夫婦は「日本人夫＋外国籍妻」（表3　斜体数字合計241,681）、「日本人妻＋外国籍夫」（同　太字数字合計103,753人）を足した数であり、国際結婚夫婦である。外国籍同士の夫婦数は夫婦総数から日本人同士及び日本人と外国籍者の夫婦数を差し引いた数値である。これらの点については念のため、2016年12月28日に総務省統計局統計調査部国勢統計課審査発表係に電話で確認したところ、その計算で間違いないとの回答を得た。同表では「妻の国籍（日本）」と結婚している「夫の国籍」について、日本人か外国人か不詳が1,509人、「夫の国籍（日本）」と結婚している「妻の国籍」について、日本人か外国人か不詳が1万9,293人という数値がある。調査票における不記入または判別不能が原因だと思われ、統計調査の難しさを物語る。「不詳」の中に夫や妻が外国という例も含まれることは想定され、国際結婚数の数値も実際は上記の 34 万組よりは多いと思われる。だが、今回は「不詳」を除外して、以下論じていく。

国際結婚の 34 万 5,434 組中、「日本人夫＋外国籍妻」が 24 万 1,681 組で 69.96％、「日本人妻＋外国籍夫」が 10 万 3,753 組で 30.03％を占める。妻の国籍

表 3　夫の国籍（13 区分），妻の国籍（13 区分）別夫婦数 － 全国

	（妻の国籍）							
（夫の国籍）	総数	日本	韓国朝鮮	中国	フィリピン	タイ	インドネシア	日本人・外国人の別「不詳」
総数	29,879,136	29,394,752	91,468	14,2673	78,196	16,162	3,968	43,174
日本	29,550,464	29,289,490	*43,342*	*77,977*	*66,620*	*15,051*	*2,508*	19,293
韓国，朝鮮	78,772	**30,232**	47,402	556	216	31	3	68
中国	78,299	**14,273**	221	63,097	42	21	14	184
フィリピン	11,878	**2,068**	6	22	9,569	7	4	39
タイ	1,731	**863**	9	16	3	786	2	3
インドネシア	3,071	**1,634**	5	7	23	5	1331	11
ベトナム	5,988	**478**	-	33	4	9	-	15
インド	4,210	**885**	5	11	36	1	5	7
イギリス	5,176	**4,622**	32	54	20	10	4	6
アメリカ	15,688	**13,076**	129	143	93	29	10	10
ブラジル	27,932	**3,524**	24	109	878	93	23	94
ペルー	7,780	**1,466**	4	29	207	11	5	23
その他 1)	63,612	**30,632**	283	600	479	108	58	484
日本人妻＋外国籍夫　合計		**103,753**						
日本人・外国人の別「不詳」	24,535	1,509	6	19	6		1	

	（妻の国籍）							
（夫の国籍）	ベトナム	インド	イギリス	アメリカ	ブラジル	ペルー	その他 1)	日本人の夫＋外国籍妻　合計
総数	8,556	3,284	1,092	4,972	27,721	7,576	55,542	
日本	*2,925*	*116*	*726*	*2,775*	*4,615*	*1,352*	*23,674*	*241,681*
韓国，朝鮮	15	-	2	34	13	2	198	
中国	34	-	16	15	19	6	357	
フィリピン	2	-	2	8	33	9	109	
タイ	1	1	1	2	7	2	35	
インドネシア	2	-	1	3	12	6	31	
ベトナム	5,408	-	-	-	1	-	40	
インド	3	3,131	4	4	6	3	109	
イギリス	3	3	247	41	3	4	127	
アメリカ	15	5	27	1,935	18	7	191	
ブラジル	42	1	2	10	22,190	563	379	
ペルー	17	-	2	4	387	5,347	278	
その他 1)	84	27	62	140	408	274	29,973	
日本人・外国人の別「不詳」	5			1	9	1	41	

注：＊1　無国籍及び国名「不詳」を含む。
出典：『平成 27 年国勢調査』（第 43 表）に筆者加工。

は多い順に中国人7万7,977人、フィリピン人6万6,620人、韓国・朝鮮人4万3,342人、タイ人1万5,051人などである。

国勢調査では調査票の未回収もあり[18]、正確さに疑問を呈する意見[19]もあるが、総務省は「…調査票の欠測値や記入内容の矛盾などについて検査し、必要な補足訂正を行った上で結果表として集計する」という[20]。誤差もあろうが、2015年国勢調査に基づくと、34万組を超える国際結婚夫婦が日本で生活していることになる。

なお、国際結婚夫婦数には、帰化した元・外国籍者と外国籍者との婚姻が含まれる。例えば、日本国籍を取得した在日コリアンが「韓国・朝鮮」籍の人と婚姻すると、民族的には同じルーツを共有しながら、「国際結婚」となる。また、婚姻前か後に外国人配偶者が帰化した場合は国勢調査上、日本人同士の夫婦となる。後者の夫婦は統計上、国際結婚家族として計上されないが、「多文化家族」として考慮する必要がある。さらに、帰化した者同士の婚姻は統計上、日本人同士の婚姻となる。元の国籍が同じ場合、「多文化家族」とは言えない。また、元「韓国・朝鮮」と元中国籍者との婚姻など元の国籍が異なる場合、「日本人」同士の結婚でも「多文化家族」となるが、本論では、日本人とほかの国籍者、もしくは帰化者との婚姻家族、国際離婚家族を多文化家族と規定するので、本論には含めない[21]。

加えて、日本人との離婚後、日本で暮らす外国籍者もいる。単身、もしくは子どもの親権を持ちシングル・マザーかシングル・ファザーとして生活する。シングル・ペアレンツについては、『平成27年度国勢調査人口等基本集計』に掲載されている「第41表　世帯の家族類型（5区分)、外国人のいる世帯の類型（4区分)、世帯主の国籍（13区分）別外国人のいる一般世帯数、一般世帯人員及び外国人人員－全国、都道府県。21大都市、特別区、人口50万以上の市」が参考になる。同表における、外国人と日本人がいる世帯総数から、それら世帯で日本人が世帯主である世帯数を引くと、外国人が世帯主という世帯数は11万3,527世帯である、と導き出される。外国人と日本人がいる世帯で外国人が世帯主である場合、外国人の夫と日本人の妻、外国人の親と日本籍の子との世帯が含まれる。外国人と日本人がいる世帯でフィリピン人が世帯主である場合（総数1万5,488)、「夫フィリピン人＋妻日本人」の家族のみならず、「母フィリピン人＋子ども・日本人」というシングル・ペアレンツ世帯も含まれていると思われる。ただし、実数は把握しがたい。この点も2016年12月、上記総務省統計局に確認した。

(3) 多文化家族における子ども

国際結婚における子どもの数については、厚生労働省「人口動態調査」から毎年の出産数がわかる。父母の一方が外国籍という出生は1987年には1万22人だったが、1995年に2万254人となり、それ以降2012年まで毎年2万人台で推移した。2013年以降は国際結婚数の減少も反映してか、2万人を若干割り、2015年では1万9,079人である。うち父日本・母外国が9,459人、父外国・妻日本が9,620人である。母の国籍は中国（3,477人）、韓国・朝鮮（1,823人）、フィリピン（1,773人）、父の国籍は韓国・朝鮮（2,387人）、米国（1,480人）、中国（1,247人）が多い[22]。ここでも帰化した人と日本人との間に生まれた子どもを加算する必要があるが、実数は把握できない。

同調査に基づき、2015年末時点で18歳以下の人数、つまり、1997年から2015年まで19年間の累計をとると、41万2,520人となる。過去19年で40万を超える子どもが国際結婚家族に生まれてきた。同累計で母親の国籍を見ると、フィリピン7万5,129人、中国6万7,641人、韓国・朝鮮が4万9,500人である。父の国籍では韓国・朝鮮が5万3,808人、米国2万9,244人、中国1万9,543人などである。この子どもたちが成長し、日本社会で育ってきていることを考えると、国際結婚における子どもの教育（西口 2010: 105）や言語（河原 2009: 297-303）、アイデンティティの問題（津田 2013: 199）は重要な論点であるといえよう。本書第5～8章でもこれらのテーマが論じられる。

そして、国際結婚で外国人配偶者の連れ子がいる場合がある。日本人との婚姻前に本国でほかのパートナーとの間に生まれた子どもがいるケースである[23]。シングル・マザーだった外国人女性が日本人と婚姻し、連れ子を日本に呼び寄せるケースも多く、実数に関しては、把握が難しい。連れ子に関しては日本に呼び寄せる時期、義父（母）との関係、日本での適応（李 2011）を含め、さまざまな問題が生じる場合もあり、国際結婚における重要な論点である。

4．おわりに

以上、まとめよう。国際結婚家族は約34万5,434世帯であり、日本籍の夫が24万1,681人、その外国籍の妻が24万1,681人、日本籍の妻が10万3,753人、その外国籍の夫が10万3,753人いる。夫妻を合わせると69万868人である。そして、過去19年間、国際結婚の中で生まれてきた子ども・若者が41万2,520人である。夫妻と子どもを合わせて110万3,388人となり、110万人を超える。さらに、日本人に帰化した人と日本人で構成される夫婦と、そこに生まれ育つ子どももいる。何万人かの外国人シングル・ペアレンツもいる。多文化家族は相当の人数によって構成されているのである。

このように、日本における多文化家族の数は相当多いと思われる。その数にふさわしい支援がもとめられている[▶24]（本書第9、12章）。

注

▶1　厚生労働省『「平成19年度　日本における人口動態——外国人を含む人口動態統計」の概況』(http: //www.mhlw.go.jp/toukei/saikin/hw/jinkou/tokusyu/gaikoku07/)（最終閲覧日 : 2016年12月6日)。

▶2　「異文化間に育つ子ども」(Cross-Cultural Kid、CCK)とは移民2世、民族的少数者の子ども、トランスナショナル・キャリア層に帯同する子ども、国際結婚の子どもなどを指す（関口　2008: 2: 3、6)。Pollock and Reken（2009: 31-32）も二・多文化家族や国際養子の子どもなどをCCKとして挙げている。「外国につながる子ども」とは国籍、文化、言語などの点において、「日本人」とは異なる背景を持つ子どもの総称である。在日コリアン・中国人、中国帰国者、難民、日系人、アジア人労働者、国際結婚の子どもなどを指す（太田 2013: 176)。

▶3　小ケ谷（2013: 115）は「越境家族」という用語を説明し、海外出稼ぎ労働者や結婚移民を含めてトランスナショナルな家族を論じている。

▶4　例えば、日本人の父とフィリピン人の母の間に育った女性が、多文化外来を備えたクリニックで臨床心理士として働く（鈴木 2014: 176)。

▶5　ハングル語の論文が1点あり、英語訳はA Study about the Abolition of the Designation of "Children from Multicultural Families" and about the Situation of Education on Migrants and Their Children in Koreaであり、集計に含めた（李 2013)。

▶6　武田（2011: 10）も外国人妻の離婚率は日本人と比べて大きく異なっていないと指摘する。つまり、石川（2007: 311-312）を参照し、2000年国勢調査に基づき、15歳以上の外国人女性居住者を分母にすると1.57%、同年齢の同居住者で「妻」「嫁」に限ると2.89%。他方、2006年の日本人離婚率は2.04%だという。2010年でも日本人離婚率は1.99%であり、武田の指摘は妥当であると考えられる。

▶7　法務省「永住許可に関するガイドライン」(http: //www.moj.go.jp/nyuukokukanri/kouhou/nyukan_nyukan50.html)（最終閲覧日 : 2016年12月9日)。

▶8　日本人の配偶者等の数は減り、永住資格者は増加している。

下表を参照されたい。出典 : 法務省『2013 年　出入国管理白書』より、筆者作成。

日本人の配偶者等の推移
中国、フィリピン、韓国・朝鮮

	2008 年	2012 年
中国	6,552	3,854
フィリピン	5,133	2,508
韓国・朝鮮	873	422

永住者の推移
中国、フィリピン、韓国・朝鮮

	2008 年	2012 年
中国	142,469	191,946
フィリピン	75,806	106,397
韓国・朝鮮	53,106	62,522

▶ 9　特別養子とは民法 817 条 2 に基づき、実の親との親子関係が終了する形での縁組である。実の親との関係が継続するままの縁組は普通養子と呼ぶ。

▶ 10　法務省「在留資格一覧表」(http: //www.immi-moj-go.jp/tetuduki/kanri/qaq5.)（最終閲覧日 : 2014 年 10 月 6 日）。

▶ 11　電話照会先は法務省大臣官房司法法制部司法法制課出入国管理統計係（2014 年 10 月 9 日実施）。

▶ 12　「配偶者等」の資格を申請する際、配偶者、実子・特別養子で提出する書類が異なることを筆者は知っており、申請・認定段階では配偶者、実子・特別養子別の統計が取れているのではないか、と再確認したが、担当者は合算数字しかないと言うばかりだった。

▶ 13　永住者は「法務大臣が永住を認める」ことになっているが、法務省の「永住許可に関するガイドライン」によると、素行が善良、独立生計、永住が国益に合し、原則 10 年日本在留とある。特例で、配偶者は前述のように婚姻生活 3 年＋在留 1 年、定住者は 5 年以上在留、難民認定者は認定後 5 年以上在留、ほかに外交、社会、経済、文化等の分野で日本への貢献があり、5 年以上在留した者とされている。

▶ 14　他方出入国管理統計では、2013 年から「国籍・地域別新規入国外国人（短期滞在・特定活動等）の入国目的」という統計（13-00-11）に、「日本人配偶者等」に関して、「日本人の配偶者、日本人の子」が個別に表記されるようになったという。表を確認すると、2009 年からの数値があり、2013 年総数 9,244 人のうち、配偶者 7,829 人、子 1,415 人であった。

▶ 15　2012 年、外国人に対する新しい在留登録制度が導入され、外国人登録制度が廃止された。その際、在留カードが発行され、外国籍者も住民票を含む住民基本台帳の対象に含まれることになった。住民票には外国人住民の在留資格が記載されるが、その資格も、上記のように、日本人の配偶者等、永住者、定住者となっており、新しい登録制度を通じても正確な外国人配偶者の数は把握できない。

▶ 16　『平成 22 年国勢調査最終報告書「日本の人口・世帯」』(http: //www.stat.go.jp/data/kokusei/2010/final.htm)（最終閲覧日 : 2014 年 10 月 4 日）を参照。

▶ 17　前掲 16）の表 16-10「世帯主の国籍、世帯の家族類型別外国人のいる一般世帯数及び割合―全国」によると、外国人と日本人がいる世帯中、日本人が世帯主という世帯が 30 万である。日本では婚姻後、妻が夫の姓を名乗る割合が高い（98%。『ブリタニカ国際百科事典』夫婦別姓の項）ので、夫日本人・妻外国人という夫婦が多い趨勢がわかる。

▶ 18　2005 年国勢調査では全国平均 4.4%、東京では 13.3%に及ぶ。総務省の 2006 年報道資料『平成17年国勢調査の聞き取り調査等の状況及び「国勢調査の実施に関する有識者懇談会」における検討状況』(http: //www.stat.go.jp/info/kenkyu/kokusei/houdou2.htm)(最終閲覧日 : 2016年12月10日)による。2015年国勢調査についても事前に行われた第3次試験調査の回収率は81.6%だった(松田 2015: 45)。

▶ 19　みずほ総合研究所(2011)『最新の国勢調査にみる日本の人口——「意外な」日本の人口増加と二極化進む地域別人口』(みずほ政策インサイト)(www.mizuho-ri.co.jp/publication/research/.../MSI110330.pdf)(最終閲覧日 : 2014年10月25日)。

▶ 20　『平成22年国勢調査の概要　集計の方法』(http: //www.stat.go.jp/data/kokusei/2010/gaiyou.htm#syukeihouhou_8)(最終閲覧日 : 2014年10月25日)。

▶ 21　帰化については2006～15年の10年間で、申請者13万42人、許可者11万8,236人、不許可者3,399人。許可者の国籍は韓国・朝鮮6万4,353人、中国3万9,192人、その他1万4,691人である(法務省民事局「帰化許可申請者数及び帰化不許可者数の推移」(http: //www.moj.go.jp/MINJI/toukei_t_minj03.html)(最終閲覧日 : 2016年12月22日)より集計)。

▶ 22　『平成25年版人口動態統計(上巻)』「出生　第4.32表　父母の国籍別にみた年次別出生数及び百分率」を参照。

▶ 23　その子どもが日本人の子どもではない場合、外国人配偶者の子どもとして、「定住ビザ」を取得可能である。仮に別の日本人の子どもである場合、「日本人の配偶者等」の資格となる。日本人配偶者が養子として迎え入れる場合も前述のとおり「日本人の配偶者等」となる。

▶ 24　本報告は科研報告書の文章に修正・加筆を加えた名古屋多文化共生研究会『多文化共生研究年報』第14号、2017年3月 : 13－37頁にさらに、修正・加筆を加えたものである。

参考文献

アジア・太平洋人権情報センター編(2009)『アジア・太平洋人権レビュー 2009——女性の人権の視点から見る国際結婚』現代人文社.

飯笹佐代子(2013)「震災の経験から問われる＜多文化共生＞のこれから」——『東日本大震災と外国人移住者たち』駒井　洋監修・鈴木江理子編著、『3.11後の多文化家族 : 未来を拓く人びと』川村千鶴子編著——. 総合政策論集 : 東北文化学園大学総合政策学部紀要 12-1: 228-231.

石川義孝編(2007)『人口減少と地域——地理学的アプローチ』京都大学学術出版会.

太田晴雄(2013)「外国につながる子どもの教育」吉原和男代表編集『人の移動辞典——日本からアジアへ・アジアから日本へ』176-177. 丸善出版.

小ヶ谷千穂(2013)「越境家族」吉原和男代表編集『人の移動辞典——日本からアジアへ・アジアから日本へ』114-115. 丸善出版.

嘉納もも(2003)「多文化家庭におけるエスニック文化の継承 カナダ・トロント市の5つのケー

スから」多言語多文化研究 9-1: 87-106.
嘉本伊都子（2001）『国際結婚の誕生――<文明国日本>への道』新曜社.
嘉本伊都子（2008）『国際結婚 !? 【歴史編】』法律文化社.
カラカサン～移住女性のためのエンパワメントセンター・反差別国際運動日本委員会（IMADR-JC）編（2006）『移住女性が切り拓くエンパワメントの道――DV を受けたフィリピン女性が語る』IMADR-JC.
カラカサン～移住女性のためのエンパワメントセンター・川崎市男女共同参画センター（すくらむ 21）（2013）『フィリピン人シングルマザーの就労実態と支援にかんする調査』カラカサン～移住女性のためのエンパワメントセンター.
河原俊昭（2009）「国際結婚の言語を考える」河原俊昭・岡戸浩子編『多言語化する家族とアイデンティティ』276-309. 明石書店.
川村千鶴子（2012a）『3.11 後の多文化家族――未来を拓く人びと』明石書店.
川村千鶴子（2012b）「移民政策の盲点と広がる学歴格差 : 未来を拓く多文化家族（グローバル化時代の教育と職業――移民の青少年におけるキャリア形成をめぐって）」公開シンポジウム. 発表要旨. 日本教育学会大會研究発表要項 71: 254-255.
金愛慶（2011）「韓国の多文化主義――外国人政策とその実態」佐竹眞明編『在日外国人と多文化共生－地域コミュニティの視点から』265-276. 明石書店.
金愛慶・馬兪貞・李善姫・近藤敦・賽漢卓娜・佐竹眞明・ダアノイ，M・A.・津田友理香（2016）「韓国の多文化家族に対する支援政策と実践の現況」名古屋学院大学論集（社会科学篇）52-4: 113 － 144.
金賢美（2009）「誰のための統合なのか――韓国における結婚移民女性政策と家父長的発想」アジア・太平洋人権情報センター編『アジア・太平洋人権レビュー 2009――女性の人権の視点から見る国際結婚』86-98. 現代人文社.
桑山紀彦（1995）『国際結婚とストレス――アジアからの花嫁と変容するニッポンの家族』明石書店.
齋藤百合香（2016）「国境を超える家族・子どもと日本 : インドネシア＝日本多文化家族からみた日本と社会」死生学年報 2016: 145-166.
賽漢卓娜（2011）『国際移動時代の国際結婚――日本の農村に嫁いだ中国人女性』勁草書房.
酒井千絵（2013）「上海の多文化家族 : 中国人配偶者と上海で暮らす日本人女性を中心に」関西大学社会学部紀要 45-1: 47-72.
佐竹眞明（2009）「フィリピン・日本結婚のありようとこじれ――日本男性の変化と離婚を中心に」アジア・太平洋人権情報センター編『アジア・太平洋人権レビュー 2009――女性の人権の視点から見る国際結婚』32-44. 現代人文社.
佐竹眞明（2013）「国際結婚」吉原和男代表編集『人の移動辞典――日本からアジアへ・アジアから日本へ』188-189. 丸善出版.
佐竹眞明・ダアノイ, M. A.（2006）『フィリピン - 日本国際結婚――移住と多文化共生』めこん.
佐竹眞明・金愛慶・近藤敦・賽漢卓娜・李善姫・津田友理香・馬兪貞（2015a）「多文化家族

への支援に向けて――概要と調査報告」『名古屋学院大学論集』（社会科学篇）51-4: 49-84.
佐竹眞明・李仁子・李善姫・李原翔・近藤敦・賽漢卓娜・津田友理香（2015b）「東北・宮城、東海・愛知における多文化家族への支援――調査報告」『名古屋学院大学論集』（社会科学篇）52-2: 211-236.
宿谷京子（1988）『アジアから来た花嫁――迎える側の論理』明石書店.
鈴木江里子（2013）「多様なルーツをもち日本で暮らす人々の『声』」『別冊　環　なぜ今、移民問題か』20: 158-183.
鈴木健・原千代子（2015）「青丘社・川崎における多文化家族支援――外国につながる子ども＆経済的に困難な子どもの学習支援・居場所づくり事業」『月刊社会教育』59-8: 26-31.
関口知子（2008）「移動する家族と異文化間に育つ子どもたち――CCK/TCK 研究動向」関口知子編『移動する家族と異文化間に育つ子どもたち――日本における CCK 研究序説－』1-28. 2007 年度フラッテン研究成果報告書.
髙谷幸・大曲由起子・樋口直人・鍛治致・稲葉奈々子（2015）「2010 年国勢調査にみる在日外国人女性の結婚と仕事・居住」『文化共生学研究』（岡山大学大学院社会文化科学研究科）14: 89-107.
武田里子（2011）『ムラの国際結婚――結婚移住女性と農村の社会変容』めこん.
津田友理香（2013）「文化的マイノリティのセルフ・アドボカシー――フィリピン系日本人青年の地域グループ活動を例に」井上孝代編『臨床心理士・カウンセラーによるアドボカシー』195-210. 風間書房.
尹靖水・近藤理恵・岡田節子編、中嶋和男監修（2016）『多文化家族における家庭内暴力と福祉的介入の国際的比較研究』学術研究出版.
西口理沙（2010）「国際結婚家族における諸問題と子どもの教育」宮島僑編『滞日外国人における家族危機と子どもの社会化に及ぼすその影響の社会学的研究』99-112. 平成 19-21 年度科学研究費基盤研究 B 研究成果報告書.
初瀬龍平（2009）「人権と国際結婚」アジア・太平洋人権情報センター編『アジア・太平洋人権レビュー 2009――女性の人権の視点から見る国際結婚』8-17. 現代人文社.
夏暁鵑（2009）「台湾における移民運動の発展」アジア・太平洋人権情報センター編『アジア・太平洋人権レビュー 2009――女性の人権の視点から見る国際結婚』99-112. 現代人文社.
馬兪貞（2013）「韓国の地域社会における結婚移住女性の社会適応と支援政策――全羅南道の都市と農村における現状分析を中心にして」立命館大学大学院国際関係研究科国際関係学専攻 2012 年度博士論文.
松尾寿子（2005）『国際離婚』集英社.
松田英二（2015）「平成 27 年国勢調査の方法論における課題――新たな調査票レイアウトの提案」『政策と調査』8: 45 － 72.
山岸素子（2009）「DV の現状と NGO の取組み―― DV 法と移住女性、当事者女性のエンパワメント」アジア・太平洋人権情報センター編『アジア・太平洋人権レビュー 2009 ――

女性の人権の視点から見る国際結婚』78-85. 現代人文社.
李原翔（2011）「中国系ニューカマー生徒の来日事情および適応課題について：中国系ニューカマー生徒の実態調査から」『東京学芸大学紀要（総合教育科学系）』62-1: 265-272.
李修京（2013）한국의《다문화 가정 어린이》라는 호칭 폐지의 고찰과 외국 이주민 및 이주 어린이의 교육 실태（A Study about the Abolition of the Designation of "Children from Multicultural Families" and about the Situation of Education on Migrants and Their Children in Korea）.『東京学芸大学紀要（人文社会科学系）』64: 29-42.
李善姫（2012）「グローバル化時代の仲介型結婚移民――東北農村の結婚移民女性たちにおけるトランスナショナル・アイデンティティ」李善姫・中村文子・菱山宏輔編、大西仁・吉原直樹監修『移動の現代を生きる――人・権力・コミュニティ』3-41. 東信社.
渡辺幸倫・藤田ラウンド幸世・宣元錫・李坪鉉・裘暁蘭（2014）「多文化家庭の子育て戦略の課題：日韓中の国際カップルへのインタビュアー調査」『相模女子大学文化研究』34: 1-26.

［英文文献］
Broude, G. 1994. *Marriage, family, and relationships: a cross-cultural encyclopedia Human Experience.* Santa Barbara, Calif: ABC-CLIO.
Bryceson, D. and Ulla, V. 2003. *The Transnational Family: New European Frontiers and Global Networks.* Oxford: Berg.
Cahill, D. 1990. *Intermarriages in International Contexts.* Scalabrini Migration Center: Quezon City.
Clark, T. 1998. *Children in Exile: The Story of a Cross-Cultural Family.* Ecco Pr.
Constable, N. 2005. *Cross-Border Marriages: Gender and Mobility in Transnational Asia.* University of Pennsylvania Press: Philadelphia.
Nitta, F. 1989. *The Japanese Father-American Mother and Their Children: Bicultural Socialization Experiences in Japan.* University of Hawaii: Ph.D. Dissertation. 藤本直訳（1992）『国際結婚とこどもたち』明石書店.
Penny, J. and Khoo, S. E. 1996. *Intermarriage: A study of migration and integration.* Australian Government Publishing Service: Canberra.
Pollock, D. and Reken, R. 2009. *Third Culture Kids: Growing Up Among Worlds, revised edition.* Nicholas Brealey Publishing: Boston/London.

第2章　日中国際結婚夫婦にとっての支援とは

賽漢卓娜

1. はじめに

日本人との婚姻により、日本で暮らしている女性は数多くいる。日本人男性と中国女性との国際結婚数は、1997年に直前5年間首位であったフィリピン女性との国際結婚を上回ってから、2006年に興行ビザの発給厳格化の影響を受けてフィリピン国籍女性との国際結婚に僅差で1位を譲ったほかは、首位の座にある。日本は欧米諸国や旧社会主義国家と比較して女性の労働市場上の地位が低い。たとえロマンチック・ラブを求めて結婚しても、「可視化されない」「ジェンダー化された社会で男性の支配」のもとに置かれる可能性があることを否めない。同時に、この女性たちは、新華僑と呼ばれるニューカマー中国人という存在でもある。新華僑といえば、日本で暮らす中国人という集団内部では、多様性と異質性がかなり大きい点を挙げることができる。中国帰国者とその家族、専門職、日本人の配偶者、学生、技能実習生、非正規滞在者などに大きく分けられる。日本人の配偶者である中国人女性の内部でも出身階層が多様であり、さらに置かれている状況も異なる。

また、日本は韓国のように、結婚移民とその家族に特化した政策や、欧米のように総合的な移民政策を展開していないため、国民と同等な生活ができるような移民に対する特別な行政サービスとプログラムがあまり実施されていない現状の中、彼女たちは日本での暮らしでどのような困難に直面し、またどう対応してきたのかを明らかにすると同時に、有効な支援策を創出するための材料にしておきたい。

2. 日本在住中国人および日中国際結婚の概況

(1) 日本在住中国人の概況

外国人のうち、中国人は過去20年間で3倍に増加し、2007年以降オールドカマーの多い韓国・朝鮮を抜いて1位となり、2016年末では在留外国人の約3分の1を占めるまでになっている。現在在留中国人の人数は、スピードは鈍ったものの増加傾向が続いている。政府統計の総合窓口e-Statにある在留外国人統計によると、2016年12月末の日本における在留外国人（総数238万2,822人）のうち、中国籍人口は69万5,522人で、外国人のうち第1位である。**図1**に示されたように、中国人の人口は男女問わず20歳代〜50歳代の働き盛り世代に集中しており、日本の超高齢化社会への労働力を補う形となっている。そのうち、26歳〜29歳の人口は最も多く、留学生や技能実習生が大きな割合を占めていると思われる。

在日中国人の「日本人の配偶者等」は3万2,479人で、「日本人の配偶者等」全体の23.3%を占めており、在日中国人の4.7%に当たる。日本人の配偶者の場合は、結婚して日が浅い人や婚姻が不安定とみなされている人が中心である。婚姻年数が長くなり、婚姻が安定しているとみなされる場合は次第に在留資格の「永住者」に切り替えるか、「帰化」を選んでいく。ただし、「日本人の配偶者等」には日本人の子も含まれ配偶者だけではないが、ある程度国際結婚の増減を反映しており、近年日中国際結婚は最盛期より半減している。在日中国人の在留資格の「永住者[▶1]」の23万8438人は、「永住者」全体の32.8%、在日中国人の34.3%に当たる。そのほか、日本国籍に「帰化[▶2]」した中国人は、最多2009年で5,335人、最少2016年で2,626人、2016年までの20年間の累計8万1,228人である[▶3]。「定住者[▶4]」の2万7,140人と合わせ、日本における中国人の定住化は進んでいることがわかる。そのほかでは、「留学」11万5,278人、「技能実習」8万857人、留学後の就職に多い「技術・人文知識・国際業務」6万8,274人、調理人などの「技能」1万5,606人、「経営・管理」1万1,229人などが目立つところである[▶5]。

日本在住中国人の男女構成は男性30万3,552人、女性は39万1,970人、男女比は1：1.3である。その中で、年齢によって男女比は大きく離れることがある。31歳〜61歳までの中国人女性は、在日中国人人口に占める割合が著しく高く、

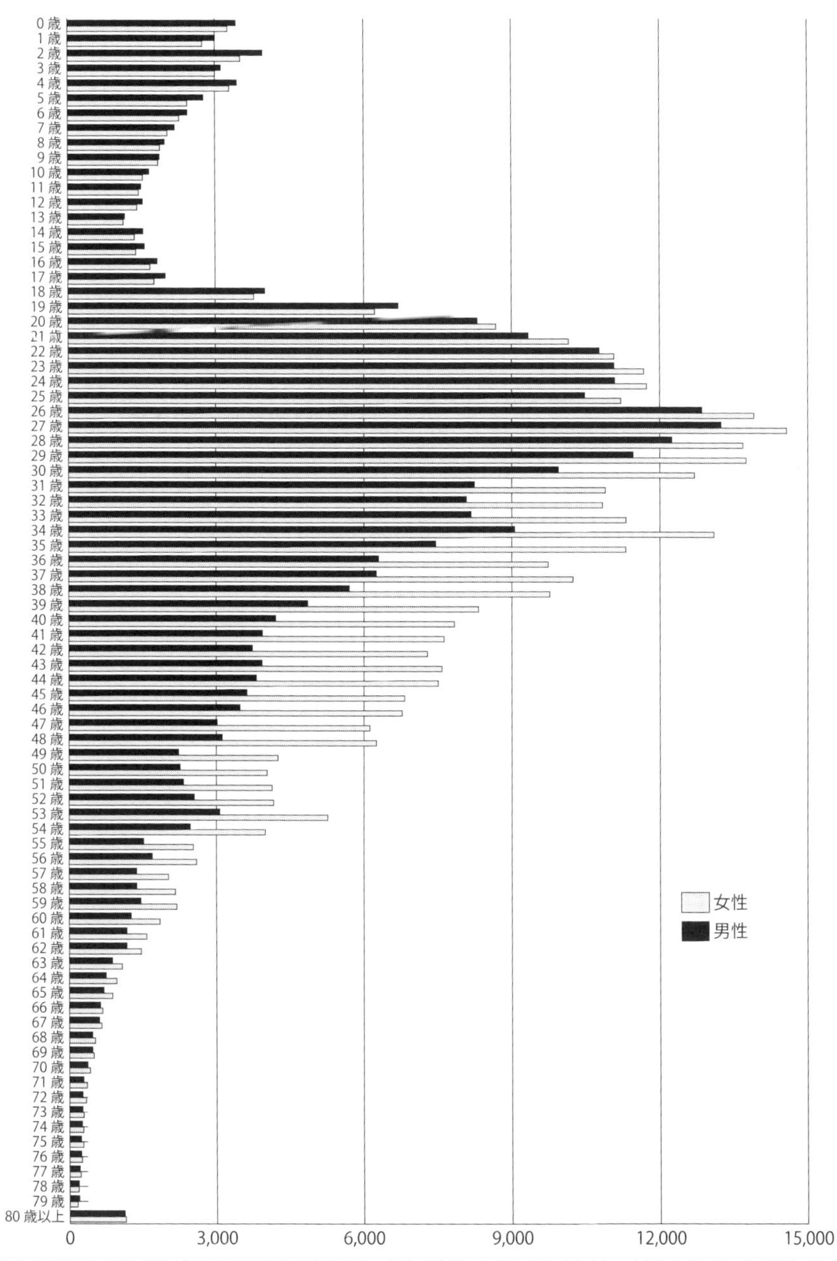

出典：在留外国人統計（2016 年 12 月）第６表：都道府県別、年齢・男女別　在留外国人（その１　中国）に基づき、著者が作成した。

図１　在留中国人年齢・男女別人口（2016 年）

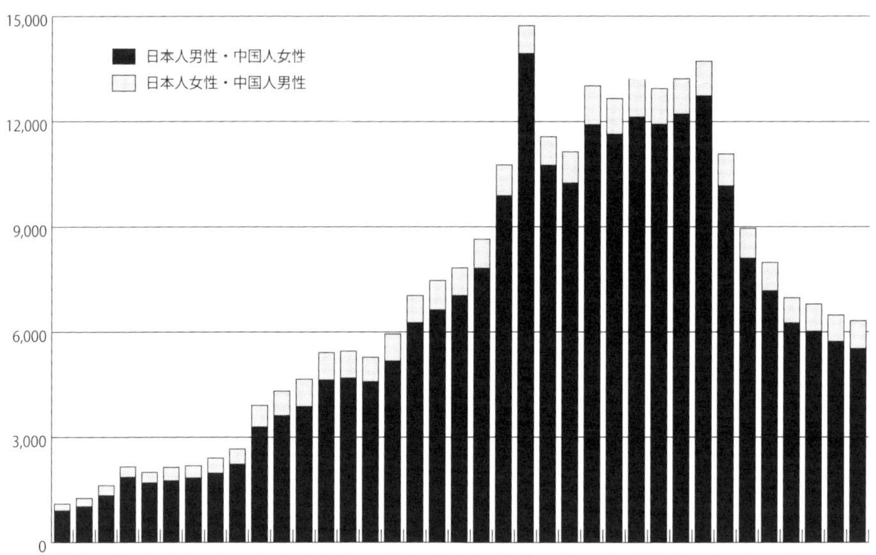

出典：人口動態調査人口動態統計に基づき、著者が作成した。

図2　日本人と中国人の国際結婚の推移

とりわけ47歳の中国人女性人口は最高値で男性の2.03倍である。この年齢層は、日本人男性と中国人女性の国際結婚の多く発生した時期と重なり、日本人男性と結婚している（していた）中国人女性が多く占めていると推測される。つまり、日中国際結婚は、21世紀の最初の10年間では毎年1万組以上の日本人男性と中国人女性の国際結婚カップルが誕生していた。ピーク時の2001年には1万3,936組誕生した（**図2**）。その時期に結婚した中国人女性の多くは現在30歳～50歳前後を迎えている。また、2010年国勢調査に基づく高谷幸ほかの研究（2015）によれば、既婚在日中国人女性のうち、日本籍男性と結婚した者は58％を占め、同国籍夫と結婚した者の41％より多く、7万262組である。日本社会また新華僑社会の両方において、日中国際結婚の存在は無視できない規模を有していることがわかる。

ただし、すべての年齢において女性が男性より多いわけではなく、0歳～19歳では男性が女性より若干多く、こちらは在日中国人2世で、自然な人口性比を示されている。また、60歳半ば過ぎ～80歳以上でも、男女の人口差は縮小している。さらに78歳～79歳でわずかの差で男性は女性より多い。

したがって、中国人女性の総年齢において、幼少期と高齢期の両端は自然な人口男女比バランスを示し、20歳代半ば～50歳代後半において女性人口が多くなっている。日本人男性との国際結婚が多いこと以外、20歳代には女性技能実習生や女子留学生が若干多いことも挙げられる。

(2) 職業の二分化する日本人夫・主婦化する中国人妻

髙谷幸ほか（2015）の研究によれば、日本在住の有配偶者中国人女性の就業率が総じて低く、家事従事者が多いことが判明した。日本人夫を有する中国人妻の就業者率は38.7％であり、そのうち兼業主婦である家事のほかに仕事は15.6％で、主に仕事に専念しているのは22％である。逆に家事従事者の割合が48.3％と高い値を示している（**図3**）。主に就業している中国人妻はわずか22％で、87％は専業主婦もしくは兼業主婦である。日本人夫・中国人妻の国際結婚夫婦は、「夫は仕事、女は家事（もしくは家事と仕事）」という性別分業を実践している状況がうかがえる。

参考として、中国人同士の夫婦の有職中国人妻のうち、専門的・技術職に従事している割合は6.6％であるのに対し、日本人夫をもつ有職中国人妻はわずか2.5％である。日本人夫をもつ有職中国人妻のうち、事務5％、生産工程10.4％、サービス業6.6％で、ホワイトカラー職の比率が低い（**図4**）。ただし、日本人夫

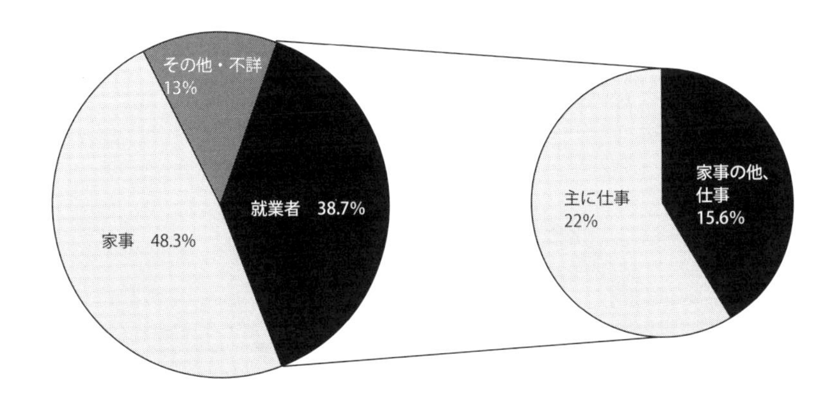

出典：髙谷幸ほか，2015「2010年国勢調査にみる在日外国人女性の結婚と仕事・住居」岡山大学大学院社会文化科学科『文化共生学研究』14に基づいて著者が作成した。

図3　日本籍夫をもつ中国妻の就業

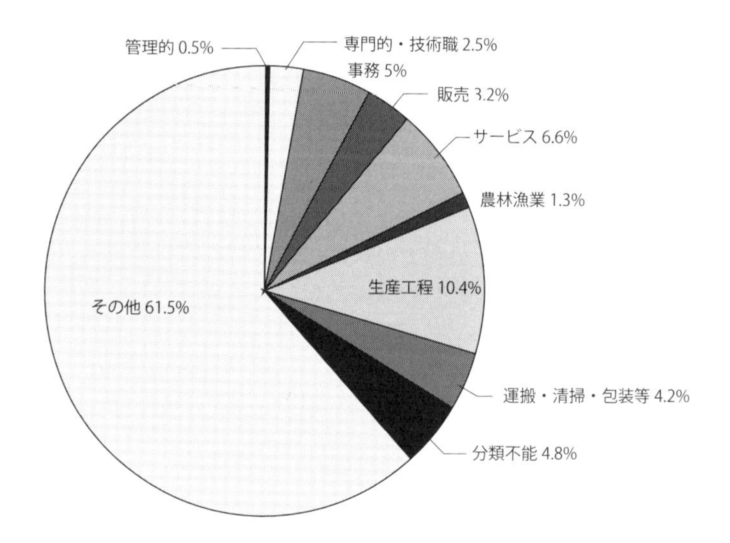

出典：髙谷幸ほか，2015「2010 年国勢調査にみる在日外国人女性の結婚と仕事・住居」岡山大学大学院社会文化科学科『文化共生学研究』14 に基づいて著者が作成した。

図 4　日本籍夫をもつ中国妻の職業

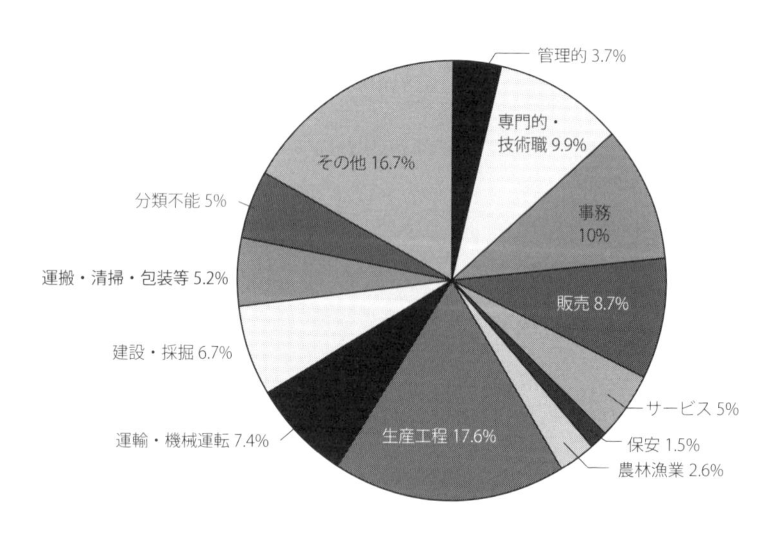

出典：髙谷幸ほか，2015「2010 年国勢調査にみる在日外国人女性の結婚と仕事・住居」岡山大学大学院社会文化科学科『文化共生学研究』14 に基づいて著者が作成した。

図 5　日本籍夫の職業

が農林漁業やサービス業に従事する場合は、中国人妻の就業率が５割を超えている。

しかしながら、一般的には、妻の職業・階層よりも日本人夫の職業・階層が家族全体の社会における階層を規定する傾向が強い。日本人夫には、管理職や専門・技術職や事務職などホワイトカラー職などと、運輸・機械運転などブルーカラー職の二分化現象が現れている（高谷ほか 2015）（**図５**）。夫の職業により、日中国際結婚家族の日本社会における階層も二分化していると推測される。さらに、ホワイトカラー職日本人夫の中国人妻は専業主婦であることが多く、ブルーカラー職日本人夫の中国人妻は同様にブルーカラー職であると推測できる。

3．事例研究

(1) 調査概要

日本人男性と結婚している中国人女性は普段の生活でどのような困難を抱え、どのような支援を必要としている（いた）のかを具体的に調査してみた。

2014 年 12 月から日本人結婚している（していた）中国人女性を対象として、13 名に聞き書き、質問表記入を通じて調査を実施した。このうち、L さんを除く、12 名について２～４時間にわたって半構造的なインタビュー調査を実施した。筆者は継続して日本人男性と結婚した中国人女性に関する調査を行っており（賽漢卓娜 2011: 賽漢卓娜 2014a: 賽漢卓娜 2014b）、これらの調査結果も補足資料として用いる。また、日本人女性と中国人男性との夫婦に関しては、人口動態統計によれば 2015 年に 748 組で、これは日本人男性と中国人女性の夫婦が 5,730 組であるのに対してかなり少なく同一視できないため、本編の対象とせず、別の機会で論考したい。

筆者の調査対象者となった中国人女性の居住地は東海地域、九州地域に広がっている。東海地域の近郊農村を 2002 年より調査しはじめ、長年にわたり信頼を形成するラポール関係を結び、人的つながりの基盤から新たに調査を実施した。また東海地域の都市部には新華僑の団体との交流によって調査対象者も募った。さらに、筆者の現在の勤務地である九州地域には、新華僑の団体の活動で知り合って調査対象者に対して調査を申し込んで、実施につながった。筆者の別の論考では、日中国際結婚は仲介型と留学型と大別したが（賽漢卓娜 2017）、知人や

表 1　研究対象者のプロフィール

研究対象	居住地	年齢妻 / 夫	学歴	国籍	結婚経緯	婚姻状況	滞在 / 結婚年数	調査年月
A	東海・近郊農村	30 歳代	高卒	中国	仲介➡結婚来日	離婚	10 年 /9 年	2014 年 12 月
B	東海・近郊農村	30 歳代	高卒	台湾	仲介➡再婚来日	夫死	8 年 /10 ヶ月	2014 年 12 月
C	東海・地方都市	30 歳代／50 歳代	専門学校	中国	紹介➡結婚来日	離婚協議中	5 年	2014 年 3 月
D	九州・地方都市	共に 50 歳代	高卒	中国	仲介➡結婚来日	婚姻中	18 年	2016 年 7 月
E	東海・近郊農村	30 歳代／60 歳代	中卒	中国	仲介➡結婚来日	婚姻中	12 年	2014 年 12 月
F	東海・近郊農村	40 歳代／60 歳代	中卒	日本	仲介➡結婚来日	婚姻中	14 年	2014 年 12 月
G	東海・近郊農村	40 歳代／60 歳代	中卒	日本	仲介➡結婚来日	婚姻中	14 年	2014 年 8 月
H	東海・近郊農村	30 歳代／50 歳代	中卒	中国	仲介➡結婚来日	婚姻中	13 年	2014 年 12 月
I	東海・地方都市	共に 40 歳代	高卒	日本	仲介➡結婚来日、離婚再婚	婚姻中	14 年 /8 年	2016 年 8 月
J	東海・地方都市	共に 50 歳代	大卒	日本	紹介➡結婚来日	婚姻中	22 年	2014 年 12 月
K	東海・大都市	40 歳代／30 歳代	博士	中国	留学➡出会い結婚	婚姻中	24 年 /12 年	2016 年 3 月
L	東海・地方都市	共に 40 歳代	修士	中国	留学➡出会い結婚	婚姻中	21 年 /12 年	2016 年 3 月調査紙
M	九州・地方都市	50 歳代／60 歳代	大卒	日本	留学➡出会い再婚	婚姻中	23 年 /	2016 年 9 月

出典：筆者の調査。

親戚の紹介で日本人男性と出会って結婚に至った場合の判別がやや難しい。個々の事例に寄り添って確認すると、国際結婚紹介所の仲介にきわめて近く紹介人に成功報酬を支払ったケースもあれば、友人や親戚の好意で両者を結びつけたケースもある。本章では、紹介型と記しておく。なお、本調査は国際結婚を経験している（いた）中国人女性へのインタビューに基づいた調査であることを断っておきたい（**表 1**）。

（2）年齢、結婚に至る経緯、婚姻状態

表 1 に示されたように、調査対象者の中国人女性は 30 歳代から 50 歳代に分布しているのに対し、日本人男性は 30 歳代から 60 歳代に分布している。一般的に業者の仲介を経て結婚に至る仲介型国際結婚では、年齢の離れた夫婦が多い。日本人男性はしばしば両親との同居が前提になり、高い年齢層で、運輸業、建築業、農業など比較的経済力の弱い人が多く、社会において構造的に周辺化されがちな

者が含まれる。本章の調査対象中、仲介型で結婚した夫婦の場合、夫は妻より最多で25歳年上であった。東海地域の近郊農村の中国人妻は30歳代後半から40歳代前半に集中しているのに対し、夫はすでに50歳代後半から60歳代になっている。紹介型や、留学型国際結婚の場合は、年齢の間隔は小さくなる。元留学生の場合は、おおむねアルバイト先で日本人夫と出会い、結婚に至った。

本章で扱われる仲介型の中国人女性は中卒中心で学歴は低めで、中国の農村や地方出身者が多いのに対し、留学型は学歴が高く、日本の大学・大学院卒業者で中国の大都市出身者でもある。紹介型はまちまちであるが、本章の事例は上記の両者の間にあり、高卒～中国の大学卒で、大都市出身で中国でいったん就職していた。

現在の婚姻状況も一様ではない。大半は日本人男性と婚姻継続中で子育てしているが、夫と離婚・死別した後、日本で母子家庭を営むケースや、夫と離婚協議中のケースなど日本社会で大きな困難を抱えることもある。婚姻継続中のケースのなかにも、日本人男性と再婚しているケースもある。研究対象者の来日年数はおおむね長く、日本への定住意識がうかがえる。大多数はすでに安定した在留する資格を手に入れている。日本国籍への帰化もしくは中国籍で在留資格「永住者」を付与されている。

(3) 家族構成、職業、子ども

本章の仲介型の嫁ぎ先は、「家」を継いでいく直系家族である（であった）ことがほとんどである（事例Ａ～Ｉ)。日本人夫は跡継ぎ息子として家業である農業を継ぎ、親との同居の上、老親の面倒を引き受け、諸々の理由で結婚を果たせないまま40歳代、50歳代に入り、国際結婚紹介所の仲介経て中国人女性と結婚した。老親は80歳代～90歳代の後期高齢者で要介護者もいる。夫婦と子を構成する核家族もあるが、調査時同居していた老親が他界したことで核家族になった。**表2**によると、仲介型の国際結婚家族の子どもはまだ小学生であるが、夫はすでに高齢者になりつつある（事例Ｅ～Ｈ)。子育て期最中の中国人女性は、中国社会の親族ネットワークおよび社会サポートシステムから離れただけではなく、社会のあり方や育児理念の違いによって、不慣れな日本社会で孤軍奮闘して子育てをし、負担が過大になる可能性もある。

先述のように、日中国際結婚家族も一枚岩ではなく、異なる階層に属している。本章の調査対象者も同様に、異なる階層的な特徴が示されている。夫の職業に関

表2　家族構成、職業、子ども

研究対象	家族構成	子どもの年齢	職業妻／夫
A	母子	5歳	レストランパート／元夫：ドライバー
B	姑、母子	6歳	農業／元夫：農業
C	舅姑、夫妻、子	1歳	主婦／会社員
D	夫妻のみ	無	内装会社パート／建築業
E	姑、夫妻、子2人	11歳、9歳	共に農業
F	姑、夫妻、子2人	12歳、9歳	共に農業
G	舅、夫妻、子2人	12歳、10歳	農業→介護職→製造工場パート／ドライバー定年退職
H	舅姑、夫妻、子2人	9歳、6歳	農業→マッサージ店／農業
I	夫妻・子1人	6歳	農業→製造業者パート／会社員
J	夫妻・子3人	19歳、16歳、14歳	主婦→旅館パート／自営業
K	夫妻・子1人	7歳	大学非常勤講師／会社員
L	夫妻・子2人	11歳、4歳	大学非常勤講師／会社員
M	夫妻・子1人	17歳	主婦→スポーツクラブ主催／会社経営

出典：筆者の調査。

して、仲介型の場合は農業や運輸業や建築業などブルーカラー職であること、留学型の場合は会社員や会社経営などホワイトカラー職である。紹介型は上記のどちらかに入る。しかし、夫の職業上の地位が関係なく、中国人妻は、農業従事者以外に、学歴問わずパートタイム労働者である。一部の農業従事者はその後製造業などほかの職業に転身した（表2）。

4．中国人結婚移住女性の抱える困難およびその対応
——類型別の経験

本章では、調査対象者が日本の地域社会生活で出会った困難の傾向を鑑み、「福祉弱者」グループ、「潜在的リスク」グループ、「主婦と既婚女性労働者モデルの葛藤」グループと3つのグループに大別できる（表3）。

(1)「福祉弱者」グループ

このグループは、ブローカーが介在して結婚に至った仲介型国際結婚が多くみられる。このグループの日本人男性たちは、国内の結婚市場において何らかの障壁を抱え、いわゆる「近代家族」を築けないでいる者が多いため、国家間の経済格差を生かして「グローバルな結婚市場」で結婚相手を求めている。中には、精神的もしくは身体的な疾病を抱える男性や、同居家族に身障者がいるような家族内部にすでにさまざまな問題が潜んでいることが少なくない。また、多くの中国

表３　研究対象者の抱えている（いた）困難および対応

研究対象	困難・悩み	本人の対応	夫 / 家族 / 地域の対応	分析枠組み
A	義父母との関係悪化、離婚→母子家庭、経済困窮	パートタイムで働き詰め。同地域在住の妹に頼る	母子家庭支援金を得る	来日年数短い時に困難に遭遇。本人だけで解決する能力を当然もてない。→福祉弱者。広範にわたる公的支援的基盤が不在。家族に問題発生時、公的支援介入が必要
B	夫急死→相続、子育て、将来不安	一生懸命農業をする。他市在住の妹が助けに来る	姑は時に宿題をみる。事情を知る幼稚園長は入学前小学校に相談。子の同級生の母親らは重要なことを知らせる	
C	夫性格異常、離婚決意、夫の監視で孤立、無支援	友人作りに励んだが、関係悪化後本人は怯える	夫は外部との交流を警戒、監視。関係悪化後、家族は夫の言うまま。地域の人は遠慮	
D	来日翌年、孤独、文化摩擦→躁うつ発症。夫病気。老後不安	自力で鬱病を克服。母国の家族は電話で励ます。同国友人作り	発症後、親族は夫を離婚させようとするが、夫は応じず。つながれる友人・知人不在、地域不在	
I	初婚：家族関係に苦しむ。再婚：子育て	初婚：未経験の農業を一生懸命こなす。別居→離婚。再婚後、宗教ネットワーク（中国系）に帰属意識	初婚：農業研修生だと近所に紹介。夫婦だけで独立する提案を夫拒否。あらゆるサポートを得られず。再婚：夫は子育てに協力。外国人集住地域のため、学校も対応	
E	夫高年、弱い日本語能力、子幼い、将来不安	一生懸命農業をし、農地を拡大。同郷人ネットワークあり	夫の携帯電話つねに24H電源ON、夫の存在は大きい	高齢の夫、超高齢の舅姑の介護、幼い子どもを抱え、経済的および将来に対する不安。→潜在的リスク。セーフティネット作りが必要
F	夫うつ、弱い日本語能力、子幼い、将来不安	一生懸命農業をし、農地を拡大。同郷人ネットワークあり	夫は良き理解者、重要な存在、子の面倒も見る。小学校先生は教えてくれる。義母の介護に村人が激励	
G	夫退職、弱い日本語能力、子幼い、将来不安	介護資格獲得、就労。健康と収入を理由にやめて深夜パート	地域日本語教室、２級ヘルパー国家試験、介護施設就職を支援	
H	農業不振、赤字。経済状況不安。１人っ子で両親心配	地域で鍛えた腕を生かし、料理屋を検討したが、反対を受けた。帰国して中国の健康ケアの技能を習い、開店	農家である収入は赤字、夫に頼れない。姑、夫は外の仕事中育児に協力。地域日本語教室は地域の表舞台を用意	

出典：筆者の調査。

<table>
<tr><th>研究対象</th><th>困難・悩み</th><th>本人の対応</th><th>夫 / 家族 / 地域の対応</th><th>分析枠組み</th></tr>
<tr><td>J</td><td>学校文化、異国での子の教育、母語教育。来日後自己実現できない</td><td>子の教育について、自力で学び、解決。娘たちに手に職をもつように教育</td><td>夫も知識がないので、手助けしなかった</td><td rowspan="4">一定程度問題解決する能力、資源に恵まれるが、日本社会にある自己実現の困難さ等ジェンダー的不平等、外国人差別に不満、（越境）介護問題など。
→複層的マイノリティである移民女性のエンパワーメントの浪費。社会参加の機会を提供</td></tr>
<tr><td>K</td><td>子育て（働く母 / 中国人母をもつ子を心配）、母国の老親介抱、「帰化」問題</td><td>同級生の母親たちに積極的に挨拶、学校とこまめにコミュニケーションを取る</td><td>夫はサポート、夫の近居親も積極的に子育てに手を貸す。学校方針：「いじめゼロ」</td></tr>
<tr><td>L</td><td>日本社会の人間関係、息苦しさ</td><td></td><td>中国に長期滞在経験の夫は異文化によく理解し、いつも助言</td></tr>
<tr><td>M</td><td>専業主婦に違和感、うつ病</td><td>2年をかけて自分を説得、納得。後に夫を説得して卓球クラブ開いた。母国人ネットワークあり</td><td>夫の理解があった。中国にいる連れ子の養育にも協力。経済的サポートをした</td></tr>
</table>

出典：筆者の調査。

人女性は、日本語の能力や日本の社会への理解が乏しいまま、ぽつりと一人で知らない土地に嫁ぎ、置かれている状況を理解するまでに時間を要する。互いに言葉が通じないため、誤解が生じやすく、家族関係もこじれることがある。家族の受け入れ基盤が脆弱であれば、問題解決能力や異文化を受け止めるほどの余裕が少ないことが想像できる。権利または人権侵害、過度の孤立、貧困など少なくとも問題発生時が過度に困難な状況に置かれ、諸々な支援が行き届いていない状況を抱える移民のことをここで「福祉弱者」と呼ぶ。以下では、結婚移住女性は「福祉弱者」になっている（いた）経緯を女性の語りに基づいて紹介していく。

1）「福祉弱者」になった経緯

A さんの両親が親族訪問で一時的来日した際、A さんの家でしばらくの間居候していた。同居する義理の両親にだんだんと不満が募り、些細なことで口論になったことを契機に、A さんは家を飛び出した。その後、夫と子どもと水入らずに暮らし、義理の両親との同居を解消しようと試みたが、仲がよいと思われた夫は応じず、夫婦関係がこじれ、結局離婚を迎えた。その後、子どもを引き取って母子家庭になり、パートとして働き、仕事と子育てに追われる。

B さんの夫はメンタル疾患を患い、結婚一年後子どもの誕生を迎えた直後に亡くなった。B さんは病気のことを知らされておらず、青天の霹靂の出来事であった。夫の亡き後、夫の親族は孫を連れて帰ることを危惧し、彼女へ分割すべき遺産、夫の生命保険などを舅へ譲渡するよう相当なプレッシャーを彼女にかけ、医者からストレスが原因で軽症のうつ病にかかっていると診断された。結局、日本語のわからない彼女は言われた通りにサインをし、妻として遺産をほとんど得られなかった。それでも、舅は頼りであったが、その後ろ楯も昨年他界した。今度は、同じ経験をした中国人結婚移住女性から慎重に対応するよう教えてもらい、サインをしなかったが、財産目当ての結婚だと疑われるのがいやで、子どもの遺産相続分だけもらうことにした。

Ｃさんは夫の固執的な性格や性的な虐待に嫌気がさし、だんだんと離婚する意思が固まってきた。しかし、夫の監視はエスカレートし、外部との連絡を取らないよう携帯電話をもたせない。それだけではなく、ほかの家族にも監視するように強要し、親切にしていた地域の知人は遠慮して距離を置くようになった。彼女にとって無事に離婚することは困難である。

Ｄさんは、間接的な知人経由で紹介された男性と結婚するため、中国の大都市から九州の小さな地方町に嫁いだ。同時に嫁いだ中国人女性一人だけが知合いであった。「冒険だった」と本人が当時を振り返った。夫は複雑な家庭に育ち、家族と摩擦を起こしても、話を聞いてくれる人が誰もいなく、孤独のあまり落ち込んでいた。ある時、朦朧とした時に家が火事となり、病院でやけどを治療中に躁鬱を患っていることも判明した。

Ｉさんが最も大変なのは元夫の家族と関係が悪化した時期であった。当時まだ日本語がわからず、（仲介業者の）紹介人は２回ほど仲裁にきただけだった。姑は中国人の嫁をもらったことは恥だと思い、周囲に隠し、「中国から来た研修生」とＩさんを紹介した。身体障害をもつ義理の弟が同居していた。都市育ちのＩさんは慣れない農作業と家事に一生懸命適応しようとした。周囲からも評判の働きぶりであった。しかし、気難しい姑と守ってもらえない元夫との生活にとうとう疲れ果てて離婚に至った。

２）浮上する課題

①低い日本語能力、行政・法律手続き遂行上の困難

仲介業者を経て来日した結婚移住女性のほとんどは、日本社会で暮らすのに必要な日本語を習得せずに日本人との家庭生活に入った。外国人集住地域には、ボランティア主催や自治体外郭団体主催の日本語教室があるところも多いが、分散して居住し、車の免許を取っていない人にとっては、通うのは容易ではない。そ

のため、「活動範囲が家と畑に限定されて苦しかった」（Iさん）。来日後、多くの女性は農業などの家業領域で重要な働き手として、また家事の遂行、さらに結婚後早い段階で誕生した子どもの世話で日本語学習に支障が出た。もちろん本人の学歴と母語の能力からも一定の影響を与えるであろう。時間が経つにつれ、レベルがまちまちではあるが、日常生活で徐々に日本語を覚えていく。しかし、病院の受診や役所の手続きに必要なレベルに達することはなお困難である。来日して9年近く経ったBさんは、「病気での病院受診、相続のことでいつも妹を呼んできてもらう」。相続に関して、日本に長年居住した妹もわからなかった。専門的なアドバイスに辿り着く道筋は、外国人にとってなかなか見えにくいものであり、彼らには利用できる資源として、結婚移住女性ネットワーク内部の正しいと言えない憶測のほうが多い。

②つながりのなさ、孤立感

昨今、日本社会の「無縁社会」問題が指摘され、つながりの弱い社会になってきつつある。結婚移住女性の場合は、「外国人女性」、「日本語が下手」などの要素によって、とりわけ最初の数年に「余所者」として認識され、近隣社会とつながることが容易ではない。家族内部に問題が発生する際、孤立感に襲われるだけで、問題解決に向かわせることも困難であろう。上記の各事例はつながりの弱さを証明している。Dさんは典型的な事例であり、日本に嫁いで最初の数年間、つながったのは、同じ仲介者経由で嫁いだ中国人女性一人だけであった。しかも、その女性も同様に深刻な夫婦関係に直面している。つながりの弱さは、結婚移住女性一般に現れる現象であるが、「福祉弱者」の場合、問題をさらに深刻にしている。地域でまだ足元を固めていない結婚移住女性は、家庭内暴力（DV）に脅かされていても、夫に日本社会とのつながりをシャットダウンされる際、もっと正しい支援に辿り着かなくなる。

③家族関係

「福祉弱者」グループの場合は家族の人間関係にさまざまな問題が生じていたことがわかる。義理の両親は中国人女性を受け入れていなかったり、遺産相続時に不利を被らせるなど、中国人の嫁に警戒的で、時には意識的あるいは無意識的に差別的な言動をもっていることがうかがえる。それは中国人妻がさらなる窮地に追いやられることにつながった。AさんとIさんは、同居する義理の両親とのトラブルがうまく解決できず、夫婦関係が最終的にねじれ、離婚に至ったのである。Ｄさんの場合は、彼女が入院したとき、家族は負担に思い夫に離婚を勧めていた。夫は応じず病中のＤさんを見捨てなかったが、状況改善を図るための努力もあまりできずにきている。外国人女性に対するステレオタイプや偏見は家族関係がうまくいかない隠れた理由と考えられる。そのこと自体は、周辺化された日本人家族は閉鎖的な地域社会での生きにくさを外国人女性への差別を通して再生産し、１つの生きにくさの連鎖としてみえてくる。

④一人で「日本人の子」を育てること

昨今、母子家庭の貧困率や収入のジェンダーによる格差が話題に上ることが記憶に新しい。上記の母子家庭と同様な困難を抱える上で、外国人女性として就労して家計を支えることは日本人女性以上に困難がある。しかし、母親にとって、前述の困難以上に「日本人の子」を育てることは不安の種である。Ｂさんは、夫が亡くなったあと、一生懸命農業をして子どもを育てている。「教育以外はあまり心配しない。私は働いて子ども養っていける。学校のことは一番心配、なんといっても私は外国人だし、この先いじめられることがこわい。数学は教えてやれるけど、国語になるとまったくわからない」。高齢で病弱の姑を抱え、経済的な困難というよりは、日本社会で「日本人の子ども」を育てる不安がよぎっている。これは、国際結婚している外国人母親に共通する悩みでもある。同質性を求める日本社会では、「異質的」な自分は、「日本人たる子」を育てなければ、子どもにとって不利益が降りかかってくることはわかっている。

⑤就労

日本語能力が高くない移住女性は、就労に関して困難が多く、就労を果たしたとしても日本語能力の要求が高くない業種とパートタイムに集中する傾向がある。調査対象者の中国人女性たちは、懸命に働いている様子がうかがえる。Ｄさんは退院後、小さな設備会社に入り、一人で工事をこなせるほどまで成長し、勤勉な働きぶりが経営者から信頼を寄せられている。他方、日本語能力が比較的高くても、地域に結婚移住女性の能力を生かす職場が少ないという問題もある。Ａさんが見事に日本語能力試験に合格したが、結局レストランでウエイトレスとして長時間労働することになっている。母子家庭になった彼女は、経済的困難について、「自分で解決する、骨身を惜しまずに働く」と自立意識を示している。

3）支援の様相、解決の糸口

①相談相手

結婚移住女性に、「福祉弱者」になった当時の相談相手について尋ねると、日本に暮らしている自分の親族、母国の親族、同地域在住同国（同郷）出身の結婚移住女性などが挙げられ、日本社会にいながら日本人とのつながりが薄いことが明らかになった。日本に嫁いだ姉妹は同じ立場となり、よい相談相手であろう。Aさんは、同地域に嫁いできた妹がいつも相談相手かつ強力なサポーターである。役所や社会福祉関連の部署については、「相談しても意味がない。繁雑でかつ表面的、手順を踏んでいるだけで問題解決につながらない」。また、日本人の知人とはあくまでも表面的な関係に留まり、相談ごとをもち込まないという。Bさんも、いつも県内に嫁いだ日本語のできる妹に頼っている。また、近隣地域に住む数人の中国人結婚移住女性と親しくなり、小さな相談や悩みを聞いてくれている。

日本国内にきょうだい、親戚のいない人にとっては、状況が一層厳しくなる。Dさんは、うつ病でどん底にいたとき、母国にいる家族が心配になり頻繁に電話をかけてくれた。だんだんと孤独にから脱し、病気を立ち向かわせる勇気をもつようになったという。Iさんは、結婚移住女性同士の噂話に嫌気がさし、母国の家族に心配をかけたくなく、相談せずに自分で抱え込んでいた。Cさんが地域に溶け込もうと、積極的に地域の人々との交流を図ろうと努力していたが、それでも問題発生時に相談者やサポートしてもらえる人に辿り着かなかった。いずれにしても、「福祉弱者」グループの女性たちは、日本社会とのつながりが極端に少ないことがうかがえる。

②結婚移住女性のストラテジー

異質を排除する傾向のある日本社会で生き残りを図るため、中国人結婚移住女性は日本風の名前を通用することが多い。中国人結婚移住女性のネットワーク内部にも、日本名で呼び合うことがある。子どもは言うまでもなく日本人父親の姓を名乗り、夫婦別姓の慣習がある中国人女性は離婚後なお元夫の姓を名乗り、日本人らしい通称名で生活することが多い。その理由について、Aさんは「日本人らしい苗字は日本社会で信頼性がある。外国風の名前だと信頼されない」と説明した。中国人女性にとっては、外国人として排除されることを避けるため、みずから名前による不可視性を図り、外国人と日本人の間に「準日本人」というメゾレベルを作り出している。

(2)「潜在的リスク」グループ

このグループは、上記のような深刻な困難を経験しておらず、現在のところ地域社会で生活を営み、家族関係もおおむね順調といえる。しかし、夫の年齢などで結婚移住女性は将来に対し強い不安を募らせている。日本人夫は両親と同居しているが、自分自身及び家族はとくに深刻な問題をもっていない。このグループの日本人男性は現在、60歳前後で子どもはまだ小学生である。このグループの女性は40歳前後である。日本人夫は高齢期に入り、農家ならまだ現役であるが、会社勤務であればすでに退職あるいは退職目前である。子どもの成長に伴う家計の膨らみにだんだんと追いつかなくなる。女性らは一生懸命働き、一家の大黒柱になりつつある。彼女らの日本語能力は日常会話程度にとどまることが多く、子どもの学校教育に関わる事情は父親（もしくは家族）に任せることが多い。日本語能力だけではなく、日本社会の暮らしに関する知識やつながりの弱い妻たちは、子どもたちを無事に育て上げることについて、不安を吐露している。

1）潜在的なリスクとは何か

Ｅさんが嫁いだ当初、嫁ぎ先は貧しい農家であり、姑はすでに80歳代に入り、農作業に慣れないＥさんは泣きながら夫とともに猛烈に働き、農地を少しずつ拡大してきた。Ｅさんは普段、問題が生じる際、まず夫に相談している。彼女は日本語が得意ではなく、長年の経験で簡単なことであれば自分で処理できるが、農協との交渉など難しいことは夫に任せている。今のところ子どもは順調に育っている。しかし、夫はすでに60歳代後半に入り「もし彼に何かがあったら、私はどう幼い子どもたちを育てられるか」と不安を吐露している。

Ｆさんは評判の働き者で、夫とともに新たに栽培用ハウスを数軒も購入した。彼女は「問題が起こるとき、中国人友人に聞かない、やはり夫が最も重要で、夫をだますべきではない」と言っているほど夫に信頼している。ただ、その頼りの60歳代半ばの夫は最近うつ病に患い、Ｆさんは将来について心配を隠せないが、土地を売って子どもを養うので大丈夫と気丈に言っている。

Ｇさんのトラック運転手だった夫は定年退職した。農業パートをしていたＧさんは幼い子どもを育て上げることに危機感が募っている。地域の日本語教室のボランティアは相談に乗り、彼女の状況を鑑み、介護職を勧め、福祉学校の入学までこぎ着けた。ボランティアと彼女の二人三脚の努力の末、念願の国家資格をとり、介護施設に就職したが、体への負担が大きいわりには、収入が少なく、また職場のいじめなどの理由で辞めた。60歳代の夫と小学校生の子ども2人、さらに介護の必要のある90歳代の舅の家庭を支える大黒柱をつとめるため、製造業の夜勤をするようになった。

Hさんは、結婚してからの数年間は嫁ぎ先の農家で夫とともに農作業に従事して働いていた。しかし、夫は農業経営にあまり精を出さず、収穫は思わしくなく、赤字を出している年が多い。Hさんは一人っ子であり、自分を頼る母国の両親に、高齢で病弱の舅姑に幼い子どもたちもおり、家計を支えたい一心である。最近、健康ケア関係の技術を学び、毎日長時間労働している。

2）浮上する課題

①命綱としての高齢の夫、日本語の不得意な妻

このグループの女性の日本語能力は日常会話レベルにとどまる人が多い。日本人夫の多くは、異国から来てくれている妻を労わり、みずから日本社会への窓口を務め、まさに妻の命綱である。Eさんは、来日して12年間経ち、日本語の日常会話についておおむね理解できるが、まだ読み書きは難しいという。さらに、「交際の範囲は狭く、日本人とはあいさつ程度、ちょっと寂しい」。日本人夫はすでに高齢期に入り、妻にバトンタッチをする時期であるが、多くの女性は日本社会と交渉の準備がまだできていないようである。

②「日本の子」を育てること

移住女性の日本語能力に学校文化の違いによって、日本の教育機関との交渉について、どうしても恐れて尻込む傾向がある。Eさんは子どもの教育および学校とのかかわりについて、完全に夫に任せている。「高齢の夫に何かがあったら、子育ては一番の心配だ」と言っている。子どもも察知しているようで、協力的な父親がいる場合、勉強に関して母親に聞かないことにしている。Fさんの子どもは学校のことについて、「私が知らないのを配慮し、お父さんに聞いている。お父さんと子どもが一緒に答えを考える。教員たちも用事があると、夫に連絡している」。わが子を愛していながらも、自分と違う「日本の子」の教育について、ついつい受動的になっている。

③大黒柱になった私

夫の高齢化、あるいは定年退職などにより、結婚移住女性の肩の経済的な負担

は重くなっている。Ｅさんと F さんは拡大した農業規模の主たる戦力である。H さんはもともと農業にあまり向いていないと自認し、中国で磨いた商売の腕を発揮し、懸命に働いている。G さんは、介護施設で健康を害してから、隣町の製造工場で深夜パートとして働いている。

３）支援のあり方

①日本人家族の協力

E さんの夫は、「外国人の妻がいるため、すべて解決できるわけではないが、何か問題に出会ったときにすぐに相談できるよう、極力そばにいるように努め、携帯電話を 24 時間に電源 ON にしている」という。E さんは、「夫の存在は大きい」と表現している。F さんも、「夫はとても重要だ、子どもに対しても優しいし、子どもの教育を分担している」。H さんは働いている間、育児に姑と夫など家族は協力してもらっている。

②地域住民の支え、ボランティアの支援

F さんの嫁ぎ先の村は、今でも助け合う昔からの良き時代の共同体意識が残っており、結婚当初から「村人が優しくしてくれており、姑が病気のとき、近所の人はよく慰めに来、介護施設のことも教えてくれた」。このような環境は結婚移住女性が適応するのに促しただけではなく、地域の一員になるためにも拍車をかけている。ただ、このような事例は限られており、筆者は調査先では、地域住民との交流が欠け、地域に溶け込めなく悩む報告をよく耳にする。

そのため、地域の外国人へ日本語を教えるボランティアの活動は貴重である。このグループの 4 人が住む近郊農村地域では、ボランティアは日本語教室絡みで地域と連携し、さまざまなイベントを企画し、結婚移住女性を多方面に渡り支援を心掛けている。この日本語教室の代表者は外国人のお嫁さんをぜひ「表舞台」にのぼってほしいとの思いで運営している（賽漢卓娜 2014）。各国の料理教室を開催したり、地域の日本語コンテストに参加させたりして、地域住民との接点を増やしている。また、資格の取得や就労への手助けもしている。

③中国人結婚移住女性のネットワークの形成

また、自助組織に至っていないとはいえ、出身地域別、あるいは仲良しの中国人結婚移住女性のネットワークも形成されている。時には、食事会を開催し、母語あるいは出身地の方言で愚痴をこぼすことがある。Eさんの場合は、「農繁期の時、親交のある中国人結婚移住女性らは子どもの送り迎えや面倒を見てくれることもあり、互いに助け合っている」と言っている。ただ、このような関係は流動的であり、互いの家の状況や子どもの成長によって、変化することが多い。

(3)「主婦と既婚女性労働者モデルの葛藤」グループ

このグループは、自由恋愛型が多く、中国人妻は日本や第三国で大学院留学した、あるいは中国で高等教育を受けていた。日本人夫には、大手会社の正社員や会社経営者がおり、経済的に安定している。ただ、高学歴である中国人妻は、能力の発揮するためにフルタイムで働く意欲がある一方、結果的に「主婦」あるいは「主婦＋パート」の就労パターンを選択している。

1)「主婦と既婚女性労働者モデルの葛藤」の経験

Jさんは、中国で大卒後、1990年代前半に上海の国際貿易会社で勤務していた。友人の紹介で日本人夫と知り合い、結婚した。来日後、しばらく日本語学校に通っていたが、妊娠したため退学した。日本語に関して、読み書き、聴解、会話のいずれも問題がなく、方言も上手に使いこなしている。専業主婦として子ども3人を育て上げた。ただ、キャリアをまったく積めず、「昔の友人は私のことをもったいないとよく言う」。現在、旅館で清掃パートをしている。

Kさんは、日本で学部から博士課程まで留学し、翻訳も手掛けるほどの高い日本語能力を有している。留学中、中国語を学ぶ日本人男性と結婚し、子どもにも恵まれた。夫は大手企業の正社員で、彼女は大学院修了後、子育てしながら複数の大学で中国語を教える非常勤講師として働いている。ただ、仕事と子育ての両立には困難も伴う。

Lさんは、日本と英語圏でそれぞれ修士号を修得し、語学と芸術の才能をもつ才女である。キャリアウーマンになることを期待していた。大手会社員である日本人夫と結婚後、子育てしながら、大学で非常勤講師として中国語を教えている。夫は駐在員として中国に長期滞在の経験をもつ。

Mさんは、中国で地方公務員を経て日本に留学しにきた。学部留学の際、バイト先で会社経営者である夫と知り合った。結婚後、夫が住む地方に引っ越し、専業主婦となり、子育てと家事に専念するようになった。しかし、「世界は狭くなって、日本語も下手になった。…当時はとても失望した。中国で10年間も公務員をして、いつも賑やかで、突然家庭に入り、一生懸命家事や料理をし、ご馳走を作りすぎると、夫に叱られた。この状況を理解できず、そもそも専業主婦に違和感をもっていた。「何しに日本に来たのか」と考え込み、結婚２年後、うつ病と診断された。

２）浮上する課題

①高学歴の結婚移住女性の主婦化と就労、本人の対応

中国における女性の就労、とりわけ既婚女性の持続就業モデルの普遍性が認識されている。滞日中国人女性が移住後でも中国社会での「既婚女性労働者モデル」に準拠して、日本社会での不就業に対して不満を抱き、強い帰国志向と定住傾向の薄い「仮住まい」意識をもっている（坪井 2004）。しかし、日本人男性と結婚した中国人女性は夫を連れて帰国することは現実的ではない。調査対象者と同年代の中国人女性の自立意識は、主に家事分担意識、就労意識・社会貢献意識から形成されている。社会参加による自分の存在を確認し、認めてもらう傾向が中国人女性にある。就労せずに家で家事と育児を一手に引き受けることは、とくに長年の教育を受けてきた高学歴女性は不満をもちやすい。

Ｊさんは「後悔したよ、（日本語学校を途中辞めず）あのままで留学を続けていればよかった。…結婚しても絶対に仕事を辞めないで、専業主婦にならないでちょうだい、と娘たちに手に職をもつように教育している（賽漢卓娜 2014b）。Ｋさん、Ｌさんは正規職ではなく非常勤職に挫折感を味わうが、それでも恵まれているほうだと冷静に認識しており、仕事を大切にしている。Ｍさんは、社会との接点をもちたく、子どもが小学校に入学後、夫の会社で仕事をしたいと申し出た。夫は同意し、彼女に単純作業をさせた。３か月間働いた後、家事と両立でへとへとになり辞めざるを得なかった。それでも、社会とのつながりをもちたく、偶然に中国で親しんだスポーツに出会え、社会人チームにも入った。数年後、夫を説得し、小さなスポーツクラブをオープンした。今は、スポーツを指導し、生きがいを得ている。

移民、とりわけ定住傾向の強い女性移民は、職業をもつことは移住先社会とのつながること、居場所を意味することでもある。また、１つのセーフティネットをも意味している。

②つながり

このグループの結婚移住女性の日本社会におけるつながりには、結婚移住女性同士のネットワークのほか、職業ネットワークや同胞ネットワークも見られる。Jさんは、上海出身者の結婚移住女性のネットワークをもっていたが、付き合わなくなったり、離婚して帰国したりして、流動的なネットワークと言える。Mさんは結婚で地方に引っ越してきた当時、友人も親族もいない中での子育て、孤独だった。その後、中国系移民の団体に参加し、近所の結婚移住女性とも付き合っている。最近、ニューカマーとして来日した中国系移民は生活が安定してきたこともあり、多様多種の中国系移民の団体が誕生した。とりわけ都市部では、共通な職業、趣味、性別をベースに在日新華人の団体の活動は盛んになってきている。Lさん、Kさんもそういった団体の活動に参加しており、つながりを深めている。しかし、移住先である日本社会とのつながりは相変わらず単調であり、パート先職場と、子育て期でママ友との付き合いが中心である。

③学校が母親にかかわりを求めること、子どもの継承語問題

中国は共働き世帯は中心であり、結婚移住女性が経験していた当時の中国の学校教育は、平日の昼間に保護者とのかかわりを求めることが少なかった。しかし、就労する母親が増えてきた現在の日本の学校は、専業主婦を前提としての母親とのかかわりを相変わらず重視している。また、母親は外国人であることで、子どもがいじめに遭うことは学歴に関係なく中国人母親に共通する危惧である。Kさんも、子どもが入学後、いじめが発生するのではないかと心配しているが、平日に設定されている授業参観に仕事の都合でなかなか参加できない。ついにある日本人母親に、「仕事で忙しく、授業参観にも来ないですが、子どもとお金を稼ぐことのどちらが重要ですか？」と問い詰められた。彼女は、大学で教鞭を執っていることを伝え、何とか納得してもらったそうである。幸い、子どもの学校方針は「いじめゼロ」であり、彼女の子どもも被害を受けていない。Jさんも、子どもは学校へ通い始めた時、異国の学校文化に戸惑いがあった。また、子どもに問題が起こった時はとても大変だったと言った。ただ、「旦那もわからないので聞いてもしょうがない、自分で模索する」と数々の課題に自ら挑戦していた。3人の子どもとも学業は優秀である。ただ、子どもたちは母親の母語に関して、聞き取りができるが、あまり話せないことを残念に思っている。一部の母親は子どもに独力で母語を教えようとしていたが、困難が多く、幼少期に中国の学校にしば

らく通うと上達するようである。

④国籍問題

日中国際結婚家庭で生まれた子どもはほぼ全員日本国籍をとることになっている。中国は二重国籍を認めず、子どもは日本国籍のみ取得している。日本で居住期間が長くなるにつれ、家族のうち、唯一の外国籍としての中国人結婚移住女性は「永住」あるいは「帰化」のどちらかの選択肢を迫られる。J さんは、1998 年に日本国籍に帰化したが、「後悔した、帰化しなければよかった」と話した。母国の国籍を失うことの喪失感、また帰化しても自分は相変わらず「外国人である」ことを語った。K さんは、日本への帰化も考えたが、なかなか決断できない。ビザなしで家族とともに第三国へ気軽に旅行に行ける便宜を取りたいが、「帰化」という語彙の背後に潜む「帰順」、「同化」的な意味合いに違和感を覚え、賛成しきれないでいる。また、結婚移住女性にとって、母国在住の老親の介抱のためでも、帰化することをためらってしまう。

３）問題解決と支援

①「文化の翻訳者」である夫、家族の理解

言語の取得と文化の実践とは異なる次元の問題だと考える。このグループの中国人女性は言語や文化の習得ができていても、日々日本社会との付き合いでやはりさまざまな問題に出会う。そこで、日本人夫はトランスカルチャー・トランスナショナルな立場の妻に理解を示し、文化を媒介する者として文化を翻訳している人もいる。K さんは自分の夫について、「とても頼りがいがあり、日本社会で不満不平などに遭遇したら、彼がいつも文化を『通訳』してくれている」。L さんが、「日本社会の息苦しさに苦痛を感じ、人間関係に悩むその都度、異文化をよく理解している夫は助言してくれる」。夫は L さんと日本社会との間に橋をかけてくれている。また、母国在住の K さんの母親が入院した時、K さんが帰国して看病していた間、夫は近くに住む夫の親に手を貸してもらい、子育てを引き受けることでサポートした。子育てしながら働く意欲のある母親として、居住する都市では公的な支援を得られていないが、家族のバックアップがあった。M さんはうつ病と診断された時、「頼れるいい夫」と再認識し、それから時間をかけて自分を納得させてようやく病気を克服した。

②積極的にコミュニケーションをとるという母親の戦略

日本語が堪能な母親Kさんは、頻繁にある学校の行事に参加できない代わりに、子どものために、いつもこまめに担任の教員と連絡帳を通じてコミュニケーションをとっている。また、通りすがりの同級生の母親たちにも積極的に挨拶し、「今日仕事があるので、よろしくね」とコミュニケーションを回避せず、努力し続ける。彼女は、「コミュニケーションはとても大事だ」という。

5．中国人結婚移住女性の抱える課題――類型別の考察

筆者は調査で出会った調査対象者の「福祉弱者」グループ、「潜在的リスク」グループ、「主婦と既婚女性労働者モデルの葛藤」グループの類型ごとにまとめる。

(1)「福祉弱者」グループ

本章の調査対象だけではなく、一般的に見ても「福祉弱者」になる可能性が高いのは、仲介型国際結婚（一部の紹介型を含む）といえよう。仲介型国際結婚（一部の紹介型を含む）の大きな問題として、双方の理解の不足と情報の不透明が挙げられる。時には、先進国の男性は女性の情報を得ているが、発展途上国出身の女性は男性に関する情報を得られないか、虚偽の情報しか得られないような情報の流通が不均衡に行われることもある。したがって、夫となる男性の心身の健康状況、家族構成、地理的な位置など正確な認識なしに来日することが時おり発生する。

上記のほかに、本章の中国人結婚移住女性が「福祉弱者」を経験することは、以下の原因が考えられる。①日本語能力の低さ、日本社会に関する知識の乏しさ。来日年数が短い時に困難に遭遇すれば、障壁が大きく、福祉弱者に転じやすい。②日本人家族との関係（直系家族ゆえの複雑な人間関係）による困難、③移住先の地域社会におけるつながりの弱さ。②と③は関連することが多い。「アジア人女性」「国際結婚」ということだけでも、閉鎖的な家族内および地域社会で孤立しがちである。外国人女性の結婚移住時、日本人家族が媒介機能を果たし、地域へのデビューを助力すると、地域により受け入れられやすくなり、同様に地域からの支援も得やすくなる。しかし、結婚移住女性は夫の家族との関係が悪化する際、

地域住民は日本人家族側に立つ場面が多いことも、この福祉弱者グループの女性らへの支援が少ない原因のひとつである。「偽装結婚」や「お金のための結婚」などと言われたくなければ、正当な権利主張をあきらめることもある。財産目当てとよく揶揄されているが、多大な財産や遺産を請求しているどころか、みずから、もしくは家族から「損」する分け方にしていることもあった。他方、日本人夫およびその家族にはさまざまな問題を抱え、そもそも地域社会で周辺的な存在であることも多く、女性の地域への適応をいっそう難しくする上、さらに援助を得にくくしている。④相談・支援先の乏しさ、である。上記の①～④の問題を公的支援でカバーすることが理想であるが、公的支援基盤は脆弱であったり、アクセスしにくいことがあると、「福祉弱者」に転じてしまう。

(2)「潜在的リスク」グループ

このグループの女性たちが日本人夫、家族との関係はおおむね良好である。良好な関係の裏返しとして、地域デビューも比較的にスムーズに進み、次第に地域社会に根ざしていく様子である。それは、本人のバイタリティと最大の努力によって、家族や地域住民に評価されただけではなく、夫のできる限りの理解と最大限のサポートも重要な役割を果たしている。このグループの女性も来日当初、日本語がわからずのスタートであったが、家族や地域ボランティアの支えにより、生活に必須の最低限の日本語能力をもつようになってきている。

しかし、女性たちは、生業や子育てなどは主に夫に頼っており、夫は日本社会へつながる非常に重要な命綱である。だからこそ、高齢の夫と幼い子どもを抱える不安は、潜在的リスクとして存在している。現状では、夫に依存がしがちで、社会と交渉する十分な日本語能力や社会経験をまだ培うことができていない。夫が健康で体力があるうちはいいが、病気などにかかると、たちまち日本社会への唯一の命綱が切れてしまう。その時には、女性も経験を積まず年齢的な要素もあって、十分な社会的能力を身につける機会を失い、意欲はあっても、実力が伴わない状況に陥っている。まさに潜在的なリスクを抱えている。何らかのセーフティネット作りが必要であろう。

(3)「主婦と既婚女性労働者モデルの葛藤」グループ

このグループの日本人夫らは日本社会における職業的地位が安定し、家庭の経済生活も問題があまりなく、家族形態は核家族であることが多い。彼女たちは、経済的に専業主婦という中流階層「奥さん」を選択する余地もあるが、「苦労して」職業を得ようとしている。また、上記の２つのグループよりも卓越した語学力や専門能力、また留学経験ということで社会資源にも恵まれているこのグループの女性たちであっても、いざ問題発生時はやはり夫をはじめとする家族に頼り、夫は自分が日本社会とつながる上で重要な存在であることが判明した。

一定程度問題解決する能力をもち、日本語能力が高いゆえ、女性への差別、外国人差別をより敏感に感じとり、乗り越えよう、認めてもらおうと努力を重ねる。しかし、家事・育児のサポート資源の乏しい日本社会では、夫の長時間労働や家事・育児の母親勤めの社会慣習、保育施設の不足、商品化された育児・家事サービスの不足、あるいは夫の意思によって、既婚女性は労働市場への就労を難しくしている。そこには、女性にとってのフルタイムポストの少なさ、仕事と家事・育児との両立の困難などの社会構造的な原因が潜んでいる。（越境）介護問題なども切実となる。 総じて、高学歴移民女性のエンパワーメントを浪費していると言わざるを得ない。そのなかで、女性らは母国の文化を資源に社会参加を模索している。

6．中国人結婚移住女性への支援を考えるにあたって

日本では、エスニック・グループごとに生活保護世帯に至る背景は、在日コリアンの場合は高齢者、フィリピン人の場合は母子家庭などのように大きく異なる（高谷 2015）。そこで、同じエスニック・グループである中国人結婚移住女性には、内部には多様な階層性があるため、一概に語れない。階層性と関連して、本章では、「福祉弱者」グループ、「潜在的リスク」グループ、「主婦と既婚女性労働者モデルの葛藤」グループの３つの性格の違う中国人結婚移住女性の類型を見いだした。これは、日本における日中国際結婚は一枚岩ではなく、多様性を帯びていることを意味する。したがって、支援のあり方を考える際、中国人結婚移住女性に共通する問題がある一方、異なる問題があることに注意が要する。これまで、支援の視点から、主に３つのグループを見いだし、それぞれ異なる課題を整理し、行われてきた有効な支援、または有効な解決の糸口を見つめ直した。むろん、今後中国人結婚移住女性への研究を深めることで、ほかの課題を抱える類型を新たに発見することもあろう。

(1) 移住者の社会的権利、セーフティネットと就労の関係

じっさい、日本に移住した中国人女性には、帰化することで「日本国民」というシティズンシップを得る場合と、帰化することなく永住化する（永住者の在留資格はその典型）ようになった「デニズン」（定住外国人）の両方が含まれる。T.H. マーシャル（1993）が注目した、教育、医療、年金などが保障される社会的な権利について、シティズンシップの権利として享受すべきことはいうまでもないが、日本でも、社会的権利は原則として住民の権利として位置づけられることなったのである（田中 2013）。

一般に、日本社会の代表的なセーフティネットは「雇用（労働）のネット」「社会保険（主に年金や保険）のネット」「公的扶助（主に生活保護）のネット」の3段階に区分できる（湯浅 2008）。雇用や社会保険のセーフティネットが機能しなかったときに、生活保護は「最後のセーフティネット」として受け止める（髙谷 2015）。しかし、いずれのグループにおいても、非正規労働者である中国人結婚移住女性はまさに、「失業しやすく雇用のネットからこぼれ落ちやすい非正規労働者ほど、実は社会保険のネットにもひっかかりにくい」という実態がある（湯浅 2008: 31）。日本人夫は、就労していればまだ世帯として機能するが、「福祉弱者」グループのように、夫と離別や死別し、母子家庭になった際、「最後のセーフティネット」の世話になるリスクがかなり高い。国際離婚が増加している昨今、日本で母子世帯として再スタートを切る者は少なくない。子育てしつつ、主要な稼ぎ手である層が貧困状態に置かれやすくなる上、元パートナーからドメスティック・バイオレンスを受けた場合は、トラウマから自立がより困難になっている（髙谷 2015）。

結婚移住女性の就労率は、社会とつながる回路を判断する基準でもある（嘉本 2014）。グループごとに働く意味が違うかもしれないが、社会につながることに変わりがない。中国人既婚女性について言えば、中国における女性の就労、とりわけ既婚女性の持続就業モデル▶6の意識を有している。「主婦と既婚女性労働者モデルの葛藤」問題は、日本語能力や学歴が高く、専門的知識を生かされていない結婚移住女性により顕著に発生する悩みである。乗り越えようと努力を重ねるが、日本社会の家事・育児のサポート資源の乏しさ等から、社会生活における位置づけが確保できない。それは本人にとって、充実を感じられない上、社会的に見ても人的資本を浪費していることになる。このような問題は、日本人女性も同様に抱えており、社会構造的に見直す必要があると同時に、定住志向の強い結婚

移住女性は「高度外国人材[▶7]」として政策立案の対象にすべきである[▶8]。さらに、移住先社会に自らの位置づけが定められにくいのであれば、長期的メンタルヘルス上の問題を生じ、移住生活の質を著しく低下させてしまう。

(2) 日本語学習、社会的つながりの希薄さと行き届いた公的支援政策の必要

結婚により地理的に移動する人の大半は女性であり、当然ながら、移動にはさまざまなリスク、たとえば家族・友人との別れ、社会的地位の一時的喪失が伴う(髙畑幸 2015)。国際結婚の場合、従来の移民のようにエスニック・コミュニティを形成するのではなく、夫の居住地に単身で飛び込むことがほとんどである。つながりのなさや孤立感、孤独感が当該女性を窮地に追いやっていることは少なくない。それは、高学歴の日本留学経験者の結婚移住女性にも発生する困難である。それは、結婚移住女性は、日本に居住している親族や同国の知人を相談相手のネットワークに依存する傾向があるためである。いかに日本社会との多様なつながりを構築するかという課題を提起したい。

日本政府は、外国人に対しては「出入国管理及び難民認定法」を根拠法として、在留資格と在留カードに基づき、主に就労面を重視した管理と統制を行っている。定住性が強く就労制限の対象とならない結婚移住女性については、家族に委ねて、入国後の社会的、経済的、文化的生活への支援政策は曖昧である。日本には、韓国のように、急増する結婚移住女性とその家族を支援する基本法がないことが背景にある。このような実情によって、頼るべき家族と対立し、または頼るべき家族の能力が不足する「福祉弱者」グループのような女性たちを非常に困難な窮地に立たせ、人権侵害や正当な権利を侵害してしまう。そのため、事例の中でも、多くの女性は公的機関又は外郭団体に相談をもち込めない場合も少なくない。生活者としての固有のニーズや日本社会で生きるための義務だけではなく、「住民の権利」に関する知識をきめ細かなサービスを提供し、貧困や社会的な排除の解消に寄与するよう最大限注意を払うべきである。

留学の場合には学校のサポートがあり日本語能力が一定習得され、技能実習の場合には管理組合等とのつながりがある。結婚移住の場合には言語的に見て十分な支援がなされないことが多く、日本語能力が低いゆえの困難さも顕在化しやすい。統制的な日本語学習は同化政策との批判もあるが、移住先社会の言語を理解できないほうがより権利侵害につながりやすい。また、日本語では曖昧な表現も多く、以心伝心や場の雰囲気を読むなどといったことも求められるが、やさしい

日本語をより普及・定着していくことが望ましい。

国や自治体としては、移住当初に日本語教育の普及、問題時の救済のイメージ図をシミレーションする必要がある。また、保健師などの家庭訪問時に問題発見につながったり、簡易に多言語による法律扶助サービスを利用できたり、マルチに相談でき、各部署につながれるスペシャリストを配置したりすることで、「福祉弱者」になることを防ぐ。さらに、役所や農協などの手続きの簡素化・明瞭化が期待される。学校、ボランティア、役所、地域など連携し、つながりを増やすことでリスクに立ち向かう。

注

▶1　『出入国管理実務六法』平成29年版によれば、永住者とはその生涯を本邦に生活の拠点を置いて過ごす者を言う（P209）。永住許可に関するガイドラインでは、原則10年在留後申請でき、日本人との結婚の場合はこれが短縮され、実態を伴った婚姻生活が３年以上継続し，かつ，引き続き１年以上本邦に在留していることが条件になっている。

▶2　帰化をすると、日本人同士の結婚に分類されるため、国際結婚としての把握が困難になる。条件：最低限３年以上の婚姻期間と１年の日本での居住で帰化可（ほかの在留資格からも可）。

▶3　法務省民事局「帰化許可申請者数、帰化許可者数及び帰化不許可者数の推移」。

▶4　「定住者」はかなり範囲の広い在留資格である。離婚後・死別後（3年程度の同居は必要が実務）、日本人の子を育てる親、外国人の連れ子など。日系３世も定住者に含まれる。

▶5　在留外国人統計2016年12月　都道府県別、在留資格別、在留外国人（その１中国）。

▶6　中国人既婚女性が婚姻、出産を行っても産休を取ったのち、仕事をし続けることを意味する。

▶7　安倍政権の成長戦略大綱である『日本再興戦略』（2013）において、「我が国の経済成長等に貢献することが期待される高度な能力や資質をもつ外国人が、円滑に我が国に来られるようにする」と、「高度人材」といわれるポイント制度を目指すようになった。さらに、「高度外国人材が新たに日本に来ることを促進する」ためではなく、定着志向の強いホワイトカラー職の外国人のニーズに対応すると思われる、『日本再興戦略改訂2014』には、留学生を高度外国人材の『卵』と位置づけ、国内企業（特に中小企業」への就職拡大）とより踏み込んだ形で盛り込まれている（五十嵐泰正　2015; 賽漢卓娜　2017）

▶8　著者の別の論考を参照していただきたい。賽漢卓娜（2017）「『ナショナルな標準家族』としての日本の国際結婚」（参考文献）

参考文献

五十嵐泰正（2015）「グローバル化の最前線が問いかける射程」五十嵐泰正・明石純一編著『「グローバル人材」をめぐる政策と現実』明石書店 . 10-12.

大関信子・牛島廣治・アラン・ノールズ・浅田豊（2006）「在日外国人女性の異文化ストレスと精神健康度調査」『女性心身医学』2006.

嘉本伊都子（2014）「結婚移住女性と多文化共生──震災と離婚という視点から」京都女子大学大学院現代社会研究科『現代社会研究科論集』8: 1-33.

賽漢卓娜（2014a）「国際結婚した中国出身母親の教育戦略とその変容──子供の成長段階による比較」『異文化間教育』39 号 . 15-32.

賽漢卓娜（2014b）「新たなライフステージ至った結婚移民女性への支援──地域ボランティアと移住女性の意識のズレをめぐって」『移民政策研究』6 号 . 116-131.

賽漢卓娜（2017）（12 月予定）「『ナショナルな標準家族』としての日本の国際結婚」比較家族史学会編『出会いと結婚』日本経済評論社 .

佐竹眞明・金愛慶・近藤敦・賽漢卓娜・李善姫・津田友理香・馬兪貞（2015）「試論：多文化家族への支援に向けて──概要と調査報告」名古屋学院大学総合研究所『名古屋学院大学論集（社会科学篇）』51(4): 49-84.

野田文隆（2011）「多文化・多民族化時代の精神医療とは──難民・移住者のメンタルヘルス」『日本社会精神医学会雑誌』20(4): 428 -433.

高畑幸（2015）「グローバル化と家族の変容」宮島喬・佐藤成基・小ヶ谷千穂編『国際社会学』有斐閣 .

髙谷幸（2015）「グローバル化のなかの福祉社会 」宮島喬・佐藤成基・小ヶ谷千穂編『国際社会学』有斐閣 .

髙谷幸・大曲由起子・樋口直人・鍛治致・稲葉奈々子（2015）「2010 年国勢調査にみる在日外国人女性の結婚と仕事・住居」岡山大学大学院社会文化科学研究科『文化共生学研究』14: 89-107.

田中宏（2013）『在日外国人ー法の壁，心の溝 [第 3 版]』岩波書店 .

ブライアン・キーリー（2010）『OECD インサイト 3　よくわかる国際移民──グローバル化の人間的側面』明石書店 .

マーシャル，T.H./ トム・ボットモア（1993）『シティズンシップと社会的階級──近現代を総括するマニフェスト』（岩崎信彦・中村健吾訳）法律文化社 .

湯浅誠（2008）『反貧困──「すべり台社会」からの脱出』岩波書店 .

第3章　フィリピン・日本結婚夫婦にとっての支援とは

佐竹 眞明

1．はじめに

日本では「多文化共生」に向けた施策は展開されるが、さまざまな問題を抱える国際結婚家庭への支援は十分とはいえない。そうした問題意識に基づき、筆者は2014年より当事者であるフィリピン女性と日本人男性との夫婦に対して、調査を行ってきた（佐竹2015）。この論文ではまず日本におけるフィリピン出身者の在住外国人としての位置づけを行う。次いで、調査、夫婦のプロファイル、質問への回答を記す。その後、回答を分析し、どのような支援が必要か、時期・段階に応じた支援・対応、支援の領域といった気が付いた示唆・論点を指摘する。調査事例に基づいて、支援のあり方、必要性を考えてみたい。

2．日本の在住フィリピン人

政府統計の総合窓口eStatにある在留登録外国人統計によると、2016年12月末の日本における在留外国人（238万2,822人）のうち、フィリピン人は24万3,622人である。この数は中国人69万5,552人、韓国人45万3,096人についで3番目に多い（法務省 2016a）。在日フィリピン人の男女構成は男性6万6,457人、女性17万7,205人であり、女性が72.7％を占めるのが特徴的である（法務省2016b）。なぜ、女性が多数を占めるか、というと、日本人男性と結婚して、日本に在住する女性が多いからである。背景には1980年代半ばから増えた農村の国際結婚（宿谷1988; 佐竹・ダアノイ2006; 佐竹2016）、日本に出稼ぎにきたフィリピン女性と日本男性との結婚の増加（佐竹・ダアノイ 2006: 2・3章）がある。

そうした女性も婚姻定住してから、10 － 20年以上が経つ。すなわち、女性の年齢構成をみると、30代から40代が多く、最も多い層は45歳から49歳の年齢層である。45歳が6,208人、46歳が6,925人、47歳が7,140人、48歳が6,746人、49歳が6,033人おり、計3万3,052人にも及ぶ（法務省 2016b）。そして、在住フィリピン人総数の11％にあたる2万6,687人が日本人の配偶者等、51.1％にあたる12万4,477人が日本に永住できる永住資格を有する（法務省 2016a）。日本人と結婚すると、日本人の配偶者等の資格を取得できる。さらに、法務省のガイドラインによると、「実態を伴った婚姻生活」を3年以上続け、かつ引き続き1年以上日本に残留すれば、永住資格を申請できる（法務省）。このようにして、日本人と結婚して、配偶者等の資格を取得した在住フィリピン人が永住資格に切り替えたケースが多いので永住資格を持つ女性が多い。こうして、在住フィリピン人の中には、日本人男性と結婚してから10年から20年、さらにそれ以上が経過した女性が多数を占める（高畑 2011: 222-224も参考）。ほかは日系人や技能実習生などである。

3.事例研究

(1) 調査概要

フィリピン女性、そして、フィリピン女性と結婚している日本男性は結婚生活でどのような悩みを感じているのだろうか、具体的に調査をしてみた。

2014年から日本人と婚姻しているフィリピン人女性（17名）と、フィリピン人と婚姻している日本人男性（9名）を対象として、インタビューあるいは質問票記入を通じて調査を実施した。このうち、聞き書き及び質問票記入両方への協力者は5夫婦、質問票記入のみの協力者はフィリピン女性9名、日本男性2名であった。合計すると、フィリピン女性14名、日本男性7名の例を検討する。なお、筆者は今回の調査協力者を含めて2006、2009、2013年に調査を行ってきており（佐竹・ダアノイ 2006: 佐竹 2009: 佐竹 2016）、この調査でも補足資料として用いる。プライバシー保護のため、調査に答えてくれた協力者の名前は全て仮名とする。なお、日本女性とフィリピン男性との夫婦は2015年度でも婚姻は176組で、3,070組に達する日本男性と日本女性との夫婦に比べ数が少なく（第1章

「多文化家族のあらまし」表１参照）、本稿の対象としていない。調査協力者の経歴などは 2016 年 10 月末での数字である。事実関係では 2017 年３月末まで含む。

調査対象となった夫婦、女性、男性の居住地は愛知、岐阜、香川、徳島、愛媛、熊本県にまたがる。愛知県名古屋市、岐阜県岐阜市に関しては筆者の勤める勤務校の在校生に依頼して紹介を受け、両親にお話を伺った。愛知県知多郡東浦町、知立市、熊本県山鹿市の対象者には共同調査訪問でお世話になった愛知・知多郡東浦町の「フィリピーノ・コミュニティ・イン・ヒガシウラ」代表・千葉真理杏（マリアン）氏が質問票を配ってくださった。香川県仲多度郡の夫婦は 1989 年から 2005 年まで同県に暮らした筆者の旧来の友人である。徳島県三好市東祖谷（ひがしいや）に関しては 1987 年村役場（2006 年まで三好郡東祖谷山村（やまそん）。その年、市町村合併により現名称）が業者と組み、村の男性６人を連れ、フィリピンでお見合いパーティを開き、結婚をまとめた。筆者は東祖谷のこの国際結婚に関心を持ち、前任校・四国学院大学在任中に、1990 年代から村を訪れ、女性たちと交流の機会を持った。2005 年に四国を離れ、現・勤務校に移ったのち、2013 年、東祖谷を再訪した。そして、1987 年から残っている女性２名に（うち、１名は夫婦として）聞書きを行い、その口述を（佐竹 2016）として公刊した。今回の調査で、2016 年 10 月、地域を訪れると、その夫婦が再び調査に協力してくれた。また、ふもとの町（現・三好市池田）のカラオケクラブに仕事に来て、それぞれ 2001 年、2010 年東祖谷の男性と知り合って結婚した２人の女性がいる。その女性たちも 2013 年の調査に協力してくれたが、2016 年訪問時に調査に再び協力してくれた。これら３人の女性は、就労がきっかけで地域の男性と結婚した姉に男性を紹介され結婚した妹、及びその夫を 2016 年、筆者に紹介してくれた。

さらに、1987 年より地域に残る女性（2013 年、2016 年の協力者）、2010 年に結婚した女性は、今回の訪問時、愛媛県四国中央市に筆者を同行し、元エンターテイナーで、現在、介護施設に務める女性、スーパーで働く女性を紹介してくれた。

こうして、夫婦での協力は香川・仲多度郡の１組、愛知・名古屋市の１組、岐阜・岐阜市の１組、徳島・東祖谷の２組である。フィリピン女性の協力者は香川・丸亀市１名、愛知・名古屋市１名、愛知・東浦町４名、徳島・東祖谷２名、愛媛・四国中央市２名である。日本男性は愛知・東浦町１名、熊本・山鹿市１名である。合わせてフィリピン女性が 14 名、日本男性が７名となる（**表 1**）。

表1　インタビュー夫妻、女性、男性のプロフィール

居住地	妻の名 年齢	夫の名 年齢	知り合った経緯	結婚年数（婚姻年）	調査年日
香川県仲多度郡	ジャヤ 51	浩太郎 48	友人の紹介	19（1997）	2015年8月
愛知県名古屋市	フィナ 54	秋正 57	日本人と結婚していたフィナの姉の紹介	23（1993）	2015年7月
岐阜県岐阜市	ブエン 51	秀成 61	ブエンの日本での就労	22（1993）	2015年7月
徳島県三好市東祖谷	デイジー 49	寛二 64	行政（村）と業者が仲介	29（1987）	2016年10月
同	メジェリン 42	容二 61	日本人と結婚していたメジェリンの姉の紹介	12（2004）	2016年10月
香川県丸亀市	レア 52		日本での就労	23（1993）	2015年8月
愛知県名古屋市	ジジ 45		同	28（1988）	票のみ2015年10月
愛知県知多郡東浦町	アン		同	11（2005）	同　2016年2月
同	ノラ 36		同	10（2006）	同　2016年2月
同	レン 30		日本人と 結婚していた姉の紹介	2（2014）	同　2016年2月
徳島県三好市東祖谷	エライサ 40		日本での就労	15（2001）	2016年9月
同	ロディ 42		同	6（2010）	同
愛媛県四国中央市	ヒルダ 53		同	27（1989）	2016年10月
同	キャロリン 47		同	28（1988）	同
愛知県知立市		政樹 50	日本人と結婚していた義姉の紹介	4（2012）	票のみ　2016年2月
熊本県山鹿市		太郎 70	―	4（2012）	同

注：年齢、結婚年数は2016年10月末現在の数値とした。
出典：筆者による調査。

(2) 年齢・知り合った経緯

妻の年齢は30歳から54歳、夫の年齢は48歳から70歳で、結婚年数は2年から29年である。知り合った経緯は妻の日本における就労（エンターテイナー）が9名、日本人と結婚していた（義）姉の紹介4名、日本人と結婚していた友人の紹介が1名、自治体・業者の紹介が1名、不明1名である。

まず、妻の就労という移住労働から結婚というルートが目立つ。この就労とは興行ビザにより、日本のクラブ、パブなどに「エンターテイナー」「タレント」として、最大6か月働きに来るというものである。1980年代半ばより始まり、なかでもフィリピン人女性が多かった。最盛期の2004年、興行ビザで来日した外国人13万4,879人中、フィリピン籍が8万2,741人で全体の61.2%を占めた（藤本　2006: 37)。そして、その圧倒的多数が女性であり、例えば2002年フィリピン籍7万3,246人中、6万9,986人、95.5%が女性だった（佐竹・ダアノイ 2006: 15)。フィリピン女性は歌って踊れる、若くて明るいという評判が立ち、全国でフィリピン・パブは人気を博した。そして、通う男性も多く、恋愛が生まれ、結婚に至るケースも多かった。この点、筆者の2006年調査（佐竹・ダアノイ 2006）でも対象60組の日本人男性とフィリピン女性夫婦のうち、36組は妻が働いているクラブ、パブで最初に知り合った、という調査結果がある。つまり、60%が妻の移住労働がきっかけだったのであり、今回の調査でも結婚の経緯で最大を占めた。[▶1] レアが香川県丸亀、ジジが名古屋・栄、キャロリンが同・錦、エライサ、ロディが徳島県三好市池田、ヒルダが香川県高松市で働いていた経験を持ち、それぞれ職場で夫と知り合い、結婚した。

次に移住女性が姉妹による紹介を受けて結婚するという連鎖移民の例が目立つ。第1次の移民（姉妹）に触発されて、呼び寄せるかのように男性を紹介される。名古屋の秋正（57）は「妻の姉のご主人が知り合いだった。おとなしいという印象をもった」。その妻フィナ（54)「姉が紹介してくれた。やさしくて、責任感があるという印象だった」という。お姉さんが先に国際結婚していたのである。東祖谷の夫婦メジェリン（42）も「村で結婚していた姉の紹介」、夫の容二（61）も「紹介を受けて、フィリピンに会いに行った」と述べる。愛知・東浦町のレン(30）も「お姉さんの紹介です。やさしいという印象をもった」。さらに、名古屋の政樹（50）も「現在の職場で奥さんのお姉さんと知り合い、紹介されたんです。明るくかわいいという印象だった」という。事例以外で筆者の知るケースでも日本人と結婚していた姉、妹、叔母の紹介を受けたという事例が多い。先に結婚した姉妹について、メジェリンは姉がエンターテイナーとして働いていたと答えたものの、ほかの事例ではどのような経緯で男性と知り合ったか、明示的な回答は得ていない。しかし、結婚した当時フィリピン女性が日本で働く場合、興行ビザで働く以外、ほとんど道がなかったことを考えると、エンターテイナーであったろうことは想像に難くない。

女性たちの滞在資格はいずれも永住者である。今回の協力者たちは婚姻生活が10年から20年を超し、子育ても終了した女性も多い。だが、愛知・東浦町のレンも2014年に婚姻し、2年の婚姻期間であるにもかかわらず、永住ビザを取得していた。第1章で述べたように、日本人の配偶者が永住資格を得るには最低婚姻生活３年は必要なのだが、レンは質問票に永住資格ありと記載しており、その真偽は不明である。

調査に協力した７名の日本人の年齢は、48、57、61、64、61、50、70歳であり、60代以上が４名いる。妻との年齢差では、10歳以上、15歳以上、29歳年上の夫婦もある。日本人同士の婚姻であれば、初婚年齢で男子30.3歳、女子28.8歳であり（2010年内閣府「子ども・子育て白書」）、その年齢差は２歳程度である。それと比較すると、調査事例は標本数として少ないが、年齢差が大きいといえよう。今回の事例では、男性の結婚年齢は30代が主で、再婚のケースもある。最新のデータが得られないので、1998年から2005年までに日本人と結婚し、フィリピンを出国したフィリピン女性８万6,191人のうち、日本人男性の42％はフィリピン女性との結婚前に離婚を経験している。この反面、フィリピン女性の94％が初婚である（原島2007: 6）。結婚経験者の日本男性と未婚のフィリピン女性との結婚が少なくないのである。事例でもフィナ・秋正、ブエン・秀成の場合、夫が再婚、妻が初婚である（**表1**）。太郎（70歳）も再婚である。

（3）夫妻の職業

妻の職業について、国勢調査を通じて、全国的傾向を見ておこう（高谷ほか2015: 93-94）。2010年の国勢調査に基づけば、日本人と結婚しているフィリピン女性（総数６万8,380人）のうち、44.3％が就業しており、45.3％が家事につき、専業主婦となっている。職種については、生産工程18％、サービス9.2％、運搬・清掃・包装等6.3％となり、管理職1.1％、専門職・技術職1.1％である。専門職・技術職の日本女性7.2％と比べて、現場での単純労働職が多い。

この全国調査結果を踏まえると、調査事例においても専業主婦が４名、パート労働が４名と多く、正規職員が２名、非常勤職員が２名、通訳正規社員が１名、英語教師正規社員が１名であった。まず、賃労働についておらず、専業主婦である理由として、東祖谷のメジェリンは夫の反対があった。慣れるまで家にいてほしいという夫の要望に従ったが、息子が生まれ、姑が老いてくるなかで、仕事に就かなかったそうである。岐阜市のブエンはスーパーの仕事に応募したが、日本語が不自由という理由で採用に落ちたという。名古屋のジジはパブで働いていたが、仕事に疲れて辞めたそうである。ノラの場合、質問票による回答なので、詳細は不明だが、子どもが10歳、８歳、６歳であり、子育てで手いっぱいの様子である。専業主婦といっても必ずしも望んでなったわけではない。

パート職の４名には、名古屋市内の病院で調理を行うフィナ、香川・丸亀の鶏肉工場で働くレア、愛媛・四国中央市のスーパーで働くキャサリンがいる。アンの職種は不明である。一般にフィリピン女性は生産、サービス、運搬・清掃・包装等の労働が多く、筆者の知る愛知、香川の女性の多くが外食店、弁当工場、鶏肉工場など現場職に就いている。

正規職員、非常勤職員というのは、高齢者介護施設における勤務形態を指す。徳島の山間地区、東祖谷にも1999年に地域の高齢化を踏まえ、高齢者介護チェーンが養護老人ホーム、特別養護老人ホーム（特養）、老人短期入所施設を建設した[▶2]。養護老人（定員50名）、特養（同30名）、老人短期（同10名）ともに2013年現在満室である。そうした施設で開設時から給食をつくる正規職員となったのがデイジーである。1987年のパイオニア「お嫁さん」の１人である。池田のカラオケクラブで働き、村の男性と知り合い、2002年村に住み始めたエライサ、2010年、同様に池田の就労で村の男性と知り合い結婚したロディが非常勤職員として、同施設で高齢者の介護をしている。そして、愛媛・四国中央市のヒルダは元高松のクラブで再び働いていた。21歳で来日し、日本人の夫がいたが、女の子２人を出産してから離婚した。離婚後、高松のクラブで再び働いていたところ、砂利運搬の運転手と知り合い結婚。その男性が四国中央市出身だった。この夫とは３人の娘をもうけ、いま夫は退職している。うどん屋、道路警備、レストランの調理を経て、ヒルダは５年前から市内の高齢者介護施設で正規職員として働いている。日本の介護業界は外国人への依存をたかめており（小川 2010）、東祖谷や四国中央市でも在住女性が福祉現場を担っている。

通訳常勤というのは香川・仲多度郡に居住し、日系フィリピン人を雇用する木材会社で通訳業を務めるジャヤである。彼女はフィリピン生まれであるが、日本の短大を卒業し、木材会社で働いていた。日本人と結婚している在日フィリピン女性に浩太郎を紹介され、結婚した。一方、レン（29）は大学を卒業した後、フィリピンで病院の職員を務めていたが、2014年に結婚し、英語教師の仕事を常勤で行っている。子どもはまだいない。

次に、夫の職業について、2010年の国勢調査により全国の統計をみると、日本人が妻である男性の失業率が3.8％に対し、フィリピン人を妻として持つ日本男性は８％の失業率である（高谷ほか 2015: 94）。極めて高い点が特徴的である。また、職種をみると、日本人と結婚している男性が管理職、専門職・技術職、事

表２　職業・子ども

妻	職業	夫	職業	子ども（年）
ジャヤ	通訳（常勤）	浩太郎	公務員（常勤）	なし
フィナ	病院食堂調理（パート）	秋正	自営業（家具製造）	娘１（21））
ブエン	専業主婦	秀成	無職（2005年、郵便局職員退職）	娘２（22，22）息子１（20）
デイジー	介護施設　食堂（正規）	寛二	無職（2016年土木退職、年金）	息子（28歳）娘（22歳）
メジェリン	専業主婦	容二	無職（2011年土木退職）	息子（８歳）
レア	鶏肉加工場（パート）			息子（22）
ジジ	専業主婦（以前　バー勤務）			息子（27）
アン	パートタイム			４人（10、8，6、９か月）
ノラ	専業主婦			３人（10、8、6）
レン	英語教師（常勤）			なし
エライサ	介護施設　非常勤職員			娘（14歳）、息子（10歳）
ロディ	同			なし
ヒルダ	介護施設正規職員			元の夫（33、29歳の娘）、現夫（25、24、15歳の娘）
キャロリン	スーパーのパート社員			元の夫（21歳の娘、結婚）、現夫　ゼロ
		政樹	会社員	２人
		太郎	無職（年金）	―

注：子どもの年齢も2016年10月末時点とした。
出典：筆者による調査。

務職に就く割合が10％代であるのに対して、フィリピン人と結婚している男性はそれぞれ3％、4.7％、6.1％と低い。他方、生産工程、輸送・機械運転、建設・採掘といった職に就く男性が17.0％、12.4％、12.5％と高めであり、管理・専門職に比べて割合が大きい（髙谷ほか 2015: 97）。一般的に現場労働の割合が高い。

調査の事例では　夫の職業としては無職（生活保護１、年金３）が４、会社員が１名、公務員が１名、自営業（家具づくり）が１名である。無職が多いが、無職になる前、現場労働に就いていた例が多い。東祖谷の寛二は、1987年、デイジーと結婚する前から、多数の地域男性が従事する土木産業で働いてきた。上記の分類では建設の職種である。村の林業は廃り、男性が頼りとする産業は道路や河川の改修にあたる土木産業（土建業）しかなくなったのである。寛二と同時にフィリピン女性と結婚した男性５人も土木産業で働いていた。寛二は2003年から2004年にかけ、肝臓をやられ、手術を受けた時期を除き、仕事を続けた。しかし、2015年、65歳の定年になる前に退職した。他方、東祖谷の容二（62）は2004年の結婚以降、メジェリン（42）に働かせず、土木産業で働き続けた。だが、高齢化した母（84歳）の介護のため、2011年、56歳の時、退職した。こうして、高齢化や母の介護に伴い、土木現場での仕事からの退職がみられる。また、岐阜の秀成は50歳の時、腰痛となり、郵便局を上司とともに早期退職したという。「あの頃は早期退職流行ってましたから。課長と一緒に辞めようという感じで辞めました」と語っていた。それから腰痛が激しく身体的障害のため、働けないという理由で、生活保護を受けている。

公務員１名というのは社会福祉協議会につとめる浩太郎である。高齢者の介護をする仕事にあたっている。自営業というのはもともと家具の椅子をつくっており、今はそのリペア（修理）を専業とする名古屋の秋正である（**表2**）。

(4) 妻の日本語能力と大変だったこと

女性たちに日本語能力を尋ねてみると、話し読み書きすべてができる人が２名、話せるが読み書きが難しい人が11名、すべてに弱いと答えた人が１名であった。日本の短大を卒業し、木材会社で通訳業に就くジャヤのように、日本語の読み書きまで十分にこなせる例は稀である。日本語の会話はなんとかついていけるが、言語を読み書きできる人は限られる。さらに、岐阜のブエンのように、結婚して22年になるが、夫の秀成は「今でも十分にコミュニュケーションがとれない」という。秀成はフィリピン語、英語ともに片言しか話せないので、妻も日本語が不自由であることから、夫婦間に十分なコミュニケーションが成り立っていないと推測される。

こうした事情を反映して、妻たちは結婚生活で大変であったことを報告しており、病院に行った時（４名：説明がわからない、病状を説明できない）、夫との意思疎通（１名）、夫・親戚とのけんか（４名）、子育て（２名）、出産（２名）における体験を語っていた。祖谷のメジェリンも「初めは病院で苦労した。出産の時も不安だった」という。名古屋のフィナは働きながら、地域のNPOが主催する日本語教室にも週１度は通う。そのフィナも「飛蚊症」（ひぶんしょう）という言葉に苦労した。疲れた時、目の表面に小さな影＝糸くずにも蚊のようにも見える＝が見えるという症状に困ったフィナが診察を受けたところ、医者に言わられたのがこの言葉であった。「え、それ、どういう意味ですか。夫にも尋ねたけれど、すぐわかりませんでした」。日本人でも聞きなれない表現だが、医学用語は理解が難しい。

また、夫、親戚との不仲、出産、子育てにおいても、日本語の壁が存在している。夫、親戚とのコミュニュケーションについては、言葉のニュアンスがわからない、特に東祖谷では方言が難しいなどの問題が絡んでいる。東祖谷のデイジーは「ここではフィリピンと違って、クリスマスは祝わない。お正月も静かです」と語る。寛二は「昔からの習慣で、日本ではクリスマスは祝わない。それに日本人はお正月を静かに祝う」と語る。夫4人も妻とのコミュニケーションで苦労しているという。名古屋の秋正もいう。「言葉の面でかなりとらえ方がすれ違う。異なった文化、習慣があり、時間、予定でアバウトなのが特徴なんです。舅・姑との関係でも苦労しました。今は母の日のプレゼントをする程度でほとんど交流がないですが」。これは文化、風習の違いである。

しかし、母国への送金でフィリピンのお嫁さんが夫、舅・姑と意見が合わず、そのことが理由となり、離婚につながった例が東祖谷にある▶[3]。拡大家族の立場をとるお嫁さんの立場を核家族的価値観をとる日本の夫たちが理解できなかったために、起きた事件である。

さて、岐阜のブエンは、日本語能力にハンディを持つため、なかなか思うような仕事に就けず、結婚前のように、岐阜のクラブで働いたという。しかし、若い時には着たことがないあらわな服装を強いられ、やめたという。その後、スーパーに応募したものの、日本語能力故に、不採用になった。

他の声ではジェスチャー・妻の努力で克服というものがある。熊本・山鹿市の太郎（70再婚）がフィリピン語は「学びたいけど難しいので学ばなかった。最初はお互い大変でしたが、ジェスチャーまじりの会話、妻の努力で互いに慣れるまで時間はかからなかったです」という。逆にいえば、夫が妻の言葉を理解しようとせず、妻が相当努力して、コミュニケーションの問題は「特に問題はありません」（太郎）という結果になっている。この事例に限らず、夫から見て、妻の苦労は当然視され、妻が夫の言語を一方的に学んでいくというコミュニュケーション上の不平等な関係がみてとれる。

妻が結婚生活で大変だったことで、仕事が大変（5名）という回答もある。鶏肉の加工場で働く丸亀市のレアは「毎日残業です。残業、残業で毎日大変です。だから休みの時、フィリピンの友達と料理をつくったり、カラオケにいったりしている。憂さ晴らしってとこかな」と語る。白い作業服に白帽子、マスクを付け、肉が腐らないように、温度を低く調節してある加工場で肉を切り分ける。その作業が続き、肉体的にも疲れる。また、東祖谷で高齢者介護を行うエライサは語る。「介護職員として、特別養護老人ホーム――弱い人がいる方――に配属されています。脳卒中で寝たきりの人もいるけれど、大切に世話します。朝、ラジオ体操

表３　妻の日本語能力　夫婦で困ったこと

妻（日本語の読み書き）	困ったこと	夫（英語・フィリピン語）	困ったこと
ジャヤ（できる）	特になし	浩太郎（できる）	特になし
フィナ（難しい）	病院	秋正（あまりできない）	言葉　文化･習慣、舅･姑･親戚との関係
ブエン（難しい。加えて、聞き取れない）	夫とのコミュニケーション、病院、就労	秀成（少しできる）	言葉（100％のコミュニケーションができない）
デイジー（少しできるが、完璧とはいかず）	仕事	寛二	異なった文化・習慣（物事に対する考え方）
メジェリン（難しい）	病院（最初のころ）　出産	容二	言葉、異なった文化異なった文化・習慣（例えば食べ物）
レア（難しい）	病院、夫や親戚とけんかした時		
ジジ（難しい）	仕事		
アン（できる）	子育て、夫や親戚とけんかした時		
ノラ（難しい）	何はともあれ　私は幸せ苦労はしていない		
レン（難しい）	仕事		
エライサ（難しい）	仕事（介護の仕事はきつい。お年寄りをお風呂に入れたり、して。）		
ロディ（難しい）	夫との関係（結婚当初夫が事故を起こし、丸２年間、私が介護職員として働いた。今、夫は土木会社で働いている）		
ヒルダ（難しい。ある程度はできる）	いやなことがあっても誰にも相談しない		
キャロリン（難しい）	病院、出産、夫や親戚とけんかした時、子育て		
		政樹（英語を少し）	妻のオーバーステイへの対応
		太郎（外国語は難しい）	言葉（最初は大変でした。ジェスチャーまじりの会話、妻の努力で余り時間はかからなかった）

出典：筆者による調査。

をみんなの前で踊り、教えて、それから、ランチを介助します。自分でご飯を食べられない人を手伝ってご飯食べさせないといけません。食後、お皿をかたづけ、次はお風呂を手伝う。おむつセットを交換したり、掃除もします。とても毎日の介護の仕事、大変です。朝の10時から夜の７時まで働き詰めです」。元々陽気なエライサも介護の現場はきついとこぼす。

　反対に、介護職をつらいと思わないのは、ロディである。2010年に東祖谷の男性と結婚したロディはすぐに介護施設で非常勤介護職員として働き始めた。夫は土木業勤務であった。翌年、夫が誤って、山の崖から落ち、２年間、自宅療養となった。夫は１日２回、けいれんを防ぐ薬を飲んだ。夫は家にこもって、夫婦の関係は微妙な雰囲気になった。仕事に出られず、失業保険に頼る。いつまで療養生活が続くか、夫は不安でいらいらしていた。ロディは語る。「介護の仕事はつらいと思いません。仕事を楽しみにしている。だって、家の中でストレスがいっぱいだから。私、プライベート・ライフと仕事とは分ける。暗くなれば、仕事失う。昔から、私は明るい性格なので、タレントの時から、私は自分を励ますタイプだった。でも、今、うちに帰ると、暗くなる」。こうした事情で、結婚当初の数年は夫との関係が大変だったという（2013年８月）。しかし、2016年　再会すると、夫は回復し、土木業で働くようになったそうである。夫婦仲もよくなったよ、と喜んで語っていた（**表3**）。

（5）困った際、誰が助ける

困った際、夫は相談に乗り、助けになるか、女性に質問すると、９名はいつも助ける、２名は時々、３名はあまり助けてくれないとのことだった。比較的助けるという夫が多数を占め、夫婦いたわり合うというのが夫婦の基本であり、私的領域の扶助の最たる例であろう。だが、あまり助けてくれない夫もいるという。一方、日本にいるフィリピンの友だちが助ける・相談に乗るが８名、日本人と結婚している姉が助けるが３名、娘が助けるが３名いた。誰にも相談しないが２名いた（複数回答）。

さて、フィリピンの友だちが助ける８名のうち、３名が「夫はあまり助けない」という。夫に頼れず、時に夫に苦労しながら、同胞の友人に救われる構図が見てとれる。こうした女性はフィリピン女性と休日、余暇を過ごすことが多いという傾向がみられる。例えば、丸亀のレアは何かと家庭の事情にうるさい舅（別居）と反りが合わなかった。彼女がフィリピンに戻っている間に、舅が夫を言いくるめて離婚届を出した。当時、高校に通っていた息子は夫の親権の下に入った。帰国したレアは愛媛に引っ越し、別の男性としばらく暮らしていた。しかし、その男性が浮気したため、レアはその男性と別れ、元の夫と寄りをもどし再婚した。しかし、夫との関係はまだ釈然とはしておらず、彼女は休日フィリピンの友だちと付き合うことが多い。なお、同胞による支援は日常的な相談のみならず、一般的に借金的貸し借りにまで及ぶ。

また、日本人と結婚している姉が助けるのは名古屋のフィナ、岐阜のブエンのような例でいわゆる連鎖移民の利点である。名古屋のフィナ、秋正夫婦の場合、

表４　夫の助け：誰・何が対応

妻	夫の助け	助ける人・組織	夫	助ける人・組織
ジャヤ	いつも	夫	浩太郎	特になし
フィナ	いつも	夫と子ども。フィリピンの両親、米日在住の姉２名、日本人の親戚・友人	秋正	役所（国際結婚の手続き）
ブエン	時々	東京の姉、子ども	秀成	妻の姉
デイジー	あまり助けない	上司、夫、フィリピンにいる友達	寛二	日本人の親戚・親
メジェリン	いつも	夫	容二	日本人の親戚・親
レア	あまり助けない	フィリピン人の友達（真の友達）		
ジジ	時々	なし		
アン	あまり助けない	フィリピン人の友達		
ノラ	いつも	姉、フィリピン人の友達、UFCH（United Filipino Community in Higashiura）、自治体 pamahalaan local		
レン	いつも	フィリピン人の友達、市役所 City Hall		
エライサ	いつも	フィリピンの親・兄弟・おば、在日フィリピン人の友達		
ロディ	いつも			
ヒルダ	いつも	他の人からは助けを求めない。他の人も忙しいでしょ。他の人に迷惑をかけたくない		
キャロリン	いつも	娘。在日フィリピン人の友達、日本の親戚・友達		
			政樹	妻の姉（妻がオーバーステイだったので役所の書類を手伝う）、役所、日本人の親戚・親
			太郎	記載なし

出典：筆者による調査。

日本にもアメリカにも同様に結婚して暮らす姉がいて、いずれも助けてくれる。特に近隣に住む姉は相談にすぐ乗ってくれるという。岐阜のブエン、秀成の夫婦でも「何か問題があると、東京に住む姉に電話して相談して、妻や私も助かった」。ブエンの場合は３人姉妹で上の２人のお姉さんも興行の仕事で日本に来て、東京の男性とそれぞれ結婚した。ブエンもエンターテイナーとして、岐阜に仕事に来て、秀成と知り合い、結婚した。２人の姉さんのうち、一番上の姉さんがよく世話をしてくれるという。

しかし、こんな事例もある。地域の男性と結婚していた姉が夫を紹介してくれ、彼女は結婚した。しかし、姉はそれを何ごとにつけて持ち出し、２人の娘の教育費用としてお金を彼女から多額にわたり借りた。ところが、彼女がその返済を求めると、すてきな男性を紹介してあげたのに、感謝の念が足りないという。そして、返済には応じない。つまり、連鎖移民の場合、先住者といい関係があれば、後の者は恩恵を受けるが、関係が悪ければ、ストレスの要因ともなりうる。

娘の支援というのは成人に達した娘が助ける、言葉で困ったときに説明する、というものである。名古屋のフィナには2017年大学を卒業した娘がいる。岐阜のブエンには23歳の双子の娘がおり、2016年大学（姉）、専門学校（妹）を卒業した。それぞれ、母親を何かとアシストしている。

他方、「夫がいつも助ける」妻9名中、5名は在日フィリピン人の友人、3名は在比の親・親戚・兄弟、日本の親戚、2名はフィリピン人の自助組織（United Filipino Community in Higashiura）や自治体、市役所の支援をも受ける。UFCHの千葉真理杏（マリアン）氏（フィリピン籍、夫はパキスタン人）は東浦町の外国人相談役であり、地域の相談役でもある。同団体は多文化共生の精神に基づくフィリピン人の互助団体で、地域のフィリピン人のために活動している（佐竹ほか 2017）。

なお、人に助けを求めないと答えたうちの1人が、四国中央市の介護職員ヒルダである。「人はそれぞれ自分の問題で精一杯です。自分の問題を持ち出したりしてはお気の毒でしょう。だから、私、人に相談しないのです」と語った。夜勤明けで眠たいはずなのに、筆者の質問票や質問に丁寧に答えてくれた。その後、カラオケに付き合い、さらに自宅で自作だというバーベキュー台を裏庭で披露して、接待してくれた。このバーベキュー台には東祖谷のデイジーや四国中央市のキャロリンら多くのフィリピン人、日本人の友人が集う。フィリピンでいうホスピタリティ（hospitality = 人をもてなすこと）あふれた人物であるが、人に相談しない方針を持っている。

夫側のサポート源としては、日本人の親戚・親3名、役所2名、妻の姉2名である。東祖谷の寛二も「国際結婚やってみたらどうか。今のままじゃ、どうにもならんからな」という親や親戚の声を受けて、結婚したという。すでに両親とも亡くなり、兄弟でも姉だけが生存しているが、親、親戚が生きていた頃は生まれたばかりの長男（現28歳）の世話を含め、大いに助けてもらったそうだ。日本人の親戚・親の存在は大きい。

一方、秀成は語る。「子どもが小さい頃、フィリピンに行くとき、東京経由にして、一番上のお姉さんのところに寄って行ったりした。フィリピンから戻った時も寄って、いろいろと話をした」。名古屋の秋正は近くに住む義姉及びアメリカ人と結婚し、死別したもう1人の義理の姉が、岐阜の秀成は東京にいる義姉が相談に乗ってくれるという。秋正はいう。「今度、10月にフィナ、娘と一緒に3

表 5　どのような支援が必要

ジャヤ	日本における労働の権利に関する情報	浩太郎	行政に外国人向けの窓口がワンストップ・サービスであればいい
フィナ	わからない　（言葉）	秋正	わからない　（言葉）
ブエン	（言葉）、（就労）	秀成	市民団体による言葉の支援
デイジー	問題が起きた時　アドバイスをくれたり、一息入れたりできる場所	寛二	家族、近隣住民
メジェリン	よくわかってくれる友達と夫	容二	行政、家族（相談に乗ってもらう）
レア	生活においてやってくる問題による		
ジジ	特になし		
アン	無記名		
ノラ	日本の他の場所を訪れる無料の旅行		
レン	無記名		
エライサ	日本語		
ロディ	フィリピンにいる両親・兄弟が一番頼りになる		
ヒルダ	他人に助けを求めない。他人に迷惑をかける		
キャロリン	日本語の学習		
		政樹	行政、市民団体、家族（妻がオーバーステイだったのでその手続きを姉が手伝ってくれた）
		太郎	市民団体（言葉で苦労）

出典：筆者による調査。

日間、マニラに行きます。アメリカにいる姉がもう夫を亡くして、フィリピンに家を建てたのです。その家に私たちの部屋を作ってくれた。その家を見に行くんです」。夫婦ともども仕事の都合で長く滞在できないが、「新室」のオープニングが待ち遠しい感じだった。さらに、愛知の政樹は妻がオーバーステイでその手続きなどで困っていたが、日本人と結婚していた義姉が役所に出す書類を手伝ってくれたという。やはり、身近に姉がいると、頼もしいものである。

秋正の場合、近くに住むお姉さんのほか、不慣れなところは区役所が手伝ってくれた。「国際結婚するにあたり、手続き上の段取りを助言していただいた」そうだ。正樹も妻のビザ関係で役場の世話になった。

(6) どのような支援が必要か

どのような支援が必要か、については、女性２名が言葉、すなわち日本語と記入した（**表 5**）。婚姻 22 年に及びながら「100％のコミュニケーションが取れない」と嘆いていた岐阜の秀成も「市民団体による言葉の支援」と明記した。ただし、言葉については当たり前のように、あまりに自明の問題で、はっきりと日本語の学習支援として書く人は少ない。妻たちからの意見として、東祖谷で 1987

年からいわゆるパイオニア的存在として、自ら悩み、そして、エライサとロディの就職あっせん、メジェリンの定着支援を含め多くの後輩妻たちを支援してきたデイジーは（佐竹 2016 参考）こう述べる。「本人が問題を申し立てアドバイスを受けられる場を設けられたらいい。言葉、夫のこと、職場、子育ての苦労など、いろいろな問題を話し、息をつける場がほしい」と。先駆的移住者としての意見である。

友人の紹介で公務員の浩太郎と結婚したジャヤも日系フィリピン人の通訳にあたることから、「日本で働く際の労働上の権利について、より情報を教えてほしい」と言っていた。彼女の会社で働く日系フィリピン人が労働の権利を知らない、権利について情報を十分得ていないという経験があるのだろう。夫の浩太郎は言う。「多文化共生の考えに賛同します。今後、行政施策につながればよいと思う。それから、行政に外国人向けの窓口がワンストップサービスであればいいと思う」と。社会福祉協議会に務め、高齢者の福祉を支えながら、地域の教会でフィリピン研修生の日本語講座に携わってきた中で、培った見解である。役場に外国人を連れて行っても、登録窓口で在留登録、子どもは児童課、労働関係は厚労省のハローワークだ、など別の窓口となる。1か所で全てが片づくと外国人本人、付き添う人にとって、どれほど楽だろうか、というのである。

東祖谷のメジェリンは「よくわかってくれる友達と夫」、夫の容二も「行政と家族に相談に乗ってもらう」、知立の政樹も「行政、市民団体、家族による支援があるといい」と述べている。私的領域として、家族の存在が欠かせない様子がわかる。メジェリンの場合、家が東祖谷の中心地にある関係から、地域のフィリピン人が集まりやすい。その中で、事情に通じた友達ができ、よくわかってくれる友となる。そして、容二も料理の腕をふるいながら、フィリピン人たちをもてなす。メジェリンも友達と並んで、相談相手として、夫を頼る。容二も役場（三好市東祖谷総合支所）とともに家族・妻と相談する。そんな関係がある。

姉にオーバーステイだった妻の滞在手続きを手伝ってもらった政樹も行政、市民団体、そして、家族を強調する。困った時はまず家族が相談相手となる。東祖谷のデイジーの夫、寛二も家族、近隣住民の支援を求めている。子どもが幼い時は自分の両親や近くの姉などに頼り、今では妻が頼りである。東祖谷では地域に高校がなく、中学卒業と同時に、子どもが親元を離れる。また、地域には男性なら土木業、女性なら高齢者介護の仕事しか専らなく、就学を終えると、別の地で就職する場合が多い。デイジー・寛二夫婦の場合、息子は大阪で自衛隊、娘も大阪で美容室に勤めており、残された夫婦で助け合うしかない。メジェリン、容二夫婦は息子が８歳であるが、やがて息子が中学を卒業し、どこに進路を求めるか、によって家族の支援のあり様が変わってくる。

同じく東祖谷のロディは夫が事故で２年間自宅療養し、苦労したが、困った時、夫以外、フィリピンの両親、姉妹、東祖谷のフィリピン人、日本人が助けてくれる。「なかでも、フィリピンの両親、姉妹２人が一番助けになる」。携帯電話やＳＮＳ（ソーシャル・ネットワーキング・システム）を通じてのコミュニケーションである。

一方、丸亀のレアは「人生においてやってくる問題による」という。一人息子を大事に育てつつ、夫と一時離婚した人生を送ったレアなりの達観した見方だろう。出産、育児、就労、離婚・再婚の道を歩んだ際、その時々で必要な支援があるという。これは人生のサイクルに応じた支援が必要だという意見である。

東浦のノラ（36）は日本の就労がきっかけで、2006年に結婚した。専業主婦として、10歳、8歳、6歳の3人の子育て中である。夫がいつも助けてくれるという。在住の姉とUFCHの友達も助けてくれる。「どんなことが起ころうとも、私は幸せよ。私は何でも困ることはないです」と語る。支援として、自分の体験として、「結婚して一か月しかたっていなかった時、無料のバスツアーがあり、日本のあちこちを見る機会があった。この体験が視野を広げてくれた」。

よって、自治体などがただでバスツアーを企画してくれることが支援になると主張する。

なお、「わからない」や無記入の回答もあるが、必要な支援については、結婚において苦労した点を踏まえて分析する必要がある。この点、4に記す。

4．事例に基づく示唆・論点

(1) どのような支援が必要か

では、どのような支援が必要であるか。結婚や日本での生活における苦労を踏まえて検討すべきであろう。まず、女性11名は読み書き、1名は話し読み書きすべてに苦労しており、日本語の学習支援のニーズは依然として高い、と思われる。東祖谷のエライサも日本語の学習が必要だと主張する。13歳の娘、10歳の息子の学校の宿題が増えてきた。学校からの通知も多い。「難しい日本語に苦労しています」という。また、1988年に結婚し、婚姻歴28年に上り、現在スーパーでパートとして働く愛媛・四国中央市のキャサリンは今、部落解放同盟の地域拠点・隣保館でほかの外国人と混じって、週1回日本語を勉強している。「きれいな日本語をマスターしたい」そうだ。名古屋の病院で食事を作るフィナも地域のNPOが東別院のお寺の一室で開いている日本語教室に参加した。このように日本語を聞く上では問題ないが、読み書きが難しいというフィリピン人女性には修学意欲の強い人がいる。

一方、5人の女性が病院で困ると報告しており、医療通訳の必要性も指摘できよう。愛知、岐阜、横浜で医療通訳が行政（愛知、岐阜）、NPO（神奈川）を通じて行われているが、他の都道府県でも行われるべきである[4]。また、子育て（2名）、出産（2名）が大変という声が出ており、対応・支援が求められる。さらに、日本語能力が低いゆえに職に就けなかった岐阜のブエンについては本人が望むならば、日本語学習のみならず、就労支援も必要である。この点、2009年厚生労働省が前年リーマンショックで解雇された南米日系人向けに始めた「日系人就労準備研修」が2015年「外国人就労準備研修」と名称を変え、外国人配偶者も受講しやすくなった。中部・関東・関西の16都府県で開催されているが、ほかの都道府県への活用、拡充が求められる[5]。

1989年に四国中央市のトラック運転手と再婚したヒルダ（53）。いろいろな職を転転とした。5年前から正規職員として、市内の高齢者介護施設で働く。夜勤も行う。彼女はヘルパー2級の資格をもっているが、現在、社会福祉士の資格をとるべく、独学中である。こうした女性を対象にした外国人向けのキャリアアップ支援も求められよう[6]。

(2) 時期・段階に応じた支援・対応

夫婦に対しては時期・段階に応じた支援が求められる。これはレアの「人生のいろいろな段階に応じて支援があれば」という発言に触発された意見である。

まず、結婚前、日本人に対しては婚姻手続き、相手の母国について、文化・歴史・言葉を学べる支援があるとよいだろう。ちなみにオーストラリアには多文化主義政策に基づき、非政府組織として「移民情報センター」（Migrants Resources Centres）」が町ごとに存在し、相手国について学びやすい（1999、2000年事の訪問調査。Satake 2002; 甘利 2010: 9-10）。結婚相手の国の言葉を学ぶ講座も開設されており、結婚前に受講することも可能である。他方、フィリピンでは結婚して海外に移住する人を対象に在外フィリピン人委員会（CFO）が３時間のガイダンス、カウンセリングを課している。ただし、筆者も立ち会ったが、より長時間の、質の高い研修が望まれる（原島 2008; 佐竹 2011）。

国際結婚初期については、女性の初期適応を支援する。具体的には日本語支援、就労支援である。この点については第12章（佐竹）をご覧いただきたい。また、韓国の多文化家族支援センターの支援が従実している（金ほか 2016; 本書金、馬論文）。そして、女性の初期適応については日本の男性・親族の対応も重要である。ここは同化主義をとることなく、夫や親族も相手の文化や言葉を学ぶ必要がある。

子どもを授かった場合、出産、子育て（高畑 2003）、教育（佐竹ほか 2015a）といった長いスパンに及ぶ支援が求められる。

また、夫による暴力の場合、被害者の養護・支援、生活支援を含めて市民グループ、自治体窓口の対応も必要である（山岸 2009）。そして、少しでも暴力行為を減らすべく、夫のジェンダー意識の改善を図る必要がある。連れ合いの文化への理解も必要である（佐竹 2009; 佐竹ほか 2015a）。名古屋の家庭裁判所で開かれた審判離婚で当事者のフィリピン女性から聞いた筆者の経験からしても、男性側の意識改革が強く求められる。

そして、離婚した場合、母子家庭への支援が必要である。事例ではレアが離婚しており、その時は夫に息子の親権がわたったが、息子は高校を卒業し働いていた。レアは別の男性と付き合った後、元の夫と寄りをもどした。だから、母子家庭を構成するまでにはならなかった。他方、調査事例には含まれないが、筆者は４人のシングルマザーの事例を知っている。ある例では夫はパチンコ好きで仕事も休みがちであり、妻が昼の仕事で収入が足りず、夜パブで働いたため、やきもちを焼く。そして、夫は不倫をする。子ども２人を連れて、そんな夫と別れている。別の例では、ホテル・マネジャーの夫が不倫をして、夫との間にもうけた女の子を連れて、女性が離婚した。その２人がフィリピン人のネットワークを利用して、四国から愛知にそれぞれ小学生の子どもを連れて、移住した。そのうち、前者の女性は行政機関から生活保護を受け、公的保護の対象となった。これら２ケースを含め、母子家庭に関しては生活保護のみならずメンタルな支援も行政、市民団体から求められる。

さて現在、国際結婚して、長い年月に達する例もある。日本人の夫が高齢化し、妻が稼ぎ頭として残る。四国中央市のキャロリン（47）は 1988 年 18 歳の時、タレントとして来日し、名古屋の錦で働いた。同年、結婚し、滞在28年目である。夫は名古屋出身だが、友だちを頼って四国に移ったという。夫は元会社員で退職している。娘は21歳で結婚し独立した。自分が病気で病院に行った時や出産した時や子育てで困ったが、今はその娘が通訳してくれるという。夫、娘に加え、ヒルダ、デイジーなどフィリピン人の友人、日本の友達が助けてくれた。今、スーパーのパートを続ける。デイジーの紹介により、東祖谷の高齢者施設の演芸会で演歌を披露したりもする。「私は老後の心配をしていません。年をとっても日本にいます。日本で骨をうずめるつもりです」。

四国中央市のヒルダ（53歳）の場合、1989年に結婚し、結婚生活27年に及ぶ。夫はトラック運転手を2016年59歳で退職した。前夫ともうけた2人の娘（33歳、29歳）は独立し、現夫の子3人のうち、25歳、24歳の娘は結婚独立した。だが、24歳の娘は離婚し、子どもを抱え、戻ってきた。そして、15歳の女の子もいる。こうして、ヒルダは稼ぎ頭となり、介護施設の正規職員として稼ぎ続けねばならない。しかし、15歳の娘の子が独立すれば、扶養義務からはずれる。したがって彼女は介護福祉士の資格を取った上で、しばらく働いた後、フィリピンにもどることを考えている。「夫はもう退職し、来年60歳になる。だから、身軽になった夫は先にフィリピンに行くといっている。私はフィリピンで骨をうずめたいので、ちょうどタイミングがよかった」。

東祖谷の先駆的ともいえる外国人花嫁さん、デイジー（49歳）も土建業を退職した夫（64歳）と2人暮らしとなった。結婚29年である。長男は大阪の自衛隊、長女は大阪の美容室で働いている。デイジーは高齢者施設で正規職員として調理を続ける。彼女は語る。「死ぬまで働きたくない。楽な生活をしたい。たまにそう思う。そして、年をとったらフィリピンに帰りたい。死ぬなら自分の国で死にたい、と思う」。こっちに墓をつくったら、親戚を始め向こうの人たちは来られない。向こうにお墓をつくれば、子どもが訪ねてくれてくれるだろうからだ。「子どもにも死んだら骨をフィリピンにもどしてといっている」。夫の寛二がいう。「結局最後、夫婦は2人きりになるんです。子どもはこっちに帰っても仕事がないし」。デイジーの墓についてこう言う。「おれの方が先に死ぬかもしれんけど、お前が亡くなったら、分骨して、生まれ故郷に持っていくつもりや、母国に」。そして、自分の老後の不安を語る。「いつまでこの生活が続くか、わからない。老後の安住の地は日本にしたい、お墓は自宅近くにしたい。でも今の時代お墓なんて必要ないかもしれないけれど」。

キャロリン、ヒルダ、デイジーにせよ、それぞれの人生を歩んでいる。そして、夫が高齢化し、退職する。夫の健康も気にかかる。しかし、キャロリン、ヒルダ、デイジーは家族、職場の人間関係を大事にしつつ、精いっぱい生きている。そして、夫の側の寛二の老後の不安もある。結婚当事者の高齢化を含めた支援とは何かを考えたい。

(3) 支援の領域

ここでは支援の領域を概念的に考察してみたい（**図 1**）。「支援」を考えた場合、まず夫婦相互による支え、そして、子どもによる支援がある。それは家族・私的領域である。さらに、フィリピン人妻の姉や、日本人夫の親戚といった血縁者・私的領域における支援がある。そうした私的領域を取り巻いて、近所の人・友人といった地域社会による支援がある。さらに、それらを取り巻いて、市民団体（フィリピン人団体を含む）や行政の支援がある。これらは公的領域である。家族・私的領域、血縁者・私的領域、地域社会が「支援」「共生」の基本領域である。これらの領域は調査事例をまとめる中で概念的に導き出されたものである。

・夫・妻、子どもによる「支え」（家族・私的領域）
・姉妹・日本の親戚（血縁者・私的領域）
・近所の人・友人（地域社会・中間領域）
・市民団体、行政の支援（公的領域）

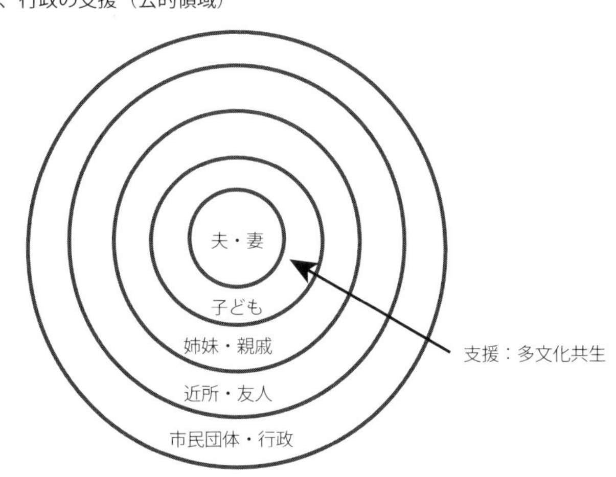

出典：筆者による調査。

図 1　支援の領域

そうした領域については、海外フィリピン人委員会の委託を受けて、渡航前ガイダンス・カウンセリングを提供していたCenter for Overseas Workers（COW）に2005年1月から2007年2月に返送された43件のフィードバック・アンケート結果が参考になる。すなわち、日本人と結婚し、出国したフィリピン人（95%が女性）に、日本人との結婚において困難に直面した時にどのような対応をしたか、聞いたという。「日本の伝統文化、特に、日本語を学ぶことが大切」「近所の人との日本語でのコミュニュケーション」という具合に日本語学習の大切さが認識されている。そして、「病院などのサービスの利用」「配偶者の家族との関係」「日本のやり方に従う」など日本社会や家族関係に溶け込もうとする姿勢もうかがえる。そのためには夫や近隣の日常にかかわりを持つ人たちからの支援が重要であるという。すなわち「適応するために配偶者が助けてくれる」「日本人の配偶者の支援的関わり」「夫が日本文化を教えてくれるので、慣れるのに助かる」と述べられ（原島 2008: 12）、私的領域の重要性が指摘されている。

しかし、そこで問題が発生し、多文化家族が支えきれず、問題が解決しない場合もある。例えば、意思疎通の困難、医療受診における支障、夫によるDV、就労の困難、出産・子育てといったケースである。その意味で、団体や行政による公的領域における支援は必要不可欠である。秀成が「市民団体による言葉の支援」、エライサ、キャロリンが「日本語の学習」、フィナ、メジェリン、レア、キャロリンが病院、ブエンが就労、アン、キャロリンが子育てにおける困難を指摘する際、公的支援の必要性は明らかである。そして、これらの公的支援が現在では自治体、民間団体によって、多くの場合、「多文化共生」プログラムのもと、提供されている。この点については、拙稿（第12章）を見ていただきたい。[7]

むすび

日比結婚について、インタビュー、質問票の回答を踏まえ、支援の内容、時期・段階に応じた支援、支援の領域について考えてきた。そして、本稿は限られた標本数ではあったが、支援の視点を明らかにすることができた。

注

▶ 1　2004 年、アメリカ国務省の『人身売買報告書』は、日本の興行就労が外国人女性の人身売買の隠れ蓑となっている、と指摘し、日本を要監視国とした。それを受けて、05 年、日本政府は興行資格による外国人の入国を制限した。規制の影響を受け、フィリピン人の興行入国数は 2006 年 8,608 人と激減し、日比結婚の減少につながった。

▶ 2　65 歳以上の高齢者を対象に、擁護老人ホームは常時介護の必要はないが、心身および経済的な理由により自宅における生活が困難な人、特別養護老人ホーム（特養）は自宅で適切な介護を受けられず、常時介護が必要な人、老人短期入所（ショートステイ）施設は自宅で介護を受けることが一時的に困難になった人を短期間入所させ、養護する施設。

▶ 3　1987 年結婚した 6 組のうち、90 年代初頭離婚した夫婦の場合、妻の送金に夫、舅、姑とも反対し、離婚の原因となった。東祖谷の日本人インフォーマントの発言。2013 年 1 月 29 日。

▶ 4　愛知、神奈川、岐阜の医療通訳については以下を参照。
www.aichi-iryou-tsuyaku-system.com
mickanagawa.web.fc2.com/for_medical_institutions.html
https: //www.tabunkakyoto.org/2012/11/05/...

▶ 5　ブエンにも娘を通じて情報を伝えた。

▶ 6　オーストラリアの職業教育（TAFE　技術・継続教育 Train and Further Education）は多くの移民が活用している。

▶ 7　なお、「多文化家族における家庭内暴力」に対するソーシャルワーカーに対する要求として、（中嶋監修・尹、近藤、岡田　2016: 316-322）は 5 点あげている。①カルチュラル・コンピテンスを備え、異文化に対応する能力をもつ②家族中心アプローチをとり、夫、子ども、舅、姑へもアプローチすべきである③ジェンダーの視点を持つ。家父長制、男尊女卑を排斥すべきである④多文化ソーシャルワーカーの養成をはかる。生活問題にも対応すべきである。

参考文献

小川玲子（2013）「超高齢者の介護を支えるのは誰か」『Dianews』72: 3-6.
金愛慶ほか（2016）「韓国の多文化家族に対する支援政策と実践の現況」『名古屋学院大学論集』（社会科学篇）. 第 52 巻第 4 号 . 113-144.
佐竹眞明（2009）「フィリピン・日本結婚のありようとこじれ――日本男性の変化と離婚を中心に」アジア・太平洋人権情報センター編 『アジア・太平洋人権レビュー 2009　女性の人権の視点から見る国際結婚』32-44. 現代人文社.
佐竹眞明（2011）「東海地域の外国籍住民と多文化共生論」佐竹眞明編『在日外国人と多文化共生――地域コミュニティの視点から』15-46. 明石書店 .

佐竹眞明（2016）「四国の山村における国際結婚――フィリピンからの『小さな民』の生き方」甲斐田万智子・佐竹眞明・長津一史・幡谷則子共編著『小さな民のグローバル学――共生の思想と実践をもとめて』85-110. 上智大学出版 .

佐竹眞明・ダアノイ , メアリー・アンジェリン（2006）『フィリピン・日本国際結婚――移住と多文化共生』めこん .

佐竹眞明ほか（2015）「多文化家族への支援に向けて――概要と調査報告」『名古屋学院大学論集』（社会科学篇）第 51 巻第 4 号 . 49-84.

佐竹眞明ほか（2017）「多文化家族への支援――愛知・大阪・神奈川の事例」『名古屋学院大学論集』（社会科学篇）第 53 巻第 3 号. 105-137.

宿谷京子（1988）『アジアから来た花嫁――迎える側の論理』明石書店.

高畑幸（2003）「国際結婚と家族――在日フィリピン人のよる出産と子育ての相互扶助」石井由香編『移民の居住と生活』明石書店.

高畑幸（2011）「『意味ある投資』を求めて――日本から帰国したフィリピン人による出身地域での企業」竹澤尚一郎編『移民のヨーロッパ――国際比較の視点から』218-243. 明石書店.

髙谷幸ほか（2015）「2010 年国勢調査にみる在日外国人女性の結婚と仕事・住居」『文化共生学研究 』(14), 89-107.

中嶋和男監修 , 尹靖水・近藤理恵・岡田節子編著（2016）『多文化家族における家庭内暴力と福祉的介入の国際的比較研究』学術研究出版.

原島博 (2008)「フィリピン人女性の国際結婚と日本への移住支援に関する研究――「送り出し側」の移住支援を事例として」『ルーテル学院研究所紀要 : テオロギア・ディアコニア』（42）1-16.

藤本伸樹（2006）「フィリピン人女性『エンターテイナー』の直面する問題を通して日本の人身売買を検証する」『人権問題研究所紀要』第 20 号. 29-63. 近畿大学人権問題研究所.

山岸素子（2009）「DV の現状と NGO の取組み――DV 法と移住女性、当事者女性のエンパワメント」アジア・太平洋人権情報センター編『アジア・太平洋人権レビュー 2009 女性の人権の視点から見る国際結婚』78-85. 現代人文社.

[インターネット資料]

法務省（2016a）「国籍・地域別　在留資格（在留目的）別　在留外国人」（基準年月日 2016 年 12 月末）政府統計窓口 https: //www.e-stat.go.jp/SG1/estat/eStatTopPortal.do に「在留外国人」と入力し、さらに在留外国人統計（旧登録外国人統計）にアクセスして統計を取得。2017 年 6 月 7 日 アクセス.

法務省（2016b）「国籍・地域別　年齢・男女別　在留外国人」（基準年月日 2016 年 12 月末）同上 URL から同じ方法により、統計を取得。2017 年 6 月 7 日 アクセス。

法務省 「永住許可に関するガイドライン」http: //www.moj.go.jp/nyuukokukanri/kouhou/nyukan_nyukan50.html　2017 年 6 月 24 日アクセス.

第4章　「ライフスタイル移民」としての日韓国際結婚と移住女性たちのモビリティ

——共生する社会をどう実現するのか

李 善姫

1．はじめに

日韓の国際結婚件数は、1970年から2015年までの統計でみる限り、合計28万3,537件となる。日韓の隣国としての長い歴史、そして日本の植民地時代における日朝結婚、また戦後日本に定住した在日韓国・朝鮮人と日本人との結婚などを考慮すると、日韓・日朝結婚は、日本における他の異文化間結婚よりも多様で複雑な状況であることは言うまでもない。この多様で複雑な日韓・日朝結婚の全般を取り上げるには、筆者の能力が至らないことを事前に断わっておく。本稿では、特に1990年代の農村の花嫁として地域に入った韓国結婚移住女性への聞き取り調査を中心に、東北地方の日韓国際結婚の現状を考察し、家族間の問題、及び韓国人移住女性たちの地域内の生活、その中で必要とされる社会の支援システムについて論じる。

また、日韓国際結婚の中でも仲介や紹介による国際結婚に限定する理由は、仲介型国際結婚自体が持つ脆弱性のためである。周知のとおり、仲介型国際結婚は、「イエの維持・存続、ムラの崩壊防止」または「夫本人と親の介護」との日本側の需要と、本国で「社会的に経済的に弱い立場に追い込まれた女性」が「豊かな国」日本へと向かう（内海・澤 2009: 21）プッシュ要因が働くの中でカップル・マッチングが行われる。また、結婚移住女性は来日時に日本社会における社会文化的資本（例えば、言語能力や社会的ネットワーク、自立資源など）が殆どないまま、配偶者だけを頼りに結婚するという共通点が見られる。従って自由恋愛による国際結婚に比べ、受け入れ社会に定住適応する過程において、より社会的支援を必要とするといえよう。

しかし、周知のとおり日本の外国人政策は、定住外国人に対する支援を公論化していない。日本が受け入れる外国人は高度人材なので、定住外国人への特別な支援が必要ではないというのが表面上の理由と考えられる。そんな中、必要な支援は、各自治体の裁量により行われてきた。一部の外国人集住地域で日系人の支援の必要性が問われ、2006年に総務省による「多文化共生プラン」が発表されることで、多少とも流れは変わったが、結婚によって来日して日本の家族と生活する「見えない外国人」については、その必要性さえもあまり指摘されてこなかった。そこで起こった2011年3月11日の東日本大震災は、東日本に多く存在した「外国人花嫁」の日本語力の問題や安否確認体制問題などを浮き彫りにした。そして、地域の日本語教室の強化などが図られるようになったが、結婚移住女性たちの実際のニーズには程遠い。その理由は、本稿で後述するように、仲介型国際結婚で来日し、定住している結婚移住女性たちのライフコースが大きく変わっていること、それにより今必要な支援の中身が現実に即しておらず、ミスマッチングしていることにある。

本稿では、特に日韓国際結婚の「多文化家族」を中心に、日韓国際結婚の夫婦間の問題、結婚移住女性の社会適応の問題を検討する。ここで、日韓結婚とは日本人と韓国人、あるいは朝鮮人との結婚を示す。なお、プライバシーの保護のため、韓国・朝鮮女性、日本男性の名前はすべて仮名である。本稿では、韓国の結婚移住女性の仮名を彼女らのナショナリティを明確にするために全て韓国語名前に置き換えているが、実際の日本生活の上では彼女らが日本名を使っていることも付言しておく。

2．日本における日韓国際結婚の推移

日本における国際結婚を振り返ると、日本人男性と韓国・朝鮮人女性の結婚は、1974年に全体の国際結婚のうち60％を占めるが、80年には57％、90年には46%、1995年には全国際結婚の27%にまで割合が縮小する。それは、90年代に入り中国やフィリピン人女性との国際結婚が急増することによるもので、日本における国際結婚そのものは2006年まで増加の傾向にあったが、2006年をピークに次第に右肩下がりとなっている。

日韓国際結婚のみを見ると、件数としては1990年の１万1,661件がピークとなり、**表１**でわかるように、99年と2001年にかけて第二次増加と2005年から2006年にかけて第三次増加がみられる。

グラフの３つ（**図１、２、３**）の日韓国際結婚の増加現象はいわばプッシュとプル要因で説明されてきた。プッシュ要因として送り国における社会情勢の変化は韓国移住女性の国際結婚移住の増加と減少要因としてあげられる。その他、韓国女性たちが結婚移住を選択するプッシュ要因には、結婚適齢期を超えた女性に対する社会的偏見や離婚女性の再婚のむずかしさといったジェンダー的要因、そして家父長制的な文化的要因、そして、女性として経済活動への参画の困難と「貧困の女性化」にみられる経済的要因が説明されてきた（内海・澤／柳 2012）。

1980年度末と90年の初めにかけての一次結婚ブームについては、日本の農村地域で花嫁不足と後継者不足を解決するために、日本の自治体の行政が積極的に推進した「ムラの国際結婚」が背後にある。同時期、韓国では「海外渡航自由化」が1989年から施行されることで、以前は特定の層や特定の理由でしか可能ではなかった海外への移動の自由が許容され、なかなか海外に出かけることができなかった女性たちの越境移動が可能になれたのである（柳 2013: 94）。一方、日

表１　年度別国際結婚件数の中の日韓・日朝結婚が占める比率

年度	夫妻の一方が外国	妻 韓国・朝	夫 韓国・朝	日韓・日朝結婚の合計	比率※
1965	4,156	843	1,128	1,971	47%
1970	5,546	1,536	1,386	2,922	53%
1974	6,359	2,047	1,743	3,790	60%
1975	6,045	1,994	1,554	3,548	59%
1980	7,261	2,458	1,651	4,109	57%
1985	12,181	3,622	2,525	6,147	50%
1990	25,626	8,940	2,721	11,661	46%
1995	27,727	4,521	2,842	7,363	27%
2000	36,263	6,214	2,509	8,723	24%
2005	41,481	6,066	2,087	8,153	20%
2011	25,934	3,098	1,837	4,935	19%
2012	23,657	3,004	1,823	4,827	20%
2013	21,488	2,734	1,689	4,423	21%

注＊：全国際結婚係数における日韓・日朝結構の比率。
出典：平成25年人口動態調査上巻　婚姻　第9.18表 「夫妻の国籍別にみた年次別婚姻件数」から筆者作成。
（https://www.e-stat.go.jp/SG1/estat/GL08020103.do?_toGL08020103_&listID=000001127023&requestSender=dsearch）

韓国際結婚の第２次時期（1999 ～ 2001）の間は、1997 年のアジア通貨危機から始まった、いわば韓国の金融危機の時期に当たる。韓国の経済危機のしわ寄せは多くの人のリストラによる家庭崩壊につながった。また、女性の失業につながり、またより小規模の自営業者だった女性経営者の破産につながった。これまた、女性の海外渡航の原因となった（柳 2013: 35）。第３次の日韓国際結婚の増加（2005 ～ 2006）については、IMF の経済危機以降に韓国社会内での経済格差が進む中、周辺化された女性たちが移住につながったという見方が強い。韓国は 1997 年の IMF 経済危機克服後、社会の両極化現象を迎えることになる。その過程で、特に離婚により独り身となった中高年層の女性たちの貧困化が進んだと言われている（内海・澤 2010: 22）。

グラフの通り、現在日本における国際結婚の推移は日韓結婚だけでなく、全体的に減少局面にある。仲介型国際結婚は、ネット上での紹介サイト運営など従来とは別な形で展開されている反面、人と人の間での仲介、紹介の件数は少なくなった。過疎化の農村地域における人口そのものが減少し、独身男性の数も減っていることもある。また、周囲の勧めや紹介で結婚に至るという慣習が廃れ、結婚や家族に対する社会的価値観の変化、家事や介護労働に対する男性側の参加など、社会的変化も仲介型国際結婚の減少の原因と考えられる。それに東北では、2010 年に韓国人との結婚仲介をする業者の結婚詐欺を訴える日本人夫らの集団訴訟が社会的イシューとなった。その時、結婚仲介に関連した者が調べをうけたことで以後結婚仲介業が委縮した。加えて、2011 年の震災までが重なって、日韓国際結婚の数は急激に減少した。さらに言えば、送り国の韓国内の状況も変わっている。特に社会における性差別に関してはさまざまな是正が試みられている。2008 年戸主制度▶[1]の廃止（2005 年制定、2008 年実行）をはじめとする家父長的法制度の改善、ジェンダー平等意識の拡大、そして社会福祉制度の整備などによる脆弱層への支援の拡大などによって、韓国内の女性たちの生活もだいぶ改善に向かった▶[2]。このような韓国社会の変化により、女性の移民の動機がだいぶ薄まったということも考えられる。

ところで、ここで筆者が強調したいのは、そもそも仲介型国際結婚移住の動機を「経済移民」としてみる見方である。女性の移住化に経済的理由の他、ジェンダー的、または文化的要因が含まれていることは、先行研究の中ですでに指摘されている。その点でみると、彼女らの移民には「経済的に豊かになりたい」という側面だけでなく、「女性としてのライフスタイルを変えたいという」側面があるのではないか。しかし、これまでの国際結婚研究では、ハイパーガミー（女性の上層婚）論や「南北問題」構造論によってより一層「経済移民」として面が強調されてきた。しかし、先述したように、越境によってこれまでのライフスタイルを変えたいという、いわば「ライフスタイル移民」としての側面も認めなければならない。

ライフスタイル移住（lifestyle migration）は、近年、欧米の社会学、文化人類学、人文地理学における移住研究の中で普及しつつある用語であり、中間層以上の移住を理解する上で持ち出された用語である。グローバル化と共に個人の生き方や生活の質に対する願望が移住の意思決定に大きく影響を与えている現代的な移住と捉えることができる。「従来の移住が、経済や宗教、政治などを理由に生きていく上で必ず必要な手段としての移住だったとすれば、『ライフスタイル移住』は、より個人の生き方に対する願望や理想が移住の意思決定に影響を与えるいわば『中間層の新しい移住』という新概念である」と長友は定義する（長友 2015: 24）。また、吉原によると、ライフスタイル移民とは、旅と移住の間を往還する人々であり、もう１つの人生を求め、自ら選び取った新天地に関わろうと移住する人々となる。吉原は、「ライフスタイル移民」の特徴として、流動性と脱統合的なライフスタイルをあげ、その事例の１つとして、バリ人男性と結婚することで移住生活をする日本人女性の例をあげている（吉原 2008: 201-224）。

日韓の仲介型国際結婚の場合、確かに日本と韓国の経済格差、文化格差が大きいかった時期においては、女性の経済的理由が主な移住の原因であったことは間違いないだろう。しかし、前述したように韓国社会内の社会変革と女性の地位向上などにより、もはや経済的上層や社会的ステータス上層などが主な目的と言えない事例も多くなっている。筆者の調査では、特に第３次の時期になると、子どもの成長を終えた女性が、老年の第２の人生を求めて結婚移住をするケースや、子どもの日本留学とともに結婚移住がほぼ同時に行われるケースなどが見受けられ、「ライフスタイル移民」としての側面が強まる傾向がある。「経済移民」としての側面がゼロとは言えないが、それだけが移民の動機にはならず、主な動機は「これまでのライフを変えたい」という風に変わっているのである。

ソヒの例をあげよう。父の死亡後、長女として家族を養うために 20 代からタイピストとして働き始めたソヒは、40 歳には職場を辞めたいと思っていた。国際結婚に至る動機には、未婚のまま 40 歳を超えた娘を何とか結婚させようとした母親の執着からの逃避があった。それに加え、結婚後には働かなくてもよい、田舎でゆっくり生活できるという仲人の言葉に期待を膨らませたのである。ソヒの結婚による越境移住は、新たな人生に対する漠然とする憧れだったのである。ソヒのように、日本の生活や日本人男性への憧れ、都市生活への脱出、新たな家族を作りたいなどのさまざまな理由で、日本人との国際結婚を選択する韓国女性は少なくない。

彼女らの移民を新概念の「ライフスタイル移民」として位置付けたい理由は、彼女ら結婚移住が「もう戻るところがない」従来の重い意味での移民ではなくなった点にある。特に、日本との社会経済格差が少なくなった韓国女性たちにとっては、「ライフスタイル移民」の側面がますます大きくなり、それによって韓国と日本を行き来するモビリティ（移動性）が強く現れている。「昔とは違う」韓国の変化は、日本でのライフスタイルが質的に良いものにならなかった場合、行き詰った日本での生活を整理して韓国に戻りやすい環境となっているのである。言い換えれば、ライフスタイルにおける日本と韓国の間での差がだいぶ縮まったことで、韓国移住者が居住場所として韓国と日本を行ったり来たりするモビリティ（移動性）が高まるのである。韓国女性の高いモビリティは、本人たち

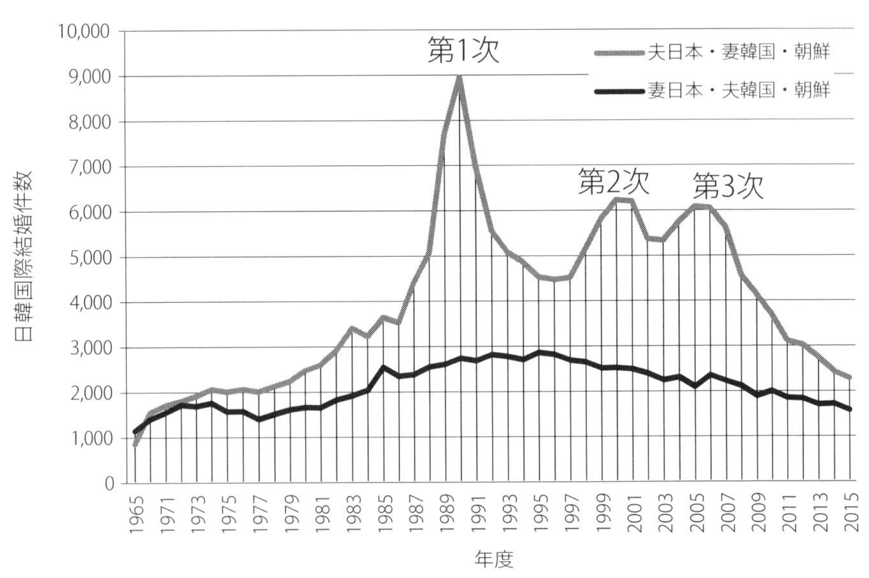

出典：厚生労働省の人口動態統計により筆者作成。

図1　日本における日韓国際結婚の推移

にとっては、選択の幅が多いということになるのかもしれないが、受け入れ社会日本ではいつかは帰る人達という認識を強め、定住生活に妨げになるのも事実である。さらに、中には依然として「帰るところがない、選択肢がない」という女性たちもいる。「帰るところがない、選択肢がない」女性たちにとっては、より厳しい状況となるのである。それについては、後述する。

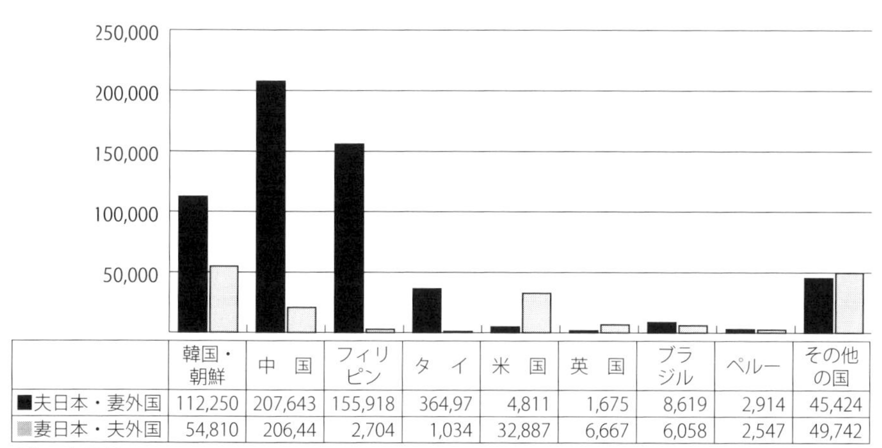

	韓国・朝鮮	中国	フィリピン	タイ	米国	英国	ブラジル	ペルー	その他の国
■夫日本・妻外国	112,250	207,643	155,918	364,97	4,811	1,675	8,619	2,914	45,424
▒妻日本・夫外国	54,810	206,44	2,704	1,034	32,887	6,667	6,058	2,547	49,742

出典：厚生労働省の人口動態統計により筆者作成。

図２　1992 年 ~2015 年の夫婦国籍別国際結婚件数

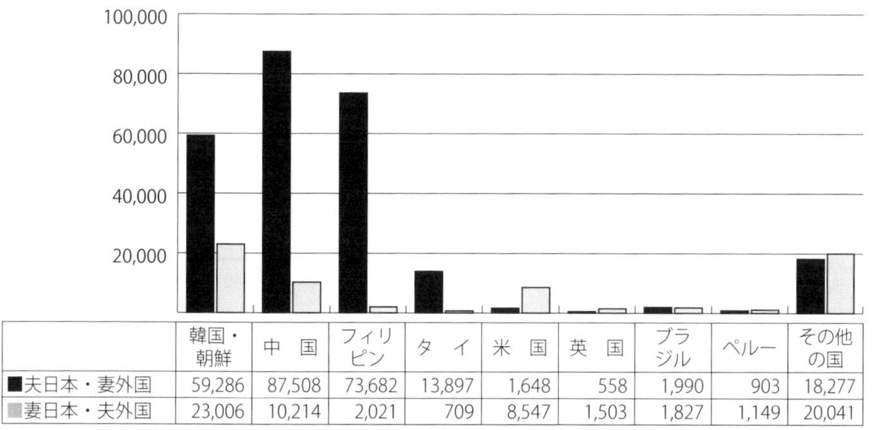

	韓国・朝鮮	中国	フィリピン	タイ	米国	英国	ブラジル	ペルー	その他の国
■夫日本・妻外国	59,286	87,508	73,682	13,897	1,648	558	1,990	903	18,277
▒妻日本・夫外国	23,006	10,214	2,021	709	8,547	1,503	1,827	1,149	20,041

出典：厚生労働省の人口動態統計により筆者作成。

図３　1992 年～ 2015 年の夫婦国籍別離婚件数

3．東北の日韓仲介国際結婚と地域社会

東日本大震災の被災地である岩手、宮城、福島における移住女性の増加は、80年代末、日本で最初に「ムラの国際結婚」が始まった山形と同じ背景の中で進む。ただ、行政主導の仲介結婚から始まった山形では、以後移住女性たちの地域への定着を助けるため、行政側からのサポートがあったのに比べ、東北の太平洋側の国際結婚は、業者や個人による仲介が多く、従って行政側は特に何もしなかったという状況であった。東北の多文化共生事業の内容については、これまでに何度か書いたものがある。詳しいことは、そちらをご参照いただきたい（李 2012; 李 2013）。

行政の姿勢が多少とも変わるのは、2006年に総務省が「地域における多文化共生推進プラン」を発表した後である。宮城県は、2007年7月、日本の自治体の中では最初に「多文化共生社会の推進に関する条例」を策定した。この条例を基に県は、2009年3月に「宮城県多文化共生社会推進計画」を作成した[▶3]。総務省のプランと比べると、外国人の家族問題を明記し、それに対処するためには外国人だけではなく、その家族全体に対する支援が必要であると指摘している。この点は、宮城県の外国人の多くが日本人の配偶者という滞在資格で移住してきた「外国人花嫁」である現実を反映しているといえる。

しかし、そのような条例を作っていても、困った外国人が実際に必要な行政サービスにアクセスするのには、言語の壁はもちろん、行政側の認識不足や偏見の壁も高い。例えば、医療通訳という制度はあるにせよ、そのサービスを受けるには医療機関側からの申請がなければならない。外国人患者にとっては、今すぐ自分が病院に行った時に通訳を必要とするわけだが、制度利用には病院側の理解と労力に依存しなければ利用できない[▶4]。結局は、即効性に欠けている制度を利用するより、近くの知人同国出身者に頼ることが一般的である。この問題は、実際に外国人移住者の間ではよく見られることだが、家庭内暴力や生活保護申請のような敏感な問題においては、知人を頼ることも難しい。専門機関ではない個人が下手に関わったところでむしろ解決が難しくなったり、個人に被害が及ぶことも考えられる。単純な情報提供を超え、困った移住者の問題に寄り添って支援する体制が求められている。しかし、残念ながら、被災地の宮城、福島、岩手ではその役割をする支援団体がないのが現状である[▶5]。

東北４県の国際結婚の推移を見ると、山形の場合98年と99年に一気に国際結婚が増えた後、上々に減っていくが、残りの３県は2000年から2000年中盤まで国際結婚が一定程度行われ、2006年からは減少傾向に転じる様子をみせている。2011年の震災の年は最も低くなり、震災後、妻外国人・夫日本人の国際結婚が多少増えるが、大きな増加変化はみられない（**図４**）。東北の日韓国際結婚に限ってみると、地域的には、山形と宮城に多く、90年代末から2000年代初めに山形県で先ず急増し、その後に宮城県にも増加していることがわかる（**図５、表２**）。筆者が宮城や岩手県で参与観察をした際、多くの結婚移住女性が山形にいる知人（彼らは仲人と呼ぶ）の紹介があったことや山形とのネットワークがあると言っていた。つまり、山形から始まった日韓国際結婚が次第に宮城に広がり、また他地域に広がったことがいえる。[▶6]

他方、離婚率に関しては、全国平均と比べて偏りが見える。岩手県と福島県では、中国人の離婚が全国平均より多く、宮城県と山形は、韓国人の離婚率が特に高いことが**表３**でわかる。宮城県と山形県の日韓国際結婚が多い分、離婚も高い比率になっていることがいえるが、４年間の推移でいうならば、高かった離婚率が徐々に下がっている。新しい日韓結婚が少なくなった分、離婚率に落ち着きが生じ、他方で時間が経ち安定的に夫婦生活を営んでいるカップルが地域社会に残っているといえる。

表２　1992~2014年までの東北４県の妻外国人・夫日本人カップルの国籍別統計

	夫婦どちらかが外国人	妻外国・夫日本人	妻が韓国・朝鮮		妻が中国		妻がフィリピン	
山形	6,754	6,474	3,057	47.20%	2,297	35.48%	771	11.90%
岩手	3,746	3,389	425	12.54%	1,690	49.87%	942	27.80%
宮城	7,509	6,444	2,378	36.90%	2,385	37.01%	1,003	15.56%
福島	8,535	7,769	870	11.20%	3,580	46.80%	2,411	31.02%

出典：厚生労働省の人口動態統計により筆者作成・%は妻外国人・夫日本人の結婚総数に対する比率。

表３　2010～2013年までの国際結婚カップルの離婚率（全国と東北４県）

地域	全国			岩手			宮城			山形			福島		
国籍*	韓国	中国	フィリピン	韓国	中国	フィリピン	韓国	中国	フィリピン	韓国	中国	フィリピン	韓国	中国	フィリピン
2010年	19%	34%	25%	16%	59%	16%	42%	35%	12%	51%	29%	10%	13%	46%	28%
2011年	18%	35%	24%	22%	57%	11%	43%	38%	7%	40%	32%	6%	19%	41%	22%
2012年	17%	34%	24%	16%	55%	17%	37%	35%	11%	39%	32%	14%	14%	44%	25%
2013年	21%	32%	15%	17%	45%	16%	32%	33%	11%	35%	30%	11%	14%	34%	32%

注：＊は、日本人と離婚した外国人妻及び夫の国籍を指す。
出典：厚生労働省の人口動態統計により筆者作成・%は当該地域内の国際離婚に対する特定国籍が占める割合。

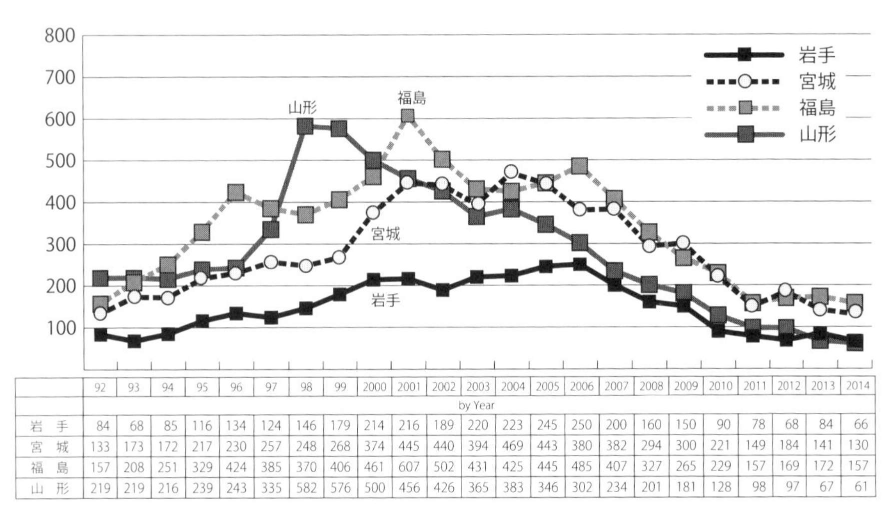

	92	93	94	95	96	97	98	99	2000	2001	2002	2003	2004	2005	2006	2007	2008	2009	2010	2011	2012	2013	2014
	by Year																						
岩　手	84	68	85	116	134	124	146	179	214	216	189	220	223	245	250	200	160	150	90	78	68	84	66
宮　城	133	173	172	217	230	257	248	268	374	445	440	394	469	443	380	382	294	300	221	149	184	141	130
福　島	157	208	251	329	424	385	370	406	461	607	502	431	425	445	485	407	327	265	229	157	169	172	157
山　形	219	219	216	239	243	335	582	576	500	456	426	365	383	346	302	234	201	181	128	98	97	67	61

出典：厚生労働省の人口動態統計により筆者作成。

図4　東北4県の国際結婚（夫日本人・妻外国人）の推移（1992～2014年）

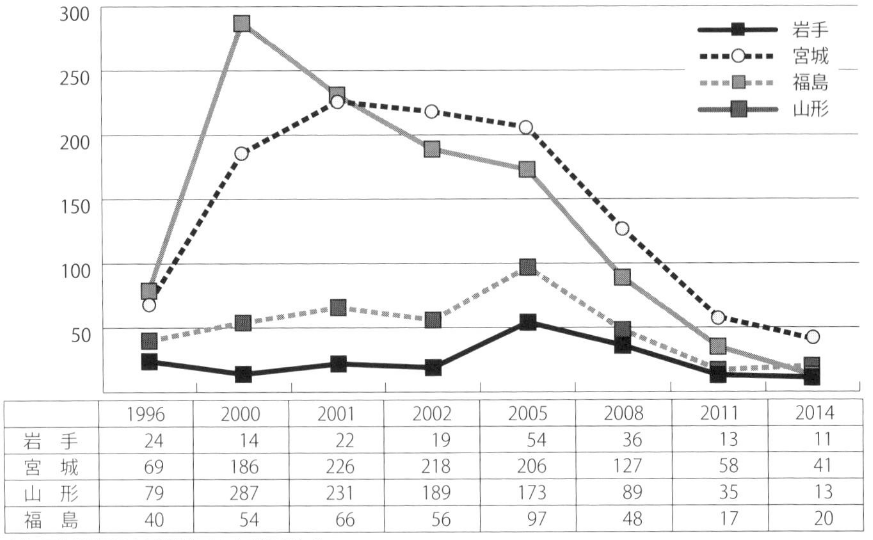

	1996	2000	2001	2002	2005	2008	2011	2014
岩　手	24	14	22	19	54	36	13	11
宮　城	69	186	226	218	206	127	58	41
山　形	79	287	231	189	173	89	35	13
福　島	40	54	66	56	97	48	17	20

出典：厚生労働省の人口動態統計により筆者作成。

図5　東北4県の日韓国際結婚件数の推移

統計資料で見る東北の韓国・朝鮮籍の人たちの特徴に関しては、髙谷ら(2016)が行った被災地３県（岩手、宮城、福島）の2010年の国勢調査分析がある。髙谷らは、属性の面では、全国のコリアンの状況と比較すると東北３県の韓国朝鮮籍の人々は、高齢者層が少ない反面、30代から50代前半が９割を占めている点、３県の移住女性の中、韓国・朝鮮籍とフィリピン籍では有配偶者の割合が際立って高い点、３県の日本籍と比較すると特に韓国・朝鮮籍の離別者比率が高い点を指摘している（髙谷ほか 2016: 45)。そして、空間移動と学歴に関しては、韓国・朝鮮籍は、５年前から同一市町村にいる者の比率は４分の１程度で、流動性が高く、学歴が高いとしている。職業の面では、全国と比べて完全失業の比率が若干高く、専業主婦の比率が高い（47 ～ 49 頁)。髙谷らは、ニューカマーで日本人と結婚した層が主婦化した結果とみている。総合すると、東北３県における韓国・朝鮮籍女性の多くは、ニューカマーの結婚移住女性で、彼女らの年齢が40代後半から50代に集中していて、主婦化が進んでいるが、離別者層も比較的多いということがいえるだろう。

髙谷らの研究で指摘された上述の特徴は、筆者が行った質的調査のデータでも同じくみられる。初婚の年齢は地域別に公表されたものがないので、全国統計をみると、日韓国際結婚時の「外国人花嫁」の初婚と再婚の平均年齢は中国やフィリピン人と比べて断然韓国が高い。**表４**で比較すると、2005年2015年の10年の間にいずれも結婚年齢が高くはなっているが、韓国女性の再婚年齢は46.9歳と他国の女性より高いことがわかる。実際に筆者のフィールド地域では40代、50代という年齢で結婚来日し、あっという間に老後の準備をしなければならない韓国女性が多い。日本語も不十分で、日本に子どももいない結婚移住女性の高齢化は、結婚移住女性の問題が単に夫婦の問題や家族問題を超え、社会問題にな

表４　「夫日本人・妻外国人」婚姻における妻と夫の平均婚姻年齢

年度		2005			2015		
		全婚姻	初婚	再婚	全婚姻	初婚	再婚
日韓国際結婚	夫日本	42.5	36.1	49.5	41.4	34.1	52.4
	妻韓国・朝鮮	35.6	31.2	42.2	36.9	31.8	46.9
日中国際結婚	夫日本	43.9	39.6	49.1	46	39.1	52.9
	妻中国	31.7	27.8	36.9	35.2	29.9	39.9
日比国際結婚	夫日本	44	39.9	47	48.8	41.1	53
	妻フィリピン	27.9	27.2	35.1	30.4	28.1	36.4

出典：平成18年度「婚姻に関する統計」の概況（http: //www.mhlw.go.jp/toukei/saikin/hw/jinkou/tokusyu/konin06/）及び、平成28年度人口動態統計特殊報告「婚姻に関する統計」の概況（(http: //www.mhlw.go.jp/toukei/saikin/hw/jinkou/tokusyu/konin16/index.html）より筆者作成。

りつつあることを認識させられる。

4．日韓国際結婚――カゾクとして

表5は、筆者が2010年からこれまで信頼関係を形成しながらインタビューを重ねてきた韓国人結婚移住女性のデータである。子どもの有無と養育の状況で4つの類型に分類した。タイプAは、夫婦の間で子どもをもうけていて同居している場合、タイプBは結婚移住女性に子が生まれていないケース、タイプCは結婚移住女性に前婚の子どもがいて連れ子として同居しているケース、タイプDは結婚移住女性の前婚における子どもがいるが別居しているケースである。このように分類した理由は、家族形態によって移住女性の社会適応に違いがあるかどうかを確認するためである。分類を通して言えるのは、初婚で夫婦の間で子どもをもうけているタイプAの場合、結婚移住女性たちの来日時の年齢が比較的に若く、子育てのためにも定住志向が強い。他方、B、C，Dの場合では、夫との関係性がよい時期は安定して日本での定住を続けているが、その関係性をうまく作れなかったり、または死別したりすると、日本での定住生活に躓きが生じることが多い。つまり、帰国の潜在性が高いとみることができる。実際には、表であげた移住女性の何人かは、離婚はしないまま長期帰国をし、なかなか帰ってこない状況が生じている。

事実上、筆者の聞き取り調査の初期段階で夫との不和や死別などの理由で途中帰国したケースは数多くあった。その女性たちの多くは、この表に整理することさえもできなかったが、彼女らについては、移動し続けている移住女性の観点から、別稿での考察が必要であろう。

前述したように、多くの結婚移住女性たちは、結婚をきっかけに越境をし、新しい人生のチャンスをつかむことを夢見て日韓国際結婚を踏み切る。そして、その理想は移住女性側だけでなく、日本人の夫側も同じである。

ナミ（61・事例D-⑯）の夫、伊藤（59）は、2005年韓国人女性ナミと結婚した。韓国に特別な思いがあったわけではない。人との付き合いが苦手な自分でも国際結婚ならできると思ったのがきっかけだった。

> 俺の家は何というか貧乏で、周りの親戚からは相手にされていなかったさ。おまけに母は、病気で長い間入院していた。兄がいるけど、若い時に家

表５　東北３県（宮城、岩手、福島）の日韓仲介型国際結婚インタビュー事例

類型	番号と偽名	来日時年齢	同居人	初・再婚	来日	家族関係	滞在資格	本人のペイワーク	配偶者の仕事	配偶者の結婚形態	補足
A	① ナナ	30代中	姑、夫婦、子1	再婚	2005	韓国に前夫の間で子ども3人／義理の母と同居したが、震災後別居	永住	主婦（アルバイトなどは有）	整体師→土木関係	初婚（15歳差）	
	② ヒジン	20代中	夫婦、子ども2	初婚	2004	義理の親は施設に	永住	主婦	会社員（正）	初婚（14歳差）	日本語一級
	③ ミヨン	30代初	夫婦・子1	初婚	2000	知り合いのお姉さんがいて、紹介で結婚	永住	主婦	会社員（正）	初婚（12歳差）	日本語一級
	④ ユミ	30代末	夫婦・子1	初婚	2007	本人が一人子	永住	主婦	自動車関連工場（正）	初婚（3歳差）	
	⑤ ヘジョン	40代初	本人、子1	初婚	2000	本人が一人子	永住	主婦（生活保護）	死別（2012年）・不動産業	再婚（17歳差）	
B	⑥ ポラ	20代中	夫婦、姑、義理の姉	初婚	2002	ボラの親は小さい時に離婚	帰化	主婦	会社員（正）	初婚（14歳差）	障害のある義理の姉の世話
	⑦ ソヒ	40代中	単身	初婚	2000	甥を日本に呼んで大学に行かせる	永住	自営業→廃業	死別・無職（2013）	再婚（10歳差）	今後の老後が心配
	⑧ ナギョン	50代初	夫婦、夫の娘	初婚	2009	本人が一人子	永住	主婦→パート	大型トラック運転（4回目結婚）	再婚（12歳差）	
	⑨ リエ	40代初	夫婦	初婚	2012		配偶者	主婦	死別（契約社員）	再婚	2014年帰国（死別後ビザーの不許可）
	⑩ スジョン	40代中	夫婦	初婚	2011	DV被害→離婚→再婚→帰国？	配偶者	自営業→パート→自営業→廃業	契約社員／定年退職後アルバイト	再婚（15歳差）	2013年離婚／2014年再婚→2016年帰国推定
C	⑪ ソヨン	30代末	①夫婦・連れ子1／②夫婦・義理の親・連れ子	再婚	2007	連れ子1	配偶者→永住（2017）	主婦	①大工／②農業	初婚／初婚	① 2010年離婚／② 2011年農家の男性と再婚
	⑫ エリン	50代初	姑、夫婦、子1	再婚	2008	連れ子1	配偶者	韓国で仕事	自営業（建設業）	再婚	2014年帰国（夫との不和）

類型	番号と偽名	来日時年齢	同居人	初・再婚	来日	家族関係	滞在資格	本人のペイワーク	配偶者の仕事	配偶者の結婚形態	補足
	⑬シヨン	40代中	夫婦・両親	再婚	不明	連れ子1	永住	主婦	不動産業・介護	初婚	2015年帰国（舅との不和、娘の帰国）
D	⑭ウニョン	40代中	義理の親、夫婦	再婚	2008	韓国に成人の子どもが2人	永住	家業とアルバイト	漁師	初婚	年1回は韓国に帰る
D	⑮ジヒ	50代中	夫婦	再婚	2009	韓国で成人した子ども3人	配偶者	主婦	自営業	再婚	
D	⑯ナミ	40代末	夫婦	再婚	2005	本国（1男2女）	永住	アルバイト（スナック）	会社員（正）	初婚	娘が日本の大学院で修学後帰国
D	⑰キョンヒ	30代初	単身	再婚		本国に子ども2人	帰化	店長（キムチ販売）、相談員など	不明	不明	夫と別居中だが、離婚ではない
D	⑱ヒョニ	40代末	単身	再婚	2006	本国に成人した子ども1人	配偶者→定住者	主婦→工場正社員	会社員（正→契約）	再婚	2016年癌で死別
D	⑲ヒョスク	40代中	夫婦	再婚	2009	義理の母と妹が近所に住んでいる	配偶者	アルバイト（スナック）→自営業→帰国	会社員（正）	再婚（3回目・子どもはいない）	2015年帰国（病気治療、韓国での事業開始）
D	⑳ユリ	40代中	単身	再婚	2007	本国に娘3人	永住	主婦	土木関連（契約）	初婚	2010年死別（癌）後帰国

注：A＝日本人夫との間に子どもを出産・養育している。　B＝移住女性に実子がいない。
C＝移住女性に連れ子がいる。　D＝移住女性が本国に子どもを置いてきている。
出典：筆者の調査。

を出て疎遠になっている。仕方なく、次男の私が跡継ぎになったのさ。父が亡くなった後、独り身となっていたところ、韓国人女性とのお見合い話が入って……。小さい頃の記憶に、家の近くに住んでいた朝鮮人に可愛がられたことがあって、韓国人に対して拒否感はなかったよ。そこで、お見合いをして、48歳で結婚することになった。貧乏だと皆に馬鹿にされてきたけど、いろいろと資格を取って、今は施設管理の仕事をしている。長い間、病気を患っていた母は、彼女と結婚した後に亡くなった。その時、今の家で葬儀を行ったけどさ、馬鹿にしていた親戚たちは、私が結婚し、家も買ったことにショックを受けたようだったよ。（2017年5月インタビュー）

伊藤の家は、もともと田舎にあった。外国人のナミがこんな田舎では生きられまいと思って（それは、生活だけでなく、人間関係においても）、町で家を借りて新婚生活を始めた。おかげでナミは、日本人との付き合いを気にしないで周りの親しい韓国人と助け合いながら生活している。ナミには韓国に成人した３人の子どもがいる。結婚後、２人で３回ほど韓国に行った。伊藤は、活気がある韓国が大好きになった。妻の子どもたちは、お父さんとして彼を優しく迎えてくれた。小さい頃から天涯孤独だった伊藤は、幸せな家族を得た。奥さんのナミは言う。

「最初にあった時は、彼は人と目も合わせられないほどシャイだったの。こんなインタビューを受けるような人ではなかった。本当に変わった」

すべてがそうとは言えないが、仲介型国際結婚に至った多くの男性たちが上記の伊藤のように口下手で、人と交わるのが苦手な場合が多い。あるいは、ハンディを持っている場合もある。筆者の個人的経験であるが、事例表のヒジン（41・事例Ａ－②）に家を借りる時の保証人になってくれと頼まれたことがある。彼女の夫は、普通の企業の正社員である。経済的な面では困難はない。ただ、ヒジンの夫は長年うつ病を患っている。頼りになる親は２人とも高齢で施設に入っている。夫には妹がいるが、ヒジンとあまり仲がよくないので、ヒジンが何かある時に頼りにできる家族や親せきがいない。対人関係をうまく作れない夫は、周りの人に保証人を頼めないと、ヒジンから筆者に連絡が来たのである。筆者自身も日本に住みながら、保証人問題に関しては、苦労をしてきた。日本人と結婚したヒジンが、日本に頼れる兄弟姉妹や親戚がない筆者と同じ問題で悩んでいることが意外であった。

ヒジンと同じく20代で結婚したボラ（41・事例B-⑥）は、結婚当初から、夫よりも義理の親たちに可愛がられ、彼女も義理の親を頼りにしていた。ボラが韓国の風習のキムジャン（冬の寒さが増す前にキムチをたくさん作っておく風習で、韓国では本来作ったキムチを甕に入れて土に埋めて置く）をすると、舅は庭の土を掘って手伝ってくれた。大好きだった舅は、震災の翌年2012年に突然亡くなり、姑はその後体調を崩して施設に入った。ボラはそんなに優しくしてくれた義理の親たちに孫を見せられなかったことをいつも申し訳なく考えている。ただ、ボラには面倒を見なければならない義理の姉がいる。姉は重度の障がいを持っている。舅たちは、障がいがある娘を外に連れ出すことはしなかった。そのせいで、姉は障がい者認定も受けられず生きてきた。震災の時に、誰よりも大変だったのは姉だった。障がい者認定を受けていなかった姉は、特別な配慮を得られず、発災直後の食べ物不足の中、みんなと同じくオニギリ1つで食事を我慢してもらわなければならなかった。普段は自分のことを何とかできる姉はオムツを着用しなければならないほど体調を崩した。ボラは以前から姉の障がい者認定手続きを家族に提案していたが、震災をきっかけに親たちもその提案を受け入れて手続きをし、姉も福祉施設に通うようになった。その送り迎えはボラの仕事である。

ナミもヒジンもボラも一家の主婦として、家をまとめている。天涯孤独だった伊藤も、うつの持病をもっているヒジンの夫も、障がい者を抱えていたボラの夫も国際結婚によってカゾクを成している。言い換えれば、結婚移住女性の多くは日本人のカゾクとして日本社会内のアンペイドワークとされている出産、家事、育児、介護などの家庭内労働（再生産労働）を担っているのである（李 2015）。

ところが、その結婚移住女性の社会的役割について日本社会内の評価が十分とは言えない。そして、そもそも、仲介型国際結婚において、夫の社会的ステータスに関しては、他の国の場合にはかなりの調査報告がある[▶7]が、日本ではそれを知るデータは極めて少ない[▶8]。

限られた事例であるが、事例の20人の仲介型国際結婚の日本人夫側の経済的・社会的基盤も、そう良いとは言えない。日本人夫の職業は6人が正社員で、4人が自営業である（農業、漁業を含む）が、残りの半分は契約社員だったり無職だったりする。すでに亡くなっている3人も稼ぎはあまりよくなかった。A5のヘジョンの夫は、不動産業だったが、借金が多く結局亡くなるまでに持っていた土地などを整理し、ヘジョンと娘が生活保護をもらえるように処置をした。B7のソヒも夫は結婚当初大企業の営業部長だと聞いていたが、その仕事はすでに退職していたという。結婚後、仕事はしておらず、毎日お酒を飲む生活だった。

正社員である場合でも、ボラの夫、ヒジンの夫のように、本人にあるいは家族に病気や障害を持ったり、伊藤のように対人関係に問題を抱えていたり、経済面で困難を抱えたりすることが多い。彼らも明らかに日本社会における少数者と言えよう。彼らのカゾクとしての結婚移住女性たちがいる。

5. 中高齢化する韓国の移住女性のモビリティと家族の苦悩

事例の20人を見ると、来日時の年齢は40代が10人と最も多い。20人中15

人は30代後半以上の年齢で来日している。来日時の年齢と日本語力の相関関係は強い。当然ながら、年齢が高いほど日本語力は落ちる。20代に来日したA-②ヒジンとB-⑥ボラ、そして30代初で来日したA-③ミヨンとD-⑰キョンヒは、日本語力に殆ど問題がないが、その他の結婚移住女性たちの場合は、日本語に自信がない。そのような中で、依存してきた日本人夫との家族関係に問題が起きると、結婚移住女性たちの生活は成り立ちにくい。

事例の中で、家業を手伝っているD-⑭ウニョン、スナックを経営している妹を手伝うD-⑯ナミを除けば、普通に日本社会で就労しているのは、A-③のミヨン、B-⑧のナギョン、D-⑰のキョンヒと⑱のヒョニ４人である。Bのナギョンは、高齢の配偶者のことを考え、働き口を探していたところ病院の掃除をパートでやっている。D-⑱のヒョニの場合は、最近配偶者が病気で亡くなったことで、これ以上「日本人配偶者等」の在留資格では滞在できないということから、滞在資格変更のために工場の正社員として入社した。ちなみにヒョニは日本に来て11年になる。夫には税金未払いがあり、永住資格へと変更申請すらできなかった。遺族年金があるので、パートタイマーで働くつもりだったが、会社の要望で正社員としてフルタイム働いている[▶9]。ヒョニとナギョンが住んでいる地域は、過疎化によって人手不足が生じているところである。そのため、単純労働の職種に関しては比較的に簡単に仕事を得られる環境と言える。だが、賃金は安い。

長い時間、持続的に仕事をしているのはAのミヨンである。ミヨンは７年間同じ職場でパートタイマーとして働いている。夫の収入が悪いわけではないが、自分でも何か自立したお金が欲しいと働き始めた。日本語の面でも不自由がないミヨンは、自分のペースで仕事をしているが、中には仕事をしたいと思っていてもなかなかうまくいかないケースもある。ボラの場合は、帰化したことによって日本人と同等となったと考えていたが、仕事をしようと何回も挑戦しても、なかなか長期的に安定した職につくことができない。病院でのパート、市の放課後クラブでの手伝い等、いずれも何カ月も続いていない。職場でのイジメなど人間関係が退職の理由であった。

Dのキョンヒも、最近就労の問題で悩んでいる。キョンヒは、再婚で日本に来た。日本に来てからまずは、日本語の勉強を励み、それを基盤に地域では韓国語を教えたりしていた。積極的な性格のキョンヒは、日本に来たからには日本人と同じくなりたいと、帰化をした。その後、県の外国語相談員として活動する一方、デパートで韓服を着てキムチ販売の仕事につき、その仕事ぶりを認められて店舗の責任者までとなった。しかし、そのキムチ販売会社が営業所を縮小することで、キョンヒの店舗は2016年に閉められた。これからも仕事をしたいと考えているキョンヒだが、今さら新しいことにチャレンジすることも容易ではない。現在は韓国語教員資格取得のため、韓国のサイバー大学で勉強している。

> 「日本人と同じく働きたくて帰化したのに、結局私がやってきた仕事は全部韓国に関連した仕事しかなかったのよ。これからもそれが一番私によくできることだと思ってて、教員資格を勉強しているんですの」

先述した高谷らの研究で、韓国人女性の主婦化の傾向がつよいという指摘は、単純労働以外で外国人女性の就労の門が狭いからだといえる。韓国人の場合は、男女を問わず単純労働を忌避する傾向がある。また、子育て中の女性は、専業主婦として子育てに専念する傾向が強い。結局、仕事をしたいと思う韓国人移住女性の多くは、キムチ製造・販売の自営業か水商売、それと韓流ブーム以来増加した韓国語講師としての仕事に集中しているのが現状である。[▶10]

前述したソヒは、46歳（2002年）に来日した。「私が日本に来たのは母のせいだったんだよ」とよく言う。彼女は高校の時に父を亡くし、高校卒業後働きだし、妹たちが結婚して安定した時には、とっくに自分の婚期を逃していた。年取った未婚の娘を何とか結婚させようとする母親の働きもあって日本の男性とお見合いをして結婚した。夫は、ルックスもよく、マナーも良い。しかし、実際の結婚生活では、夫よりも夫の義理の母親（夫はこの家の婿養子で、亡くなった奥さんの家に住んでいたわけである）が頼りになった。夫は働いていなく、アルコール中毒だった。生活は、お母さんの年金で賄われていた。必要なものがあれば、お母さんにいえば、だいたいのものは買ってくれた。お母さんと一緒に生活した5年が一番心配もなく幸せだったと振り返る。その間、地域の日本語教室に通い、市の国際交流協会の担当者ともつながりができた。持ち味の行動力で、町ではちょっとした有名人になった。お母さんが亡くなってからは、年金も途絶え、家には収入が無くなった。これまで積みあげたネットワークを利用し、キムチを作って売り、地域で料理教室を開催するなど、活動をし始めた。震災で町は大きな被害を受け、これまでの商売と活動を持続することができなくなり、その後ソヒは都会に店を出し、生活の基盤を立て直そうとした。そうしているうち、離れて住んでいた夫は亡くなった。幸い、夫の娘たちとは大きな争いもなく、家の相続手続きも終えることができた。しかし、夫の葬儀の際に、彼女は本家からはっきり言われた。「これで、○○家とは縁が切れたからね」。ソヒは、すでに63歳である（2017年現在）。１人で営業してきた食堂経営は体力的に続けられなくなって、4年ほどで店を閉めた。経済的にすごく困るということではないが、年金もないソヒにとって、何もしないで老後を迎えることには不安がある。しかし、今更働けるところはあるだろうか。これからの老後を日本で過ごすことに自信がなく、現在、帰国も視野にいれて検討している。来日のきっかけになった実母はすでに亡くなった。韓国に兄弟がいるが、それぞれ自分の生活がある。十数年、なれた日本の生活を捨て、また十数年の空白が生じている母国に戻る決心もなかなかつかず、今を過ごしている。

ソヒは、将来的に帰国する潜在的モビリティが高い１人と言えよう。一般的に考えても、表５にあるB、C、Dタイプの移住女性たちは、主に日本人配偶者との関係以外の他に日本社会と結びつく関係性が非常に弱いということが言えるのではないだろうか。そのため、彼女らはいつでも帰国の可能性があるのである。移動できる彼女らは、むしろ「新たなライフスタイル」を求めて移動する主体的存在なのかもしれない。しかし、残された家族にとっては、どうなのだろうか。

C - ⑫のエリンとC- ⑬のシヨンは、現在両方とも帰国している。エリンの場合は、結婚当時小学５年の娘を連れてきた。エリンの来日動機は、「韓国での生活が面倒になったから」だった。元夫と早い段階で離婚したエリンは、親戚の会社の会計担当をしながら、１人で子どもを育ててきた。ある時、貸付したお金をめぐって裁判となり、韓国で生きにくさを感じたそうである。そこで、楽で新しい生活ができるのではと思い、結婚移住をした。夫は、不動産業の社長で地元ではある程度顔が利く人である。しかし、この夫は生活費を渡してくれなかった。お金の問題で夫と亀裂が生じたエリンは、自分でお金を稼ぐとアルバイトもしてみたが、１日働いてもらった賃金を見てバカバカしくなったという。韓国ではより良い環境で仕事ができる。自分には厳しい夫だが、娘には優しいと思ったエリンは小学校に通う娘を置いて、行き来することになった。そのうち、一度は娘をつれて韓国に帰ろうとしたが、娘は韓国の学校に適応できなかった。日本に再び戻った娘は、義理の父のところに残って、日本でそのまま大学に進んだ。しかし日本人の夫とうまく関係が作れず、日本の生活にも適応できなかったエリン自身は帰国してしまった。娘と母は、それぞれの道を歩むことになった。

一方、シヨンは連れ子の娘が卒業した後、共に帰国した。離婚はしていない。

夫と仲は良かったほうだが、外国人嫁を認めない舅と姑（姑は2012年に亡くなった）に日本の生活は苦しかった。亡くなるまで面倒を見た姑は、最後までシヨンを認めず、残った舅も「外国人は家族じゃない」といった。更年期障害に心の病を持つことになったシヨンは、自慢の娘が学業を諦め韓国に戻ることをきっかけに一緒に帰国した。最初は、少し休養して帰ってくる予定だったが、今では韓国にいる時間がより長い。残った日本人夫は、父の面倒を見ながら、シヨンとまた一緒に生活する時が来ることを待っている。

2015年に帰国したヒョスク（D-⑲）も離婚はしないまま、生活の拠点は韓国に戻した事例である。ヒョスクの夫は、3回目の国際結婚だった。そのため、ヒョスクは何度も笑いながら「皆、私がいつまでいるのかかけているみたい」と言っていた。ヒョスクは、もともと日本でビジネスをしたいと思って結婚移住をした。早く父親が亡くなり、長女として家の大黒柱の役割を担ってきた。結婚後、初めて自分にも後見人ができたみたいと言っていた。日本で人脈を広げるため、スナックでアルバイトをし、日本語を早く上達させたいと多額のお金を投資して日本語学校にも通った。その間、韓国の一人息子は、妹夫妻に預け、お金を送金した。成功して息子を呼びたいと思っていた。しかし、何年ももがいてもこの地域で自分ができそうな商売がなかなか見つからない。夫は優しい人だが、彼女のビジネスの夢には消極的だった。韓国食堂をやろうとしたが、周囲の人々の反対であきらめ、行き詰っていたところ、乳がん初期であることがわかった。日本では、手術しても面倒を見てくれる人もいない。家族がいる韓国で治療をすると決め、帰国した。帰国後、彼女は治療の傍、韓国で新たなビジネスチャンスを得ることになった。夫に離婚を求めているが、夫はまた帰ってくることを期待している。

6．結びにかえて
――「異邦人」ではなく、「構成員」となるための支援政策を

前章でみたように、結婚移住女性たちの日本での生活全てにわたって日本人配偶者に依存している構造は、その依存関係に揺れが生じたり、またはうまく関係成立が出来なかったりする場合、必然的に彼女らの流動性を高める結果となる。「ライフスタイル移民」という側面が強く、帰れる家族や子どもがいる場合には、よりその傾向が強い。帰る彼女たちは、日本が嫌いでも、地域が嫌いでもない。

ただ、彼女たちは日本で居場所を見つけられなかったということである。前述のヒョスクはいつも次のようにいっていた。

「夫は３回目の結婚だから、周りの皆は私がいついなくなるのか関心があるみたい。もう５年もいることに恐らくビックリしているでしょうね。私は帰らないよ。ここで頑張る」

しかし、ヒョスクも現在は長期帰国中で将来的に帰ってくるかどうかは分らない。彼女たちは、自分の生き様をよりよくするために、流動的に生きている最中なのであろう。しかし、流動的にいなくなる韓国人女性たちに対して、周りの定住者たちは戸惑いを覚えるのも事実である。

ヒョスクと親しかったナギョンは、自分の夫を赤い糸で結ばれた運命の人と信じている。結婚後、一生懸命に働き、今では夫の娘たちにも「お母さん」と呼ばれるようになったが、それでもいつも自分は「異邦人」であるという。高齢の夫が亡くなったりする場合、娘たちが自分を受け入れてくれるのだろうか。将来のことを考えざるを得ない。そして、同じ言葉は、前述のナミからも聞いた。ナミは、夫の伊藤との生活には満足している。伊藤の配慮で、面倒な親戚や近所付き合いはしなくてもよい。彼女は、周りの韓国人友達とだけ付き合っている。日本での生活は、ある意味気ままで快適である。しかし、夫の伊藤以外には接点がないのである。夫に何があったらどうなるのだろうか。１人で日本社会で生きることは、可能だろうか。「私たちは日本でも韓国でも異邦人だよ」。韓国に戻ると文化的乖離により、自ら「文化的異邦人」を感じる。日本社会では社会関係において「実質的異邦人」となっている。結婚移住女性の「ディアスポラ」化も心配されるところである。

結婚移住女性の場合は、日本人の家族となることで、日本社会のジェンダー役割を担うことが期待されている。食事をつくり、舅、姑の世話をする、子どもを出産する、といった再生産労働や夫の世話、舅・姑の世話といったジェンダー労働に取り込んでいると、来日後すぐ見えない存在となる。日本語も十分できない本人たちにとっては、彼女たち自身が社会の中でどのような権利を持つのかも知らないままである。必要な情報は、仲人を通して得るか、同じ結婚移住女性の先輩に得るかである。たまたま、良い日本人の夫や親に出会った場合は、家庭内が彼女たちの居場所となるわけだが、そうでない場合は家庭内でも、地域社会でも彼女たちの居場所はない。

前章の20人の話をどう考えるべきなのか。彼女らの日本社会への適応は、彼女らのパーソナリティよって、異なるのか。だとすると、なぜ彼女らは口をそろえて、自分たちはこの社会の「異邦人」だと感じているのか。筆者の分析では、移住女性の「社会との関係性＝リレーションシップ」が非常に限定されているか弱いことが問題である。先述したように、「日本人の配偶者等」で来日する外国人は、日本人配偶者との関係さえ証明できれば来日が許可される。その後日本社会に溶け込んで問題がなさそうに見える。だが、実は社会とのつながりが非常に限定的であることが多い。そして、何らかの理由で、日本社会をつなげていたパイプが切れるとたちまち彼女たちの居場所は失ってしまうのである。

宮城に住む韓国出身スクザ（事例表には記載無）は、36年前に結婚で移住した。息子1人をもうけ、マンションを所有し、平凡に家族生活を営んできた。60代になっている彼女は現在、ひどい躁うつの状態で生活保護を受けている。8年前に夫が病気で倒れ、寝たきり状態となった後、夫の病院代や生活費などでマンションを手放し、年金はすべて夫が入所している介護施設の費用となっている。息子は他地域で生活し、自分が頼れるほどの収入はない。これまで、教会に通ったこともあったが、韓国人たちとあまり上手に付き合えず、助けになる友達はいない。夫が元気だった時は親戚との往来もあったが、今は誰一人顔を見に来ない。日本人との付き合いもなく、昔の子育てのママ友たちとも連絡はしなくなり、孤独である。運転もできず、仕事もしたことがない。誰ともしゃべらない日が多く、うつがひどくなった。今では、この悪循環から抜け出すことができない。

同じく事例A-⑤のヘジョンも自分より17歳ほど年齢差がある日本人男性と40歳で結婚し、子ども1人をもうけた。夫は、2012年に癌で亡くなり、現在子どもと2人で生活保護を受けて生活している。周辺には、保護を受けていることがばれるかと「生きた心地がしない」と言う。まだ50代後半であるが、社会との接点を持てず、子どもとの関係も良くないのが現状である。

スクザとヘジョンの例は、帰りたくても帰る場所を失ってしまった移住女性の例といえる。このようなことは、普段日本人女性の間でも起こりうることであり、必ずしも外国人であることが原因とも言えない。しかし、社会的ネットワークが乏しく、依存できる家族や兄弟姉妹がいない移住先社会で、さらに仕事としてのつながりや同国人とのつながりさえも少ない結婚移住女性の場合は、より周縁化しやすい状況であることは間違いない。中には持ち味の行動力で、またもや生き詰まった状況の脱出を、「空間的移動」によって打破しようとしていることが多いのは事例で見たとおりである。結果的に、彼女たちのモビリティは、「ライフスタイル移民」としての当然の流動性であり、移住先での十分な「ライフスタイル」変化がもたらされない、または関係性が作れない場合には再移動が起こるという脈絡で理解すべきなのではないだろうか。

では、外国人移住者がホスト社会とのリレーションシップを太く、堅実なものにするためにはどんなことが必要なのだろうか。彼女たちが日本社会とつながっている関係性を単なる個々人のリレーションシップからシティズンシップ（市民権）に変えなければならない。ここで、シティズンシップは単に永住資格や国籍を意味しない。市民として、あるいは社会構成員としての権利と義務を意味する。彼女たちが自ら認識し、主張できる日本語を学ぶ権利、社会活動に参画する権利、社会保障を受ける権利を明文化することが重要であろう。そのために、日本社会はすでに移民として定住している定住外国人を移民として宣言し、あらゆる行政サービスに移民の権利を明記しなければならない。それではじめて、シティズンシップは実現される。このことは、外国人移住者だけためのものではない。移民も他の社会の少数者たちも差別を受けず生きる権利があり、社会構成員はそれを守る義務がある認識を広げる。そのことで、周縁化する脆弱な市民すべてがシティズン（市民）となり、権利が守れる道が開かれる。

結婚移住女性の問題は、日本社会内に内在する見えない弱者の現状である。ただ、結婚移住女性の高いモビリティが逆に彼女らの問題を不可視化させてきた。われわれの問題ではなく、異邦人たちの問題として扱われてきたのであろう。彼女らのモビリティを正しく直視し、彼女らの「ライフスタイル移民」が日本社会内で完結し、成功に導くためには、日本社会内の異邦人とされてきた人々との共生に真剣に向き合う必要がある。

本稿は、日本学術振興会科学研究費補助金（基盤研究（C）「震災後の東北における地域再編と結婚移民女性の社会参画に関する文化人類学的考察」（平成 24 ～平成 27）と「移住女性の『新移民コミュニティ』活動と社会的資本に関する国際比較研究」（平成 27 ～平成 29）（代表・李善姫）の研究成果の一部である。この紙面を借りて、調査に協力していただいた方々に深く御礼を申し上げたい 。そして、お一人、一人の健康と幸せを願う。

注

▶1　韓国の戸主制度は、戸籍上の家長（戸主）を、父から息子、孫へと父系優先で継承し、子は父親の戸籍、妻は夫の戸籍にそれぞれ入ることなどを定めた民法の諸規定である。例えば、女性は戸主にはなれない。子どもは、父親の姓を名乗る、再婚家庭の子の姓は実父の姓のまま変えられないなどの制約があった。

▶2　例えば、2007年からソウル市が推進してきた「女幸プロジェクト」は、女性に優しい都市づくりの一環として実行され、2010国連公共行政大賞を受賞している。

▶3　http: //www.pref.miyagi.jp/kokusai/multicultural/law.htm 参照。

▶4　医療通訳のこのようなシステムは、筆者が確認している限り宮城県をはじめ、愛知県・神奈川県など多くの自治体で同じシステムとなっている。筆者は、ある移住女性からの相談で病院での通訳を頼まれたが、当時立ち会えない状況で、彼女が予約していた病院にその場での電話通訳が可能かを問い合わせたことがある。病院の担当者に断られたので、次の手として医療通訳の制度を利用できるかを聞いたが、返事はNOであった。ちなみに、相手の病院は、宮城県内でもかなり有名な総合病院であった。

▶5　ここで寄り添う支援とは、家庭内暴力などの緊急時に同行支援などを積極的に行う支援をいう。宮城県内には、「宮城県国際化協会」「仙台市国際交流協会」などの外国人支援に関わる行政関連組織が活動をしているが、あくまでも行政外郭団体としての限界があり、民間団体が行う積極的な寄り添い支援はできない。

▶6　内海・澤も全国の夫日本人・妻韓国人の婚姻数の推移の地域別ピーク時点の比較で、韓国人女性の結婚移住先が山形から宮城（仙台市）、続いて首都圏へと移っている可能性を指摘した（内海・澤 2010: 15~16頁）。

▶7　韓国や台湾では、政府側の調査により、国際結婚家庭の生活状況に関する調査が行われる。韓国の場合は、「多文化家族支援法」により、5年に一度全国多文化家族実態調査が行われる。2015年の統計によると、多文化家族の月平均所得が300万ウォン未満の家庭は全体の63%にのぼる。ちなみに、2015年度韓国の月平均収入は、2人以上世帯で約436万ウォンだった（韓国統計庁報道資料 http: //kostat.go.kr/portal/korea/kor_nw/4/1/index.board?bmode=read&aSeq=354301　2017年7月15日閲覧）。

▶8　日本の研究では、日比結婚における佐竹・ダアノイによる日本人男性側のデータがあるが、彼らのデータには仲介型国際結婚よりもパブでの出会い婚が多く、恋愛結婚も含まれていることで、夫側の職業としてはホワイトカラーが半分以上を占めている。（佐竹・ダアノイ、2006: 52）

▶9　正社員と言っても、月給は手取り12～13万円程度の低賃金労働である。

▶10　国際結婚女性の起業を調査した南の論文によると、6人の調査協力者がすべて韓国料理屋を経営している。韓国女性の自営業の偏りを見ることができる（南 2014）。

参考文献

李善姫（2012）「ジェンダーと多文化の狭間で——東北農村の結婚移民女性をめぐる諸問題」東北大学グローバル COE「グローバル時代の男女共同参画と多文化共生」編『GEMC journal』no.7.

李善姫（2013）「自らを可視化する結婚移住女性たち」萩原久美子・皆川満寿美・大沢真理編『復興を取り戻す』岩波書店 .

李善姫（2015）「『外国人花嫁』として生きるという事——再生産労働と仲介型国際結婚」『移民政策研究』７号 . 38-55. 移民政策学会 .

内海由美子・漥恩嬉（2009）「韓国人女性はなぜ日本に結婚移住するのか——山形県における聞き取り調査の結果に見るプッシュ要因」『山形大学留学生教育と研究』第２号 . 13-29.

厚生労働省「平成 28 年度人口動態統計特殊報告『婚姻に関する統計』の概況」

（http: //www.mhlw.go.jp/toukei/saikin/hw/jinkou/tokusyu/konin16/index.html）2017 年 6 月 1 日閲覧 .

厚生労働省「平成 18 年度人口動態統計特殊報告『婚姻に関する統計』の概況」

(http: //www.mhlw.go.jp/toukei/saikin/hw/jinkou/tokusyu/konin06/index.html) 2017 年 6 月 1 日閲覧 .

佐竹真明・ダアノイ , メアリー・アンジェリン（2006）『フィリピン - 日本国際結婚——移住と多文化共生』めこん .

髙谷幸・大曲由起子・樋口直人・鍛治致・稲葉奈々子（2016）「東日本大震災・被災三県の外国人住民 ——2010 年国勢調査のデータ分析」『岡山大学大学院社会文化科学研究科紀要』第 41 号 . 43-60.

デブナール・ミロシュ（2015）「グローバル化時代の移民現象における動機の多様化・複雑化・偶発化——在日ヨーロッパ人移住者の経験から」『同志社社会学研究』No19: 1-14.

長友淳（2015）「ライフスタイル移住の概念と先行研究の動向——移住研究における理論的動向および日本人移民研究の文脈を通して」『国際学研究 4』（1）23-32.

堀内光子（2017）「韓国、日本及びフィリピンの男女平等度——ジェンダー格差指数からみた一考察」『アジア女性研究』第 26 号 . 51-66.

南紅玉（2014）「国際結婚女性の起業を通した社会参加」『東北大学大学院教育学研究科研究年報』第 63 集・第１号 . 53-70.

吉原直樹（2008）『モビリティと場所― 21 世紀都市空間の転回』東京大学出版会 .

柳蓮淑（2013）『韓国人女性の国際移動とジェンダー——グローバル化時代を生き抜く戦略』明石書店 .

第5章　日中国際結婚家庭の子どもたち

――言語習得、文化継承とアイデンティティ形成の課題

李 原翔

1．はじめに

近年、国際結婚や中長期間在留する外国人の増加に伴い、日本の人口構成・民族構成が変わりつつあり、地域社会の多言語・多文化化も急速に進展している。かつて海外勤務や留学、また旅行でなければ体験できなかった異文化は、現在、日本にいながらでも、日常的に接触する機会が増えている。異文化接触する際、人々が普段経験しない驚き、戸惑い、不安などを数多く体験する（渡辺2002)。とりわけ、住み慣れた母国から他の国へ移動した人々は、しばしば、動揺、緊張、不安など、いわゆる「カルチャーショック」を体験し、新しい文化的環境への適応を強いられる（Oberg 1960)。異文化接触というのは、自分や自分たちの深くにある前提、あるいは枠組みが揺さぶられる経験といえる（渡辺 2002)。

一方、国際結婚家族の場合は、日常生活そのものが異文化接触であり、異文化が家庭文化の日常になっている。常に異なる文化的状況におかれていることとは、どういうものなのか。家庭の中で文化的な衝突が生じた場合は、どう対処し、どういう心の持ち方が必要で、そこから何が生まれてくるだろうか。国際結婚家庭について、新田（1992）は、異なる国、かけ離れた文化を背負う2人が結婚し、1つの家庭をもつとき、両者間の文化的相互関係、交流と衝突は、相対的に先鋭化すると述べている。佐野（1995）は、異文化間の結婚は、個人の文化適応の他、家族間のリレーション、家族役割の形成、子どもの文化的アイデンティティ等さまざまな問題を提起するという。また、金・津田（2015）は、文化や言語の違いを乗り越えた幸福な国際結婚カップルも多いとしたうえ、文化社会的な背景の違

い、言語コミュニケーション面での障壁、子どもの教育や子育て観に関する齟齬等、夫婦間の文化的葛藤は枚挙にいとまがないと指摘している。佐竹（2017）は、国際結婚家族を多文化家族とし、日本における多文化家族の問題点について、①言葉・コミュニケーション　②文化や家族観の違い　③家庭内暴力（DV）　④外国人配偶者の低所得傾向　⑤子育て・教育の５点を挙げている。

しかしながら、日本では国際結婚家族を対象とした研究や支援体制の検討が行われてきているものの、まだ十分とはいえない現状にある。とりわけ、国際結婚家庭に育つ子どもへの関心が薄く、行政や教育現場による子ども向けの支援の取り組みがほとんど見られていない。国際結婚家庭に育つ子どもにとって、何が異文化で何が母文化であろうか。また文化継承やアイデンティティの形成において、どのような問題に遭遇し、どういう葛藤また喜びを経験するのだろうか。こうした問題について、従来の異文化接触の概念や理論では説明できない要素が多く、関連する研究も少ない。国際結婚家庭に育つ子どもの課題について、鈴木（2004）は、子どもが母親の文化（国）と父親の文化（国）という少なくとも２つの文化と向き合い、複数文化を常に意識しながら、いくつもの要因が複雑に交差し、相互に影響し合う中で、（文化的）アイデンティティを一生模索していくことになると示している。津田（2010）は、一般的に国際結婚家庭に生まれた子どもは、家庭内の文化摩擦を直接見聞きすることになるが、両親がもつ２つの文化や価値観に折り合いがつかない場合、心理的混乱を起すことがあると指摘している。

２．研究の背景

(1) データから読みとる日本の国際結婚

2016年12月5日に厚生労働省が公表した人口動態調査[▶1]によると、日本の国際婚姻件数は、1980年の7,261件から1990年の2万5,626件へと10年間で急増した。1980年から2010年までの30年の間に、国際婚姻件数は、年によって増加したり、減少したりして、一定した増減傾向が示されていないが、常に日本婚姻件数年間総数の3.30％前後を占めていることは確かである（**表１**）。

2015年における日本の婚姻総数63万5,156件のうち、夫妻の一方が外国人である件数は２万976件で、全体の3.30％となっている。夫が日本人・妻が外国人の件数は１万4,809件で、国際婚姻総数の７割を占めている。妻の国籍別婚姻

表１　夫妻の国籍別にみた年次別婚姻件数

年　代	総　数	夫妻とも日本	夫妻の一方が外国	夫日本・妻外国	妻日本・夫外国
1970	1,029,405	1,023,859	5,546	2,108	3,438
1980	774,702	767,441	7,261	4,386	2,875
1990	722,138	696,512	25,626	20,026	5,600
1992	754,441	728,579	25,862	19,423	6,439
2000	798,138	761,875	36,263	28,326	7,937
2010	700,214	670,007	30,207	22,843	7,364
2012	668,869	645,212	23,657	17,198	6,459
2015	635,156	614,180	20,976	14,809	6,167

出典：厚生労働省　統計情報・白書『人口動態調査』より筆者作成。

表２　夫妻の国籍別にみた年次別婚姻件数

年代	夫日本・妻外国					妻日本・夫外国				
	総数	韓国・	中国	フィリピン	その他	総数	米国	韓国・朝鮮	中国	その他
1970	2,108	1,536	280	…	292	3,438	1,571	1,386	195	286
1980	4,386	2,458	912	…	1,016	2,875	625	1,651	194	405
1990	20,026	8,940	3,614	…	7,472	5,600	1,091	2,721	708	1,080
1992	19,423	5,537	4,638	5,771	3,477	6,439	1,350	2,804	777	1,508
2000	28,326	6,214	9,884	7,519	4,709	7,937	1,483	2,509	878	3,067
2010	22,843	3,664	10,162	5,212	3,805	7,364	1,329	1,982	910	3,143
2012	17,198	3,004	7,166	3,517	3,511	6,459	1,159	1,823	820	2,657
2015	14,809	2,268	5,730	3,070	3,741	6,167	1,127	1,566	748	2,726

注：フィリピン・タイ・英国・ブラジル・ペルーについては平成４年から調査しており、平成３年までは「その他の国」に含まれる）。
出典：厚生労働省　統計情報・白書『人口動態調査』より筆者作成。

表３　夫妻の一方が外国　国籍別にみた年次別婚姻件数百分率

国籍／年代	韓国・朝鮮	中　国	フィリピン	米　国	その他
1970	52.70%	8.60%		29.70%	9.10%
1980	56.60%	15.20%		11.10%	17.10%
1990	45.50%	16.90%		5.30%	32.40%
1992	32.30%	20.90%	22.50%	6.20%	18.10%
2000	24.10%	29.70%	21.00%	4.60%	20.60%
2010	18.70%	36.70%	17.70%	5.10%	21.80%
2012	20.40%	33.80%	15.50%	5.70%	24.70%
2015	18.30%	30.90%	15.40%	6.30%	29.10%

注：フィリピン・タイ・英国・ブラジル・ペルーについては平成４年から調査しており、平成３年までは「その他の国」に含まれる。
出典：厚生労働省　統計情報・白書『人口動態調査』より筆者作成。

件数の多い順では、中国38.69％、フィリピン20.73％、韓国・朝鮮15.32％、タイ6.33％となっている。妻が日本人・夫が外国人の婚姻件数6,167件のうち、夫の国籍別多い順では、韓国・朝鮮25.39％、米国18.27％、中国12.13％、ブラジル5.58％である。国際結婚のうち、再婚による婚姻件数は1万813件で、全体の51.55％を占めている。一方、国際離婚件数は、はじめて公表された1992年の7,716件から2000年の1万2,367件、2010年の1万8,968件へと増加しつつあり、日本離婚件数全体の平均5.61％を占めている。夫妻とも日本人の離婚率は、2000年、2010年と2015年にそれぞれ33.06%、34.69%、34.61%に対して、夫妻の一

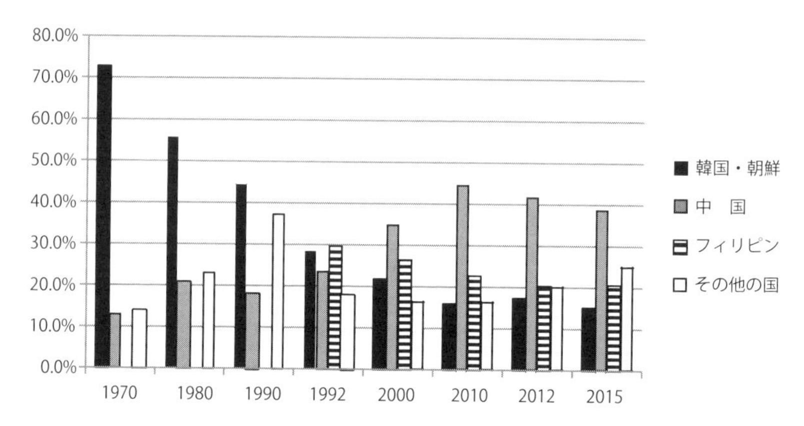

注：フィリピン・タイ・英国・ブラジル・ペルーについては平成4年から調査しており、平成3年までは「その他の国」に含まれる)。
出典：厚生労働省　統計情報・白書『人口動態調査』より筆者作成。

図1 夫日本・妻外国　国籍別にみた年次別国際婚姻件数百分率

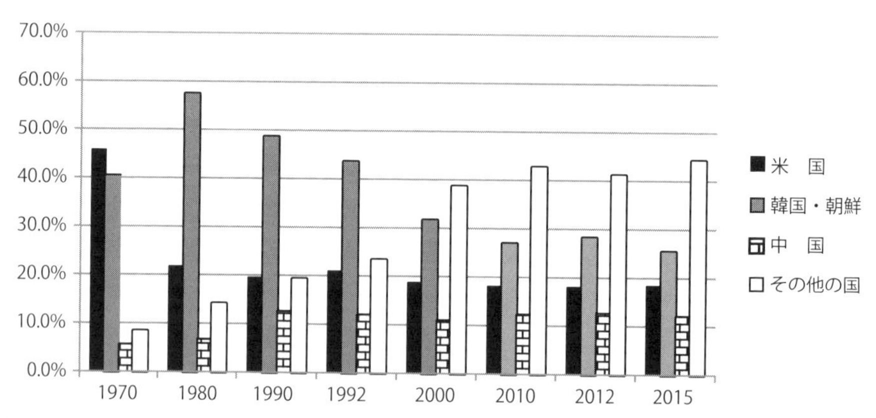

出典：厚生労働省　統計情報・白書『人口動態調査』より筆者作成。

図2　妻日本・夫外国　国籍別にみた年次別国際婚姻件数百分率

方が外国人の離婚率がそれぞれ34.10%、62.79%、65.19%と高まる一方である。

日本の国際結婚家庭では、夫が日本人で妻が韓国・朝鮮人、中国人、フィリピン人、または妻が日本人で夫が韓国・朝鮮人、中国人、アメリカ人のような国籍構成が多い（**表２、表３、図１、図２**）。1970年に夫が日本人、妻が韓国・朝鮮人の件数は1,536件、妻が日本人・夫がアメリカ人の件数は1,571件で、それぞれ国際婚姻件数の27.7%、28.3%を占めていた。2015年になると妻が韓国・朝鮮人の件数は2,268件、夫がアメリカ人の件数は1,127件で、それぞれ国際婚姻件数の10.8%、5.4%となっている。一方、夫が日本人・妻が中国人の婚姻件数は1970年にわずか280件で、国際婚姻件数の5.0%に過ぎなかったが、80年代から妻が中国人の婚姻件数が急増し、多い時期の2009年では、1万2,733件にのぼり、全体の37.0%を占めていた。その後、徐々に減少する傾向にあり、2015年は全体の27.3%となり、5,730件まで減少した。

以上のように、近年日本の国際婚姻件数が減る傾向にある。一方、国際結婚家族の国籍構成が多様化し、国際結婚家庭に育つ子ども、つまり国際結婚家庭に生まれた子ども、また再婚による連れ子が増えている。厚生労働省[▶2]が公表した人口動態調査によれば、1987年から2015年まで国際結婚家庭に生まれた子どもは、合計47万7,546人になっている。再婚による連れ子の場合は、取得可能なビザは実の親の在留ビザなどによって定住者ビザ・永住者の配偶者等のビザ・日本人の配偶者等のビザ、または家族滞在ビザになっているため、人数の確認が大変難しいことである。

(2) 日中国際結婚家庭にいる子ども

日本における国際婚姻件数の増加は、90年代入国管理法の改訂以降生じた社会現象であるため、日本社会では、国際結婚家庭に生まれた子ども、また再婚による連れ子たちの現状を取り上げることが少なく、国際結婚家庭に育つ子どもたちが抱える問題に関する研究も少ない。日本では、国際結婚で生まれた子どものことを「混血」「ハーフ」「ミックス」「ダブル」「国際児」と呼び、呼びかたが時代とともに変わっている。国際結婚家庭に育つ子どもについて、佐藤（2014）は、「容姿にすぐれ、語学能力が高い有名人が多いことから、日本人からは羨望と同時にやっかみをかうこともある」、「しかし、国際結婚を背景に持つ子どもの多くは、アイデンティティの悩みをもつことが多く、容姿や能力にすぐれた子どもばかりでもなく、むしろ慎重な心のケアが必要な場合がある」と指摘する。

厚生労働省の公表によれば、1987年から2015年まで国際結婚家庭に生まれてきた日本国籍をもつ子どものうち、一方の親が中国人の子どもは9万5,927人で、全体の20.09%を占めている。内訳として、父日本・母中国人は7万4,328人、全体の15.57.%、母日本・父中国人は2万1,599人、全体の4.52%を占めている。1987年に生まれた子どもは、今年でちょうど30歳になり、1990年代に生まれた子どもも現在10代、20代になっている。思春期の多感の年頃、また自立を目指す人生の節目を迎える現在、彼らは、日本と中国に対してどのような感情を抱き、自分のアイデンティティについてどのように考えているのだろう。近年、日中関係が冷え込んでおり、とりわけ歴史認識問題・領土問題が深刻化している。敏感な外交・政治問題をはじめ、マスメディアの報道姿勢などの要因で、両国の国民感情が悪化する傾向にある。在日中国人は、しばしば母国と日本の間で板挟みになり、微妙な立場に立たされている。こうした現状は、日中国際結婚家族、とりわけ、そこに育つ子どもにも影響を及ぼしかねないと考えられる。現在10代、20代になる日中国際結婚家庭の子どもたちは、これまで自身が経験した葛藤はどういうものなのか、遭遇してきたいろいろな問題はどこからきたものなのかなどに対して、答えに困っている人もいるだろう。日中国際結婚家庭の子どもが自ら開示しなければ、周りは彼らが「ハーフ」であることに気づかないだろう。中国にルーツをもつことが日中国際結婚家庭に育つ子どもの文化継承、アイデンティティの形成にどういう影響を与え、また子どもたちが自身の置かれている状況をどう捉え、どのように展望し、どういう支援を期待しているだろうか。こうしたことを明らかにするのは、個々の子どもの健全な人格の育成に寄与するだけでなく、家庭教育、学校教育、地域の多文化共生社会の構築、さらに日中関係のあり方にも意味深い探索になるであろう。

国際結婚家庭に育つ子どもの問題は、子ども一人ひとりの素質や置かれた社会環境、家庭環境が異なるため、量的調査や比較研究は難しい。Hermans , H. J. M.& Kempen, H. J. G.（1998）は、異文化接触によって生じた新たな文化現象を理解するためには、異文化間接触の現場に直接焦点を当てた研究が必要であると述べている。本研究では日中国際結婚家庭に育つ子どもの体験に焦点を当てて、言語習得、文化継承とアイデンティティの問題を中心に、一人ひとりの声を拾うことにした。

3．本研究

(1) 研究目的と方法

本研究の目的は、日中国際結婚家庭に育つ子どもたちの言語習得・文化継承・アイデンティティ形成・日中両国にルーツをもつことの葛藤について調査し、問題の所在や教育支援のあり方を検討することである。

日中国際結婚家庭に育つ10代・20代の若者８人を対象に半構造化面接を用いて、調査を実施した。半構造化面接とは、面接により、面接者側が知りたい、理解したい内容の諸項目をあらかじめ設定し、被面接者に自由に語ってもらいながら、設定した諸項目について聴き取るという緩やかな枠組みをもった面接手法である（堀田 2000）。調査期間は、2015年２月から2016年12月までである。調査場所は、調査協力者の都合に合せて協力者の自宅、喫茶店、公民館などの公共施設とした。面接記録は、協力者の希望により、録音して後日文字を起こす方法、やりとりしながらパソコンのワードまたはメモで書き取る方法を使った。調査協力者の中に、親の都合や教育方針で中国育ちのケース、親の再婚により発達途中で親の呼び寄せで来日したケース、また親が離婚したケースもある。本稿では、日中国際結婚家庭に生まれ・日本育ちで母親が中国人、かつ家庭が安定している４人の大学生（**表４**）の面接内容を取り上げ、考察を行った。引用文献の関係や一般の人々の使用頻度より本稿では、日中国際結婚家庭に生まれた子どもを「ハーフ」という用語を使用する。プライバシー保護のため、調査協力者の名前は仮名である。

(2) 半構造化面接の質問項目

基礎情報：家族構成とそれぞれの言語能力など

表４　調査協力者のプロフィール

名前	性別	学年	中国語レベル
ユカ	女	大学２年	日常会話を聞き取れるが、話すのが苦手
エミ	女	大学４年	中国語を話せるが、書くのが苦手
ケンタ	男	大学３年	中国語を読めるが、書くのが苦手
タクヤ	男	大学４年	日常会話を聞き取れるが、話せない

出典：筆者の調査。

質問項目：
Q 1: 2つの言語の習得程度及び理由
Q 2: 母親が外国人で、自分はハーフであることを意識した時期とそのきっかけ
Q 3: 日本また中国は自分にとってどういう存在か、どのぐらいの頻度で中国に行っているか
Q 4: 家庭の言語、文化、また習慣などが他の日本人と違うことについて
Q 5: 自分のアイデンティティと日中関係について
Q 6: 多文化家族への支援について

(3) 調査の概要

調査協力者1：ユカ（女）大学2年生

家族構成とそれぞれの言語能力
父親: 日本人　会社員　中国の歴史に詳しい
母親: 中国人　ユカが生れる前に日本語能力試験1級に合格　中国語講師
兄: 社会人　日本生まれ日本育ちで中国語を話せる
本人: 大学2年生　日本生まれ日本育ちで日常生活の中国語を聞き取れるが話すのが苦手

Q 1: 2つの言語の習得程度及び理由
ずっと日本で生活しているので、最も使いこなせる言葉は日本語。
中国語は、小さい頃母に教えてもらったことがある。でも発音が上手くできず、母に厳しく直されているうちに、中国語を学ぶことに対して苦手意識が芽生えた。中国語は、日常的に使っていないし、母親も日本語が使えるから、必死に中国語を勉強する必要はない。

Q 2: 母親が外国人で、自分はハーフであることを意識した時期とそのきっかけ
保育園の年中の頃だったと思う。集団活動の時、自分がもっているお弁当や持ち物などが明らかに皆と違っていて、他の子に「変なの」と言われたことがある。持ち物が間違っていたりして、先生に怒られたことも覚えている。また、先生に言われたことを母に話し、母が「はい、はい」と言っていても、どうも正しく理解できていないことが多かったが、父に話せば、すぐわかってもらえるということにある時気づいた。ハーフや外国にルーツをもつという言葉を知らなかったが、

自分の母親が他のお母さんとは何か違うのかなと小さいなりに考えていた。

１歳頃保育園に入ったこともあり、幼稚園児と違って、親子で日本人親子との交流が全くなかった。母の中国の友人の親子の集まりによく参加していたが、それは普通だと思っていた。小学校の時、クラスに外見でわかる日米のハーフがいた。自分もハーフであるとは思っていなかった。ある時、先生が外国人を招いて、外国の文化を紹介してもらいたいと言い出し、クラスがハーフの話で盛り上がった。先生に「ユカさんのお母さんも外国人ですよ」と言われて、「はーそうだったのか」と気づいた。その後、母が外国人ゲストとして学校に来て、クラスで中国のことを話し、中国の遊びを教えてくれた。また家庭科の授業で中国の餃子の作り方を教えたりしてくれて、クラスメートに「お母さん、すごいね」と言われた。

Q 3: 日本また中国は自分にとってどういう存在か、どのぐらいの頻度で中国に行っているか

日本は、自分が育った場所で、中国は、母親の故郷としか認識していない。小さい頃、年に一度、２週間程度中国に行っていた。中学校に上がってから、部活などで忙しく、母も仕事があり、全く行っていない。いま、親戚との連絡は、誕生日やお正月の時、電話での挨拶ぐらい。

Q 4: 家庭の言語、文化、また習慣などが他の日本人と違うことについて

中国の文化に関して、家では春節などのイベント以外、特に触れていない。小さい頃、学校生活や友人関係のことで、母親の日本文化に関する知識の少なさに苦労し、不満を抱いたことはある。いろいろあるが、日本人同士の家族でさえ価値観が合わない人がいるから、何があっても、今は「親が外国人だから」と思っていない。ただ、文化圏によって遊びの文化や金銭感覚などが明らかに違う部分もある。個人的な考え方か文化の違いかわからないが、こういうことで母との衝突が多い。母は結構日本語が出来るが、細かい言葉でのやりとりは、やはりスムーズにいかないところがある。母が外国人であることで苦労したことはあるが、人間関係や文化、食生活、言語学習などの面で他の日本人の友達ができない体験もたくさんしてきた。中国語をうまく話せなくても、中国の親戚や母の友達の集まりなどで中国語の単語を拾ったり、場面に頼ったりして、意味を推測しながら自分なりに中国語を覚える努力をしている。

Q 5: 自分のアイデンティティと日中関係について
ずっと日本で生活しているから、自分は日本人だと思っている。
今は、自分の中にハーフという特別な概念がない。母親が中国人であることは当たり前だったし、「ハーフだから〜」という認識がない。小学校と中学校まで地域とのつながりが密だったため、母が中国人で、私はハーフであることを知っている人が多かったが、高校と大学では、皆互いの家族のことを知らないので、ハーフであることを自分で言い出さないかぎり、誰も気づかない。またわざわざ言わない方が良い場合もある。例えば、皆で一緒に何かをおしゃべりする時、誰かが「中国人は何でそんなことをするの？」と言い出すこともある。こういうことを聞くと、やはり居心地が悪い。もし後になって、私が日中のハーフであることが知られたら、互いにとって気まずくなることもあるだろう。初めて会う人、また大勢の前で家族のことを言わないようにしている。自分のルーツは、当然誇りに思うが、ハーフであるせいで価値観や行動が制限されるのが好きではないし、また自分でもとらわれないようにしている。
日本と中国のハーフということで、特別な思いをしたことがいくつかある。1つは、小学生の頃、「中国製冷凍ギョーザ事件」が起きたこと。新聞やテレビで大きく取り上げられ、学校でも話題になった。クラスメートに「中国人ってひどいね」「親戚とか、こういう会社で働いている人がいる？」などを聞かれて、ショックを受けたことを今でも覚えている。自分に関係がないのに、周りの言い方は、自分が中国の1代表のように責任があると聞こえる。事件より周りの反応があまり好きではなかった。日中関係の問題は、聞くのも嫌だったが、現在は中立の立場をとっている。それに比べて、中学生になって、尖閣諸島の報道があっても、周りはそれほど反応しなくなった。小学生の頃は、私のことを日中のハーフとして扱っていたが、中学生になってから、周囲も精神的に成長し、私のことを1個人として扱ってくれた。嬉しかった。
歴史の授業で満洲事変等を知って、気持ちが複雑になった時期があった。小学校の頃、かなり悩んだせいか、今は逃げることにした。つまり考えないことにした。日中関係にこだわらず、なるべく中立的な立場で物事を見るようにしている。日中ハーフだからといって、過去の歴史や現在の政治問題を背負う必要はないと思う。

Q 6: 多文化家族への支援について

日本と中国両方の言語と文化を知っている専門家やボランティアの方が親子の間、また学校と保護者の間の架け橋になってくれると助かる。我が家の場合は、母は保育園や学校のことを自分が知っていると思っていても、実は思い違いもあるし、私たち兄弟もその時々で違和感を覚えたりして、「母との会話が何故こんなに難しいのか」と思ったこともあった。今になれば、母が日本のことについてそんなにわかっていないことがわかった。国によって文化が違うので、日本の文化について外国人保護者にわかりやすく説明し、日本文化圏で暮らしやすいような配慮をすることが大事だと思う。特に若者の文化を親に理解してもらうような支援があれば助かる。

日本人の子どもの反応は家庭ごとの考えがあるから、仕方がない。同じ日本人でも価値観が違う人も当然いる。ハーフといっても、皆それぞれだから、どういう支援が必要なのか、経験した本人しかわからない。いま、いろいろな出来事やニュースの報道、周りの反応などを自分なりに受け流し、うまく対応しているが、小さい頃は結構ため込んでつらい思いをした。ニュースについて、子どもの反応について、学校の先生方は何も言わない。もし先生方がもう少しニュースのことを取り上げ、皆の考えを聞いたり、客観的な立場で話をしたりしてくれれば、考え方が変わるかもしれない。

現在、世界情勢がますます複雑になっている。子どもが自分のアイデンティティを確立していない時期に親や学校の先生方が特定の思想を押し付けるのは、望ましくない。私のような見た目でわからない日中ハーフが多くいる。日中の間のいざこざや両国のねじれた関係、またそれに対する周りの反応で傷ついたりする人もきっといる。こういう子どもの存在や、子どもの心がデリケートであることに周りの大人が気づいてあげて、適切にケアすることが必要と思っている。いろいろな文化の子どもの存在に配慮をしてほしい。

調査協力者2：エミ（女）大学４年生

家族構成とそれぞれの言語能力

父親 : 日本人　会社員　中国語を話せない

母親 : 中国人　日本語堪能　専業主婦

弟 : 高校生　日本生まれ日本育ち　中国語を話せない

本人 : 大学４年生　日本生まれ日本育ち　中国語を話せるが書くのが苦手

Q 1: 2つの言語の習得程度及び理由

母語は日本語。母は日本語がとても上手で中国の友人とは中国語で話すが、他の場面では全部日本語を使っている。家族の共通語は日本語である。小さい頃、よく母と一緒に日本と中国を行き来していたため、中国語は自然に覚えた。大学に入ってから、中国語を第二外国語として勉強しなおした。中国語で文章を書くのは難しい。

Q 2: 母親が外国人で、自分はハーフであることを意識した時期とそのきっかけ

小さい頃、自分がハーフであることを理解していなかった。小学生の時、母の名前がカタカナで表記されたことで友達に聞かれて、はじめて気づいた。ハーフだと日本人ではないと思われるため、不自然な感じがした。

Q 3: 日本また中国は自分にとってどういう存在か、どのぐらいの頻度で中国に行っているか

日本は自分の母国で、中国は母親の故郷。中国には親しみのある親戚が多く、中国語も自分にとってなじみのある言語である。小さい頃結構中国に行っていた。小学校の高学年になってから、行くことが減った。弟は、中国語が聞き取れない。中国のことを「向こう」という言葉で表現している。おそらく中国に対してそれほど親しみ感や親近感はないと思う。

Q 4: 家庭の言語、文化、また習慣などが他の日本人と違うことについて

家では中国料理、つまり母親の郷土料理が多く作られている。中国のお正月に合わせて家族で中国に帰ることもあった。中国の文化について母は言葉で語ることがあまりない。近所に中国出身の母の友人とその家族がおり、境遇も同じで、家族同士の交流がある。

父は家族に対して大変優しく、家事もよく手伝う。学校活動や地域のイベントなどは、いつも母と一緒に参加し、可能な限り協力する。文化や習慣に関して、違和感を覚えたことはあまりなかった。母がどれほど頑張ったか、今になって言えること。家では中国に関することを話すが、敏感なことについて一切話題にしない。

Q 5: 自分のアイデンティティと日中関係について

純粋な日本人でないことに少々違和感を覚えているが、日本育ちなので日本人である。小さい頃、周りと違うことをやるのが嫌だった。小学生の頃、ハーフであることで、クラスメートにいろいろ言われたり、聞かれたりしたことがある。歴史問題を聞かれると、知識の浅さや立場の微妙さもあるため、答えにくいことも結構あった。ある時、クラスメートが教室で中国の悪口を話していた。すると、ある子が「やめなさい。エミちゃんが中国のハーフだから」とその話題をやめさせようとした。私のことをかばってくれたことはありがたいが、日中ハーフであるため、周りからの配慮・遠慮が嫌いで、またハーフと日本人を線引きしてほしくないという思いも強かった。

いま、ハーフであることをあまり感じていない。ハーフのアイデンティティなどについて深く考えたこともない。家では、日本文化がメインで、中国文化や中国のことを持ち出さないようになっている。母の意向で抑えているように見えるが、母なりの考えがあるかもしれない。

Q 6: 多文化家族への支援について

私は同じ境遇の友人がいて、また学生時代に理解のある先生に恵まれていた。弟の場合は、２つの言語と文化に触れる機会が少なく、日本語しか話せない。子どもが両親の言語が習得できるような支援があってほしい。また、教員養成にこういう子どもたちのことを理解するようなカリキュラムがあってほしい。学校では、国籍や親の出身などに気を遣わず、どの子どもでもありのままでいられる環境づくりに力をいれてほしい。

調査協力者３：ケンタ（男）大学３年生

家族構成とそれぞれの言語能力

父親 : 日本人　会社員　中国語が堪能

母親 : 中国人　日本語堪能　パートタイマー

本人 : 大学３年生　日本生まれ日本育ち　中国語は読めるが書くのが苦手

Q 1: ２つの言語の習得程度及び理由

日本語は使いこなせる言語といえる。日本語でないと、物事を考えられないから。

中国語はある程度話せる。文法があやしく、語順を無視して、ただ単語を並べただけの場合が多い。しかし、そのような中国語でも相手に理解してもらえるくらいのレベルではあると思う。日常生活上、さほど支障がないくらい聴きとれ、話せる。中国語をマスターしたい。自分がもっているスキルとして、誇れるものとして、さらに磨いて将来をいかせるものにしたい。また、就活の時に履歴書の資格の欄に、中国語が出来ると堂々と書きたい。

Q 2: 母親が外国人で、自分はハーフであることを意識した時期とそのきっかけ

ハーフという言葉を知ったのは、保育園年長の時か、小学校 1 年生の頃かと思う。はっきり覚えていない。当時、英単語としての「ハーフ（half)」の本来の意味がよくわかっていなかった。小学校の時、家の中と外で使っている言葉、聞くものや見るもの、行動面も違うこと、また年に２回お正月を祝うことなど、自分の家は他のところと違うなと気づいた。クラスに自分と同じ文化、ルーツをもっている人がいないため、思っていることを周りの人と共有できない自分が、なんとなくマイノリティだなという寂しさを覚えた。

小学生の頃、母親が中国人だと知られて、クラスメートに「毎日、中華料理を食べている？」「烏龍茶を飲んでいる？」と言われたことに腹がたつ。なぜならば、表層的な知識やステレオタイプ的な見方でいわれるのが煩わしいから。中国のことを聞かれて、「わからない」というと、「ハーフなのに、わからないの？」と言われるのも困る。ハーフの英語の意味が「1/ ２」だとわかった時、ハーフという表現にややネガティブなニュアンスが含まれているなと時折思うようになった。いま、ハーフという言葉に対して、悪いことを連想することが多い。

Q 3: 日本また中国は自分にとってどういう存在か、どのぐらいの頻度で中国に行っているか

日本は住んでいるところであり、nationality のある国家である。

中学２年生まで２年に１回の頻度で中国に行っていた。これまで 10 回ほど訪れた。滞在期間は大体２週間ぐらい。中国には伯母２人と従兄姉がおり、母親の友人の子どもの中に知り合いもいる。中国は母親の故郷である。同時に、自分の第二の故郷とはいえないが、幼少期から現在に至るまでの味覚やサブカルチャーを含めて、自分が慣れ親しみ、素養となっているものの淵源でもある。

Q 4: 家庭の言語、文化、また習慣などが他の日本人と違うことについて

2つの文化に触れる機会が多いので、中国のことについて詳しくなることもある。両親はともに自分の配偶者の言葉が理解でき、かつ使用可能である。家の共通語は日本語と中国語。父は中国文化に対して理解度がかなり高い方だと思う。一方、母は日本語を話せる、読める、書けるものの、日本文化に対する理解はあまり高いとはいえない。母親の些細な質問に対して「なぜ、そのようなことを質問するのか」と、愚問とみなして苛立つこともある。母親が日本文化、特に日本の現代文化に疎く、理解が浅いため、それに伴う相互コミュニケーションのずれも多い。家でこうした障壁に遭うときは母親が外国人であることを呪わしく思ってしまうこともある。しかし、これが当たり前であり、普段の意思疎通はほぼ問題がない。家庭内において違和感を覚えない。

しかし、自分のような家庭が日本の中では、少数派であることを思い知らされ、時折孤独感を覚え、同じ家庭環境の人はいないかと探すことがある。その一方で、時折優越感を感じることもある。

Q 5: 自分のアイデンティティと日中関係について

自分は日本人である。国籍が日本であり、日本語で思考している以上、日本人と、自分を規定せざるをえない。

中国にルーツをもつことで悩ましいことをいろいろ体験してきた。小さい頃、母と一緒に中国に行ったある時、公園にいる小学生ぐらいの子どもに「小日本鬼子」と言われたことがあった。また、他の大人も面白がって「小日本」といったことも覚えている。その時、「小日本」の意味がよくわからなかったが、日本人は歓迎されていないことだけはなんとなく気づいた。中学生の時、中国へ旅行したことがある。同じバスに乗っているガイドを目指している若い中国人男性に「なぜ、中国の国籍を取らないの？」と厳しく問い詰められたことがある。「なぜそんなことを言われなければならないか」と非常に不快感を覚えた。

小学生の時、「毒餃子事件」「中国パクリキャラクター」に関するニュースが報道された。自分があたかも中国人の代表のように、クラスメートにはやし立てられ、「お前、謝れ」とまで言われた。その時、そういうことは中国政府に言ってよ、僕は中国人でもないのになぜ謝るのと思った。辛かった。中国に居ても日本に居てもさまざまな報道に振り回され、複雑な思いでニュースの報道を見なければならないのが嫌である。クラスメートは、中国に行ったこともなければ、中

国のことも知らない。なのに、「中国のことが嫌い」という人もいる。冗談でいうのもいいが、時に本気でいう人もいる。これは、中国に関する悪いニュースの報道が多いことに関連していると思う。中国のことを言うなら、中国に行って中国のことを知った上でいうべきだと思う。「なぜ、中国は、こう……」と言われると、良い気持でいられない。中国といっても国が広く、地域や個人・家庭・学歴・階層によって皆ぞれぞれで違う。何もわからない子どもではこういった差異を見抜けない。高校に入ってから、こういう言動があっても仕方がないなと思うようになった。ただ、「尖閣諸島」のような領土問題や歴史認識の問題になると動揺してしまう。母親が中国人であるため、家では日中関係の問題などについて話すのが難しい。親子であるのに、立場が異なるということに気づいてしまってから、心中おぼろげであるが、ある種の不快感を抱いている。過去の歴史問題のような民族間の溝は、次の世代になっても引き継がれてしまうのかと考えてしまう。

Q 6: 多文化家族への支援について

多文化家庭に両方の言語を理解できる相談員を配置し、定期的に家庭訪問を行えるような支援があればよい。義務教育の中で、「中国はこうだ」「中国人はこうだ」という画一的な見方をしないような教育をすることが必要である。国家と個人を分けて、物事を考えるような多文化理解教育があってほしい。多言語通訳や海外の地域研究（特に研究者の数が今少ない地域・言語）の専門家養成に対する支援拡充、児童・生徒・学生に対して国籍・民族の区別なく（当然日本国籍も含む）、各々の日本語レベルや文化理解度合いに応じたカリキュラム、それらを有する教育機関の拡充が必要である。日本の文化・歴史・政治・経済・教育等の制度について、外国語による国内と海外への発信力を強化すべきである。

日中両国における歴史認識問題について提言したい。戦後 70 年にもなっている現在、なぜ今の世代、おそらく次の世代もこの過去の十字架を背負わなければならないのか。両国に親族がいるような人にとってどちらに居ても居づらいというような不健全な社会があってはいけない。中国人も日本人も互いに国籍で人を差別するのはおかしい。次の世代さらにその次の世代のために、両国の間に歴史問題について建設的な決着が図られることを願いたい。

調査協力者4：タクヤ（男）大学4年生

家族構成とそれぞれの言語能力

父親：日本人　会社員　中国語を話せない

母親：中国人　日本語流暢　パートタイマー

本人：日常会話中国語を聞き取れるが話せない

Q 1：2つの言語の習得程度及び理由

日本語は母語。

小さい頃、中国語教室に通ったことがあって少し覚えたが、家族の会話は日本語なので、中国語の勉強は英語と同じ、使える言語にならなかった。

Q 2：母親が外国人で、自分はハーフであることを意識した時期とそのきっかけ

幼稚園の時、友達の家に遊びに行ったり、また他の親子たちが家に遊びに来たりすることが多かった。なんとなく自分の家は他所の家と違うなと思った。母が中国語を使って親戚や友達と話していたことは、ほとんど聞き取れなかった。ある時、電話をしている母が相手に「私は日本人ではないので～」と言ったことを今でも覚えている。その時、何人とか、国のような概念がよくわからなかったので、「日本人ではない」だからといって、それは何かと子どもながら不思議に思った。今、母の日本語は外国人なまりがあることがわかるが、ずっと母の日本語を聞きながら育ったので、別に変な感じがしていない。何人であれ、何語で話していても母は母だ。

Q 3：日本また中国は自分にとってどういう存在か、どのぐらいの頻度で中国に行っているか

小さい頃、数回行ったことがある。親戚が多すぎて、この人あの人、皆母とどういう関係があり、呼び方がどうなっているかがよく理解できなかった。母はよく周りに次のように言われていた。「孩子太瘦了。有没有给好好吃饭？（子どもがやせすぎる。ちゃんと食べさせている？）」「他怎么不会说中文？（この子、なんで中国語を話せないの？）」「你怎么不教他中文呀？（なんで中国語を教えないの？）」。このように言われるたびに、母が申し訳なさそうな顔をして、「他吃得少（彼は食が細いから）」「教呢，平时用得少（教えている。普段使う機会が少ないから）」「他怕生，不好意思说（彼は人見知りで話すのを恥ずかしがっているから）」と答え

る。こういう話をあちこちで聞いているうちに、うっとうしいと思った。皆、挨拶の感覚でいっているか、本気でいっているかがわからないが、母が謝っているような感じで皆にいちいち説明するのが嫌だった。母の故郷は日本より遅れていて、不便なところも結構あった。小学校５年生頃、中国のおばあさんが亡くなった。あれ以来、中国に行っていない。

Q 4: 家庭の言語、文化、また習慣などが他の日本人と違うことについて

幼稚園の時、よく友達の家に遊びに行っていた。自分の家と他の家が違うなと思ったが、どこがどのように違うかが上手く言えない。自分の家だから、家のすべてが当たり前と思っているかもしれない。小学生以降、他所の家に遊びに行くことが少なく、比較する機会もなくなった。お正月や夏休みに日本のおばあさんの家に行って、親戚と一緒に祝ったり、集まったりして過ごすことが多い。日本のおばあさんは母のことを「日本人より日本人らしい」とよく褒める。

Q 5: 自分のアイデンティティと日中関係について

自分は日本人だ。中国にルーツをもっていると言われれば、確かにそうだが、日中のハーフという意識を持っていない。日本語しか話せないから、日中のダブルと言われても微妙な感じがする。

小学校4、5年生の時だったか、母が他の日本人のお母さんに陰で悪口を言われたことがあったそうだ。ある夜、母が父の前で泣きながら、「外国人だから、世間知らずだという言い方がひどい。なんでこんなことを言われなければならないか」と話していたことを覚えている。こういう話が苦手で、できれば聞きたくない。母のことに関係しているかどうかはわからないが、その後学校で無視されることが多くなったような気がした。5年生から中学校受験のために塾通いをはじめた。クラスメートの態度はどうでもいいと思った。私立中学校に進学した後、クラスに自分のことを知っている人がいないので、ある種の解放感を覚えた。父の帰りがいつも遅く、私も部活で忙しかった。母は多くの時間を１人で過ごしている。きっと寂しい思いを沢山していたと思う。母と一緒に何かをしたかったが、話がずれることが多く、段々母と話すのも面倒だと思うようになった。時折母が「日本人は〜」「中国人が〜」とのことを言い出す。僕も日本人だし、こういう話を聞かされても、何をどうすればよいかがわからない。日中両国の問題に関する報道が結構あるが、あれは自分と関係があるとは思っていない。家ではこういう

ことが話題にならない。

大学で留学生やハーフの学生に出会う機会が多い。中国人の留学生がいるため、中国のことも時々話題になる。僕もあれこれを話すと、「なんで知っている？」と聞かれたこともある。母が中国人で、自分はハーフであることを隠すわけではないが、話す気にはなれない。小さい頃会った中国の親戚のように「何故、中国語を話せないの？」と言われたら、どう答えればと考えてしまう。

Q６: 多文化家族への支援について

今になって、母の大変さ、孤独感などが少しわかってきた。言葉のことについて、以前母は、「日本で暮らす以上、日本人のように日本語を話すべきだ」と言っていた。でも母はいくら頑張っても日本人のように日本語を使いこなすことはできない。母は、自分の体験から言語学習の大変さを悟ったか、僕が途中で中国語の勉強をやめたいと言い出した時、何も言わなかった。大学に入って、中国語と日本語両方ともできるある日中のハーフと知り合った。家でこの人のことを話して、母に「もし、僕も中国語教室を続けたら、もっといろいろなことができるかもしれない」といったとき、母は「その時、本当は辞めさせたくなかった。でも子どもに２つの言葉を同時に覚えさせるのは大変なことだ。下手すると両方とも中途半端になるかもしれないと心配していた」と説明した。

自分の今の状況がいいか悪いかがよくわからない。日本で生活しているなか、言葉や文化の面で何も不自由を感じない。これだけでもいいじゃないかと思う。支援が必要としたら、母への支援があれば良いと思う。また、私たちのような家族に２つの言葉をマスターできる方法などを教えてくれる専門家がいればいいなと今思った。

４．まとめと考察

本研究では、半構造化面接を用いて、日中国際結婚家庭に育つ子どもたちの言語習得・文化継承・アイデンティティ形成・日中両国にルーツをもつことの葛藤について調査を行った。４人の面接調査から何らかの結論を出すのが難しいことであるが、４人の共通点、また面接を通して見えてきた問題点を整理したい。

４人の調査協力者の共通点として、以下の３点が挙げられる。

①4人とも日中国際結婚家庭に生まれ、中国人の母親をもつ日本育ちの20代の大学生である。日本人の父親は会社勤めで、仕事や収入も安定している。中国語の能力に関係なく、父親は皆中国に対して好意的で、家族に対しても責任感をしっかりもっている。母親は日本語の読み書きができ、日本の居住期間も長い。以上の状況から、4人とも経済的に余裕があり、親子関係も安定した家庭で育ったといえる。

②日本語を母語とし、日本語を完璧に使える。4人とも小さい頃、中国語を勉強したことがある。大きくなるにつれて、中国語の学習を断念した人もいれば、続けて勉強している人もいる。しかしながら、中国語を完全にマスターした人はいない。皆小さい頃、よく母親と一緒に中国に行っていた。学年があがるにつれ、母親との里帰りが少なく、中学校以降行かなくなる人もいる。家庭生活において、中国文化の色彩が薄く、中国文化について母親から受け継いだものも少ない。中国は、母親の故郷として認識している。

③自分のことを日本人として認識し、ハーフという意識を持っていない。中国と日本の問題に触れるのは、タブーなことである。できれば、避けたい、触れたくないという心理が強い。自分は日本人で中国のことと関係がないといった場合でも、葛藤する。

今回の面接調査では、日中国際結婚家庭に育つ子どもの2言語習得と文化継承の難しさ、「日中ハーフ」としてのアイデンティティの葛藤を明らかにした。日中国際結婚家庭において、たとえ両親ともバイリンガルで家庭用語が中国語を使っていても、子どもが日本語と中国語の2言語を自然に同時習得するのは難しいことといえる。面接協力者の事例では、家庭内での言語習得の限界、そして2言語習得に関する親の知識や意識的な関わりの重要性が示された。しかし、2言語の習得には、認知・社会・文化・経済・教育環境などさまざまな要因が複雑に絡み合っている（バトラー 2008）。言語習得はアイデンティティ形成また文化間の関係にも深く関連していると考えられる。母親の母語の習得困難は、日本における2言語習得環境の不備、また英語以外の言語ができることを誇らしいこととしない日本社会の問題でもある。もし日本社会が子どもたちに積極的に中国語や中国文化にかかわれる機会を与え、それを奨励・肯定するようになれば、子どもたちは、日中ハーフとしてのアイデンティティを肯定的に捉えるのであろう。2言語習得にあたって、バトラー（2008）は、話者がどれほどのサポートを社会から得られるかといった社会的要因に大きくかかわっていると指摘している。多言語能力は、多文化家族の親子をつなげる重要なツールであり、多文化共生社会の貴重な社会資源でもある。今後、日本社会における子どもの多言語教育のあり方について、言語学・発達心理学・社会学・第2言語習得論などの知見をもとに議論を展開されるとともに、地域社会による情報提供・相談体制作り、また社会全体の理解と認識度の向上につながる公的な支援も不可欠である。

家庭文化や子どもの文化意識の形成において、親の伝統文化知識および伝統行事への関心、関わりの影響が大きいと考えられる。日中国際結婚家庭に育つ子どもは、父親の多忙と母親の日本文化への理解不足によって、家庭生活による日本文化の体験学習が不足していると考えられる。中国文化に関して、体験学習が少ない場合は、文化継承がむずかしいことであろう。親が意識的に文化を語り継ぐことをしなければ、子どもたちの中国文化への理解が母親との里帰りの思い出にとどまってしまう。中国にルーツをもつことを肯定的に捉えていないこと、「自分はハーフであることを隠すわけではないが、話す気にはなれない」ことの背後に潜んでいるのは、どういうものか。とりわけ、小学生頃の周りの心無い一言、日中関係問題に対するマスメディアの報道姿勢、中国への帰省中での不快な体験など、どれも日中ハーフのアイデンティティへの承認を阻むことになる。しかし、こうした問題について、親は当事者であるため、子どものアイデンティティの問題に介入できない（佐藤, 2014）。こういう状況に置かれた子ども、さらにその次の世代の子どもたちの健全な人格形成を図るには、何より日中両国の間に良好な関係を築くことが大事な課題であろう。

「自分のような家庭が日本の中では、少数派であることを思い知らされ、時折孤独感を覚え、同じ家庭環境の人はいないかと探すことがある」という調査協力者の言葉にハーフとしての文化的疎外感や孤独感を感じさせる。国際結婚家庭に育つ子どもについて鈴木（2011）は、こうした子どもは、将来的に日本ともう一方の国との間で重要な役割を果たしうるし、国際的なさまざまな場面で有用な存在となるであろうと述べ、多文化家庭の子どもへの言語習得やアイデンティティ形成への継続的支援は、日本社会にとっても国際社会にとっても有益であろうと示唆している。

日本社会は、内なる国際化の進展によって多言語多文化化社会の時代に突入している。言語・文化・家族の多様性が地域社会や行政機関、教育現場、サービス業、企業など人間生活のあらゆる領域において多くの課題を提起している。これまでグローバル化を目指す教育課題は、外向けの「国際理解教育」をはじめ、広い視野の「異文化理解教育」、そして日本の多文化化社会問題まで含まれるようになった。しかしながら、「国際理解教育」や「異文化理解教育」は、授業科目として学校教育に取り入れているものの、その中身は学習概念の枠組みにとどまり、多文化化社会の現実問題の学習や理解につながると言えないのが現状である。異文化理解は、国を越え、民族を超えた異文化を理解することだけでなく、世の中、また身近には自分と異なる文化背景をもつ人が多く存在することを知り、彼らと自分との間の違いを認め、その多様性や異質性を受容することも異文化理解の一環である。少なくとも本稿の「日中ハーフ」のような子どもたちに自分自身の体験や葛藤を言語化する機会を与え、ありのままでいられるような環境づくりにつながる異文化理解教育、学校教育であってほしい。多文化共生社会の構築において、子どもたちが多様性から自分自身、または日本社会を豊かにする要素を吸収し、物事を多面的に考える感性を培えるような異文化理解教育が必要である。こういう教育は、少なくとも小学校から始めるべきであろう。

注

▶1　出典:「人口動態調査」（厚生労働省　統計情報・白書）http: //www.e-stat.go.jp/SG1/estat/NewList.do?tid=000001028897（2016年12月に閲覧）

▶2　出典:「人口動態調査」（厚生労働省　統計情報・白書）http: //www.e-stat.go.jp/SG1/estat/NewList.do?tid=000001028897（2016年12月に閲覧）

参考文献

金愛慶・津田友理香（2015）「日本における国際結婚家庭に関する心理社会的支援——在日フィリピン人のDV被害者支援についての一考察」『名古屋学院大学論集（社会科学篇）』51（4）. 95-104.

佐竹眞明・李原翔・李善姫・金愛慶・近藤敦・賽漢卓娜・津田友理香（2017）「多文化家族に対する支援——愛知・大阪・神奈川の事例から」『名古屋学院大学論集（社会科学篇）』53（3）. 105-137.

佐藤友則（2014）『＜多文化共生＞8つの質問——子どもたちが豊かに生きる2050年の日本』49-56. 学文社.

佐野秀樹（1995）「異文化家族と適応」『東京学芸大学紀要　1部門』46号. 149-153.

鈴木一代（2004）「国際児の文化的アイデンティティ形成——インドネシアの日系国際児の事例を中心に」『異文化間教育』19. 42-53.

鈴木一代（2011）「III　日系国際児のアイデンティティ形成と教育支援――まとめ」『日系国際児のアイデンティティ形成とその支援のあり方に関する実証的研究』平成 20 年度～平成 22 年度科学研究費補助金　基盤研究（C）研究成果報告書 . 研究課題 / 領域番号 20530782. 197-201.

津田友理香・いとうたけひこ・井上孝代（2010）「日本におけるフィリピン系移民 2 世の文化的アイデンティティと心理学的課題」『マクロ・カウンセリング研究』9. 60-67.

新田文揮（1992）『国際結婚とこどもたち　異文化と共存する家族』11-25.　明石書店 .

バトラー後藤裕子 (2008)『多言語社会の言語文化教育――英語を第 2 言語とする子どもへのアメリカ人教師たちの取り組み』55-80. くろしお出版 .

堀田香織（2000）「第 5 章　相談の面接法の実習」保坂亨・中澤潤・木野木裕明（編著）『心理学マニュアル　面接法』53-61. 北大路書房 .

渡辺文夫（2002）『異文化と関わる心理学』3-19. 55-61. サイエンス社 .

［英文文献］

Hermans , H. J. M .,& Kempen, H. J. G.（1998）Moving Cultures The Perilous Problems of Cultural Dichotomies in a Globalizing Society, *American Psychologist*, October, 1111-1120.

http: //huberthermans.com/wp-content/uploads/2013/09/101.pdf　(2016 年 12 月閲覧)

Oberg,　k　. (1960). Culture shock: Adjustment to new cultural environments, *Practical Anthropology*, 7, 177-182.

第6章 多元的主体としてのフィリピン・ジャパニーズにおけるアイデンティティの具体化

――多文化的ルーツの日常的明瞭化

メアリー・アンジェリン・ダアノイ (Mary Angeline Da-anoy)

(工藤 泰三[1] 訳)

1．はじめに

(1)「ハーフ」のアイデンティティの多元性

自分が「ハーフ」であるという自覚を持つ人は、人種による構造的不利益を知るばかりではなく、多文化的ルーツに根差した恵みを育てる。それは流動的で多元的で思慮深い自己の社会的位置づけを変える可能性を持っている。

1990年代から2010年代にかけての約30年間、多くの研究がフィリピン人女性の日本への移住に焦点が当てられ (Ballescas 1992; De Dios 1992; Matsui 1991; Satake, 2000; Ishii 2005; Yamanaka 2006: 97-119; Tsuda 2006; Satake and Da-anoy 2006)、研究対象が性別的に偏っていた。そして近年ではいくつかの研究においてフィリピン・ジャパニーズの子どもたちが注目されている。一般社会や学問的文脈においても、国際結婚による混血児を断定的に分類することの解釈や矛盾が議論の対象となっている (Satake and Da-anoy 2006: 165; Taichi 2008)。さらに、移民たちの民族的帰属、家族や子どもたちへの関心が、世界の他の地域における多様なアイデンティティの形成への関心とともに高まってきている (Parks and Askins 2015: 75-91; Seki 2015: 151-178; Nagasaka 2015: 87-116; Pertierra 2015: 179-204; Ogaya 2015: 205-223; Hara 2013; Takahata 2015; Takahata and Hara 2015)。

各研究における共通の見解としては、アイデンティティの動きは単一的なものに限定されるというより、むしろ多元性を持っているということである。移民の子どもたちが持つさまざまなアイデンティティに「ハーフ」としてのアイデンティティがある。今や日本社会において増え続ける移民の子どもたちの大部分が、「ハーフ」、「ダブル」、あるいは「ミックス」と称される子どもたちである。厚生労働省の最近の統計によると、1990年から2014年の間にフィリピン人の母親による出産は8万4,345件であった（E-Stat 2016）。これは同期間におけるすべての外国人母親による出産件数（1987年から1990年のデータを含む全26万8,806件）の中で最も多い（同）。

「ハーフ」は、有名人や、日本と外国とをルーツに持ったスポーツ選手と結びつく社会的イメージがあり、「ハーフ」と呼ばれる人々の中にはそれを享受している人がいることも否定できない。筆者は2015年7月に開かれたある会議で、そのような人々と出会う貴重な経験を得た。2012年ロンドンオリンピックのフィリピン代表の柔道選手である保科知彦氏、そして女子プロレスラーである朱里氏が、フィリピン・ジャパニーズとしての自己について語ったのである（第20回フィリピン研究会全国フォーラム、2015年7月4・5日）。他には大相撲の力士であった松乃山（Takahata 2015: 97）や、最近では2016年のリオデジャネイロのオリンピックで卓球男子団体銀メダルを獲得した吉村真晴（「マハル」はフィリピン語で「愛する」の意）がいる。

多様な背景を持つフィリピン・ジャパニーズの子どもたちのうち一握りの人々はこのように有名人としての地位を得ているが、調査対象者が「ハーフ」であることがにじみ出て、まして親たちが持つ白人の特徴、特にはっきりしたメスティーソ（白人と先住民の混血者）のスペイン人の特徴を持った親たちの人相的特徴を受け継いでいる場合にはなおさら驚かれることも珍しくない。時間的・空間的コンテクストとの関わりの中で、さまざまな経験によってアイデンティティの流動性・変動性がもたらされることで、有名人としての地位を持つわずかな人々の影に隠れ、彼らとは異なる人々が多くいるという現実も明らかである。私たちが実際に見ているのは多様な当事者たちであり、例えば自分のルーツに高い自尊心を持っている人もいれば、否定的な人もいる。あるいは自分が他者と異なることをものともせず、「ハーフ」という軽蔑的表現に立ち向かう人もいる。この「ハーフ」という語は長い間、多様な社会的立場の中での区別を示すと同時に、排他的な軽蔑表現でもあった。

ことばの語源、あるいはそれが用いられる文脈上のニュアンスが示すように、「ハーフ」という表現は国際結婚による出産がもたらしたものとして常に称賛されるものではない。このことは日本人と白人との間の子どもたちにさえも当てはまる（Nitta 1989）。その数は増え続け、日常会話の中でも「ハーフ」という言葉は頻繁に使われているにもかかわらず、日本の社会的文脈の中で「ハーフ」であることは社会的包摂の保証を意味しない。限られた「ハーフ」の人々が有名人としての地位を得ていることにより、「ハーフ」の人々が受動的にではあるが受け入れられ、あるいは彼らに対する批判が抑えられることにつながっているという肯定的な変化は見られる。しかし、それも未だに流動的で不安定である。

一方で、彼らの存在に関連し、多くの「じゃぱゆき」に対する侮辱的な状況が見られた1990年代初頭の暗い日々のことも忘れてはならない。1980年代から2000年代半ばにかけてエンターテイナー、あるいは外国人花嫁として農村や都市にやってきたフィリピン人女性と日本人との間に生まれた子どもたちは、自分たちの母親に対する著しい偏見を経験してきた。それゆえ、明白な構造的不利益により、特に初期の自我形成の段階において「ハーフ」というアイデンティティが差別化されることで彼らはつらい負担を強いられるのである。近年の研究には、日本のみならず他の国においても彼女らの子どもたちのアイデンティティが持つ意味の広がりに焦点を置いた研究が見られる（Tsuda 2007; Takahata and Hara 2015; Fresnoza-Flot 2015; Nagasaka 2015; Pertierra 2015; Ogaya 2015）。

表1は1987～2014年の日本における日本人と外国からの移民との間の出生数を示したものである（E-Stat 2016; Ministry of Labor and Welfare 2016）。1987年、1990年、および1995～2014年の片方の親が外国人である出生が45万8467件であり、母が外国人、父が日本人である出生が26万8,806件である。明らかにフィリピン人の母親と日本人の父親間の出生数が他の外国人母親よりも多い。1995～2014年におけるフィリピン人母親による出生数は8万4,345件であった。その間に出産した外国人母親の中で最も多く、第2位は中国人母親で7万851件の、第3位は韓国・朝鮮人母親で6万780件の出産があった（中国人、韓国・朝鮮人の母親は1987、1990年をも含む）。このデータは、フィリピン人女性移民が1990年からの20年間における人口増加に大きな影響を与えているという先行研究（Da-anoy and Satake 2006; Takahata 2015: 122; Komai 2001）を支持するものである。同データではフィリピン人男性と日本人女性との間の出生数が明らかに少ない（1995～2014年の間で2,186件）。さらに、移民は人口統計上、日本における人口増加に貢献しているという認識が示されている（Korekawa 2015: 43）。このように、数字を見るだけでも本論のテーマへの強い興味を駆り立てられる。

先行研究の中には、日本人の父親とアメリカ人の母親間の子どもたちに焦点を当てたものがある（Nitta 1989）。同書は彼らの人生の初期段階を２文化児（bicultural children）と呼び、明るい髪色や青い目などの身体的特徴によって学校でのいじめを受けやすくなるとした（Nitta 1989: 219）。Nittaはこの国際結婚による子どもたちが置かれる状況、特に日本人でない、あるいは単純に外国人として見られることと強く結びついた不快な経験を「ガイジン・ビジネス」（gaijin business）と呼んでいる。同書では日本人とアメリカ人の間の子どもたちがそのような排他的な経験を「ガイジンゆえの煩わしさ」（gaijin hassle）や「ガイジンのこと」（gaijin stuff）と呼び、日本での生活のさまざまな段階においてそれらに対処しなければならないことが述べられている。

臨床心理士で自身もフィリピン・ジャパニーズであり、「じゃぱゆきさん」という侮蔑的表現を生むこととなった1990年代の大量のエンターテイナーの移入以前の1980年代初頭に来日した母親をもつTsudaは、「ハーフ」について、そ

表１　1987～2014年の日本における日本人と外国からの移民との間の出生数

年	日本国内の総出生数	父母とも日本人	片方の親が外国人	母が外国人、父が日本人	母が日本人、父が外国人	母が韓国・朝鮮人、父が日本人	母が中国人、父が日本人	母がフィリピン人、父が日本人
1987	1,346,658	1,336,636	10,022	5,538	4,484	2,850	803	-
1990	1,221,585	1,207,899	13,686	8,695	4,991	3,184	1,264	-
1995	1,187,064	1,166,810	20,254	13,371	6,883	3,519	2,244	5,488
1996	1,206,555	1,185,491	21,064	13,752	7,312	3,550	2,376	5,551
1997	1,191,665	1,170,140	21,525	13,580	7,945	3,440	2,667	5,203
1998	1,203,147	1,181,126	22,021	13,635	8,386	3,389	2,734	5,137
1999	1,177,669	1,156,205	21,464	13,004	8,460	3,208	2,850	4,645
2000	1,190,547	1,168,210	22,337	13,396	8,941	3,345	3,040	4,705
2001	1,170,662	1,148,486	22,176	13,177	8,999	3,204	3,056	4,586
2002	1,153,855	1,131,604	22,251	13,294	8,957	3,141	3,338	4,539
2003	1,123,610	1,102,088	21,522	12,690	8,832	2,911	3,133	4,309
2004	1,110,721	1,088,548	22,173	13,198	8,975	2,749	3,510	4,558
2005	1,062,530	1,040,657	21,873	12,872	9,001	2,583	3,478	4,441
2006	1,092,674	1,069,211	23,463	14,040	9,423	2,593	3,925	4,998
2007	1,089,818	1,065,641	24,177	14,474	9,703	2,530	4,271	5,140
2008	1,091,156	1,067,200	23,956	13,782	10,174	2,439	4,203	4,623
2009	1,070,035	1,047,524	22,511	12,707	9,804	2,285	4,209	3,815
2010	1,071,304	1,049,338	21,966	11,990	9,976	2,129	4,109	3,364
2011	1,050,806	1,030,495	20,311	10,922	9,389	2,005	3,796	2,820
2012	1,037,231	1,016,695	20,536	10,825	9,711	2,057	4,041	2,474
2013	1,029,816	1,010,284	19,532	10,019	9,513	1,850	3,872	2,138
2014	1,003,539	983,892	19,647	9,845	9,802	1,819	3,932	1,861
計	23,812,647	24,424,180	458,467	268,806	189,661	60,780	70,851	84,395 (1)

（厚生労働省人口統計（2014）、E-Stat Japanより2016年7月9日ダウンロード）
注（１）1991年まではフィリピンからの移民はその他の国と分類されており、数字が入手できない。

して自分自身がその1人である経験について述べている（Tsuda 2007）。Tsudaでは、フィリピン・ジャパニーズの子どもたちは、日本において1980年代から1990年代に見られた女性に偏った移住形態によりもたらされた、フィリピン人女性に対する侮蔑的偏見を意識していることを明らかにしている。Tsudaの論文はまた、日常における子どもたちの同化や異化、民族意識の深さの差、経年的変容の段階について説明している（同: 38-41）。

（2）研究の背景

本研究は2014年に共同研究の一部として始まった。その共同研究では中国、フィリピン、そして韓国・朝鮮にルーツを持つ在日の移民家族を対象としている。この共同研究は、子どもたちを取り巻く状況を含めた、さまざまな文化的背景を持つ国際結婚をめぐる多様な状況を調査し考察し、政策的な提言を含めた多文化家族への支援のあり方を考察することを研究目的としている。

（3）研究の目的と概要

本研究は日比の子どもたちの経験における特異性と共通性及び彼らの多元的アイデンティティを知り、理解するため、個人的かつ学問的に調べた結果である。特にTakahata and Hara（2005: 117-147）において1.5世代のタイプB（日本生まれ日本育ち）と分類された国際結婚の子どもたちのアイデンティティを、タイプA（フィリピンで育ち、のちにフィリピン人の母親と日本で生活する者）やタイプC（フィリピンへ移住した日本人の子孫＝日系人）（Takahata 2015: 97-122）と区別しながら理解することを目的とした。この1.5世代の人々は、フィリピンと日本の両方にルーツを持つ。日本で生まれ、フィリピンで育ち、10代にフィリピン人の母親と再び同居している。ここにはフィリピン人女性の連れ子（フィリピン人または日本人の前夫の子）も含まれる（Takahata 2015: 101; Fresnoza-Flot 2015: 2-3）。筆者自身タイプBの子を3人抱えており、この世代には強い関心を持っている。

多文化家族が辿った足跡は先行研究で述べているが、この10年間は国際結婚家庭で育った青年たちに関心が寄せられている。本研究ではインタビューによるデータを用い、彼らの幅広い自己認識や他者との違い、すなわち他者からのまなざしの認識を描写することを試みる。本研究ではまた、彼らのアイデンティティの流動性についても解説する。さらに、アイデンティティに関する理論や社会関係資本論（Bourdieu 1972）を参照しながら、特徴的なあるいは共通性を持つ青年たちのアイデンティティを囲む複雑な状況についても述べる。

(4) 用語の定義:「ハーフ」と「1.5世代」

「ハーフ」という語は、日本において一般的に国際結婚によって生まれた子どもたちを指す比喩的な社会的概念を示すものである。筆者は当初、「ハーフ」という語を用いることには、フィリピン・ジャパニーズの子どもたちを指す「1.5世代」という語を用いるのと同様に懸念があったが、研究の過程において、多くの調査対象者が自分たちを表現するために「ハーフ」という語を気楽に、そして好意的に用いていることがわかった。そこで本論では、フィリピン人と日本人との国際結婚による子どもたちを「ハーフ」と表現し、調査対象者自身および他者がその語によって示す意味を詳しく述べていく。

「ハーフ」という語が用いられるようになってから数十年間、それは白人と日本人との子どもたちを対象に、多くの場合「純血の」日本人と区別するための軽蔑的表現として用いられてきた(Nitta 1989)。いくつかの研究においては、「ハーフ」の子どもたちは「クロス・カルチュラル・キッド」(cross-cultural kids)、「2文化・多文化児」(bi-/multicultural children)、あるいは単に移民の子どもたちと表現されてきた(Pollack and Van Reken, 2009: 27-39)。1980年代後半に始まり、1990年代にその増加がピークを迎え、そして今も増え続ける日比の子どもたちは、人々から「自分たちとは違う人」と認識されてきた。それに対し近年では、本研究でも明らかなように、「ハーフ」という表現は好意的な自己描写として当事者(日比の子)自身が意識的に用いている。さらに、本研究では、アイデンティティという語を人生の初期段階において形成される一次アイデンティティと、社会的地位や役割、位置づけによって形成される二次アイデンティティ(Giddens 2009: 255-258)の両方を含む多層的な概念を示すものとして用いる。

「ハーフ」という表現の使用については「ダブル」や「ミックス」といった表現と対照させて異議を唱える研究もある(Da-anoy and Satake 2006; Nitta, 1980)。Nitta(1980)は、「ハーフ」という表現に含まれる否定的含意に対し、「ミックス」や「ダブル」という表現は両親の方針と共鳴する肯定的な自己構築の表現であるとしている。本研究が示す通り、自分たちの子どもに文化的習慣を伝える際に意識的あるいは無意識的に親(特に母親)がとる行動は、母親のロールモデリングが民族性に対する意識を強めアイデンティティの自己評価を高めるという議論を実証するものである(Takahata and Hara 2015: 120も参照)。

(5) 研究の対象

本研究における調査対象者は、フィリピン人と日本人の夫婦の子どもたちで、年齢は18歳から25歳であり、大学教育あるいは両親よりも比較的高いレベルの教育を受けている。全対象者20名のうち、14名が女性、6名が男性であり、日常生活やさまざまな経験、目標、アイデンティティや価値観の形成につながる社会適応の過程についての彼らの語りを記録した。テレビタレントやスポーツ選手の場合を除き、調査対象者の氏名はすべて仮名である。含まれている情報、例えば調査対象者の語りや自分を指して用いる「ハーフ」、「ダブル」、「ジャピーノ」、「ミックス」などの表現については、語られた言葉そのままで記述し分析している。フィリピン語あるいは他の言語で書かれ、あるいは語られた語りについてはそのままの形で使われ、一部は英訳された。分析は2014年から2016年にかけて収集された実際的なデータに基づいている。3年間の研究期間を経た現在、調査対象者のうち15名は大学を卒業し働いており、5名は大学在学中である。

(6) 調査の方法

本研究では、フィリピン・ジャパニーズである20名の若者の民族誌的な語りをインタビューにより記録した。対象者は埼玉、静岡、愛知、宮城、岐阜の各県に居住していた（**表2参照**）。また、10名の調査対象者および3名のフィリピン人母親を対象に、詳細な情報を得るための追加インタビューを行った。この調査では機縁法（snowballing sampling）[▶2]を用い、フィリピン人と日本人の知人の紹介によって調査が可能となった。

表2　調査対象者の居住地（2016年）

都道府県	人数（20人中）
1．愛知	13
2．静岡	3
3．宮城	2
4．岐阜	1
5．埼玉	1
計	20

出典：筆者の調査による。

分析上の変数は、社会関係資本、すなわち言語や文化的スキルに関する個人的属性、社会的ネットワーク、およびアイデンティティについての意識を含む（**表2**）。

(7) 調査結果

以下、その結果を変数別に記述する。

2．社会的・文化的スキル

社会関係資本（Bourdieu 1972）には有形・無形の両方の資本が含まれるが、無形の資本とは、教育、言語スキル、文化的帰属、そして社会的ネットワークなどが含まれる。Becker（1962）はこれを人的資本（human capital）と呼んでいる（Gupta 1973も参照）。本研究では、これらの属性が「ハーフ」としてのアイデンティティの構成あるいは再構成に影響を与えていることが明らかになった。このことはいくつかの研究でも支持されており（Takahata and Hara 2015: 142-143; Fresnoza-Flot 2015: 59-86）、平均的な日本人に比べ言語（特に英語）運用能力が自身の強みとなっている自覚、情報獲得能力、そしてより幅広い選択肢（例：職業選択）をもたらしていることを示している。同様の発見はフランスにおけるフィリピン系の子どもたちにも見られる（Fresnoza-Flot 2015）。人的資本は人生において自信を形成する基盤となっていると考えられる（同）。

同様に、Korekawa（2015: 4-5）は、付加的な価値として英語の修得を明示していないが、移民の就職活動における教育の重要性を指摘する。そして、労働市場における移民の受け入れとその影響について再検討の必要性を訴えている。フィリピン人移民の子どもにとって、教育と英語運用能力の重要性に関する共通点は、人的資本が社会における子どもたちの経済的な成功と関連していることである。

さらに、**表3**に示す通り、大多数の調査対象者が将来歩むべき道として国際問

表3　回答者の在籍校および所属学科（2014～2016年）

大学	専攻分野
1．名古屋学院大学（10）	英語（6）、外国研究（4）
2．愛知県立大学（1）	国際関係
3．静岡大学（1）	国際関係
4．文京学院大学（1）	外国研究
5．名古屋外国語大学（1）	日本研究
6．南山大学（1）	人文科学
7．清和学院短期大学（仙台）（1）	教育
8．名古屋モード学園（1）	ファッションデザイン
9．東北学院大学（1）	経済・財政
10．名古屋調理師専門学校（1）	調理

出典：筆者の調査による。

題、英語教育、そして国際関係分野を選ぶという傾向が見られる。奉仕の精神や国際的なネットワークづくりはフィリピン・ジャパニーズが共通して持つ特徴である。彼らの共通する関心が国際的な問題にあることは、彼らのフィリピン人母親の影響を強く受けてのものであることは明らかである。地域的あるいは国際的なボランティア活動や外国での留学の経験は彼らの自尊心に影響を与えている。加えて、国際的な関わりを持った企業や団体で働きたいという希望が世界に対する幅広い関心を強めている。このことは現代日本において今後求められる新たなロールモデルとしての彼らの力強さを反映している。以下の事例が示す通り、彼らの語りは、フィリピンに対し強い親近感を持っており、奉仕の精神によって自然災害のような状況にも敏感であるという主張を支えるものとなっている。

ある大学では、3名のフィリピン・ジャパニーズの学生が2013年9月の台風ハイエン（Haiyan）により大きな被害を受けたレイテ地方を支援するための募金活動に加わった。あるフィリピン・ジャパニーズの学生が外国語学部の指導教員に募金活動への支援を依頼したところ、その教員は同僚教員や大学の牧師とともに2014年2月までの3か月間、募金活動を大学で行った。集められた募金はフィリピンの支援、特に当時はレイテ地方の支援活動を行っていたNPO法人アイキャン（ICAN: International Children's Action Network、本部：名古屋市）に寄付された。3名のフィリピン・ジャパニーズの学生は「ハーフ」というアイデンティティを好意的に捉えており、「誇り—独自性—自信タイプ」に属する者たちであった（**表5**）。

彼らが強い奉仕精神を持っているという上述の主張は、以下の語りによっても説明される。

ケース1：ビクトリア（大学3年生、外国語学部、英語専攻）：

私はワールド・ビジョンのプロジェクトで、エクアドルの女の子のスポンサーになり、彼女の教育を支援しています。教会の活動やボランティア活動には積極的に参加しています。キリスト教徒として他者のために奉仕することは大切だと思っていますし、ハーフなので母の母国や日本の貧しい人々のために憐れみをもって活動することは当然のことだと思います。大学ではフィリピン・ジャパニーズの友人とともに台風ハイエンの被害への支援のための募金活動にも参加しました。

ケース2: ノナ（大学4年生、外国語学部、英語専攻）:
　私はいつも浜松でボランティア活動や国際イベントに参加します。また、地域の地震などの災害の避難訓練や清掃活動にも参加し、教会では日曜日にピアノを弾いています。母は新たに来日した日系人（フィリピン・ジャパニーズ）のための通訳ボランティアをしています。彼らには教会で会いますが、私もボランティア活動に取り組み、自己啓発のため、あるいは他の人々の役に立つためにも英語の力を高めようという気持ちになります。

ケース3: リカルド（大学卒、外国研究）:
　大学に入学して、NGOの活動に関わったり、フィリピンや東南アジアについての講義を受けたりして、とても強い印象を受け、ジャピーノであることを誇りに思うようになりました。日本で困っているフィリピン人や他の外国人の支援にもより深くかかわるようになりました。
　TFC（The Filipino Channel）で放送されている連続ドラマをよく見ます。母もよく見ます。この時間が私にとってはタガログ語の学習を含めて（フィリピンへの）関心を高めてくれる時間であり、2人でフィリピンの現在の様子を知る時間にもなっています。

ケース4: ユリ（大学2年生、経済学専攻）:
　2011年3月11日に東北で予期せぬ大災害が起こったとき、私たちのいた場所も完全に破壊されてしまいましたが、私は自分たちの町の復興の役に立つべきだと思いました。仙台災害センターや七ヶ浜でのボランティア活動を通して復興作業の手伝いをしました。国際団体の活動にも参加しました。将来は仙台の復興のために働く公務員になりたいと思っています。

　さらに、彼らがこれまで他者から排除されたり、偏見を持たれたりした経験があるのではないかという想定とは裏腹に、これらの若者の語りは全く異なった内容となっている。現在、20人の調査対象者のほとんどが「ハーフ」のアイデンティティを好意的に捉えている。**表5**は彼らが自分たちのアイデンティティに対して持つ自信のレベルを示しているが、この自信のレベルは社会的資本のレベルの高さ、すなわち大学教育や言語スキルの獲得と相関する（表5参照）。それを示す事例を以下に挙げる。

ケース1：ビクトリア（前出）：

私は今の自分を作ってくれた2つの母国を誇りに思い、フィリピン・ジャパニーズとしての自分のアイデンティティを尊重しています。そして私はフィリピン語と日本語の両方を、それらを忘れないために、そして通訳の活動を通して他の人々の助けとなれるように使っています。

ケース5：ミカ（東京の大学の4年生、外国研究専攻、タガログ語と英語を使って話す）：

私にとってジャピーノであることは他の学生と比べて、多くの言語を話せるなど多くの利点があり、貴重なことです。日本人の友人は私が英語をはじめ何でも知っていると言って、私のことを「歩く辞書」と呼びます。フィリピンでは私がタガログ語を話すので、みんな私のことをフィリピン人だと言います。私は自分自身を他の学生とは全く違う人間だと思っています。自分の価値を高めるために私はいろいろなことをやり、そして自分のスキルを日本語と英語の通訳やノートテイキング、子どもたちを教えるときなどあらゆることに使います。

ケース6：ルズ（愛知の大学の4年生、ファッションデザイン専攻）：

2つの文化的背景を持っていることはいいことだと思います。異なる言語や文化を学んできましたが、「ハーフ」であることには多くの利点があるし、私は本当にハーフであることに自信を持っています。自分のことを不安に思いがちなジャピーノも多くいますが、その多くは、実際はとても賢いんです。だから私はジャピーノもちゃんと学校を卒業して夢をかなえることができるんだという、彼らにとってのよい例になりたいと思っています。私自身も中学校でいじめられ傷つけられたことが何度かありましたが、夢は決してあきらめませんでした。私は自分の人生の目標を達成し、フィリピン・ジャパニーズのみんなに希望を与えたいです。

調査対象者たちは自分たちの多文化的な社会的属性に対し、相応の自信と誇りを示している。こうして彼らは、自分たちをグローバルな課題に詳しく、フィリピン語や英語、日本語、他の言語など2つあるいはそれ以上の言語の運用能力（**表4参照**）という高く評価される資本を持つ存在として、現代の日本の若者たちの中に適応しているのである。

本研究の調査対象者のうち6名が2言語話者、そして3言語以上の話者が10名と、多言語話者が多いことがわかった。4名が単一言語話者であるが、彼らもフィリピン語あるいは英語を学びたいという気持ちを持って大学に進んでいた(表4)。この単一母語話者の青年たちは、家では1つの言語、すなわち日本語を使うように親に言われて育てられた。その親たちは社会的文脈の中で、とりわけ学校で経験する可能性がある苦しみや偏見を、日本語だけを使うことによって回避できると考えている。しかし、これは「日本では日本語以外を使うことは得策ではない」という意識を国際結婚の夫婦たちさえもが持っていることから起因した結果であると推論される。その一方で、子どもたちにフィリピン語や英語などの言語も使うよう勧める親もおり、その子どもたちは成長するにつれ高い自尊心を持つ傾向がある。そしてそのような子どもたちは世界に対しても広い視野を持つようになる。

まとめると、二次的アイデンティティは大学教育あるいは国際的な分野に特化した学位を修めることにより、また多言語を使用できるという属性を持つことにより高められる(表3・表4)。しかし、個々の調査対象者がより大きな社会的文

表4 調査対象者の言語能力(2016年)

言語能力	人数(20人中)
1. 単一(日本語のみ)	4
2. 2言語(フィリピン語と日本語)	6
3. 3言語(フィリピン語、日本語、英語)	5
4. 4言語以上(フィリピン語、英語、日本語、スペイン語、韓国語、イタリア語、ポルトガル語)	5
計	20

出典:筆者の調査による。

表5 調査対象者の自己認識・自己投影パターン(2016年)

認識のタイプ	人数(20人中)
1. 控えめ—自信	6
2. 誇り—独自性—自信	5
3. 気にしない—冷静—発展	4
4. 意見を言う—自信	3
5. 内気—日本人	2
計	20

出典:筆者の調査による。

脈の中で自身をどう位置づけるかという別の問題がある。文化的あるいは社会的資本を持つ彼らは、社会の中でように位置づけられているのだろうか。本研究には限界があり、この問いに対しては構造的・社会的な圧力と文脈的な状況についてのさらなる研究が必要である。例えば、彼らの英語力がどれだけ、仕事に役立ったのか、に関する調査もあり得るが、これは今後の課題である。

3．アイデンティティの意識

フィリピン・ジャパニーズの子どもたちのアイデンティティは、身体的特徴、能力・資質、性格などの点で複合的で多様である。掲載した表5は調査対象者の自己認識を示したものである。表に挙げたタイプは質問票の回答から抽出したものである。つまり、質問票の中の「自分自身の評価」から表現を抜き出して、特徴を抽出して、タイプを作ったのである。調査対象者は5つのカテゴリーのいずれかに分類される。大部分の調査対象者が自身を好意的に評価しており、「控え め—自信タイプ」(6名)、「誇り—独自性—自信タイプ」(5名)、「意見を言う—自信タイプ」(3名) の3タイプに位置づけられる。これらのタイプの人数は「内気—日本人タイプ」の人数 (2名) を大きく上回る。「気にしない—冷静—発展タイプ」も少数ながら存在する (4名)。このタイプは発展的なタイプであり、ある時における文脈や空間的状況に自分をあわせられる傾向がある。彼らにとっては、「ハーフ」であると認識されずに存在することが安心につながり、日本人的な身体的特徴によって日本人として見られることの便利さを享受する。

表6は、調査対象者が周囲の人々からどのように認識されているかを示した

表6　調査対象者が他者から与えられている認識

認識のタイプ	人数（20人中）
1．ハーフ	8
2．ミックス（ジャピーノ／日系フィリピン人）	2
3．日本人	4
4．外国人（外人／フィリピン人）	3
5．日本ではフィリピン人、外国では日本人	3
計	20

出典：筆者の調査による。

ものである。「ハーフ」（8名）あるいは「ミックス」（2名）と回答した人の数は、「日本人」（4名）あるいは「外国人」（3名）と回答した人の数を上回る。興味深いことに、調査対象者の中には「日本にいるときはフィリピン人、外国にいるときは日本人」（3名）と答えた者がいた。同様のことは、前述の先行研究においても見られる。

調査対象者たちの説明から推察すると、一次的アイデンティティ形成に影響を及ぼす幼少期に受けた偏見の経験は、年を重ねるごとに消えていくようである。これは自我の意識の成長と、国際結婚の子どもであるという自らの多元的な背景の理解によるものである。彼らの多くは小学校時代、あるいは中学校時代まで続いた過去のいじめや偏見の経験を明かしてくれた。しかしながら、その経験は後に青年の自尊心を継続的に阻害するほどの影響力を持たない。このことを示す事例の語りを次に挙げる。

ケース7: モナリザ（大学3年生、国際文化専攻）:

子どもの頃は外国人の子どもであるということに少し恥ずかしさを感じていましたが、今大人になって、そのことを誇りに思っています。学校にフィリピン・ジャパニーズがほんの少ししかいなかったこともあり、かつては自分のアイデンティティを隠していました。新しい友人には自分のアイデンティティを教えることはほとんどありませんでした。大学に入ってからは私と同じような背景を持つ「ハーフ」の仲間と出会い、自分自身に対する見方を変え、異文化についてより多くのことを学びました。もっと勉強して、言語能力も高めて、困っているフィリピン人の子どもたちを助けたいと思っています。卒業したら、日本にいる外国籍の子どもたちに日本語を教えたいです。

2015年の春、モナリザはボランティア活動を行うために、マニラのごみ処分場がある貧困地帯パヤタスを訪れた。彼女はNPO法人アイキャン（前出）の指導の下、現地での生活を観察したり人々と交流しながら数週間を過ごした。日本への帰国の際には、彼女は新たな経験によって充実感とやる気に満たされていた。彼女が通う大学で彼女は自身の経験を友人たちと共有し、多文化を理解し自分のスキルをボランティア活動に生かすよう友人たちに勧めた。彼女には子どもの頃いじめられた記憶はなかったが、自分のアイデンティティを隠そうとしていた唯一の理由として、日本におけるフィリピン人女性に対する強い偏見が母親を苦しめていたことを挙げた。大人になって彼女は自信を持ち、もはやフィリピン・ジャパニーズとしての自分のアイデンティティを恥ずかしく思うことはなかった。

次に挙げるもう1つのケースでは、子どものときに「ハーフ」であることの現実と、調査対象者が自己認識を時間の経過とともにいかに変化させていたかが示されている。

ケース8: ジェネリン（大学3年生、外国語学部、英語専攻）:

幼い頃は「自分の国に帰れ」と言う人に出くわすこともありました。以前は自分のアイデンティティを恥ずかしく思い、隠していました。自分の背景を尋ねられたときはすぐに「日本人です」と答えていました。現実を否定し、のけ者にされるのを恐れていたのです。しかし大学に入ると、人々は私がハーフであることをうらやましがります。私は日本人らしく見えるので、多くの人々は私を日本人として扱いますが、フィリピン人は私をフィリピン人として扱います。私はフィリピン人と日本人との関係をより良く理解できるし、自分の持つアイデンティティが価値あるものだと思っています。私は両方の国の文化を持っているし、その2つの文化の溝を埋めることができると思います。また、私が大学に通う理由の1つに、フィリピン人は貧しくて教養がないという考えを変えたいというのがあります。人々にフィリピン人をそのように扱ってほしくないので、大学を卒業していい職に就きたいです。

ケース9: ヒロ（愛知の大学2年生、国際関係専攻）:

友達の中には私を外国人の子どもとして見る人もいますが、顔つきのせいもあり大抵は日本人として見られます。私にはミドルネームがあるので、日本人にはちょっと変わった名前に聞こえます。だから日本人と電話で話すときは、フィリピンの名前はあまり使わないようにし、日本名を使うようにしています。実際、両方の国の文化を知ることができるので、自分がフィリピン・ジャパニーズであることは幸運なことだと思います。普通の日本人とは異なるアイデンティティを持っていることもいいことだと思います。価値あることだし、友人もそのことで私を尊敬してくれます。これまで自分のことを恥じたり、自分のアイデンティティを隠したりすることはありません。時々、特に私のフィリピン名に母親の旧姓が含まれていることもあり、電話で自分のことを説明するのが厄介だと思うことはあります。両親がそのように名付けたのは、自分のルーツを感じながら成長してほしいという考えからです。もっと若い時には自分の名前についてたくさん質問され、たくさん説明したものです。でも時にはそれは面倒なことでした。日本人は私の名前を聞いてもうまく聞き取れないことがよくあります。高校では友人は私をミドルネームで呼んでいました。私がハーフという変わった存在で、私と一緒にいるのをかっこいいと思っていました。歳をとるにつれて状況はよくなり、以前よりも自分自身を誇りに思うようになりました。

アイデンティティについて尋ねられることは自然なことになりました。それがハーフとしての在り方なのかと思います。私は他の文化や国際問題に興味があります。去年私は大学のカンボジア・スタディツアーに参加し、マングローブの植林ボランティア活動をやりました。それは貴重な経験で、そのおかげで同じような活動に参加するためにフィリピンに行くことを考えるようになりました。英語とフィリピン語もマスターしたいです。スペイン語も含めて。それができれば、他の人々のためにもっと多くのことができるようになると思います。

加えて、調査対象者のほとんどが、日本での生活が困難もなく競争もないと感じ、国外に行きたいという強い希望を口にした。そのうち数人はさらにそのような考えを深めており、ある調査対象者は「日本のみを生活の場とすれば、自分の可能性や選択肢を制限してしまう」と言った。前述のノナは、フィリピン人のいとこが働くドバイで自分も働くことを望んでいる。また、前述のリカルドはフィリピンにある日本の不動産会社に就職した。2014年からイタリアで働いている者もおり、彼女は第3の母国としてイタリアで生活したいと考えている。

さらに、調査対象者たちは大変思慮深い。社会を意識し批判的に見ているルズは、日常生活において画一性や同調性があるために日本社会がつまらなく感じる時があるという。彼女はフィリピンで3年間滞在し高校を卒業し、その後大学に進学するために日本に戻った。彼女は「みんな他の人たちと同じようになり、同じことをしたがっているように見える」という。この言葉は、対象者たちの複合的・多面的な文化的背景を明らかに反映している。多様で多文化的な背景を抱えているという意識は、意義ある世界観を形成するうえで最も影響を及ぼす要素であるといえる。

表6を見ると、調査対象者たちが他者によって「ハーフ」、「ダブル」または「ミックス」、「外国人」、「日本人」、あるいはそのどれでもないと分類されていることがわかる。今回の調査の多くの調査対象者にとって、そのような分類は、若

い彼らの総体的な幸福に何ら否定的な影響を及ぼすものではなかった。実際に、次項で示す事例のように、他人からけなされる経験が彼らにかえって肯定的な影響を与えることもある。つまり、他人からけなされることに対する意味を自分でどう受け止めてそれを自己成長に生かせるか、が具体的で前向きな世界観の変化や自己評価につながっている。自分たちのルーツについて深く自覚することによって、彼らは自分をとりまく他者との関係における自己理解が可能になる。

４．母親などの影響

本研究では、子どもたちに対するフィリピン人の母親の役割の重要性を見出した。調査対象者の希望や目標は、彼らの両親、特にフィリピン人母の教育や価値観を反映する。大学進学にあたり誰の影響を最も強く受けたかという問いに対し、最も多い答えは母親で、父親、高校の先生、友人、兄弟と続く。

彼らが母親をロールモデルとする様子を掘り下げる前に、家族にはロールモデルがいないと述べた２名の調査対象者の話を見てみよう。前出のミカはこう語っている。

> 家族には私のロールモデルはいません。父は私が７歳のときに亡くなりました。父親との結びつきはなく、私にとって大切な存在というわけではありません。今のところ、大学の先生が私の保護者でありロールモデルです。彼女は私のすべてを知っています。私も彼女に自分が抱えている問題や心配事などすべてを話します。母親には何も心配してほしくないし、母親も私には助言などしません。先生はほとんど何も言わず、ただ私の話を聞いてくれます。私はきっと自分の話を聞いてくれる人が必要で、私に人生において何をすべきかを教えてくれる人は必要ではないんだと思います。
>
> 私はフィリピンで小学１年から高校２年まで学び、日本に戻ってきました。学校では苦労しました。自尊心も崩れ去りました。しかし、負けず嫌いであることは私の家族に共通する性質のようで、私は日本語を身につけ日本での生活を意味あるものにするためにあらゆることをやりました。そして大学で最良の先生と出会い、彼女は私を自分自身、そして他の人々を助けるために自分ができることをすべてやるように促してくれます。

また、前出のルズはこう語る。

> 私には自分以外、ロールモデルはいません。母は強い性格ですが、私も彼女から強い性格をもらいました。父には必要なものについてお願いしたり、父から実用的で役に立つアドバイスをもらったりしています。私は人それぞれにそれぞれの人生があると考えています。私にも自分の人生があり、たいてい自分で物事を決めます。それは両親からの影響だと思います。両親は私に自分で考え、自分で決めるよう教えてきました。私が最も影響を受けるものは、人生における自分自身の経験です。子どものときや10代の頃は大変な思いをしましたが、夢は決してあきらめませんでした。高校を卒業するためにフィリピンに行きましたが、日本に戻って大学に進むという正しい選択をしてよかったと思っています。もうすぐ卒業です。

母親がロールモデルであると答えた調査対象者は、共通して「よく働く」「よく面倒を見る」「献身的である」「尊敬に値する」「辛抱強い」「理解力がある」「やる気を起こさせてくれる」といった母親の特徴を挙げた。これを示す語りがある。

前出のヒロはこう語る。

> 私は母親をとても尊敬しています。母はフィリピン人移民を支援するボランティアをしています。私はただ母を尊敬せずにはいられません。私の教育に関しては、高校の先生や友人もそうですが、両親が私の大学に行くという決心に影響を与えたと思います。

前出のリカルドは、タガログ語と英語でこう語った。

> 母親が私のロールモデルです。母は私にとって最も影響力のある人です。母は私のすべてを知っています。日本語とタガログ語ができます。いつも私の面倒をよく見てくれて、働き者です。母は私が一歩一歩進んでいくのを、私がよい将来を得られるように導いてくれます。

２名の調査対象者は自分たちのロールモデルは父親だと言い、父親を「力強い」「頼れる」「日本の生活についてよく知っている」と描写した。ほとんどの調査対象者が人生において最も影響を受けるのは母親あるいは父親からであると答える一方、彼らの多くが３番目に強く影響を受けたのは高校の先生だと答えた。彼らの回答に共通するものとして、彼らは先生の特徴を「優しい」「進学への気持ちを高めてくれる」「特に学校生活や将来のことについて話をよく聞いてくれる」と指摘した。前出のモナリザは言う。

　何か問題を抱えているとき、私は父と話します。父は人生で大切なこと、どう生きるべきかを教えてくれます。私は自分が両親と似た部分を持っていることに気付きました。私の目標や夢のことは大学の友人と話すことができます。国内外にいろいろな友人を持つことやイベントに参加することで、私は頑張って働いたり勉強したりすることへの意欲がわいてきます。母親はある意味、いい女性としての私のモデルです。でも、どう人生を送るかというモデルについては、父親からの方がより大きな影響を受けています。

前出のジェネリンには双子の妹たちがいる。彼女の家族は父親が退職してから経済的に苦しく、生活保護を受けている。その中で父親はなんとかジェネリンと双子の妹たちを大学に通わせている。彼女たちは父親を尊敬し、こう語っている。

　私の父は日本人で、日本での生き方を現実的によく知っていると思います。父は家族を養ってくれ、私たちが何か間違ったことをすれば私たちを叱ります。父は私に必要なあらゆる助言、特に日本ではどのように生きていくべきかについて助言をしてくれますし、将来についても助言してくれます。母はフィリピンでの心配事があり困っていますが、避けられるものではありません。フィリピンでの生活は大変ですが、それも私が大学を卒業して両親を助けたいと思う理由の１つです。いつか両親のために家を買ってあげたいと思っています。

例外もあるが、概ね一貫して調査対象者はフィリピン人母を価値観形成における重要なロールモデル、あるいは人生全般における支援者として捉えている。

Takahata and Hara（2015）の研究においても同様な結果が示された。さらに本研究は、Nitta（1980: 238）が示す通り、両親が持つ要素と自身の経験が、「ハーフ」という表現が持つ否定的な意味に対して肯定的な光を与え、その表現に二重の意味（double metaphor）を持たせるという議論を裏付けるものとなった。心を豊かにするものとして多文化的背景を持つことの価値を子どもに少しずつ教えていく上での両親の役割は、子どもたちの核となる価値観や、彼らの持つ多層的なアイデンティティに対する肯定的な評価に大きな影響を与えている。彼らが今積極的に経験していることが、社会や移民を取り巻く状況の変化と相まって、「ハーフ」というアイデンティティの意味のある具体化をもたらしている。加えて、政策の変化も「ハーフ」というアイデンティティの受け止め方に影響を与えている。フィリピン人エンターテイナーの数を大きく減らす要因となった2005年の興行ビザの発給基準厳格化や、2009年からの経済連携協定のよる看護師・介護福祉士候補の受け入れなどの政策的転換がその変化に貢献している。それゆえ現在では、調査対象者たちのほとんどは「ハーフ」という表現に付随する否定的な要素は理解できない。明らかに彼らは人のアイデンティティが1つのラベルやカテゴリーにくくられるものではない、ということを心得ている。

今回の調査結果から、フィリピン・ジャパニーズの青年たちのアイデンティティを形成する属性のかなりの部分を明確にすることができた。彼らのフィリピン人母親は、1980年代から1990年代にかけて多くのフィリピン人女性がエンターテイナーあるいは外国人花嫁として農村や都市にやってきたため（Da-anoy and Satake 2006）に、差別されてきた。フィリピン・ジャパニーズの多様な主体または多様な世界観は、母親たちが受けてきた侮辱や差別的表現による暗い雲を追い払う虹となるだろう。

5．結論および政策提言

本研究で見いだされた結果は、インタビューに応じてくれた調査対象者をとりまく状況を示した結果であり、「ハーフ」全体の状況を示すものではない。実態をより明らかにするためには、より多くのフィリピン・ジャパニーズの子どもたちを対象にした新たな調査が必要である。

「ハーフ」のアイデンティティは、その主体及び周囲の人々によって軽蔑的なものにもなれば、評価されるものにもなる。日常生活の中で、「ハーフ」であることが多様な文化的・民族的背景とともに具体化される。そのような具体化は文化的障壁や、時間的・空間的要素を超越するものである。それは家庭で、あるいは外で（私的・公的な場で）の多様な経験によって形成され、迷いながらも意識的に社会的資本（教育、言語のスキルなど）を獲得することで強化される。一次的アイデンティティの形成時期から二次的アイデンティティの形成時期にかけて構成され再構成されながら進化していく。これらの要素が総体的に、彼らの人生を阻害する軽蔑的表現や善悪の2言論的構成を乗り越えて、フィリピン・ジャパニーズの子どもたちの多層的なアイデンティティを形成する。

Komai（2001）は、日本人の世界観・価値観の変化や柔軟性を刺激する可能性を持つ多文化主義の潜在的、相互的、文化的に豊かになる過程に触れながら、「外国人が日本の社会を変える」と論じている。さらに1995年から2014年の間に8万4,345人の子どもがフィリピン人母から生まれたという人口統計上の要素を考慮すれば、移民家族による貢献は明らかである。Korekawa（2015: 43）が指摘するように、移民の子どもたちが人口減少を食い止められるかもしれない。しかしながら、外国人女性の出産率における貢献に関する比較調査では、日本における人口減少の抑制においてはほとんど影響を与えないと結論づけられている（同: 3-43）。それでも、移民の子どもたちが人口統計上の影響力を持っているという事実に変わりはない。

移民とその子どもによる人口統計上の貢献に関する主張に食い違いは見られる。しかし、本研究が政策提言につながるように、フィリピン・ジャパニーズが日本社会における貢献と日本社会に変化をもたらす可能性を指摘したい。彼らは、人的資本の活用を通して地域社会における奉仕活動に参加している。そして、国際的なスポーツ大会や、学術分野を含む地域的・国際的な分野での私的・公的機関において、技能を持った一員として専門職に従事している。政府は、教育支援システムを見直し改善すれば、より多くの国際結婚家庭の子どもが高等教育の機会に恵まれ、その資質を生かしながら彼らの希望を叶えさせることができるだろう。最後に、バイリンガル教育の必要性についても指摘しておきたい。2言語を同時に学び使用していることにより、言語負担が重く、フィリピン・ジャパニーズの子どもの言語能力が低いと判断されることがある。しかし、彼らの持つ2言語あるいは多言語の能力は仲間たちからうらやましがられ、尊敬されているという事実は本研究の発見であった。従って、彼らの存在は仲間たちに外国語を学ぶことを促す効果がある。このことはグローバル化する日本におけるバイリンガル教育の流れを進める要素となる。２言語、多言語的な教育は日本人にとっても有益であり、世界とつながることを容易にしてくれるのである。

注

▶1　名古屋学院大学。

▶2　雪達磨式標本抽出法のこと。坂道で雪玉を転がすとどんどん雪玉が大きくなっていくように、アンケートやインタビュー調査などで、調査を行う人が友人や知人などの紹介によって調査対象者を選ぶ方法のこと。機縁法とも言われる。

参考文献

［英文文献］

Ballescas, M.R.P. (1992). *Filipino Entertainers in Japan.* Quezon City: Foundation for Nationalist Studies.

Becker, G.S. (1962). Investment in Human Capital: A theoretical analysis. *Journal of Political Economy*, 70: 9-49.

De Dios, A. J. (1992). Japayuki san: Filipinas at Risk. In Beltran (Ed.), *Filipino Women Overseas Contract Workers: At What Costs?*, Goodwill Trading Co.

Fresnoza-Flot A. and Nagasaka I. (2015). Conceptualizing Childhoods in Transnational Families. In I. Nagasaka and A. Fresnoza-Flot (Eds.), *Mobile Childhoods in Filipino Transnational Families: Migrant Children with Similar Roots in Different Routes,* Palgrave Macmillan, 23-41.

Fresnoza-Flot, A. (2015). Migration, Familial Challenges, and Scholastic Success: Mobilities Experiences of 1.5-Generation Filipinos in France. In I. Nagasaka and A. Fresnoza-Flot (Eds.), *Mobile Childhoods in Filipino Transnational Families: Migrant Children with Similar Roots in Different Routes*, Palgrave Macmillan, 59-86.

Gupta, M. L. (1973). Outflow of Human Capital: High Level Manpower from the Philippines with Special Reference Period to the Period 1965-1971. In *International Labor Review,* 57 (2), 167-191.

Hara, M. (2013). Mixed-heritage Japanese-Filipinos/Shinnikkeijin in Charge of Intimate Labor. In *Care, Migration, and State in East Asia. Journal of Intimate and Public Spheres,* Vol. 2(1), 39-64, March 2013.

Ishii, Y. (2005). The Residency and Lives of Migrants in Japan since the Mid-1990s. In: E*lectronic Journal of Contemporary Japanese Studies.* Article 6, first published in Japanese, “Imin no kyoju to seikatsu" (The residence and lives of migrants in Japan), 2003: 19-55.

Komai, H. (2001). *Foreign Migrants in Japan.* Trans Pacific Press, Melbourne.

Korekawa, Y. (2015). Immigrant Occupational Attainment in Japan. In I. Nagasaka and A. Fresnoza-Flot (Eds.), *Mobile Childhoods in Filipino Transnational Families: Migrant Children with Similar Roots in Different Routes,* Palgrave Macmillan, 3-43.

Matsui, Y. (1991). The History of Sex Industry in Japan. In *Migrante* Vol.1(4) 3-3.

Nagasaka, I. (2015). Migration Trends of Filipino Children. In I. Nagasaka and A. Fresnoza-Flot (Eds.), *Mobile Childhoods in Filipino Transnational Families: Migrant Children with Similar Roots in Different Routes,* Palgrave Macmillan, 42-56.

Nitta, F. (1989). *The Japanese Father, American Mother, and Their Children: Bicultural socialization experiences in Japan.* Dissertation, University of Hawaii. UMI, 300 N. Zeeb Rd., Ann Arbor, MI 48106.

Ogaya, C. (2015). When Mobile Motherhoods and Mobile Childhoods Converge: The Case of Filipino Youth and Their Transmigrant Mothers in Toronto, Canada. In I. Nagasaka and A. Fresnoza-Flot (Eds.), *Mobile Childhoods in Filipino Transnational Families: Migrant Children with Similar Roots in Different Routes,* Palgrave Macmillan, 205-221.

Parks, J. and Askins, K. (2015). Narratives of ethnic identity among practitioners in community settings in the northeast of England. In M. Bulmer and J. Solomos (Eds.), *Cities, Diversity and Ethnicity: Politics, governance and participation*, Routledge, London, 92-108.

Pertierra R. (2015). Children on the Move: 1.5-Generation Filipinos in Australia Across the Generations. In I. Nagasaka and A. Fresnoza-Flot (Eds.), *Mobile Childhoods in Filipino Transnational Families: Migrant Children with Similar Roots in Different Routes,* Palgrave Macmillan, 179-204.

Pollock, D. C. and Van Reken, R. E. (2009). *Third Culture Kids: Growing Up Among Worlds.* Nicholas Brealey Publishing.

Satake, M. (2000). *Filipino-Japanese Intermarriages in Japan: Social and Cultural Analysis of Expectation, Contradictions and Transformation.* A paper presented at the Sixth International Philippine Studies Conference, *Turns of the Centuries: The Philippines in 1900 and 2000,* Quezon City, July 10-12.

Satake, M. and Da-anoy, M.A. (2006). *Firipin-Nihon Kokusai Kekkon: Ijuu to TabunkaKyosei (Filipina-Japanese Intermarriages: Migration, Settlement, and Multicultural Coexistence).* Mekong. (In Japanese).

Seki, K. (2015). Identity Construction of Migrant Children and Representation of the Family: The 1.5-Generation Filipino Youth in California, USA. In I. Nagasaka and A. Fresnoza-Flot (Eds.), *Mobile Childhoods in Filipino Transnational Families: Migrant Children with Similar Roots in Different Routes,* Palgrave Macmillan, 151-178.

Takahata, S. and Hara, M. (2015). Japan as a Land of Settlement or a Stepping Stone for

1.5-Generation Filipinos. In I. Nagasaka and A. Fresnoza-Flot (Eds.), *Mobile Childhoods in Filipino Transnational Families: Migrant Children with Similar Roots in Different Routes,* Palgrave Macmillan, 117-147.

Takahata, S. (2015). From Philippines to Japan: Marriage Migrants and the New Nikkei Filipinos. In Y. Ishikawa (Ed.), *International Migrants in Japan,* Trans Pacific Press, 97-122.

Tsuda, T. (2006). Localities and the Struggle for Immigrant Rights: The Significance of Local Citizenship in Recent Countries of Immigration. In T. Tsuda (Ed.), *Local Citizenship in Recent Countries of Immigration: Japan in Comparative Perspective,* Lexington Books, 3-36.

Tsuda, Y. (2007). *Caught Between Two Walls: A Study of Japanese-Filipino Youth in Kanto Area.* Thesis, International Christian University, Tokyo.

Uchio, T. (2008). *In a Quest for Dignity: the experience of some Japanese-Filipino Children in Japanese Society.* A paper presented, 2008.

Yamanaka, K. (2006). Immigrant Incorporation and Women's Community Activities in Japan: Local NGOs and Public Education. In T. Tsuda (Ed.) *Local Citizenship in Recent Countries of Immigration: Japan in Comparative Perspective*, Lexington Books, 97-119.

第7章　日比青年教育プログラム（JFYEP）と フィリピン系成人女性による 「ゆるやかなつながり」の試み

津田 友理香

はじめに

“私は、日本で生まれ育ったフィリピン系日本人です。つまり、日本人の父、そしてフィリピン人の母の間の、国際結婚の子どもです。私の場合、幼少時代から、日本やフィリピン、アメリカで生活し、多様な文化背景をもつ人々と接する機会がありました。日本にいると、マイノリティに対する偏見や差別を見聞きすることがあり、自分たちのような存在を認めてくれない、受け入れられていない気がして、心が痛みます。

日本は私にとっては生活の場、日常そのものです。フィリピンは、「私」の中にある大事な要素の1つです。しかし、このような考えに至るまでには、いくつもの迷いや葛藤がありました。それを誰かに伝えようとしたり、話題にしたりすること自体、はばかっていました。そんな私が、人前で自分について語れるようになったのは、何よりも両親や友人、恩師、研究仲間など、人生の節目で出会った人たちに励まされ、エンパワーされてきたからです（津田、2016年7月16日[▶1]）”。

本稿の出発点として、研究対象についての問題意識およびスタンスについて述べておく。筆者は、1980年代に日比国際結婚夫婦の子どもとして生まれ、90年代にいくつかの文化圏、言語圏で生活してきた。これまでの30年ほどの人生の中で、自身のルーツについて問い、日本で生活することの生きづらさや、自分のような境遇をもつ人に対する支援や相談先の必要性を感じていた。大学在学中には、日本とフィリピンにつながりをもつ青年のアイデンティティ形成について参与観察や聞き取り調査を行い、似たような背景をもつ同世代の人たちとの活動の意義について論じた。

卒業後に一般企業に入社したものの、在住フィリピン人が集う教会で青年の活動を続けながら、自分にできることはないかを問い続けていた。その中で、グループに参加するメンバーの動機付けや、当事者として活動に携わることの心理学的意味について興味を惹かれてきた。さらには、フィリピンにつながる子どもや青年の実情を知り、状況をいかに良くしていくかという問題意識が芽生え始めた。

その後、2009年にはリーマンショックの影響を受けて早期退職をし、こころの専門家である臨床心理士になるべく、大学院進学を果たした。2011年度の修士論文では、在日フィリピン系青年のグループ活動を参加することによる心理的変化や心理支援の可能性について考察した。

東日本大震災（2011年）を経験した直後に大学院博士前期課程を修了し、精神科クリニック[2]や総合病院などのカウンセラーとして、さまざま文化的、社会的背景をもつ人々の悩みや葛藤に耳を傾ける仕事をしている。同時に、自分自身のあり方や生き方について問う機会が増え、自分が生まれ育った国や地域を再訪し、ルーツと歩みを辿る旅をしている。また、支援団体や国際機関、教会などとのつながりを持ち、在住移住者の現状や支援の必要性について現場の声を聴くこともある。

そして2014年には、国際機関の総会で「移民としての声」を発言する機会[3]を与えられ、当事者としてのライフストーリーを語ることの意味や言葉の力を強く実感した[4]。本稿を通して、当事者の声に耳を傾け、代弁者となることにより移住者のみならず、日本人にとっても住みやすく、居心地の良い社会にするためにどうすればよいかを考えるきっかけとしていきたい。

フィリピン系移民の移動は、100年以上前から世界各国で見られる現象であり、アメリカなどではすでに第4世代、第5世代が育ち、エスニックグループとして影響力と存在感を得ている。一方、日本では、1990年代頃に出生ピークを迎えた第2世代の子どもたちが青年期あるいは成人期に入り、社会の一員として関わる時期に来ている。

そこで、かれらが日本社会の中で自分自身の文化的アイデンティティ[5]をどのように捉えるか、青年期あるいは成人期特有の多様で複雑な心理的背景を理解することが重要だ。特にフィリピン系青年にとって、マイノリティとして日本社会で生きることや、偏見や差別を受ける経験などを共有し、議論を交わすことのできる自助グループの活動は大変意義深い。本稿を通して、日比青年教育プログラムの実践の記述を行い、個々の参加者の心理発達について検討することで、当事者理解の一助となれば幸いである。

1. 先行研究

(1) 定義

在日フィリピン人の総計は、2016年6月現在23万7,000人であるが、そのうちの73％が女性である。また、20代～40代の女性が過半数を占めている（法務省 2016）（**図1**）。この年代は、日本社会での労働人口あるいは結婚・出産適齢期の女性たちでもある。加えて、日本人の配偶者等の定住や永住権を持つ者や、帰化した者を含むと、ジェンダーつまり社会構造上のアンバランスさは明らかである（高畑 2016）。

1980年代に多くのエンターテイナーが来日した経緯と、近年の日比両国による経済連携協定（EPA）などを通した看護、介護、保育、家事などのケア労働に従事するフィリピン人女性の増加は避けられない。したがって今後も、ジェンダー化したフィリピン人移住者という社会現象は続くことが予想されている（小ヶ谷 2016）。

日比国際結婚のうち97％は、夫が日本人、妻がフィリピン人の組み合わせであり、その数は、1992年から1997年にかけては全国籍の組み合わせでトップ、それ以降は夫が日本人、妻が中国人の数が最も多い。

国際結婚家庭に生まれた子ども[▶6]の場合、統計的なデータはなく、両親のいずれかが外国籍の子どもの出生数や、外国人親と同居する子どもなどの統計から推測するしかない（佐竹ほか 2015; 額賀 2016）。親のいずれかまたは両方が外国籍の子どもの数は、1987年から2015年までの累計で47万7,536人、全出生数比は1.8％となる（厚労省 2015）。

両親または親の一方がフィリピン人（以下、フィリピン系の子どもとする）のうち、父日本人と母フィリピン人の組み合わせが半数以上である（**図2**）。同様に、父日本人、母フィリピン人の子どもの出生数は、2009年をピークに下降し

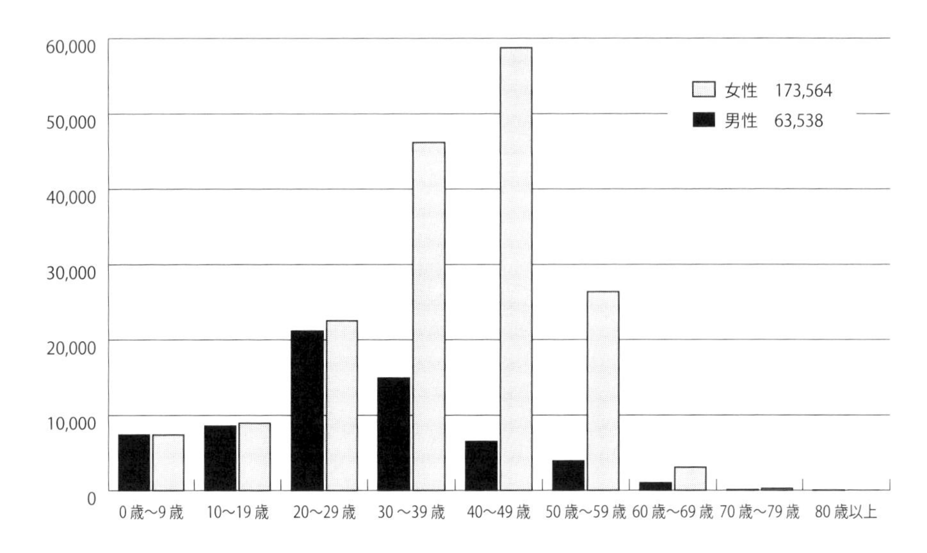

出典：在留外国人統計（総務局統計局 *2016* 年 *6* 月）より筆者作成。

図 1　在日フィリピン人（性別、年代ごとの分布）

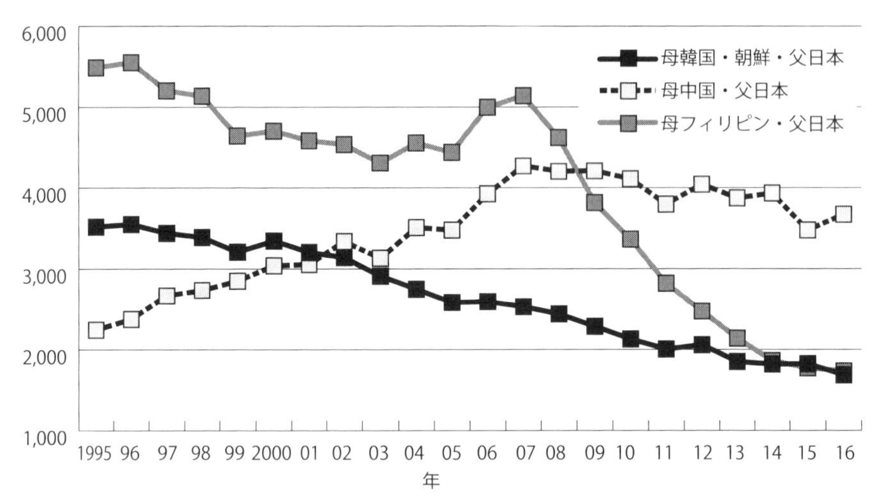

出典：父母の国籍別にみた出生数及び構成割合——平成 *25* 年（厚生労働省 *2015*）より筆者作成。

図 2　母親の国籍ごとの出生数の推移（上位 3 か国）

ているが、父母の一方が外国の子どものうち、全国籍中最も多い数を占めていた。1995年から2016年には、累計9万1,236人のフィリピン系の子どもが誕生している（厚生労働省 2016）（**表1**）[7]。

国際結婚家庭に生まれた子どもを研究対象としてみる時に、立場によって呼称が異なるため、定義づけを明確にする必要がある。まず、「ハーフ」または「ダブル」と言った一般的な呼び方がある。近年は、タレントやスポーツ選手などとしての活躍や多文化にルーツのある子どもの社会参加が著しい。ネガティブな意味合いを含む「混血児」「あいのこ」などと揶揄されていた時代から、外国語を駆使し、外国との掛け橋となる「グローバル人材」というように、社会的イメージは変わりつつある（嘉本 2008; 高畑 2016; 藤岡 2014）。

学術的にも、「外国（多文化）につながる子ども」「外国にルーツのある子ども」「国際児」「文化的マイノリティの子ども」「ニューカマーの子ども」「移動する子ども」など研究者の立場や拠り所とする理論によって呼称は様々である。一方、日系ブラジル人、日系アメリカ人のように「◯◯（エスニック文化）

表1　親の一方がフィリピンの子どもの累計（1995年～2016年）

	母フィリピン・父日本	母日本・父フィリピン	親の一方がフィリピン
1995	5,488	83	5,571
1996	5,551	88	5,639
1997	5,203	100	5,303
1998	5,137	126	5,263
1999	4,645	138	4,783
2000	4,705	151	4,856
2001	4,586	138	4,724
2002	4,539	143	4,682
2003	4,309	130	4,439
2004	4,558	143	4,701
2005	4,441	131	4,572
2006	4,998	145	5,143
2007	5,140	155	5,295
2008	4,623	166	4,789
2009	3,815	168	3,983
2010	3,364	180	3,544
2011	2,820	161	2,981
2012	2,474	169	2,643
2013	2,138	227	2,365
2014	1,861	205	2,066
2015	1,773	234	2,007
2016	1,734	253	1,987
1995年～2016年累計	87,902	3,434	91,336

出典：平成28年人口動態統計「父母の国籍別にみた年次別出生数及び百分率」より著者作成。

系○○（ホスト文化ないしは国籍）人」と表記することで、「エスニックな出自」を表す立場がある（佐々木 2016: 9）。本稿では、「フィリピン系日本人（Filipino Japanese）」（高畑 2016; 額賀 2016）と定義づける。高畑（2016）の定義によると、厳密には、「フィリピンにルーツを持ち、日本国籍を持つ人びと（154）」としているが、本稿では、国籍よりもルーツやアイデンティティとしてのフィリピンに着目することとする[8]。なお「フィリピン系青年（成人）」と「日比青年」はほぼ類似のことを指す。

(2) 日比国際結婚家族の子どもや青年に関する研究レビュー

日比国際結婚家族における諸問題については、社会学、人類学、法学、教育学、言語学などを含めた学際的な研究の蓄積がなされている（佐竹ほか 2015）。先行研究を概観すると、フィリピン人妻、母親、女性、エンターテイナー、ケア労働者など役割としての定義づけが多い。他にも農村地域におけるフィリピン人花嫁のメンタルヘルス（桑山 1995）、あるいは、国際結婚家族の実態調査（佐竹・ダアノイ 2006）、フィリピン人移住女性と子どもの課題（高畑 2015; 額賀 2016）などが代表的である。

他にも精神保健の立場からフィリピン人女性・母親を対象とした異文化適応（歌川・丹野 2012; 平野 2000）などがある。しかし、心理学の領域では、在日フィリピン人の心理社会的課題に関する報告（金・津田 2015）など、研究の蓄積はきわめて少ない。

他方、日比国際結婚の子どもの課題については、フィリピン人母子や日比国際結婚家族の文脈の中で扱われることが多かった（高畑 2016）。例えば、JFC（ジャパニーズ・フィリピノ・チルドレン[9]）の生活体験が挙げられる（DAWN 2005; 野口 2015）。あるいはDV被害を受けたフィリピン人母子家庭の現状などは、昨今でも未解決な社会問題である（鈴木 2009; Terada 2012; カラカサン 2013）。フィリピン系日本人の就学ないしは進学、あるいはキャリア形成に関する教育学・社会学の研究は数多くみられる（額賀 2014b; 角替 2013; 三浦 2013; 2015）。さらに、日本とフィリピンの両国を行き来する1.5世代の子ども（高畑 2011; 2016; 高畑・原 2014）についても、研究が進んでいる。

一方、本調査の対象となるフィリピン系移民の心理発達課題については、まだ十分な検討がなされていない（津田ほか 2011）。徳永（2008）は、フィリピン系ニューカマー女子生徒を対象とし、親戚および母親がロールモデルとして彼女らの進路意識や将来展望に大きな影響をもつと考えた。また同氏によれば、生活の安定性に影響する主な要因として、フィリピンにいる親戚への送金義務の有無および欧米に在住する親戚の有無や、国籍に関する意味づけが挙げられた。額賀（2016）は、フィリピン人の母娘関係に着目し、学業達成が文化変容に与える影響について3つの文化継承パターンを見出し、その背景に母親の人的資本と日本社会との接点が関連していることを明らかにした。三浦（2013）は、フィリピンにルーツのある子どもたちの「育ちの場」としてエスニック教会[10]の機能について述べ、そこでの資源の獲得や「流動的でハイブリッドな」アイデンティティの構築について論じている。

このように、フィリピン研究者や国際結婚研究者の中で、子どもや青年の生活史や語りそのものに焦点をおいた学際的な研究が出始めているものの、異文化適応や文化受容などの心理学的観点からの論文は少ない（鈴木 2008; 津田ほか 2011）。

ところで昨今、メディア等でいわゆる「ハーフタレント」やスポーツ選手が自身の出自について語る機会が増えており、中にはフィリピン人の母をもつと公言する人も出てきた（高畑 2016）。かれらの共通点として、日本社会の中でキャリアを築いていったサクセスストーリーが語られ、フィリピン系青年（成人）としてのアイデンティティを全面に出すことで、特長を打ち出そうとすることが理解できる。また、かれらを精神的に強くさせた背景には、外国人いじめや差別、あるいは、母親や同胞の苦労を受け止め、逆境を乗り越えた経験があると語る[11]。

一方、報道では、群馬県桐生市の小学校女児がいじめにより自殺した例や、川崎市で少年を殺害したグループの主犯格としてフィリピン系の若者がいた事件、大阪ミナミで起きたフィリピン人母子心中事件などが記憶に新しい[12]。このような危機的状況に陥ってしまった家族や子どもたちをどのように支援すればよいか、同じことが繰り返されないためにもどう予防していけばよいかが支援者や研究者の中で議論されている。そのような社会背景から、フィリピン系の子どもの存在が日本社会の中で可視化されることとなり、フィリピン人母子家庭の貧困や家族関係、サポートネットワークの脆さについても議論されるようになった（高畑 2016; 西口 2005[13]）。

したがって、フィリピン系の子ども・青年に対する支援の必要性に関する意識の高まりや研究調査の増加は、教育や福祉機関、地方公共団体、または、人権団体などによる問題提起が発端となっている。日比国際結婚家族の当事者にとっても、上述した社会状況は無視できないものであり、フィリピン系青年の文化的アイデンティティ[14]の形成にも多大な影響を与えると考える。

津田ほか（2011）は、フィリピン系青年にインタビュー[15]を行い、文化変容のパターン[16]について明らかにした。中には、母親のフィリピン文化を取り入れることが難しく、一方では完全に日本人として同化することができず、どちらの国・文化にも属さないといったケースがあった。また、文化的アイデンティティの発達に影響される要因として、直接的・間接的な被差別体験、自らの文化的背景について自己開示することの困難さ、さらには教会などのフィリピン人コミュニティへの所属感の落差が考えられた。そういった文化的アイデンティティ発達の阻害要因に取り組むためには、フィリピンにルーツをもつ青年同士の交流が重要だと指摘した。

加えて、フィリピン系の子どもの心理または発達に関する特徴について述べた（津田 2011; 2013）。第一に、日本で出生した子ども、つまり言語習得や文化適応が進み、日本での生活に支障がないとみられる子どもは、日本語能力や学習面に問題が少ないとみなされることが多い。つまり、個人が抱える心理発達的課題が内面化しているために周囲からの支援を得られにくいとも考えられる。他のさまざまな多文化につながる子どもと同様に、異文化ストレスと発達障害やうつなどとの鑑別も非常に困難である（阿部 2008; 杉澤ほか 2016）。したがって、何らかの不適応を起こすなどの危機状況に直面して初めて、問題が浮き彫りになることがある。

第二に、在住フィリピン人は集住地域がなく、他のエスニックコミュニティに比べて外国人学校あるいは地域日本語教室などを通した母語や母文化継承の機会が少ない。つまりかれらの多文化的アイデンティティが十分に育つ環境にあるとは言えないことが指摘されている（三浦 2013）。

次節では、インフォーマルなサポートの場としての教会コミュニティ、さらには青年グループ活動の実践と意義について述べ、心理学的観点から考察を行う。

2. 日比青年教育プログラム（JFYEP）の活動および経緯（2003年～2012年[17]）

(1) 教会コミュニティによる支援活動

在住フィリピン人の支援は、NGO/NPOなど市民団体のほかに、カトリック教会が重要な役割を担ってきた（寺田 2008; 三浦 2015）[18]。日本のカトリック教会は、少子高齢化時代に突入し、信者の減少という過渡期を迎えているが、在日外国人信者の割合は増え続け、信徒コミュニティを活性化するエネルギーとなっている。なかでも、2008 年の経済危機、2011 年の東日本大震災などの社会情勢を受けて、さまざまな支援活動を各地で実施してきた。特に、フィリピン本国におけるカトリック信者は、人口の 80％（外務省 2016）であるため、日本在住のフィリピン人も相当数いることが推定され[19]、教会コミュニティにとっては欠かせない存在となっている。

東京大司教区[20]は、千葉と東京の教会を管轄しているが、日本人の信徒は 9 万 5,000 人おり、外国籍の信徒数は同等か、それ以上と推定されている[21]。また、東京大司教区を代表する、岡田武夫大司教によれば、「心の問題」「信者の養成」「難民・移住移動者のケア」を 3 つの取り組み課題としており、日本在住の多文化家族にとっては、サポート源の 1 つとしての教会の役割が一層期待されている。

そのような社会状況を受け、カトリック東京国際センター（CTIC）は、外国人信者のサポートをワンストップサービスで行ってきた[22]。さらには、各教会や教区の枠を越えた在日フィリピン人の自助グループ Gathering of Filipino Groups and Communities（GFGC）が組織化され、スポーツイベントやタレントショー等のさまざまなイベントが実施されている。また、GFGC の中にもフィリピン人相談員や支援者が中心となり、子ども・青年のエンパワーメントについて取り組む方向性が明示されている[23]。

筆者は 2003 年から 14 年ほど、関東近辺のフィリピン人コミュニティとのつながりがあり、フィールドワーカーまたはボランティアとして継続的に関わってきた[24]。そこでは、フィリピン人およびフィリピン系[25]を含む多文化につながる子どもを対象とした地域のグループ活動を実施し、その経緯やその後の発展について、イベントに沿って時系列に記述を行った。そこは、学校や課外活動などとは異なる、子どもや家族にとってのインフォーマルなサポートの場となっていた。

後述する日比青年教育プログラム（JFYEP）の活動拠点となったカトリック葛西教会は、東京都江戸川区の住宅街の一角にある。江戸川区の外国人人口は、2017 年 1 月現在約 3 万人（区民約 69 万人の 4％）おり、東京都内では、新宿区に継いで 2 番目に外国人人口の比率が高い。国籍別では、中国、韓国の次にインド、フィリピンと続く（東京都総務局統計部 2017）。以前より、外国人を多く雇う造船会社の社員寮があることや、親族や同胞ネットワークなども加わり、外国人が集住している地域である。家族を帯同している場合も多く、日本語指導を必要とする児童・生徒数は合計157人いる[26]。また、東京都東部と千葉県が隣接した、いわゆるベッドタウンと呼ばれる街であり、フィリピンパブが軒を連ねるエリアにも近い。

そのような土地柄もあってか、1969年に聖アウグスチノ修道会の外国人司祭らによりカトリック葛西教会の前身が設立され、それを現在も受け継いでいる。毎週日曜日の午前中は日本語のミサ、夕方からは英語によるミサが開かれる。そのため、都内近辺と関東周辺に在住する多国籍の信者150名近くが教会に集う[27]。教会の組織・運営は、信者によって構成される教会委員会が担っており、国際部や青年部等さまざまな部会がある。他にも、フィリピン人母親の自助グループや父親（国際結婚の日本人夫）の会がある。加えて、インド人家族や英語圏の国際結婚家族などを含めたインターナショナルコミュニティなどが組織されている。

英語ミサは、伝統的に外国人司祭が担うことが多く、聖歌隊のメンバーはフィリピン人が中心となっている。そのため、ミサの進行は英語と時々日本語が混じるが、聖体拝領の際にフィリピン（タガログ）語での聖歌が歌われることがまれにある。インターナショナルコミュニティとしては、チャリティバザーやクリスマスパーティーなどのイベントを通して日本人信者と交流することもあり、近隣に住むカトリック信者の憩いの場となっている。

(2) 日比青年教育プログラム（JFYEP）の活動

日比青年教育プログラム（Japanese Filipino Youth Educational Program；以下JFYEP[28]）は、1998年に子どもたちの多文化アイデンティティを育むための任意団体として発足した。設立当初は、同教会に集うフィリピン人の母親たちが子どもたちに自分たちの言語や文化を理解し、学んでほしいという思いがあった。そのような声を受けて、外国人司祭、フィリピン人シスター、レイミショナリー（信徒宣教者）などの協力により、JFYEPの活動が企画・運営された。なおJFYEPは、カトリック教会の敷地内にてミーティングやイベントなどを行っているが、国籍、民族的ルーツ、宗教は一切問わず、すべて自由参加の青年団体である。

本プログラムの代表は、在日30年以上のフィリピン人シスター（アサンプション女子修道会）が長年勤めてきた。教会に集うフィリピン人からの信頼が厚く、日々の悩み事や信仰に関する精神的支援、生活困窮者への経済的支援、不適応を起こす外国籍の人々への心理的支援なども担っていた。そして、カトリック葛西教会では、外国人司祭と、日本人と外国人信徒をつなぐコーディネーターを担っていた。加えて、JFYEPの活動においては日本とフィリピンのNGOや支援団体との交渉を行うアドバイザーとしてもコミットし、重要な役割を果たしていた[29]。

JFYEPの理念は、①多文化的であることを正しく理解し、誇りをもつ、②多文化的アイデンティティを見つけ受け入れる、③信仰に基づき、生きる目的を常に探す意識を育てる[30]の3点である。年間の行事としては、多文化の子ども向けサマーキャンプ、フィリピンへの研修旅行、青年向けリーダーシップ研修、ニュースレターの発行などがある。研修旅行は、中学生以上の青年を募り、1週間マニラ近隣の島に滞在することで、在比日系フィリピン人（Japanese Filipino Children）や現地の子どもたちとの相互交流や理解をねらいとするイベントである。本研修旅行で初めてフィリピンを訪れる青年も少なくない。

JFYEPのメンバー（以下JFY[31]）の対象年齢は、幼児から中高生、大学生、社会人までと幅広い。活動を企画し、実践を行うコアメンバーは中高生から社会人までの20～25名程度で、その大半がフィリピン系青年である。住所録[32]に登録されたメンバーは約80名で、居住地は東京と千葉を主として、神奈川や山梨などの地域からの参加もある。また、JFYの中には、日比国際結婚の子どもに加えて、フィリピン人の両親をもつ、あるいはフィリピンで生まれ育った者もいる。他にも近隣のインターナショナルスクールに通い、英語圏で生活している者、多文化に興味のある、または海外で生活したことのある日本人も参加している[33]。日本語を主として、英語やフィリピン語の通訳ができる青年やボランティアを介しながら多文化かつ多言語環境の中でのグループ活動を実施している。

JFYEPは、1998年の設立、2012年の活動休止期間を経て、その後2016年にフィリピン系成人女性を中心としたグループを立ち上げている。以下、著者によるフィールドワークの記録や報告書等を参照しながら、JFYEPの活動およびの変遷について振り返り、考察を行う。

(3) 日比青年教育プログラム（JFYEP）の活動経緯（第Ⅰ期）

既述のように、フィリピン人の母親を中心に、子どもの母文化継承に関する問題意識が発端となって1998年に始まった。主要メンバーは、カトリック葛西教会のフィリピン人および外国人司祭、フィリピン人シスターによって構成された。以降、趣旨に賛同するメンバーを他教会や他地域にも広げていき、サマーキャンプは毎年欠かさず実施されていた。当初は、フィリピン人の母親や教会関係者が中心となって活動の企画や運営を行っており、大人に連れられて子どもたちが活動に参加していた。しかし、子どもたちが中高生になると、部活動や学校行事などによる教会離れが危惧されるようになった。

そこで2009年頃より、JFYEPに参加している青年たちをリーダー[34]として育成することを新たなミッションとし、活動の主体を青年らに移行していった。かれらは、外国人の親に連れられて教会に来る子どもたちのお兄さんやお姉さん役としての役割、あるいは教会コミュニティの中での青年リーダーとしての活躍が期待されていた。

上記のミッションを達成するためにキーとなるのが、リーダーシップ研修のノウハウに長けた国際子ども村（CISV[35]）の成人ボランティアたちであった。かれらの指導の下、リーダー育成プログラム[36]を実施し、約20～30名のJFYに対して定期的にワークショップを行った。次第に、青年らの当事者としての意識が芽生え、コミュニケーションやマネジメントスキルを向上させる機会を求め、活動に参加するようになった。しかし、2010年頃にはさらなる追い風として、長年JFYEPの活動を支援していた外国人司祭の引退や、前述したフィリピン人シスターの帰国が相次いだことにより、グループの組織編成をせざるを得ない状況となった。

リーダーシップ研修の集大成として、2012年に「多文化に生きるとは」をテーマにし、小学校高学年以上の子ども・青年を対象としたキャンプを行った[37]。そこでは、多様な文化について理解を深めることを目的とし、自分たちの文化的体験について話し合い、それをもとに小グループでの寸劇を発表した。グループ発表の例としては、「日本とフィリピンのクリスマスの過ごし方の違いについて」、「日本でのカルチャーショック体験」等、青年ならではのユニークな内容が盛り込まれていた。参加者によると、日本とフィリピンの２つの文化の理解についても学びが得られており、子どもたちの文化的アイデンティティの発達に寄与することとなった。

著者は、修士論文の一環[38]でJFYEPに参加するコアメンバーへのインタビューおよび参加動機についての質問紙調査を実施した。それによると、かれらがグループに参加することで、母文化であるフィリピンのみならず、多様な文化を学ぶ機会を得ていることが明らかになった。そして、他者との関わりの中で、自己理解が深まり、将来への展望を獲得するといった心理的プロセスが見られた。後者では、メンバーのグループ活動参加への動機づけが年代によって異なること、中高生グループは友だちづくりや楽しみとして、大学生以上については自己実現の場あるいは奉仕のために活動に参加することが明らかになった。つまり、それぞれの発達段階に即したニーズを把握する必要性が示唆された（廿日出ほか 2008）。

フィリピン系青年らが同じような文化背景をもつ人と関わり、教会コミュニティの一員としての意識を高める中で、母親の出身文化に関する理解を深め、自己理解が促進され、自己成長を遂げたことが明らかになった。よって、青年らは活動においてメンバーおよびコミュニティとの関わりの中で、個人の成長を実感し、仲間意識が芽生えると同時に、文化の多様性に関する気づきや学びを得ていた（江渕 2002）。したがって、JFYEP の活動は、フィリピン系青年が母国と異なる環境で母文化のみならず、多様な文化を受容し、文化的アイデンティティの統合を果たすための一助となることが明らかになった。今後の発達課題と心理支援に関しては、バイリンガル教育（母語・母文化継承教育）や地域ごとの居場所づくりなどが示唆された（津田 2012）。

このように、フィリピン系青年らがグループ活動に従事することで、教会コミュニティまたは集団内の一員としての意識が芽生え、そこでフィリピン的な価値観だけでなく、多様な文化に対する興味関心を広げていった。かつては母親に連れられて教会に出向き、活動の中でフィリピンコミュニティとの間接的なつながりを持ち続けていた子どもたちが自主性的にリーダーとして活動に参加し、役割を果たす中で、独自の集団的アイデンティティが育まれていった。いわば支援を受ける側だった子どもや青年らが成人となり、自らがアクターとなって活動を主導するまでに至ったことは、JFYEP の活動成果の１つであろう。

3. フィリピン系成人女性たちによる「ゆるやかなつながり」（2016 年～現在）

（1）JFYEP 活動休止の経緯とフィリピン系成人女性の試み（第Ⅱ期）

JFYEP の活動は、2011 年の東日本大震災の影響によるイベントの中止、メンバーの就職や結婚などのライフイベントが重なり、積極的に運営や企画に関わる人が減っていった。活動休止に至った一因として、JFY のスーパーバイザーでもあり、フィリピン人の母親や教会幹部とのつなぎ役を果たしていたフィリピン人シスターの帰国が最も大きかった。さらには、グループの核となる人材が育たなかった、あるいは、活動を継続するためのメンバーの熱意・能力・資質が足りなかったことも考えられる。

その反面、JFY にとってそこが居場所として機能し、メンバーから十分な心理的サポートを得ることができたからこそ、広い社会とつながることができたのではないか、とも言える。それは、メンバーたちが、現在に至るまでソーシャルネットワーキングサービス（SNS）などで時折連絡を取り合い、再会を強く望んでいることからもいえる。これは、JFYEP で体験したことや、出会った仲間が安全基地として心の中に居続けているとも言える。他方、筆者自身も、フィリピン人コミュニティとのつながりは細々と続けており、自ら学会や勉強会などで、フィリピンにルーツをもち、日本でのマイノリティとして生きることの意味を問い続けてきた。[▶39]

現在、メンバーの青年らの多くは成人となり、仕事に就き、中には家庭を持っている者もいる。仕事や家族の事情でフィリピンや第三国に移住したごく数人を除き、ほとんどが日本で生活している。メンバーと個人的に会うことはごくまれになったが、それぞれ忙しい毎日を過ごしているため、活動を再開しようという話は出ない。しかし、冒頭で述べた通り、同年代の女性たちと接する中で、フィリピン系あるいは女性としても、生きづらさや生きにくさを感じているであろうこと、自分にできることは何かを考えていた。しかし、JFYEP の活動を再開するにしても、時間の経過と共にメンバーの個別のニーズが変わったことは明らかであった。そのため、グループの活動理念や目的意識を変える必要があると認識された。

著者は、2014 ～ 2016 年の科研費助成[▶40]による調査を機に、キーパーソンとなる人それぞれに話をもちかけ、共にアクションを起こすことの重要性を説いていった。いくつもの文献やグループワークの実践を学ぶ中で、「ジェンダー」と「世代」がテーマになると考え、フィリピン系成人女性に焦点を当て、キャリアやライフプランについて考えるワーキンググループを立ち上げることとした。筆者はその企画のプランニングやメンバーのリクルーティングを行い、プログラム実施を実現させた。

グループメンバーの募集は、「JFY ガールズの集まり」というイベントページ（非公開）を作成し、Facebook を通して JFYEP に以前関わったことのある人や、フィリピンや多文化の活動に興味のある人、研究者や実践者に参加を呼びかけた。

メンバーは任意参加[41]とし、国籍や文化背景は一切問わないとしたが、知人友人のネットワークの中であるため、対象者の偏りは避けがたい。さらに、本企画に興味関心がある、もしくは過去にNGO等でのボランティア経験がある日本人にもアドバイザー兼ファシリテーター[42]として協力を得た。対象者をあえて同世代の女性に絞ったのは、フィリピン系女性特有のテーマがあるという仮説に基づき活動をデザインしたことが背景にある。実際には、そのような集まりの趣旨に賛同を示す男性（年齢不問）もメンバーに加わることもある。

以下は、フィリピン系成人女性のアドボカシー活動の一環として、合計3回の集会を通して、各回の参加者、目的およびグループワークの内容に関する記録を取った。

[企画趣旨]

タイトル：JFY（Japanese Filipino Youth）ガールズの集い～キャリアとライフプランについてのフリートーク～

目　的：同年代のJFYガールズで集まり、キャリアとライフプランについてのフリートークを行う。その中で、JFYならではの疑問や悩み、解決策についてざっくばらんに話し合い、発信する一歩とする。

コンセプト：自分たち（JFY）のため、日本に住むフィリピン人のため、そして、マイノリティの女性・子どもたちのためのアクションプランを立て、日本社会に変革のためのメッセージを発信していく。

ビジョン：知人・コミュニティの中からコンセプトに賛同してくれる仲間を集め、話し合いを重ねる中で、少しずつ活動の輪を全国（およびフィリピン、さらには全世界にも）に広げて行く。20代～30代のフィリピンにつながる女性たちが集まり、エンパワー（力をつける）&アドボケート（発信）していく。

(2) 活動概要（第1回目～第3回目）

なお、本企画の概要は以下に示す通りである。続いて、第1回～第3回の活動内容とその考察分析を順に行う。

[第１回目　活動概要]
日　　時：2016 年 6 月 11 日 14 時〜 17 時
場　　所：都内某所会議室
参加人数：7 名（うち 20 代女性 2 名、30 代女性 5 名）
目　　的：ミッションの確認
手　　法：自己紹介・他己紹介、フリーディスカッション

第 1 回目は、「ガールズトーク」というテーマ設定で、キャリアやライフについて自由に語り合うことを趣旨として実施した。始めに自己紹介も兼ねてそれぞれが現状報告を行い、アイスブレークを挟んでから本題に入った。次に、上記に挙げた企画の趣旨を説明し、参加協力および調査の同意を得た。

参加者との議論を通して「内輪だからこそ」語れるという実感を得たことと、フィリピン系女性特有の悩みや体験についても共有することができた。

続いて、第 2 回目[43]と第 3 回目は、それぞれ 5 名と 4 名のメンバーが集まり、「アクションプランを考える」といった趣旨でグループワークを実施した。メンバーとの協働により、タスクの抽出、リソースの整理、さらにはアクションプランを策定した。

[第２回目　活動概要]
日　　時：2016 年 10 月 22 日 14:00 〜 17:00
場　　所：都内カトリック教会会議室
参加人数：5 名（20 代女性 2 名、30 代女性 2 名、男性 1 名）
目　　的：タスクの整理
手　　法：グループスクイグル、SWOT 分析

第 2 回目の前半は、カトリック教会を中心とした青年グループに関する実践報告があり、後半は、在日フィリピン人の現状と課題について SWOT 分析[44]の手法を用いてワークを行った。SWOT とは、Strengths（強み）、Weaknesses（弱み）、Opportunities（機会）、Tasks（課題）の略である。これらのワークを通して、在日フィリピン人、または JFY にとっての強みと弱み、機会や課題について議論した。

[第３回目　活動概要]
日　　時：2017 年 1 月（計 3 時間）

場　　所：都内カトリック教会会議室
参加人数：4名（20代女性1名、30代女性2名、男性1名）
目　　的：リソースの選定およびアクションプランの策定
手　　法：ストレスマネジメント、ブレインストーミング

第3回目では、より具体的なプランニングや実践に向けての話し合いがなされた。自分たち（=「JFY女子」と企画者が命名）のリソースを洗い出し、具体的なアクションプランを考えることを目的としたワークを行った。前半は、自分たちのリソースについて皆でブレインストーミングし、その後類型化し、全体像を整理した。「JFY女子」を模造紙の中心に置き、より関連性が高いものを近距離に置くことで、リソースのマッピングを行った。リソースとは、自分にとっての「人、モノ、あるいはカネのこと」とし、具体的な固有名詞、組織名を記述した。大まかなカテゴリーとして、教会、JFYEPやJFYと直接関係があるものから、公共的なもの（フィリピン関係のNGO、大使館など）と私的なもの（職場、友達、家族、趣味や研究仲間等）が挙げられた。後半は、ガイドクエスチョン▶45を基に、実現可能なアクションプランのアイディアを出し合った。

次項では、参加者の「語り」の内容、特に注目すべき語りの箇所には下線を引き、分析および考察を行う。

（3）内容分析

3-1　「つなぎ役」としての役割

第1回目は、これまでの活動を振り返り、JFYEP/JFYの良さ、そして今後自分たちができることについて、さまざまなアイディアがざっくばらんに出された。JFYEPの良さには、家族ぐるみの付き合いがあり、皆で「子育ち」を見守る雰囲気があり、「助け合い」の意識があった。ユウ（仮名：20代後半女性、会社員）は、「家族の危機や、病気などの時に手を貸したりしていて、つながりを大切にしよう」という気持ちが芽生えた。そして、「子どもたち同士のつながりもあり、子どもからポロッと出てきたこと（悩み事など）を母に言うということをしていた」と、子どもの日々の困り事を聴き、解決してくれるピアサポーター、あるいは、母親とのつなぎ役としての役割があったと語った。それは、JFYEPとして実施した最後のキャンプから5年経っても、より若い世代のメンバーとのつながりは続いており、共通の体験を活動の中で共有したからこそだと言う。

ユウが語っていた「家族ぐるみの付き合い」とは、きょうだい、親、親族など

の血縁関係や、同級生や幼馴染みのような地域性、部活仲間などとの集団意識とは異なる。それは、家族のようなつながり、つまり、メンバーのきょうだいや家族同士が顔馴染みであるという親近感や安心感に加え、互いに率直な意見を言い合うことや、助け合うことをはばからない関係性を意味する。つまり、仲間あるいは同胞としての感覚や精神的な絆とも言える。

3-2 親世代と子世代の意識の違い

親世代と子世代との教会コミュニティに対する意識の違いについても語られた。ユウは、「教会（に行くことは母親世代にとって）は当たり前の文化でも、子ども世代はなんで？って思う。母親グループは成長しているのに（自分らは活動を積極的にやらなくなっていった）」。時間が経過するにつれ、メンバーの活動に対する動機や熱意が少しずつ離れていったのだと推測される。

特に、メンバーの親の特徴として、JFYEPの立ち上げから携わり、教会のコミュニティリーダーとして積極的に活動していた共通点がある。そのため、JFYEPに参加するきっかけを親や教会関係者が与えてくれたにもかかわらず、自分たちなりの理由や活動を継続する必然性を見失ったのであろう。

企画者からは、フィリピン人の母親と青年たちとの大きな違いは「信仰心（スピリチュアリティ）」であることを指摘した。つまり母親世代は、毎週日曜日のミサに参加すること、教会の活動に積極的に参加し、教会のために奉仕活動をすること自体にあまり疑問をもたず、当然のように活動が続いている。一方、子ども世代は、部活やバイト、仕事や家庭などとの両立から、教会の活動に従事することの優先順位が下がることがある。

フィリピン人の両親をもつマキ（仮名：20代前半女性、会社員）は、「(JFYEPに参加するまでは）フィリピンは好きじゃなかった。面倒くさいというのがあった。（フィリピン人とは）言葉の壁があり、親戚いっぱいいるし、顔覚えられないしで。国籍でわりきれないところがある。でもそれは、働き始めてからは、"つかみ"にしている。JFY（EP）の活動をしてきたからこそ言える」と語った。活動を機に、自身のルーツについて肯定的に捉えられるようになったのだと言う。

マキは、JFYEPを通してお互いのことを学び合い、自分のフィリピンのルーツについてポジティブな意味を見出すことができたと述べている。また、若かりし頃の自分を振り返り、それをメンバーらと分かち合うことによって、カタルシス（浄化）やセルフセラピー（自己治癒）などの自助グループの機能[▶46]を果たしたのではないかと考えられる。

また、「フィリピンと私」というテーマについて企画者がライフストーリーを公前で語ったことが話題になった。その後の議論の中で、フィリピンについて歪められたイメージがあって戸惑うことや、それについて語れる場がなく、日本社会の中では「ないもの」と扱われてきたことがグループの中で共有された。また、あるメンバーの中には、自身のイメージと実際の見た目との違いについて言及した者がいた。日本でもフィリピンでも外国人扱いされて嫌な思いをしたからこそ、将来的にはそれらを受け入れてくれるパートナーを探したいと切望していた。

このように、フィリピンに対する個人的感情や社会的な偏見については、親やほかの友人たちの前で言うのは、はばかれることで、同じ経験をもつ者だからこそ共有できたのではないか。一方、企画者の予想以上に、JFYEPのグループとしての共通の体験について議論が深まったことは興味深い。共に語ることからこそ新たに見えてくることもある反面、語ろうとしない人もいるとみられる。

反面、一般的にグループの中で、他のメンバーが自分について語ることにより、過去の嫌な体験を想起させ、感情的になることや、動揺を引き起こす可能性がある点については留意したい。一方、必ずしも、体験したことを言語化する必要はなく、さまざまな表現方法やメディアを活用すれば、今まさにアイデンティティのことで悩んでいる若い世代にもつながれるのではないかという意見もあった。

3-3　母親世代からの「痛み」の共有と「つながり」の断え間

まず、1990年代からの在日フィリピン人コミュニティの歴史を振り返ってハマ（仮名：男性・団体職員）は、「困難なことを乗り越えて今がある。フィリピン人は、日本のカトリックの中で大きな位置を占めるようになった」という実体験を語った。しかし、フィリピン人の中には、教会コミュニティ外との交流を閉ざし、あるいはフィリピン人の中ですら、出身地や言語などによるサブグループが存在していると言う。

フィリピンで日系人として生まれ育ったハルカ（仮名：20代前半女性・大学卒業）は、「OFWs（Overseas Filipino Worker；海外出稼ぎフィリピン人労働者）は、現代版ヒーローとみなされるが、外国人（日本人）と結婚したら、“ビザや住居、お金のためでしょ”（原文英語；著者訳）」と揶揄されたことがあると語った。このように、本国においても来日フィリピン人に対するネガティブイメージがあり、フィリピン系の女性たちにとっては、生きづらさにつながる問題である。続いて、

「留学などのチャンスはいっぱいもらっているが、つかんでも離しちゃう。深く知る前に止めちゃう」ことがあると言う。フィリピン系青年の中にも、日比関係の歴史や社会状況について学ぶ機会はあるが、理解を深める前に、それとの距離を置いて対処しようとする心境が少なからずあることを共有した。

上記に述べたように、偏見や差別は、フィリピンと日本の両国を行き来する人、つまり多くのフィリピン系青年が一度は体験する出来事である。それに向き合うためには、何らかの素質や能力が求められるだろう。ハルカが述べたように、十分かつ必要なリソースがあったとしても、深く知ることを回避し、チャンスを摑もうとしない若者には、複雑な心境や事情があるのだろうと想像できる。例えば、親子間の意見の祖語（そご）や、自己アイデンティティの葛藤等である。マイノリティとして生きることを自他共に容認されなければ、第二世代の青年たちの日本社会への同化を進め、エスニック文化への関与や、つながりを弱める一因となるであろう。

3-4 「ゆるやかなつながり」への発展

SWOT分析の全体像を俯瞰してアカリ（仮名：30代半ば女性、会社員）は、「Weakness（弱さ）を克服した時、strength（強み）を活かした時に、opportunity（機会）が起きる。Strength（強み）は、good side（いい面）とか、オリジナリティ」とのコメントがあり、今後のグループの方向性への示唆が得られた。

JFYのリソースを整理する中で、過去から現在に至るまで時間軸が異なるものの、全体で大きなネットワークを示す図となった。一見、関係がないように見える個人的なリソースであっても、生活をしていく中では大事なリソースとなりうることを共有した。企画者からは、ある人のリソースが自分のリソースになりうること、それぞれがつながりをもち、より多くのリソースが得られることがサポートネットワークの構築には良いことを述べた。

また、教会や当事者グループへのアクセスがない家族や青年へのアウトリーチの課題があることが 述べられた。一方、日本社会の課題としては、「多様性（diversity）の受け入れや、文化的な許容度を上げること。大学進学など教育システムが(青年たちの将来を)狭めている」ことが参加者から挙げられた。

アクションプランの一例として、インターネットラジオ（Podcast）を通した「ガールズトーク」の発信[▶47]についての提案があった。特に、いま困っている若い世代にアクセスし、物理的距離や資金面の制約がないことが利点として挙げられた。また、各回の活動報告は、Facebook のグループページにて議事録をネット上で共有した。そうすることで、遠方に住む者や家庭の事情で参加できない者もグループの進行に関与することができることが特徴である。

しかし、メンバーが随時入れ替わることで、グループの方向性が曖昧になる可能性は常に留意しなければならない。2017 年現在もグループは続行されており、自分たちのリソースを使って、どのようにアクションを実現していくかを考えている。また議論の中で、ターゲットの選定や、グループの名称[▶48]について議題に挙がったことは、特記すべき点である。

今後は、参加メンバーが多様化し、方向性を明確にする必要性が求められている。参加者の異なるニーズを一致させることは非常にチャレンジングである。しかし、各々の特長やスキル、メディア等を活かした「ゆるやかなつながり」こそが、フィリピン系成人女性のみならず、青年たちのエンパワーメントを実現するための第一歩となることが示唆された。

3. 総合考察

本研究では、フィリピン系青年グループの一例として、JFYEP の設立中断を含む約 15 年間にわたる活動変遷について、団体の創立から成熟期（第Ⅰ期）、活動休止からその後の「試み」（第Ⅱ期）に分けてキーパーソンやキーイベントを挙げ、活動の意義や目的について振り返り、検証をした。特に、フィリピン系成人女性にフォーカスを当て、コミュニティ全体の課題やリソースについて探り、それらを実現するためのアクションリサーチの試みを記述し、分析および考察を行った。

これまで日本のフィリピンコミュニティの中で支援を受ける対象だった青年らが成人となり、家庭や社会の一員として、あるいは地域支援の担い手として、新たな発達課題を迎えている。かれらが問題意識をもち、社会への何らかの貢献を試みることが本グループ発足の契機となっている。日本とフィリピン両国の文化をもつかれらの体験の中には、フィリピン人女性に対する偏見や差別の影響は少なからずあったと予想する。それらを抱え、乗り越えるためのグループとしての力や活動の意義が認められた。

また、昨今の困難な状況下に置かれているフィリピン系の子どもや家族を救う、新たな仕掛けづくりが必要と考える。そのためには、彼女ら当事者が声をあげ、声なき声を集め、より良い社会の実現に向けて検討と実践、研究を重ねていくことが重要であろう。

(1) 母親世代からの連続性と独立、つなぎ役としての役割

JFYEPの活動を通して、コアメンバーである青年、成人らは、日本とフィリピンの文化、つまりフィリピン人の親世代と子どもたち世代、あるいは子どもたち集団の中でもつなぐ役割を果たしていたことが推察される。さらに、多文化家族や子どものサポートの場となっているカトリック教会から与えられたミッションとしても、次世代の子どもたちを育てるリーダー役としても期待され、活動の中心を担っていた。

フィリピン系成人女性の当事者意識が芽生えた背景には、彼女らの母親が教会をはじめとする地域社会にコミットする姿をモデリングしていたと考えられる。特に、移民女性としての日本社会における地位を獲得し、エンパワーされてきたことが関連しているのではないか（カラカサン 2013）。また、それこそがフィリピン系移民女性が次世代に継承した固有の、精神的文化的価値観なのではないかと推察される。

特に、JFYの女性メンバーの共通点の1つとして、フィリピン人母親（ないしは両親）たちがフィリピン人コミュニティに強くコミットしていたことが挙げられる。そのため、彼女らは、教会やJFYメンバーとは自然発生的につながり、育ててもらった、支えてもらったという恩義が感じられるのだろう。そして、自分たちなりの奉仕活動や社会貢献を模索していったのではないか。

特に、母親グループまたは教会コミュニティとは一線を置きながら、子どもや青年自身のニーズに合った独自の活動を創り出していったのだろう。しかし、青年期から成人期に移行するに当たり、精神的な居場所が確保され、新たな発達課題を迎える頃には、活動は終息を迎え、さらなる進展が求められることとなった。

メンバーの語りの中で、「支え合い」や「助け合い」、あるいは「つながり」などと表現されたことはJFYEPの活動理念における最も中核的な価値観だと考えられる。それは、人のため、家族のため、コミュニティのために尽くすといったフィリピン人の普遍的なメンタリティとも一致すると推察される（Pe-pua 2000: 56）[49]。同氏によると、フィリピン人が共有しても持つアイデンティティ（shared identity）の1つに、“Pakikipagkapwa（他者との調和または共感の意；著者訳）”と

いう概念があり、フィリピン人特有の対人関係のあり方を示唆している。

これまでに、第1世代の母親たちは、差別や偏見の体験を抱えながらも、逆境を乗り越える力（レジリアンス）を発揮し、社会変革（アドボカシー）を実現していった。そのような、精神的・文化的価値観とも言えるフィリピーノスピリットなるものが、教会コミュニティやグループの中で、世代を超えて継承されていたのではなかろうか。例えば、フィリピン人女性が中心となって社会変革した例として、2004年のDV法改正や昨今の国籍法違憲訴訟があり、社会的に大きなインパクトを示した（髙谷 2012; 佐竹ほか 2016; 佐竹ほか 2017）。

一方、母親世代からの歴史文化的背景を知り、共感を示すと同時に、日本社会の中でマイノリティとして生きることへの葛藤や苦悩が表面化する場合も考えられる。そういった現状に直面化し、言語化することは安易ではなく、むしろ心理的な負担ともなりうる。結果的に、教会や当事者の活動と距離を置く、留学や勉強の機会を意識的に減らすなどといった対処行動を取るのではないか。つまり、フィリピン人あるいはフィリピン系青年の権利や地位向上よりも、自身の生活や精神の基盤を安定させることを優先することが望ましいと考える場合である。

これは人生のキャリアやライフを前提にした上での選択ともいえ、日本社会で生きるための方略という考え方もある。JFYEPの活動が中断に至った背景の1つには、このような青年たちの見えない心境の変化があったのではないか。これは移民の第2世代や第3世代によるホスト文化への同化に至るプロセスの一環とも考えられ、自然発生的で不可逆的な方略の結果とも考えられる（Berry 2007）。

(2) 当事者意識の芽生え、「ゆるやかなつながり」への発展

当事者であるフィリピン系成人女性らが問題意識を共にする仲間と集い、自らが置かれている状況を主体化すると同時に、客体化することで、自己理解を深化させ、自己治癒のための治療的な場としての可能性が示唆された。

フィリピン系成人女性の試みは、既存の支援や相談活動にはない、当事者性により力点を置いた活動の意義とそれを生かしたアクションリサーチ▶50の枠組みの中でも説明ができる。つまり、研究者と当事者が協働して研究や実践を計画する「当事者参加型アクションリサーチ」のプロセスとしても理解できる（箕浦 2009）。箕浦によると、フィールドの変化の過程と結果を観察し、自己内省を繰り返し行うことで、「当事者」がエンパワーされるという。そこには、「自分たちの置かれている状況を理解するとともに、自分たちのもっている社会・文化的な能力、知

識や資源に気づけるように支援し、最終的には、社会の既存の力関係を変えることで、自分たちの生活を改善していく」という狙いがある（同上: 60-65)。

つまり、教会コミュニティやグループメンバーとの関係性を紡いでいく中で、フィリピン系青年の「当事者性」が芽生えた時に、「支援」から「活動」への転換が起こったのではないか（清水 2009; 三浦 2015)。それは、青年たちのグループを良くしたい、多様な学びや気づきを得たいという活動への能動的な動機づけからも説明することができる。したがって、JFY のメンバーが日本社会の一員としての意識、あるいはマイノリティとしての自覚が芽生えた。そこでの多様性を受け入れ、より生きやすい社会の実現を目指す JFYEP 活動は、セルフアドボカシー▶51の試みであったと説明することができる。

さらには、フィリピン系成人として共通の体験をした当事者同士で悩みや苦しみを分かち合うことで、自助グループとしての可能性も見出した。そして、当事者のみならず、同テーマに興味関心のある人にも活動の輪を広げることで、意見が多様化し、その中でオープンな議論を交わし、グループの中で共有し、対話することで、ゆるやかにつながることができたのではないか。当然、毎回の参加やコミットメントが必要な場合は、グループの凝縮性が高まる一方、柔軟性や流動性がなくなり、グループが弱体化する可能性は考えられる。

グループやコミュニティ自体は、時代の変遷と共に常に変化し続け、メンバーも入れ替わることが予想される。しかし、人々が生活する場で起きている現象を体感し、観察、描写すること、改良をし続けること、それこそがアクションリサーチの醍醐味なのではないか。

ここで、「ゆるやかなつながり」とは、それぞれのメンバーが直接または間接的に接点をもち、グループの内と外を自由に行き来することで、存在しうる場である。そうすることで、個々人のコミットメントや意識の差はあれ、活動を中長期的に継続することができると考える。このように、当事者の青年たちが主体性をもって活動するためには、そのような「場」づくりやかれらを成長させるための「土台」づくりは必須である。

つまり、支援する側の意識としても、多文化青年の社会文化的背景を十分に理解し、かれらのニーズに合ったサポートの選択肢を増やすことと、青年らが日本で生活する市民として社会参画を促進する手助けすることが重要である（井上 2013)。そのサポートの中には、身近な人たちなどのインフォーマルな人的資源も含まれ、特にピア同士につなげ、相互扶助の関係を形成し、つなぐ役割も求められる。

4. 今後の課題

前述した発達理論および心理支援の観点から、多様な文化背景をもつ青年や成人グループへのフィールドワークやアクションリサーチの一層の蓄積が求められる。例えば、別の類似のグループと比較・対照し、考察を深めることや、当事者参加型アクションリサーチの実践などである。本調査では、フィリピン系成人女性という特有のエスニックグループを対象としたグループを対象としたが、持続可能かつ発展的なグループにするためには、各国・各地で取り組んでいる専門的かつ実践的な取り組みから学ぶ必要がある。

神奈川県内のカトリック教会で在日ラテンアメリカ人に対する心理支援を行った例では、かれらが自然発生的に教会に集まり、コミュニティとして何らかのサポート機能を果たしているとした。反面、メンバーは定期的に集まり、イベントに参加するものの、組織への所属意識は低く、活動に対する主旨も明確ではないという課題が指摘された（田中 2004）。また、子ども・青年へのコミュニティ支援を実施するにあたっては、十分なリソース（マンパワー、活動資金、情報収集、ノウハウ等）を要することがあり、主催者側と当事者側のニーズを一致させ、かれらを巻き込むための何らかの仕掛けや動機づけが必要であろう[▶52]。

また、グループワークを実施する際の方法論として、その「場」の特異性やメンバー同士の関係性について最大限考慮する必要がある。そのため今後は、フォーカスグループインタビューを実施して集団内の相互作用を見る、あるいは、より個別性を重視したナラティブアプローチについても検討していきたい（マーフィ重松 2004）。そして、支援プログラムの評価を行い、改善し続けるためには、前述した参加型アクションリサーチ（箕浦 2009）やコミュニティプログラム（Dalton ほか; 笹尾訳 2007）等の研究手法を用いて、支援や実践に還元していくことが可能であろう。

本調査の限界点として、教会コミュニティという特定の場所において、自然発生的に起きた現象を捉えることができる反面、グループは常に変化し続け、一般化はできないことである。そのため、再現不可能であり、汎用性がないことにもなりうる。つまり、本調査の結果は在日フィリピン人コミュニティ、あるいはフィリピン系青年を代表するものではないことは留意しておきたい。また、グループワークという限られた対象や期間の中で行われたため、理論化するには、より詳細かつ多様なデータを収集する必要があろう。しかし、青年たちが中心となって行うアクションリサーチの実践例を提示したことは、意義深いと考える。本調査で対象となったグループは、現在進行形であるため、活動のあり方については模索中である。さらに、様々な意見や自由な発想の中からメンバー同士で議論を行い、存在意義について検討し続けていくこととなろう。

〔謝辞〕 本調査にご協力いただいたJFYのメンバー、カトリック葛西教会の関係者、在留フィリピンコミュニティの皆様方には心より御礼申し上げます。同僚や研究者の先生方には、大変励まされました。特に、本稿を出版するにあたり、ご指導いただいた京都女子大学嘉本伊都子先生には、この場を借りて深く御礼申し上げます。そして、実践活動と研究の両輪を温かく見守ってくれた両親および家族にも謝意を表します。

注

▶1 名古屋学院大学・外国語学部公開シンポジウム「世界につながる——国際結婚と私たち：国際結婚の子ども」（2016年7月16日名古屋学院大学白鳥学舎翼館クラインホールにて）の演題「日比家庭に生まれ育った私の物語」の読み原稿を一部抜粋、編集した。

▶2 筆者が勤める四谷ゆいクリニックでは、多文化精神科外来を実施しており、多言語（スペイン語、英語、韓国語、ポルトガル語）での診察およびカウンセリングが可能である。

▶3 国際移住機関（IOM）総会での"Migrants Voices"（2014年11月27日、ジュネーブにて）。また、移民の「声」としてインタビューを受ける機会もあった（鈴木2014）。

▶4 詳しくは津田（2013）を参照。自らが当事者として多文化の子どもの支援に携わる例は増えているものの、公言することに戸惑う者は多い。例えば、コリアンのルーツをもつ鈴木健氏がそうであった（2016年2月23日インタビュー）。

▶5 文化的アイデンティティとは、「自分がある文化に所属しているという感覚・意識、深い感情、ライフ・スタイル、立居振舞、興味や好みや考え方を全部ひっくるめたもの」だと定義される（箕浦2004）。

▶6 本稿の焦点は、「国際結婚の子ども」とするが、そこにはいわゆる制度上の結婚家族のみならず、「婚外」「離婚」「一人親」の子どもをも含む。

▶7 詳しくは高畑（2016）を参照されたい。

▶8 フィリピンにルーツがある子どもの中には、両親がフィリピン人である場合や、シングルマザーの子ども、フィリピンから呼び寄せられた子どもがいる。また、戦前に渡比した残留日系フィリピン人なども広義には含まれる。フィリピンでは、日本人とフィリピンの間に生まれた子どものことを「ジャピーノ」と呼ぶことがある。日本にエンターテイナーとして出稼ぎに行った「ジャパゆき」の子どもを指す、一種の差別的なニュアンスも含まれる。このように、国籍や出生地、居住地などの生育歴、家族形態によって、フィリピン系の子どもの社会的状況は多種多様であることがわかる。詳しくは、津田（2011）を参照。

▶ 9　JFC 問題は、特に父親からの認知、国籍取得、あるいはアイデンティティの形成という意味でも、当事者団体、人権、法律の立場においても非常に重大なイシューである。また、ビザの取得、就労斡旋などのブローカーに連れられてパブなどで働かせられる等、人身売買の被害者になるケースも絶えない（国際移住機関 JFC Multisectoral Networking Project Report）。

▶ 10　移民コミュニティの宗教実践のみならず、サポートネットワーク形成や生活の場として教会がある（三浦 2013）。

▶ 11　フィリピン系のタレントの幼少期には、いくつかの共通したストーリーが語られる。例えば、国民的アイドルグループ元 AKB48 の秋元才加、ものまねタレントのざわちんは、母親がフィリピン人であることをいじめられてコンプレックスに思っていたが、今ではそのことに誇りを持っており、むしろ困難を乗り越えた女性というイメージを活かして、メディアで活躍している。そのほかにも、大相撲の高安関などの男性スポーツ選手の露出も見られ始めている（高畑 2016）。

▶ 12　[事例 1]：2010 年 10 月、群馬県桐生市で父日本人、母フィリピン人の小学 6 年生女児（当時 12 歳）が自殺。約 2 週間後に市教育委員会は「いじめあった」と認めた。2017 年現在も教育委員会側を告訴した裁判は進行しており、教育関係者やフィリピン関係者の関心が高い事件である。

[事例 2]：2015 年 2 月、神奈川県川崎区にある多摩川河川で中学生男児が少年グループにより暴行後、死亡した。ある報道によると事件に関わった主犯格がフィリピン系の少年だという。

[事例 3]：2012 年 2 月に大阪府中央区で起きたフィリピン人母子無理心中事件があった。そのことに危機感を感じ、在住フィリピン人の自助組織「サウスイーストアジアコミュニティ協会」が立ち上げられた。

▶ 13　カラカサン山岸素子氏、ふれあい館鈴木健氏のインタビュー（佐竹他 2016；佐竹他 2017）より。

▶ 14　文化的アイデンティティの定義は注 5 を参照。

▶ 15　インタビューの対象者は 15 名（14 ～ 24 歳；男性 6 名、女性 9 名）であった。

▶ 16　文化変容（cultural acculturation）とは、心理学者 Berry（1997）が提唱した概念である。ホスト文化との関係、あるいはエスニック文化の維持の組み合わせから、「同化」「分離」「統合」「周辺化」の 4 タイプが提示されている。尚、ホスト文化とエスニック文化の両方を「統合」させたタイプが心理適応上に良好な結果が得られると考えられている。

▶ 17　本章の一部は、明治学院大学大学院心理学研究科心理学専攻臨床心理学コース修士論文「在日フィリピン系青年の多文化グループ活動の参加を通した心理的変化」（2012 年 1 月受理）を加筆・修正したものである。

▶ 18　海外に移住したフィリピン人労働者が移住先でスピリチュアルサービスを求めるケースは多い（寺田 2008）。

▶ 19　現在日本のカトリック信者は、約 43 万 6,000 人（全人口の 3%）であるが（カトリック中央協議会 2015）、外国人の総数について公表しているデータは見当たらない。

▶ 20　司教区（diocese）とは、「司教が教会行政上の裁治権を行使する区域」のこと（東京大司教区の HP 引用）。

▶ 21　カトリック東京大司教区 HP 参照。

▶ 22　詳しくは、東京調査での報告（佐竹・金ら 2016: 72-74）を参照。

▶ 23　カトリック東京国際センターユース担当中村潔氏の聞き書きより（2016 年 10 月 22 日）。

▶ 24　筆者の研究者、当事者、フィールドワーカーとしての立場は、箕浦（2009）のアクションリサーチを参考にしている。従来のインタビュー法などの質的研究や観察法等とは異なり、フィールドワークでは、より自然でリアリティに近い形で現象を捉えることに意義があると考える。

▶ 25　本章 p171-172 参照。

▶ 26　江戸川区教育委員会（2016）調べ。

▶ 27　カトリック東京大司教区の HP 参照。

▶ 28　JFYEP は、後に略称の JFY と名称を変更したが、本章では、グループ名を JFYEP、同グループメンバーを JFY とし、それぞれを区別するために便宜的に用いる。

▶ 29　その後、同シスターは 2010 年頃にフィリピンに一時帰国することとなり、それが JFYEP の大きな転機となったことは言うまでもない。なお、在日フィリピン人に尽くしたことが称えられ、2002 年に「Blessed Teresa of Calcutta Award」を授賞した。

▶ 30　JFYEP パンフレットより抜粋。

▶ 31　ちなみに、「JFY」とは、グループの略称だけでなく、活動に参加する（あるいは過去に参加したことのある）メンバーのことを「JFY」と呼び、一種の共同体としてのアイデンティティとなっていることが興味深い。

▶ 32　各教会が管理している教会員（会費制）の名簿とは異なり、JFYEP のイベント参加時に登録する名簿である。

▶ 33　全体的な印象としては、フィリピンにルーツのある子どもが 8 割、他のルーツが 1 割、日本人が 1 割といった割合である。

▶ 34　大学生以上の JFY をリーダー、中高生をジュニアリーダーと呼ぶ。

▶ 35　1950 年にアメリカの心理学者によって設立された国際 NGO。世界 70 カ国が参加している。英語名は、Children's International Summer Villages（CISV）。

▶ 36　リーダーは大学生以上、ジュニアリーダーは小学生高学年以上を対象としている。さらに、リーダーを育成する成人をアドバイザーまたはディレクターと呼んでいる。

▶ 37　2012年8月（1泊2日）に葛西臨海公園にて。10代〜30代後半までの計30名程度の青年の参加があった。

▶ 38　注34参照。

▶ 39　例えば、自身のライフストーリーの発表（前述した国際移住機関の総会 "Migrants' Voices"、名古屋学院大学公開シンポジウム）およびエッセイ（移住者と連帯する全国ネットワークの情報誌Mネットの「ユースコラム」、JFCネットワーク主催「JFCエッセイコンテスト」）の投稿などである。

▶ 40　平成26年度〜28年度科学研究費補助金基盤研究B「多文化族の支援に向けて——国際結婚家庭と多文化共生」（代表者：佐竹眞明）。

▶ 41　2017年6月現在、23名のメンバーがFacebookのグループ（非公開）に登録している。

▶ 42　グループワークのファシリテーターには、ワークを活性化させる役割がある（ウヴェ他2011）。インタビューガイドとして、あらかじめいくつかのテーマを準備した。例として、「私とフィリピン」についてどう考えるか、自分たちの強み（機会）・弱み（課題）って何か、JFYの活動を通して学んだこと・役に立ったことは何か、同じようなフィリピンルーツの子で悩んでいる人がいたらどんな言葉をかけたいか等である。

▶ 43　当初の予定は、2006年8月に第2回目が企画されたが、参加人数が十分でなかったため、10月に延期になっている。

▶ 44　ビジネスシーンのグループワークなどで用いられる手法であり、フィリピンコミュニティのユースリーダーの集まりで筆者は体験する機会があった。

▶ 45　When（いつ、どのくらいの頻度で？）、Where（どこで、媒介・メディアは？）、Who（誰に向けて発信したいか？　誰が関わるか？）、What（どのようなニーズがあるか？）、How（何について、どう伝えるか？）、Why（何のためにやるか？）等。

▶ 46　自助グループ（セルフヘルプグループ）は、「相互援助グループ」とも訳され、困難な状況を共有し、共にその問題に取り組もうとする人々のつながりである（Daltonほか・笹尾訳2007: 249）

▶ 47　カトリック青年信徒のグループ「はつど」では、すでにPodcastによるラジオ配信を定期的に行っている（メンバー調べ）。

▶ 48　JFYという名称には、文化的な価値観やニュアンスが含まれており、特定のエスニシティに属さない人を排除する可能性があることが危惧されている。参加者の中から、"Japanese Foreign Youth（JFY）" または、"Multicultural Youth（MCY）" などの代替案が出された。

▶ 49　アクションリサーチとは、参与観察しながら調査・介入・実践を続けるという研究方法のことである（Dalton, Elias & Wandersman・笹尾訳2007; 箕浦2009）。そのプロセスにおいては、研究者がフィールドに入って介入活動および実践を行い、その成果を現場にフィードバックするといった特徴がある。また、フィールドに身を置くといった研究者の立場から、マイノリティの人々の現実を捉えることに長けており、既存の臨床研究や支援システムへのアンチテーゼとも言える。

▶ 50　セルフアドボカシーとは、「個人またはグループが自らのニーズと利益を求めて自らを主張しあるいは行動する過程（高畠 2007）」である。つまり、個人的なニーズを明確化し、それに応えていくことであり、特に個人の権利や支援を得られるよう交渉することである (Astramovich & Harris, 2007)。

▶ 51　セルフアドボカシーには 3 原則あると考えられており、第一に、自己決定 (self-determination) とは、その個人にとって意味のある決定や選択をし、人生における QOL(Quality of life;　生活の質) を高めること。第二に、エンパワーメント (empowerment) とは、自身の力や権利について知ることや、コミュニティメンバーをエンパワーすること。第三に、社会正義 (social justice) の実現であり、誰にとってもアクセスができる公平な社会システムを推進することである (Astramovich & Harris, 2007: 津田 2013)

▶ 52　一般社団法人 kuriya（東京都新宿区、2009 年発足）は、「アート」という媒介を用いて、多文化につながる青年たちの創造性や自主性を重んじる当事者参加型のワークショップを実施している。

参考文献

阿部裕（2008）「在日外国人児童・生徒の精神科的諸問題と多文化的支援――教育・家族・地域に焦点を当てたヒアリング調査から見えてきたもの――共生社会に向けた共同のモデルを目指して：論考」. 東京外国語大学多言語・多文化教育研究センター『シリーズ多言語・多文化協働実践研究』：102-110.

アジア・太平洋人権情報センター編（2009）『アジア・太平洋人権レビュー 2009　女性の人権の視点から見る国際結婚』現代人文社.

井上孝代（編著）（2011）「カウンセリング心理学と心理支援――多文化・多次元コミュニティにおける青年に求められる心理支援力」井上孝代・山崎晃・藤崎眞知代（編著）『心理支援論――心理学教育の新スタンダード構築をめざして』209-231. 風間書房.

井上孝代（編著）（2013）『臨床心理士・カウンセラーによるアドボカシー――生徒、エイズ、吃音・精神障害者、性的・民族的マイノリティ、レイプ（DV）被害者（児）の声を聴く』風間書房.

歌川孝子・丹野かほる（2012）「在日フィリピン人母の子育てにおける異文化適応過程に関する研究」『母性衛生』53(2) . 234-241.

江戸川区教育委員会 HP（2016）「平成 28 年 5 月 1 日現在児童・生徒数および学級数」.

江淵一公（2002）『バイカルチュラリズムの研究：異文化適応の比較民族誌』九州大学出版会.

小ヶ谷千穂（2016）「日比ダブルの若者が語る家族とアイデンティティ：日本育ちの若者の語りから（1）」『フェリス女学院大学文学部紀要』51.1-27.

外務省 HP（2016）「フィリピン共和国：フィリピン基礎データ」.

カトリック中央協議会 HP（2016）「カトリック教会現勢 2015 年」.

嘉本伊都子（2008）『国際結婚論 !? ［現代編］(Vol. 2)』法律文化社 .

カラカサン：移住女性のためのエンパワメントセンター・川崎市男女共同参画センター（すく

らむ 21）（2013）『フィリピン人シングルマザーの就労実態と支援に関する調査報告書』カラカサン同センター.
金愛慶（2011）「多文化共生に向けた心理学的視点からの提案――ステレオタイプ・偏見・差別の改善を目指して」．佐竹眞明ほか（編著）『在日外国人と多文化共生――地域コミュニティの視点から』228-241. 明石書店.
金愛慶・津田友理香（2015）「日本における国際結婚家庭に関する心理社会的支援――在日フィリピン人の DV 被害者支援についての一考察」『名古屋学院大学論集社会科学篇』51（4）: 95-104.
桑山紀彦（1995）『国際結婚とストレス : アジアからの花嫁と変容するニッポンの家族』明石書店 .
厚生労働省（2014）「平成 26 年度 人口動態統計特殊報告」．「日本における人口動態――外国人を含む人口動態統計――の概況（表４：父母の国籍別にみた出生数および構成割合平成 25 年）」.
佐々木てる（2016）「○○系というアポリア：マルチ・エスニック・ジャパンへの課題」佐々木てる・南川文里著・駒井洋（監修）『マルチ・エスニック・ジャパニーズ―― ○○系日本人の変革力（移民・ディアスポラ研究 5）』9-24. 明石書店.
佐竹眞明・ダアノイ，メアリー・アンジェリン（2006）『フィリピン - 日本国際結婚――移住と多文化共生』めこん .
佐竹眞明・李原翔・李善姫・金愛慶・近藤敦・賽漢卓娜・津田友理香（2017）「多文化家族に対する支援――愛知・大阪・神奈川の事例から」『名古屋学院大学論集社会科学篇』53（3）. 105-137.
清水睦美（2009）「特定課題研究 学校内部の権力関係の再構築過程――研究者によるフィールドワークは、ニューカマーの子どもたちの周辺に何を生み出したのか（特集 多文化共生社会をめざして――異文化間教育の使命）」『異文化間教育』30. 42-52.
杉澤経子・関聡介・阿部裕監修（2015）『これだけは知っておきたい！　外国人相談の基礎知識』松柏社.
鈴木江理子（2014）「多様なルーツをもち日本で生活する人の「声」: 多文化化する日本の今」『なぜ今、移民問題か（別冊「環」20）』158-183. 藤原書店.
鈴木一代（2011）「日系国際児の文化間移動と言語・文化・文化的アイデンティティ」『埼玉学園大学紀要人間学部篇』11.　75-88.
鈴木健（2009）「在日フィリピン人シングルマザーと子どもたちの「断絶」と「つながり」の連なりに寄り添う」『移民政策研究』1. 24-139.
下山晴彦（2007）「発達臨床心理学：発達臨床心理学の発想」下山晴彦・丹野義彦（編）『発達臨床心理学（講座臨床心理学 5）』3-15.　東京大学出版会.
ダアノイ，メアリー・アンジェリン（著）・稲垣紀代（訳）（2011）「愛知県の多文化共生過程におけるフィリピン人海外移住者の文化・政治的関与」佐竹眞明（編著）『在日外国人と多文化共生 : 地域コミュニティの視点から』168-200. 明石書店.

高畠克子（2007）コミュニティ心理学会（編著）『コミュニティ心理学ハンドブック』551-565. 東京大学出版会.
高畑幸（2011）「在日フィリピン人 1.5 世代：学校教育への適応とキャリア形成の課題を中心に」『現代社会学』12. 33-46.
高畑幸・原めぐみ（2014）「在日フィリピン人の 1.5 世代」『静岡県立大学国際学部国際関係・比較文化研究』13（1）. 21-37.
高畑幸（2016）「○○系日本人の可能性と課題（フィリピン系日本人——10 万人の不可視的マイノリティ）」佐々木てる・南川文里著．駒井洋（監修）『マルチ・エスニック・ジャパニーズ：○○系日本人の変革力（移民・ディアスポラ研究 5）』明石書店．154-167.
髙谷幸（2012）「< 親密圏 > の構築」『社会学評論』62（4）．554-570.
竹山典子（2007）「日本の公立小学校における外国人児童への心理的支援——取り出し指導と学級における支援からの一考察」『カウンセリング研究』20（4）．324 - 334.
田中ネリ（2004）「在日ラテンアメリカ人の子ども——その背景と支援」『異文化間教育』20. 29-39.
DAWN（Development Action for Women Network）（編著）・DAWN-Japan（訳）（2005）『フィリピン女性エンターテイナーの夢と現実——マニラ、そして東京に生きる』明石書店.
趙衛国（2004）「青年期におけるニューカマーの子どもたちの学校適応に関する研究動向——文化変容と援助の視点から」『東京大学大学院教育学研究科紀要』44. 311-319.
津田友理香・いとうたけひこ・井上孝代（2011）「日本におけるフィリピン系移民二世の文化的アイデンティティと心理学的課題」『マクロ・カウンセリング研究』9. 60-67.
津田友理香（2012）「在日フィリピン系青年の多文化グループ活動の参加を通した心理的変化」『明治学院大学大学院心理学研究科心理学専攻臨床心理学コース修士論文』（2012 年 1 月受理）.
津田友理香（2013）「文化的マイノリティのセルフアドボカシー——フィリピン系日本人青年の地域グループ活動を例に」井上孝代（編著）『臨床心理士・カウンセラーによるアドボカシー ——生徒、エイズ、吃音・精神障害者、性的・民族的マイノリティ、レイプ（DV）被害者（児）の声を聴く』195-210. 風間書房.
寺田勇文編（2008）「〈特集〉日本のカトリック教会と移住民」『上智アジア学』（26）.
徳永智子（2008）「フィリピン系ニューカマー生徒の進路意識と将来展望——重要な他者と来日経緯に着目して」『異文化間教育』28. 87-99.
角替弘規（2013）「フィリピン系ニューカマー家族の教育戦略——母国親族の教育意識と日本における教育戦略」『桐蔭論叢』28. 127-135.
東京都総務局統計部 HP（2017）「外国人人口（平成 29 年）：第 3 表区市町村、国」.
東京都総務局統計部 HP（2017）「多文化実現向けた現状と課題」.
野口和恵（2015）『日本とフィリピンを生きる子どもたち：ジャパニーズ・フィリピノ・チルドレン』あけび書房.
西口里紗（2005）「揺らぐ母子関係の中で——フィリピン人の子どもの生きる環境と就学問題」

宮島喬ほか（編著）『外国人の子どもと日本の教育：不就学問題と多文化共生の課題』171-189. 東京大学出版会.

日本カトリック難民移住移動者委員会 HP（2013）「マルチカルチャーに生きる　子どもたちの叫び」『外国籍の未就学児に関するアンケート』実施内容」.

廿日出里美・小澤理恵子・鈴木一代・塘利枝子（2008）「生涯発達におけるアイデンティティ――関係性の視点から」小島勝（編著）『異文化間教育学の研究（龍谷叢書 XIV)』181-246. ナカニシヤ出版.

平野（小原）裕子（2000）「在日フィリピン人の日本社会における生活適応に関する研究：配偶者の国籍別比較から」『九州大学医療技術短期大学部紀要』27. 83 - 88.

法務省 HP（2016）「在留外国人統計. 第6表：都道府県別年齢・男女別在留外国人（その4フィリピン）2016年6月」.

藤岡勲（2014）「2つの民族的背景を持つ人々の両背景を統合したアイデンティティ（特集「個性」の質的研究――個をとらえる，個をくらべる，個とかかわる）」『質的心理学研究』13. 24-40.

フリック，ウヴェ・小田博志・山本則子・春日常・宮地尚子（2011）『質的研究入門：人間の科学のための方法論』春秋社.

額賀 美紗子（2014a）「越境する若者と複数の「居場所」――異文化間教育学と居場所研究の交錯（特集 越境する若者と複数の「居場所」）」『異文化間教育』40. 1-17.

額賀 美紗子（2014b）「フィリピン系ニューカマー生徒の学業達成に関する一考察：トランスナショナルな家族ケアの影響に注目して」『和光大学現代人間学部紀要』7. 77-97.

額賀美紗子（2016）「フィリピン系ニューカマー第二世代の親子関係と地位達成に関する一考察：エスニシティとジェンダーの交錯に注目して」『和光大学現代人間学部紀要』9. 85-103.

原めぐみ（2011）「越境する若者たち、望郷する若者たち――新日系フィリピン人の生活史からの考察」『グローバル人間学紀要』4. 5-25.

三浦綾希子（2015）『ニューカマーの子どもと移民コミュニティ：第二世代のエスニックアイデンティティ』勁草書房.

矢元貴美（2016）「フィリピンにルーツを持つ子どもの大学・短期大学への進学理由：日本で高等学校を卒業した人たちの事例から」『移民政策研究』8. 89-106.

［英文文献］

Astramovich, R. L., and Harris, K. R. (2007). “Promoting self-advocacy among minority students in school counseling”. *Journal of Counseling and Development*, 85(3): 269-276.

Berry, J. W. (1997). “Immigration, acculturation, and adaptation”. *Applied psychology, 46*(1):5-34.

Dalton, James H. and Elias, Maurice J. and Wandersman, Abraham・笹尾敏明（訳）（2007）『コミュニティ心理学：個人とコミュニティを結ぶ実践人間科学』トムソンラーニング：金子書房.

Erikson, E. H. (1968). *Youth: Identity and crisis*. WW Norton & Company.
Harker, K. (2001). "Immigrant Generation, Assimilation, and Adolescent Psychological Well-Being". *Social Forces*. 79(3): 969-1004.
Pe-Pua, Rogelia and Protacio-Marcelino, Elizabeth（2000）. "Sikolohiyang Pilipino (Filipino Psychology): A legacy of Virgilio G. Enriquez". *Asian Journal of Social Psychology*, 3: 49–71.
Terada, Kimiyo (2012). "A study on the effects of growing up in a family with DV on children with a cross-cultural background: field research from a maternal and child living support facility". *The Niigata Journal of Health and Welfare*,11(1):12-21.

第8章　東北の日韓国際結婚家庭と多文化の子どもたち

――母語、アイデンティティ、文化間移動をめぐって

李 善姫

1．はじめに

「多文化家族」における子ども（以下「多文化の子ども[1]」と称す）というと、2つのカテゴリーが想定される。1つは、国際結婚で生まれた子ども、そしてもう1つは外国籍親が母国で生んだ外国籍の子を親の再婚によって連れ子として来日する場合である。まずは、その数を調べてみよう。

厚生労働省の調査によれば、日本における国際結婚の総数は、1978年6,280件から2006年44,701件と増え、約30年間で7倍ほどに増えてきた。国際結婚件数自体は、2006年を起点に、全国的減少傾向にある（**図1**）。その国際結婚で生まれた子どもの数は、1995年から2013年までの累積で考えれば、約40万人を超える（佐竹 2015: 62）。中でも、親のどちらかが韓国・朝鮮の日韓カップルは、7万2,000人強で、日韓・韓日カップルと同居している子どもの数は、7万人と推定される[2]。ただし、これら日本の統計資料には、外国人親が帰化をした場合、また連れ子として家庭に合流した場合の数は統計上に含まれない。

連れ子が含まれる「移動により来日する子ども」の状況を知るデータも正確なものはないが、推定の材料として、文科省が発表する「日本語指導が必要な児童生徒の受入れ状況等に関する調査」を見てみる。この調査は、2001年度分から公表されており、2001年から2008年までは毎年実施されたが、2010年からは隔年で実施・公表されている。文科省が定義している「日本語指導が必要な児童生徒」には、主に日系南米人の子どもや帰国子女、国際結婚の連れ子、家族滞在で来日する外国籍児童などが含まれる。ただ本調査は、学校側がそれぞれの判断で

だした回答によるものであり、明確な基準がなく、学校によって差があるもので、さらに公立学校に限定されているという限界がある（土屋・内山 2012: 25）。つまり、文科省が把握している「日本語指導が必要な児童生徒」の数は、日本内の連れ子として来日している子どもの氷山の一角にすぎないことを忘れてはいけない。とは言っても、現在の日本で入手できる資料は限られており、上述した資料を参考にすれば、2001 年度から 2016 年度までの間で把握できる「日本語指導が必要な児童生徒」は、累積 29 万人を超えている。その数は、2001 年度で 1 万 9,250 人だったが、2016 年には 3 万 4,335 人と増えた。特に 2014 年から 2016 年の間では、約 5,000 人の増加が見られた。2016 年の調査で、母語別で一番多い国は、ポルトガル語と中国語、フィリピノ語、スペイン語、ベトナム語、英語、韓国・朝鮮語の順となる。韓国・朝鮮語出身児童は、2003 年では 8 か国の内 5 位をしめていたが（全体の 4.5%）、2012 年にベトナム語より少なくなり、2014 年には英語にも押されて 8 番目となる。2016 年「日本語の指導が必要な児童生徒」の中で、韓国・朝鮮語出身者が占める割合は、1.8% にすぎない。その数は累積すると 9,415 人となる。[3]

本稿で注目するのは、「多文化家族」の子どもの中でも東北に住む日韓多文化家族における子どもである。「多文化家族」は、まず夫婦間のコミュニケーショ

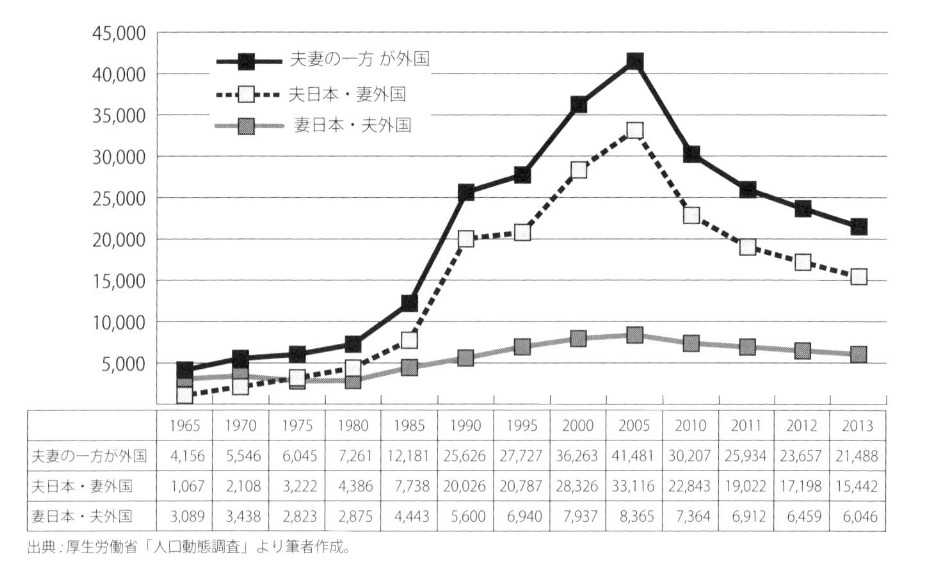

	1965	1970	1975	1980	1985	1990	1995	2000	2005	2010	2011	2012	2013
夫妻の一方が外国	4,156	5,546	6,045	7,261	12,181	25,626	27,727	36,263	41,481	30,207	25,934	23,657	21,488
夫日本・妻外国	1,067	2,108	3,222	4,386	7,738	20,026	20,787	28,326	33,116	22,843	19,022	17,198	15,442
妻日本・夫外国	3,089	3,438	2,823	2,875	4,443	5,600	6,940	7,937	8,365	7,364	6,912	6,459	6,046

出典：厚生労働省「人口動態調査」より筆者作成。

図 1 日本の婚姻総数に対する国際結婚の比率の推移

ンツールである言語問題から、日常の生活様式の差、ジェンダー問題に至るまでさまざまな要因でトラブルが起きやすい。そして、そういった親間の問題が「多文化の子ども」たちに影響する。従って、国籍のカテゴリーで「多文化の子ども」の特徴を論じることは、あまり意義はないように思える。ただ、筆者の母語が韓国語であることで、同じ出自を持つ韓国親へのアプローチが容易な点、そして文化人類学者としてより内面的調査ができる利点をいかし、本研究に関わった。

本稿では、以下「多文化の子ども」に関するこれまでの議論を概括し、東北地域（主に筆者が住んでいる宮城県の事例を取り上げる）において多文化共生の現状と多文化の子どもに対する支援について提示したうえで、具体事例としての日韓国際結婚家庭の子育て状況を分析し、さらに国際結婚で生まれた子どもとはまた状況が異なる連れ子の事例についても考察する。それらの事例を通して、日韓「多文化の子ども」における当面の課題を明らかにし、親と子がエンパワーメントするために、どのような社会的バックアップが必要なのかを論じる。

2．アイデンティティとしての母語教育と生活のための日本語教育

(1)「多文化の子ども」をめぐる議論

「多文化家族」の子どもに関する議論の中で最も注目されてきたのは、外国人親のエスニシティまたはアイデンティティ継承に関するものである。移民第１世代を経て、移民２世・３世と時間が経過する中で、外国人親のエスニシティやアイデンティティの継承に関する問題が問われる。これは、特に日本帝国の植民地支配を受け、解放後も日本国内で差別を受けなければならなかった、在日コリアンたちにとっては、重要な問題であった。金（1999: 59）が指摘するとおり、「在日朝鮮人の民族的アイデンティティは、日本社会からの「同化・抑圧」に対する〝抵抗〟の、そして〝解放〟の手段であった」。そして、在日コリアンの民族アイデンティティを継承する方法として民族学校が展開していたのである。しかし、やがて在日２世と３世へつながっていく中、民族というアイデンティティから遠ざかっている人も多くなっている。在日コリアン、特にオールドカマーと呼ばれる旧定住コリアンの数が毎年減っていく中で在日の民族アイデンティティ継承は、まさに新たな局面に面していると言えよう。

他方、1980年代以降来日したニューカマーたちにとっても、子どもの教育や

言語問題は同じく大きな問題となった。しかし、在日コリアンのようなアイデンティティのための母語教育とは違い、ニューカマーの子どもたちにとっての言語と教育の問題は、日本社会へのアクセス手段としての日本語習得と進学であった。現在、日本の行政が外国人子どもたちに行う施策は、主にこの日本語支援や進路ガイダンスに限定されている[▶4]。

さて、国際結婚家庭の子どもをめぐっては、近年のトランスナショナルな「越境家族」としての議論と、第2世代の言語とアイデンティティ問題を言及する必要がある。関口（2008: 76-85）は、家族をトランスナショナルに維持している「越境家族」が世界各国で顕在化していると指摘、「越境家族」には、高度専門人材の「トランスナショナル・キャリア層の家族」から、「非正規外国人労働者の家族」「国際結婚家族」、そして資産形成や子ども教育の戦略的越境を試みる「ミドルクラス家族」までが幅広く含まれると説明している。また、世界各地で「単一文化」規範が「多元複合文化」規範に変化し、「多様性の時代」の中で、社会内にも個人内にも複数言語・複数文化・複数アイデンティティを持つことが肯定的な価値観となっている。モノリンガル・モノカルチュラルであるより、バイリンガル・バイカルチュラルであることに社会的優位性が付与されると論じている。しかし、それに加え、だれもがバイリンガル・バイカルチュラルになるわけではないということも指摘している。

グローバル化によって世界各地で広がっていった「越境家族」の現象は、多文化状態に対する肯定的フレームの中、家族や社会内の複数言語・複数文化の優位性を正当化してきた。オールドカマーたちの抵抗の文化としての「母語継承」ではなく、複数言語習得の優越性の中での「母語継承」が問われるようになったのである。それに加え、移民の母語の継承は、家族コミュニケーションの維持のため、またマイノリティ集団における資源として、さらにはマイノリティが自分たちの言語を使用することは、人権の側面からもその意義が付与されるようになった。

塩原（2014: 251-252）は、外国につながる子どもの教育成果は、家庭の経済状況、親の教育水準、日本の教育に対する知識、子どもの勉強を見る時間的余裕などの条件により左右されると指摘する。そして、親たちが経済的な面だけではなく言語面でも不利な状況に置かれ、日本社会の中で自らの文化やアイデンティティに低い価値しか認められない状況では、親から子どもに継承される経済・文化・社会関係資本は限られたものにならざるを得ないという。そして、その悪循環を抑制するためには、親の母語・母文化が尊重され子どもに継承される機会の保障も必要だと主張している。塩原の指摘は、そもそも、外国につながる子どもの脆弱性は、国籍カテゴリー、日本語能力、新渡日の年齢などの多様な個々人の状況に影響を受けるが、その克服方法としては親の状況を変化させる努力、また社会体制を変化させる努力が必要だということであろう。

しかし、これらの指摘とは関係なく、日本社会内における外国にルーツを持つ子どもへの支援は、限定的で、なお「日本語の指導を必要とする児童」というカテゴリー化の中で行われており、移民における親と子の総体的な支援に関しては十分な議論になっていない。この問題は、後述の事例研究でより深く検討したい。

(2) 東北の日韓多文化家族と子どもたち

東北は、外国人点在地域である。政令都市である仙台市には、それでも多様な属性の外国人が住んでいるが、仙台以外の地域の場合は、外国人の多くが日本人の配偶者等で来日した場合や、あるいは、技能実習生として来ている外国人といえる。それは、東北の地域社会が抱えてきた、嫁不足・後継者不足、さらには労働力不足といった地方の当面課題に関連し、受け入れ外国人属性にも偏りがみられるということである。

このような地域特徴を考慮すると、東北地域における外国人の問題の中心には、国際結婚の外国人女性と「多文化の子ども」の存在が大きいということが理解できるだろう。ただ、**図２**でみられるように、2011 年の東日本大震災以降、当該地域の国際結婚は急激に減少した。結婚移住女性の出身地は、全体的に中国が最も多く、韓国、フィリピンが後を追う形になっている。中でも山形県と宮城県においては、夫日─妻韓のカップルが比較的に多い（図２）。山形には 2000 年度に日韓国際結婚が 280 件を超え、宮城では、2001 年、2002 年に 200 件を超える日韓結婚が成立した。また、**図３**からもわかるように、東北４県における日韓国際結婚家庭で生まれた子どもの数は、2001 年、2002 年をピークに、次第に減っている。

さて、道都府県別に公表された「日本語の指導を必要とする児童数」の統計は、2008 年まで、児童の母語をポルトガル語、中国語、スペイン語、その他に分けており、韓国・朝鮮語話者の児童の数は把握できない。記録が始められる 2010 年からの統計によると、東北４県に移住してきた韓国・朝鮮語を母語とする児童は、2010 年 33 人、2012 年 20 人、2014 年には８人にとどまっている[▶5]。データか

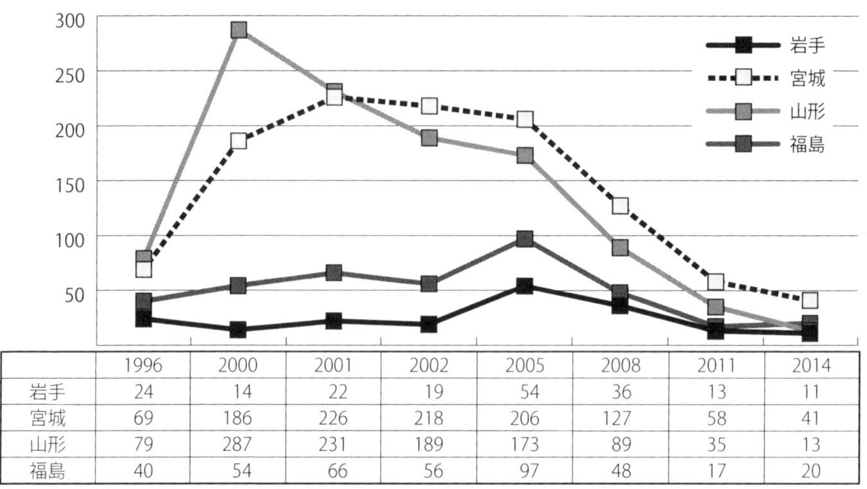

	1996	2000	2001	2002	2005	2008	2011	2014
岩手	24	14	22	19	54	36	13	11
宮城	69	186	226	218	206	127	58	41
山形	79	287	231	189	173	89	35	13
福島	40	54	66	56	97	48	17	20

出典：厚生労働省「人口動態調査」より筆者作成。

図2　東北4県の日韓国際結婚件数の推移

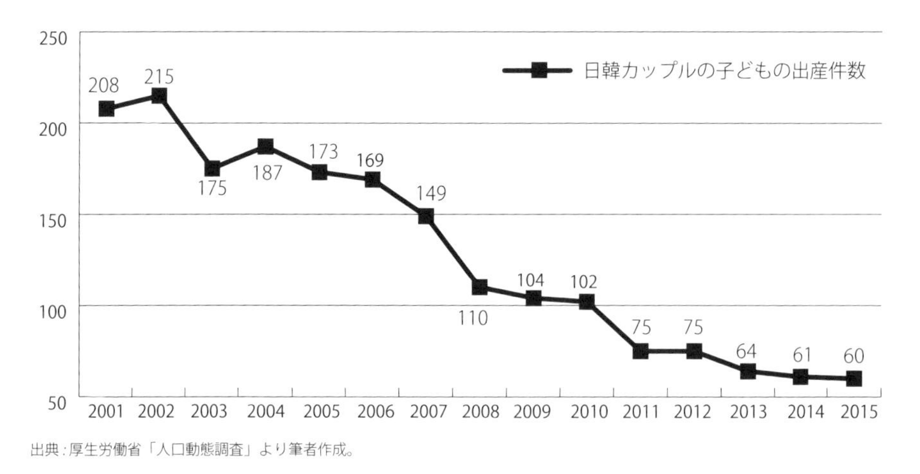

出典：厚生労働省「人口動態調査」より筆者作成。

図3　東北4県の日韓カップルの出産件数（岩手、宮城、山形、福島）

ら見る限り、東北における国際結婚の件数や子どもの出産、そして連れ子の来日は、2000年後半以降著しく減りつつあると言える。

高谷ら（2016）が行った東北3県（岩手、宮城、福島）の2010年の国勢調査分析の中で韓国・朝鮮籍の女性の特徴をまとめると、当該地域は、①韓国・朝鮮籍の男性より女性が多く、②在日コリアンが少ない地域でニューカマーの比率が高く、③韓国・朝鮮籍の女性たちの平均年齢が高く（45歳から59歳の年齢帯に最も人口が多く）、④3県の日本人の離別・死別より、韓国・朝鮮籍の離別・死別の割合が高い。つまり、東北3県における韓国・朝鮮籍女性の多くは、ニューカマーの結婚移住女性で、なお彼女らの高齢化が進んでいると解釈できる。実際に、筆者が出会った多くの韓国人結婚移住女性たちは、40代や50代で来日したケースが多く、本国に成人した子どもを置いて来る事例も多い。

そんな中、地域では、「多文化の子ども」に対してどのような支援システムが用意されているのか。宮城県を事例にあげると、県にはボランティア団体である「外国人の子ども・サポートの会」が主体となって外国から移動してきた子どもへの日本語指導や学習指導を行ってきた。ボランティアたちが新渡日する子どもたちの日本語学習と教科学習を1対1でサポートする形式である。特に、高校受験を準備しなければならない外国人子どもに寄り添って、高校入学のサポートをし、これまで多くの子どもたちを助けてきた。市民によって運営されている「外国人子ども・サポート会」の他に行政が提供するサービスとしては、県の国際交流協会の「外国籍の子どもサポーターセンター」の活動がある。この活動は、日本語が出来ない外国籍児童の入学・転入学により困っている学校側が申請し、その要請に県がサポーターを派遣する事業である。サポーターには、母語支援サポーターとして、児童と同じ母語を話せる外国人移住女性を派遣することが多い。この制度は、40回（1回2時間）を要請することができる。

このようなボランティアによる支援と行政によるサポート制度は、東北の他県でもほぼ同じように運営されている。これらのサービスは、いずれも学校教育の外に位置づけられていることで、権利と義務としては見なされない。母語継承に関しても同じである。近年、宮城県と福島県、山形県各地では、移住女性たちが自分の子どもに母語を教える母語（継承語）教室が立ち上がっているが、行政のバックアップは少ない中、手弁当で奮闘している状況である。震災後、東北で活発になっている移民たちの「母語（継承語）教室」に関しては、機会を改めて報告したい。

3．東北の日韓国際結婚の第2世代の子どもたちの育児と親子関係

2012年と2013年、外国人被災者支援センターが宮城県石巻市と気仙沼市で20

歳以上の外国人164名から回答をもらったアンケート調査では、家の中での多文化の状況を聞く項目があった。**表1**のCの「家の中の多言語・多文化化」についての質問では、8割の外国人が望ましいと答えている。ところが、「家の中で普段から外国人親の母語が使われているのか」という質問（表1a）には、石巻では65％、気仙沼では76％の外国人があてはまらないと答えた。また、「子どもは、あなたの出身国の文化や歴史についてよく知っている」の質問（表1b）では、60％以上の外国人が否定をしている。つまり、多くの多文化家族が、多言語・多文化の中での子育てを好ましいと考えているが、実際はなかなか実現できていないということがわかる。ちなみに本調査が行われた宮城県石巻市と気仙沼市は、2011年の東日本大震災の被害が大きい地域で、外国人の多くが日本人と結婚した移住女性となっており、主な外国人の国籍は、中国、韓国、フィリピンとなっている。より詳しいことは、調査報告書を参照していただきたい。

表1　家族の中の文化状況に関する宮城県石巻市・気仙沼市でのアンケート調査結果

		とてもあてはまる	まあまああてはまる	あまりあてはまらない	まったくあてはまらない
a．家族の中で、あなたの国のことばが普段から使われている	石巻調査	11人（16%）	12人（18%）	11人（16%）	33人（49%）
	気仙沼調査	11人（18%）	4人（7%）	15人（24%）	32人（52%）
b．子どもは、あなたの出身国の文化や歴史についてよく知っている	石巻調査	13人（22%）	8人（13%）	20人（33%）	18人（30%）
	気仙沼調査	10人（21%）	11人（23%）	7人（15%）	19人（40%）
c．子どもには、あなたの出身国のことを教えることが望ましいと考えている	石巻調査	32人（56%）	15人（26%）	4人（7%）	6人（11%）
	気仙沼調査	24人（50%）	15人（31%）	5人（10%）	4人（8%）
d．配偶者は、あなたの国のことばや文化を理解しようと努めている	石巻調査	26人（40%）	22人（34%）	9人（14%）	8人（12%）
	気仙沼調査	21人（37%）	20人（35%）	8人（14%）	8人（14%）
e．配偶者は、あなたが同国の人と話をしたり連絡をとりあうことを好ましく思っている	石巻調査	30人（46%）	19人（29%）	7人（11%）	10人（15%）
	気仙沼調査	24人（44%）	20人（37%）	8人（15%）	2人（4%）

出典：外国人被災者支援センター編（*2012*）『石巻市外国人被災者調査報告書 *2012* 年』、（*2013*）『気仙沼市外国人被災者調査報告書 *2013* 年』より。

表 2　インタビュー協力家庭の基本情報リスト

	子ども 性別（年齢）	父母の国籍 (年齢)	居住地	父親の職業	韓国での出生申告の有無	母の日本語実力	来日目的
事例 1	長男 (13)	韓国母（47） 日本父 (59)	仙台	会社員（正社員）	無（兵役問題であえて申告しなかった）	日本語 1 級	観光→結婚
事例 2	長女 (6) 長男 (3)	韓国母（39） 日本父（55）	仙台	会社員（正社員）	有（長女） 無（長男）	日本語 1 級	結婚
事例 3	長女 (11) 次女（8） 三女（5）	韓国母（37） 日本父（50） 父方祖父 父方祖母	山形	会社員（正社員）	無（検討はしたが、メリットがないので申告しなかった）	大学で専攻	結婚
事例 4	長女（16）	韓国母（59） 日本父死亡	山形→ 仙台	自営業（不動産）	×（情報がなくしていない）	会話程度	結婚
事例 5	長男（10）	韓国母（48） 日本父（62）	石巻	土木関連（契約社員）	×（情報がなくしていない）	片言会話	結婚

出典：筆者の調査。

そこで、具体的に多文化の子どもの子育ての中で、どのように母語を継承させ、子どもたちはどのように、自分が「多文化の子ども」であること、母親が外国人であることを受け止めているのか、インタビューを通して考察する（**表 2**）。

インタビューに協力してくれた５人は、筆者と長い間、信頼関係を築いているインフォーマントである。子どもたちとも何度も会っている。あえて、この５人のみを取り上げるのは、彼女らの来日動機が結婚である共通点があるからである。本研究を行うにあたり、改めに日韓多文化家庭の育児について、母親たちにインタビューを行った。以下、そのインタビューの結果を簡略に技術する（インタビューは、主に韓国人の母親を中心に行い、本文での紹介も主に母親の言葉を借りて記述する）。

事例 1）言いたいことは堂々と言う

高校卒業して、大学に行きたかったが、当時父親の事業が傾け、就職をした。30 歳まで働いて、日本の知り合いのところに遊びにきたところ、紹介を受けた。縁があったと思う。なかなか妊娠ができず、不妊治療を３年間して、子どもを妊娠した。妊娠前に地域のボランティアの日本語教室に通い、日本語能力試験１級に合格した。夫は仕事人間だったので、あまり頼りにしない方がいいと思った。流産の危険があって妊娠 10 カ月の中で７か月間入院していたが、その時も１人で病院に行った。最初は、親と同居していたが、親も年なのであまり助けてもらったことがない。育児に対して、赤ちゃんの時は、同じ韓国人で私より先に子育てをしていた知り合いに情報をもらった。幼稚園に行った後は、日本人のママ友ができて、情報交換をした。息子は母親が韓国人であることを隠さない。この前、部活の女性先輩に「お母さんが韓国人で大変ね」と言われたが、息子は「大変なことはないですよ。先輩は飛行機にも乗ったことないでしょう」と堂々と言い返したという。自分の言いたい事ははっきりいう性格なので心配はない。

事例 2）韓国人だから逆にママ友を作りやすい

一番目が生まれるまで不妊治療を受けた。結婚 9 年で子どもを授かった。一番目の子どもには、韓国語でよく話かけていたが、そのせいなのか言葉が遅かった。今は、日本語が主となっている。韓国語を教えることは必要だと思うが無理に教えたくはない。周りでは、幼稚園の夏休みなどの時、わざわざ子どもを韓国に送って韓国の幼稚園に通わせる人もいる。たしかに、その子は韓国語も日本語もうまい。でも私の場合、実家に迷惑かけたくないし、そこまでやりながら韓国語を教えたくはない。日本人の夫は、以前韓国語を勉強していた。ハングルで手紙を書いたりもした。最近は、殆ど使わない。娘は、自分を半分韓国人だと認識している。前は、周りからイジメなどがあるかと不安な気持ちであったが、最近は時代が変わったから、逆に私が韓国人であることで、周辺の日本人とすぐ仲良くなれることが多い。例えば、韓国ドラマや韓国料理好きのママ友ができる。同じマンションの住民ともキムチを媒介に親しくなった。時々、子どもの面倒も見てくれる。夫は、うつ病がある。酷いわけではないが、病気のせいで積極的に育児を手伝うことはできない。夫の親は、両方とも高齢で施設にいる。夫の妹とはあまり仲良くなく、トラブルになるので関わらないようにしている。

事例 3）ママは韓国人だよ

2005 年に来日した。韓流ブームの後で来日した世代なので、周りの韓国人に対する認識はわりといい方だと感じている。子どもたちも「私のママは韓国人だよ」と堂々と言っている。2012 年から地域にハングル教室があるということで、通い始め、今はその韓国語教室の運営者になっている。一昨年までは、曾祖母までの 4 世代家族だった。私の場合、義理の父母が良い人で、子どもに韓国語を教えることに反対もしないし、育児もよく助けてくれる。積極的な性格だから、PTA や子ども会などの役員の仕事にも積極的に参加している。私が行けない時は、夫が助けてくれる。私は、子どもの教育に、もうちょっと力を入れたい。塾などにも通わせたい。だけど、夫はそこまでする必要はないという。育児で意見が合わないのはそれぐらい。仕事もしたい。子どもたちも井戸の中にいるよりは、世界で羽ばたいてほしい。

事例４）娘と意思疎通ができない

娘は、今高校１年生である。日本人のお父さんは、震災の翌年 2012 年に癌で亡くなった。娘がまだ小学５年の時だった。私は夫とあまり仲が良くなかった。夫は、韓国を見下していた。韓国語で子どもに話すことも、食事の時にキムチをテーブルに置くのも嫌っていた。私は、子どもをちゃんと教育させたかった。幼稚園に入れてくれないので、それなら家を出ると言って、娘をつれて家出をしたこともある。夫は不動産関係の仕事をしていたが、十分な生活費も渡してくれなかった。必要な時に１万、２万円ともらうのが嫌で、仕事をしたいと言ったが、それも許してもらえなかった。ただ、娘にとっては良い父だったと思う。夫が生きていた時から私と娘の関係はあまりよくなかった。娘は父親に甘えるほうだった。父親が亡くなった後も私とは距離がある。思春期の今はよりそうだ。なるべく娘の好きなようにさせたいと思っているが、とにかく期待していたほど成績も出ないし、何を考えているのかがわからない。ここ数日不登校の状態であったが、原因がわからず、日韓の政治状況が悪いので、何かいやなことでもあったのかと心配するだけである。

事例５）子ども会には入っていない

40 歳で息子を生んだ。夫は初婚で震災前は家でマッサージ屋をやっていたが、震災後は建設現場で働いている。私は、運転ができないし、自転車にも乗れない。言葉も片言の日本語である。住んでいるところは交通が不便で、日本語教室に通うのも車がないといけない。息子が小さい時は、よく韓国語で話しかけ、童謡を歌ってあげることもあったが、小学生になった後は、ハングルを使うことはなくなった。たまに、韓国民団（在日本大韓民国民団の略称）の行事に参加する。息子も小さい時は、一緒に参加することもあったが、最近はあまり行きたがらない。私は、同じ集落の人とあまりうまく関係を維持することができず、子ども会などで他の母親たちと活動しなければならないが、関わってはいない。学校行事には参加している。私自身は、言いたいことは言うタイプなので、学校で何かがあると先生に相談する。夫は、優しいけど、最近病気で大変。

事例1・2・3の場合、子どもたちが自分の出自をポジティブに受け止めているということである。そのため、親子関係においても大きなトラブルはない。もちろん、子どもたちの成長背景となる夫婦関係、経済状況においても3家族は、ともに良好といえる。また、3人の韓国人母親とも日本語力に自信があり、子育てにおいて十分な情報獲得ができるという共通点もある。

それに比べ、事例4・5は、来日後正式に日本語を習うことができなかったことで、子どもとの疎通、または周りとの疎通をあまりうまく図れない様子であった。事例4の場合、子どもが小さい時から母親より父親と親密だったため、父親の死後も、母親にはあまり心を開かない。

事例5は、まだ息子が幼く、親子関係に大きな問題はない。ただ、母親が周りとあまりうまく関係を持てないことで、子どもの孤立も心配される。また、今後の中学、高校への進学時も、うまく情報を収集することができるのか懸念材料が多い。

筆者がここで注目したいのは、日韓家庭の子どもたちが、どんな状況の中で外国人親の母語を受け入れ、またアイデンティティ化しているのかである。東北の仲介型国際結婚の間では明らかに母親の言語が弱体化している。夫婦間に力関係が問われてきた仲介型国際結婚の場合、弱い立場の外国人母親は、なかなか自分の母語や母文化を子どもに伝えられないということが歪んだ親子関係につながっていく。それに、日本社会、しかも閉鎖社会である東北地方では、日本語が持つ「言葉の威信」がより高いと言える。日本語が持つ威信により、アジアからの花嫁たちの母語は、夫婦間の使用言語においても、子どもと親間の使用言語においても、弱い立場になりがちであると言える。

そのような背景の中、事例1〜3の韓国女性たちは、「言葉の威信」が高い日本語学習に力を入れることにより、日本での生活に自信をつけたと言える。前章で、「多文化の子ども」の母語継承の必要性と重要性が多くの研究者によって指摘された。移民にとって子どもに継承できる資源（資産とも言える）が、移民の母語や母文化であることは言うまでもない。多文化主義の社会では、そのマイノリティの資産を継承させることをマイノリティの権利としている。しかし、移民政策なき「多文化共生」を取り入れている日本で、マイノリティが自分たちの言語と文化を継承させるには、まず日本のホスト社会の言語、文化を身に着けてからでないと実現性が低いと言える。特に結婚移住女性の間では、よりそのプロセスが重要になるのである。東北（日本と言っても良いのかもしれないが）というコンテキストの中では、母語教育に先行する問題として日本語の壁は大きい。

4．連れ子たちの選択――移動をやめる、移動を活かす

先述した国際結婚の子どもと同様、連れ子の状況も一概には語れない。連れ子の場合、来日する年齢によって、日本の学校システムの適応問題、母語継承の問題などが生じる。一人ひとり、その過程は大きく異なり、制度やシステム的問題の他に個人のパーソナリティも重要な因子となる。ここでは、小学校の時に来日し、高校をドロップアウトしてしまったヨンヒ（1993年生）の事例と16歳時に母親を頼りに来日し、現在は大学生として生活している康太（1993年生）の事例を紹介する。ヨンヒは、2002年ごろ筆者の近所に引っ越ししてきて、2009年仙台を離れるまで家族ぐるみの付き合いをしていた。もう１人の事例の康太は、筆者が主催した多文化関連シンポジウムで出会った青年である。同じ年の２人だが、日本での生活は対照的だ。

ヨンヒは、母親のユミ（1963年生）が日本人の男性と再婚することで、来日した。韓国で小学校に２年間通っていたが、日本に来てもう一度２年生として入学した。義父は、不動産業をやっていて、他にも貿易関連の商売をしていた。夫婦の年齢差は、15歳以上あった。母親は、結婚当初ヨンヒを本国に置いて来日し、1年間別居生活をした。義父は、ヨンヒの学校生活の適応もいろいろと助けてくれた。漢字ができないと学校で学業が難しいと厳しく漢字を教えてくれたし、勉強もみてくれた。夫婦は、ヨンヒの教育の事を考え、ヨンヒが小学４年の時に仙台に引っ越した。賢いヨンヒに対して親の期待も大きく、中学校は地域の学校ではなく、私立に進んだ。ところが、問題は中学校で起きた。ヨンヒが他の仲間と一緒にクラスの子をからかったことが問題になり、学校側がいじめた側の親たちを呼んで話し合いをする騒動が起きた。義父は母親と一緒に学校に行き、話し合いにも立ち会った。その騒動があってしばらくしてヨンヒは私立中を辞めて、住んでいる地域の公立中学校に転校した。学校生活が気まずくなったこともあったが、当時の収入の不安定も私立中学校を辞める理由となった。当時、両親はネット商売をし始め、売れ行きにブレがあり、収入の面が不安定だったのである。学校を移したことが裏目に出たのか、ヨンヒの成績は上がらなかった。高校受験では、狙っていた進学校に行けず、ランクを下げて進学した。母親は、以前からヨンヒを海外に留学させる計画を持っていたので、高校１年で休学をさせ、知り合

いがいるニュージーランドに行かせた。しかし、ヨンヒは6か月で帰ってきた。面倒を見てくれるはずの母の知り合いの悪い待遇が気に入らず戻ってきたと言った。日本の高校にも適応できなくなったヨンヒは、高校2年生には上がらず、退学をした。ヨンヒの退学で、それ以上仙台にいる必要がないと判断した家族は義父の地元に戻った。ヨンヒは、家で親のネット商売の手伝いをしながら高等学校卒業程度認定試験を受けた。

ヨンヒのケースを、成功と失敗という物差しで評価する気はそもそもない。義父の全面的な協力の基、良い親子関係であったと筆者は記憶している。子どもの頃ヨンヒも義父を慕っており、義父もヨンヒの子育てには積極的だった。母親のユミとしては、日本の学校システム、文化などに対する理解がないまま、夫にヨンヒの教育を任せていたことも事実である。今になってユミは、「夫は頑固な面があり、成人したヨンヒはよく夫と衝突していた」と打ち明けた。ヨンヒはある意味、自分の意思というより親たちの期待を背負うことで必死だったのではないだろうか。それこそ、小学校の時に韓国から日本の田舎、田舎から中小都市への2度の文化間移動を経験し、中学でも私立から公立へ移動、高校では日本から海外、そして再び日本へと移動し続けたヨンヒにとって、高校中退は、文化間移動にストップをかけることだったのかもしれない。

ヨンヒのように、小さい時に来日し、日本語能力や学歴には問題がないように思われた多文化の子どもが高校に進学した後にドロップアウトする例はしばしばみられる。国際結婚のケースではなかったが、つい最近、韓国人父子家庭の連れ子の中に、高校受験で満足できる成績を出せず、希望よりランクを下げて進学はしたものの、周囲の仲間に悪影響を受け非行寸前までいき、結局は親と話し合って高校を辞めたケースがあった。そもそも宮城県は、高校中途退学率が全国平均より高い。東北と関東地域の中では、神奈川県と宮城県が高校中途退学率1位となっている[▶6]。そういう地域社会の状況が連れ子にも敏感に作用したのかもしれない。ヨンヒの事例とは別に、進学成功のケースとして康太の事例も紹介しよう。

康太の両親は、康太が3歳の時に離婚した。父親に引き取られ、実母の消息を知らず育てられた。小学校の時に実の母が現れた。戸惑いもあったが、父の説得で母と連絡をしながら、関係を維持した。中学3年の時は、母が住んでいる日本に遊びに来たこともあった。日本に来ることを決心したのは、康太自身である。韓国の教育熱の中、高校入学はしたものの、将来性が不透明だった。海外に憧れを持っていたのも事実である。当時、父の仕事もうまくいかず、生活も苦しかった。このままでは、父と共倒れになると思い、母がいる日本に行くことを決めた。父と父の親戚は猛反対だったが、韓国の高校を退学し、日本に来た。県の国際交流協会に関わっていた母親を通して、「外国人の子ども・サポートの会」とつながり、高校受験勉強をし、次の年に公立高校に合格した。ただ、その高校は大学進学校としては、あまり環境がよくなかった。母の要求は国公立の大学への進学だったが、日本語も不十分な状態でセンター試験を受けて、国公立に進むには、自分には無理だと考えた。康太は、EJU（日本留学試験）を利用して、留学生として大学入試を受けることができるという情報を入手した。仙台で高校に通いながら、韓国で高等学校卒業学力検定試験を準備、同時にEJUの試験対策をした。[▶7]その結果、留学生として日本の公立大学に進学できた。大学３年の時は、奨学金をもらい、アメリカの大学での短期留学やインターンシップの機会も得た。ここまでの情報収集は、康太自身で行った。康太の将来の夢は、将来グローバル人材育成とグローバル人材派遣の事業を行いたいと思っている。

康太の話の最初の言葉は、「私は特別なケース」という言葉だった。来日を決め、大学入学を決めたのも自分だったということだった。自分で決めたので、どんなに苦しくても乗り越えるしかなかった。大学に入るまでは、母と義父の両方からストレスを受けていた。母と義父の喧嘩も多かった。私のせいなのかと１人でよく泣いていたという。そんな時、自分の気持ちを言える所があった。「外国人の子ども・サポートの会」（以下「サポートの会」と略称）のボランティア先生だった。苦しい心境を話、気持ちが落ち着かない限り勉強ができるはずがない。自分のような連れ子の共通点は、日本人の友達がいないことだと康太は言う。当時「サポートの会」がなかったら、今の自分はないと彼は言った。康太は今、自ら外国籍子どもの支援活動をしていて、カウンセリングができるコミュニティを作りたいとも考えている。康太は、連れ子という自分のモビリティ（移動性）を自分が成功する手段として積極的に使っているように見える。ただ、康太の言葉どおり、彼のような成功ケースはあくまでも珍しいものである。

「私が日本に来て、『サポートの会』で支援を受けていた時、連れ子たちが15人ほどいたんです。私以外全部中国人だったんですけどね。この前、その中で大学に進学した子に会って聞いたんですけど。みんなどうしているのかと。中には、キャバクラで働く子、今もコンビニでアルバイトしながら生計を立てている子、うつ病で中国に戻った子、どこにいるのかもわからない子……。殆どはそんな状況なんです」

当時の連れ子15人中2人だけが大学に進学し、夢をもって次のステップを踏み出している。残りの13人は未だ社会の水面下にいるといえよう。

5．結びにかえて

現代社会は、言語と文化が資源である社会である。マイノリティにとって、その資源を自分たちの子孫に継承させたいというのは、良いものを子どもに相続させたいという当然の親心であろう。しかし、それが実現できるか否かは親の意思だけでは成し遂げられない。

筆者は、留学生出身で仙台に定住している韓国人の親何人かと一緒に、2010年11月韓国継承語教室を開いた。教室の立ち上げ人の1人として、筆者は継承語教室を通して、東北の結婚移住女性らとその子どものエンパワーメントの機会につながることを試みた。前節で事例紹介をした、事例4と事例5の母親にも声をかけて参加を促したことがある。事例5の場合は、地理的に遠いこともあったが、事例4は、当時の子どもの年齢からしても、アクセス距離の面にとっても参加に問題がなかった。母親も参加させたいと言っていたが、教室がある土曜日になると、夫が娘をつれて出かけたり、娘に拒否されたりと、結局実現はしなかった。

震災後、教室に対する関心は高まり、参加人数も増えたが、その中で結婚移住女性家庭は著しく少数であった。韓国人同士の家族、夫韓国・妻日本の家族、日本人同士の家族だけど韓国が好きという家族の参加もあった。夫日本・妻韓国の家族の場合、そのほとんどは妻の来日動機が留学のケースだった。つまり、この教室から見えたものは、母語と母文化の継承にも格差が生じているということであった。

鈴木（2007）によれば、国際結婚家族の子どもたちが両親のエスニシティを継承するかどうかは、家族の居住地の言語や文化、両親の自文化に対する指向性、子どもの言語や教育についての両親の考え方、家族の経済状況などによって決まる。先述した5つの事例で、韓国人の母親たちの共通の考えは、自分の子どもが日本の枠にとどまらず、日韓、または世界を跨りながら自分の夢を追ってほしいということであった。しかし、その第一歩である、母親の母語継承には、まず母親のホスト社会における優勢言語の獲得、周囲との良好な関係づくり、経済的安定などが問われている。さらに連れ子の場合は、親の環境に加え、個人の適応能力によってその格差はますます広がる。

本稿では、「多文化の子ども」の中でも、国際結婚で生まれたハーフ（ダブル）の子どもにおける外国人親の母語継承の問題と、新渡日者である連れ子たちの移動の現実を事例を通して考察した。韓国は、経済力のアップや社会・経済のグローバルかが進み、国民の間で多言語学習、文化間移動に感心が高く、日本に移住したコリアンたちにもその傾向は強い。それが、日本社会の中でコリアン移民の格差として現れているのかもしれない。

母語・母文化の継承、そして文化間移動は、いずれも移民たちの資源である。その資源をポジティブに使うか、使わないかはもちろん個人の選択であろう。しかし、その資源を自分の子どもに継承したいが、社会的雰囲気や家族内での力関係などの環境的問題であきらめなければならないのであれば、それは改善すべきであろう。

本稿は、日本学術振興会科学研究費補助金（基盤研究（C)「震災後の東北における地域再編と結婚移民女性の社会参画に関する文化人類学的考察」（平成 24 ～平成 27）と「移住女性の『新移民コミュニティ』活動と社会的資本に関する国際比較研究」（平成 27 ～平成 29）（代表・李善姫）の研究成果の一部である。この紙面を借りて、調査に協力していただいた方々に深く御礼を申し上げたい。そして、お一人、一人の健康と幸せを願う。

注

▶1　本稿で用いる「多文化の子ども」は、その範囲を狭め、国際結婚による家族内の子どもを指す。本来ならば、国際結婚のみならず、移民の子ども、帰国子女のように「移動する家族の子どもたち」を含む言葉にもなりうるが、本科研研究課題の中では、国際結婚に限定しているため、ここでも狭い定義で使用することをあらかじめ断っておく。

▶2　日韓・韓日カップルと同居している子どもの数は、髙谷幸らの「2010 年国勢調査にみる外国人の教育――外国人青少年の家庭背景・進学・結婚」の中で、夫婦の国籍別、妻年齢階級別、同居子ども数別世帯数（2010）の資料の中で日韓、韓日カップルの子どもの数を出した数。

▶3　文部科学省の統計資料による（http: //www.e-stat.go.jp/SG1/estat/NewList.do?tid=000001016761）（2017 年 7 月 05 閲覧）。

▶4　外国にルーツを持つ子どもに対する支援に関しては、自治体によって取り組みが異なると思われる。ここでは、宮城県の事例に限定する。

▶ 5　文部科学省による日本語指導が必要な児童生徒の受け入れ状況等に関する調査。本調査のデータにおける限界性については前述したのでここでは割愛する。(http: //www.mext.go.jp/b_menu/toukei/chousa01/nihongo/1266536.htm)(2017 年 2 月 1 日閲覧)

▶ 6　e-stat 都道府県別中途退学者数及び中途退学率（国公私立高等学校）参照（https: //www.e-stat.go.jp/SG1/estat/GL08020103.do?_toGL08020103_&tclassID=000001062616&cycleCode=0&requestSender=dsearch）(2017 年 2 月 11 日閲覧)。

▶ 7　EJU を受けるのには、海外で高校を卒業していることが条件となるため、康太は日本の高校に通いながら、韓国の高校卒業検定試験を受けたのである。

参考文献

河原俊昭（2009）「国際結婚の言語を考える」河原俊昭・岡戸浩子編『国際結婚　多言語化する家族とアイデンティティ』276-309. 明石書店.

金愛慶（2011）「在日コリアンの韓国語・文化教育の意味：多文化共生・多文化教育の観点から」『名古屋学院大学論集（社会科学編）』第 47 巻第 4 号．95-110.

金泰泳（1999）『アイデンティティ・ポリティクスを超えて――在日朝鮮人のエスニシティ』世界思想社.

佐竹眞明（2015）「多文化家族への支援に向けて――概要と調査報告」『名古屋学院大学論集（社会科学編）』Vol.51．49-84.

塩原良和（2014）「外国につながる子どもの教育」『別冊　環⑳』250-255．藤原書店.

鈴木一代（2007）「国際家族における言語・文化の継承――その要因とメカニズム」異文化間教育学会編『異文化間教育』第 26 号 . 14-26.

関口智子（2008）「越境家族の子どもたち：新移住者第 2 世代の言語とアイデンティティ」『南山短期大学紀要』36．75-101.

関口智子（2007）「移動する家族と異文化間に育つ子どもたち――CCK/TCK 研究動向」『南山短期大学紀要』35．205-232.

関口智子（2006）「多文化社会と子どもの教育格差『季刊誌 CEL』Vol.78. 42-43.

髙谷幸・大曲由起子・樋口直人・鍛治致・稲葉奈々子（2015）「2010 年国勢調査にみる外国人の教育――外国人青少年の家庭背景・進学・結婚―」『岡山大学大学院社会文化科学研究科紀要』第 39 号．37-56.

髙谷幸・大曲由起子・樋口直人・鍛治致・稲葉奈々子（2016）「東日本大震災・被災三県の外国人住民――2010 年国勢調査のデータ分析」『岡山大学大学院社会文化科学研究科紀要』第 41 号．43-60.

土屋千尋・内海由美子（2012）「外国につながる子どもの教育支援をめぐる大人のネットワーク形成――外国人散財地域山形県からの発信」『帝京大学文学部教育学科紀要』37. 23-33.

黄淵熙・宋貞熹（2012）「韓国にルーツを持つ子どもの継承語教育の現状と課題――仙台市在住の韓国人家庭を対象に」『東北福祉大学研究紀要』第 36 巻．203-215.

第9章　日本における多文化家族支援政策のあり方

――日韓欧米諸国の比較[1]

近藤 敦

1．はじめに

日本の多文化共生政策は、韓国のように多文化家族を対象とする政策ではなく、主として外国人政策（Song 2016: 2）、とりわけ日系人政策としての側面が特徴的と評価されることもある。「日系人就労準備研修」が2015年から「外国人就労・定着支援研修」事業となり、外国人配偶者を含む永住者等の「定住外国人」に拡充されたことからも、今後は、定住外国人政策としての側面が強調される可能性がある。本来、「国籍や民族などの異なる人々が、互いの文化的ちがいを認め合い、対等な関係を築こうとしながら、地域社会の構成員として共に生きていくこと[2]」をめざす多文化共生の政策は、日本国籍を有する人も含む多文化家族政策を包含する。しかしながら、これまでのところ、多文化家族政策の内容は、不十分な状況にある。国は、1981年の出入国管理及び難民認定法（以下、入管法）改正時の施行規則2条1号により、はじめて「日本人の配偶者又は子」の在留資格が設けられたように、日本人の家族の在留については、冷遇されてきた歴史も指摘されている（坂中 1991: 47-8）。一方、国際結婚の増大する自治体では、1980年代半ばから、国際結婚の外国人配偶者への支援策に取り組んでいる（Kamiya 2015）。

ここでいう多文化家族とは、多くは国際結婚家庭をさす。もっとも、国籍の観点から複数の国籍を有する家族だけでなく、外国人の配偶者が結婚後に日本国籍を取得した場合や、婚姻前にすでに日本に帰化していた配偶者の場合も含めて、「多文化家族」は、広く存在する。さらに、異なった国籍・地域出身の外国人同士の国際結婚家庭もある。しかし、本章では多文化家族のうち、日本で暮らす日本人と外国人、婚姻前後を問わず帰化した者との国際結婚家庭、および、子どもを抱える国際離婚家庭に焦点を絞る（佐竹ほか 2015: 52）。

国際的には、移民の権利保障を高め、社会・経済・文化・政治的な参加を促進する政策を統合政策という。移民統合政策指数（MIPEX）は、主に正規滞在外国人[▶3]の権利保障に関する比較調査である。2004 年に、EU15 か国のパイロット調査がはじまった（Niessen et al., 2005）。3 回目の 2010 年調査から、日本と韓国が加わり[▶4]、4 回目の 2014 年調査は、就労、家族呼び寄せ、永住許可、国籍取得、差別禁止、政治参加、教育、保健医療の 8 分野について、EU28 か国、ノルウェー、スイス、アイスランド、トルコ、カナダ、アメリカ、オーストラリア、ニュージーランド、韓国および日本の 38 か国を比較している[▶5]。**表 1** は、全体評価である。

表 2 は、主な 10 か国（瑞＝スウェーデン、芬＝フィンランド、加＝カナダ、豪＝

表 1　38 か国の移民統合政策指数 2014（全体評価）

順位	国	%	順位	国	%	順位	国	%
1	スウェーデン	78		イタリア	59	27=	ギリシア	44
2	ポルトガル	75	15=	ルクセンブルク	57		日本	44
3	ニュージーランド	70		イギリス	57		スロベニア	44
4=	フィンランド	69	17	フランス	54	30	クロアチア	43
	ノルウェー	69	18	韓国	53	31	ブルガリア	42
6	カナダ	68	19	アイルランド	52	32	ポーランド	41
7	ベルギー	67	20	オーストリア	50	33	マルタ	40
8	オーストラリア	66	21	スイス	49	34=	リトアニア	37
9	アメリカ	63	22	エストニア	46		スロバキア	37
10	ドイツ	61	23=	チェコ	45	36	キプロス	35
11=	オランダ	60		アイスランド	45	37	ラトビア	31
	スペイン	60		ハンガリー	45	38	トルコ	25
13=	デンマーク	59		ルーマニア	45			

出典 : MIPEX (2015)。

表 2　移民統合政策指数　*2014* 年（特定国の分野別評価）

国	瑞	芬	加	豪	米	独	英	仏	韓	日
総合	78	69	68	66	63	62	57	54	53	44
労働市場	98	80	81	64	67	86	56	54	71	65
家族結合	78	68	79	50	66	57	33	51	63	61
教育	77	60	65	47	60	47	57	36	57	21
政治参加	71	79	48	38	36	63	51	53	54	31
永住許可	79	70	62	57	54	60	51	48	54	59
国籍取得	73	63	67	26	61	72	60	61	36	37
差別禁止	85	77	92	57	90	58	85	77	52	22
保健・医療	62	53	49	63	69	43	64	50	36	51

出典 : *MIPEX (2015)*

オーストラリア、独＝ドイツ、米＝アメリカ、英＝イギリス、韓＝韓国、仏＝フランス、日＝日本）についての比較を行う。日本は、国籍取得と政治参加はかなり低く、教育と差別禁止が極めて低い。

家族呼び寄せは、多文化家族の形成と構成員の増大にかかわる問題であり、外国人配偶者の言語講習などは今日の統合政策の重大関心事の１つとなっている。教育も、多文化家族の子どもの問題として重要である。就労支援、永住許可と国籍取得、保健・医療といった問題も、一定の割合で多文化家族の問題とかかわる。以下、家族呼び寄せ、教育、就労、永住許可、国籍取得、および保健・医療の6つの分野について、各国の政策対応と法制度を参考に、日本の現状の問題を分析する。その上で、最後に、日本における多文化家族政策の課題と展望について考察する。

2．家族呼び寄せと言語講習

今日の移民の類型上、家族移民が最大のグループである。2014年のOECD諸国における移民（1年ないし3か月以上の滞在を予定し登録された入国者）の入国理由の内訳は、家族（33%）、労働者と帯同する家族（7%）、労働（14%）、人道（9%）、自由移動（32%）、その他（5%）である（OECD 2016: 19）。家族と労働者と帯同する家族を合わせると、家族移民は、40%である。

家族呼び寄せについては、現行の配偶者の呼び寄せが認められるだけでなく、将来的には、内縁関係さらには同性のパートナーの呼び寄せが認められる必要がある。カナダ、フィンランド、スウェーデン、イギリスでは、法律上の婚姻関係にある配偶者にかぎらず、内縁関係でも、登録パートナーでも、呼び寄せが可能である。オーストラリアでも、内縁関係の場合の呼び寄せは可能である。ドイツやフランスでも、同性の生活パートナーは、配偶者と同様に呼び寄せが認められる。アメリカでは、同性婚を認める2013年6月26日の最高裁の判決United States v. Windsor以後、同性のパートナーの呼び寄せも認めるようになった。その後日本では、2013年10月18日の法務省の通知により、同性婚を法律で認める国の配偶者には、「特定活動」の在留資格を認めるようになった。[▶6]

また、多文化家族の場合は、夫婦と子どもから構成される核家族にとどまらず、出身国に扶養できる親族がいない場合の親や祖父母の呼び寄せの制度化も必要である[7]。日本でも、高度人材外国人は、①本人または配偶者の7歳未満の子（養子を含む）を養育する場合、②本人または配偶者が妊娠中に介助が必要な場合、世帯年収が800万円以上であり、同居することを要件として、本人または配偶者の親を呼び寄せることができる。しかし、これらは限定的な呼び寄せにすぎない。

日本では、家族を呼び寄せる資格を取得するための要件として、生計維持要件がある[8]。他方、国外に居住する家族への出国前の言語要件も、統合要件もない。入国後の言語要件も、統合要件[9]もなく、住居空間の要件もない[10]。フランスでは、入国前の言語講習が必要であり[11]、ドイツ[12]やイギリス[13]や韓国では言語試験も課される。また、フランスでは、入国前の統合講習も必要であり、社会文化的な知識の習得がはかられる。入国後も、フランスでは言語講習が必要であり、ドイツでは言語試験も義務ベースで課される。他方、スウェーデン、フィンランド、カナダ、オーストラリアでは、（義務ではなく、本人が望めば受けることができる）権利ベースでの無料の言語講習が受けられる。

資格の安定については、申請手続の期間の上限の定めがなく[14]、不許可理由として失業などの場合も含み[15]、不許可の場合の理由開示も不服申立も定められていない[16]。

資格と結びついた権利については、配偶者と成人の子の場合の（国民である家族との結びつきを理由とすることなしに自己の単独の権利としての）自律的な居住[17]、また離婚や死別やDVの被害の場合の自律的な居住が[18]、十分ではない。1996年の法務省の通達によれば、日本人の（嫡出、非嫡出を問わず、日本人の父親が認知していれば日本国籍の有無を問わない、未成年かつ未婚の）実子を扶養する外国人の親が「親権者」であり、現に「養育、監護している」場合は[19]、「定住者」（1年）への在留資格の変更を許可し、その更新も可能である[20]。国際離婚や内縁関係の解消の場合、日本人の子がなくても、3年以上の居住実績で定住者の在留資格への変更が認められるのかは明らかでなく、DVの被害者が単独で日本に住むための正規の在留資格が認められるのかは不明である。

3．子どもの教育

日本では、在留資格にかかわらず就学前教育へのアクセスを認めているが、外国人の子どもの就学を促進する特別な言語授業などの支援策は乏しい[21]。他方、韓国、アメリカ、スウェーデン[22]、オーストラリアでは、支援策もある。例えば、スウェーデンでは、移民の子どもは母語の知識を向上させる権利を有している。韓国の多文化家族支援法10条3項では、「国・地方自治体は、多文化家族構成員の児童の小学校進学前保育および教育支援のために努力し、その児童の言語発達のために韓国語教育のための教材支援および学習支援等言語能力向上のために必要な支援をすることができる」と定めている。

また、日本では、外国人の児童生徒が就学義務の対象とされていないことから、義務教育へのアクセスが必ずしも十分ではない[23]。一部の自治体では受け入れていない問題があり、文科省の通知ではなく、法律で外国人児童生徒も義務教育の対象であることを明記すべきである（近藤 2016a: 311-313）。

移民の以前の教育や国外での言語資格の評価[24]は、学校のスタッフが独自に評価するだけで、共通の評価基準はなく、訓練されたスタッフを任用することもない。例えば、2001年のアメリカの「どの子も置き去りにしない法」（No Child Left Behind Act: NCLB）3章は、英語能力が十分でない子（Limited English Proficient: LEP）の教育に対して連邦の補助金を提供するが、多くの州が共通の評価基準World-Class Instructional Design and Assessmentを採用している[25]。日本では、職業訓練へのアクセス[26]は生徒に対する政策も雇用主に対する政策も不十分であり、高等教育へのアクセスや参加の支援[27]は、在留資格にかかわらずアクセスは可能だが、参加促進策はない。

特別な必要については、多くの母語での入学案内を用意している自治体もあるが、家族への翻訳・通訳サービスの提供がない。これに対し、カナダ、フィンランド、韓国、スウェーデン、オーストラリア、アメリカでは、移民の母語での教育制度紹介、移民の生徒へのオリエンテーション、移民生徒の家族への一般的な教育助言やあらゆるレベルの案内に関する通訳サービスの提供の3つがある。外国人生徒の言語支援の提供は、義務教育での日本語特別支援はあるが、就学前教育にはない。カナダ、フィンランド、韓国、スウェーデン、アメリカでは、義務教育にかぎらず、就学前教育でも言語支援がある。日本語指導の必要な児童生徒数だけで、統計調査も不十分である。フィンランド、ドイツ、スウェーデン、イギリス、アメリカでは、性別や出身国などの多様な集団ごとの調査がある。日本では、外国人児童生徒の教育状況に焦点を当てた政策は、学習支援がはじまったものの、財政支援に欠ける。オーストラリア、カナダ、フィンランド、韓国、スウェーデン、イギリス、アメリカでは、学習指導と財政支援の両方が制度上、提供される。日本では、外国人児童生徒向けの教員の訓練は[28]、採用前も採用後も不十分である。

日本では、ごく一部の自治体を除き[29]、移民の母語を学習する選択権が保障されていない[30]。自己または親の出身国の文化の学習権も保障されていない[31]。教育現場でのセグリゲーション（移民の多い学校と移民の少ない学校へと分離する傾向）に対処する施策がない[32]。移民の親や移民コミュニティに対する支援策がない。自治体での支援、学校での支援、移民の親の学校運営への参加のうち少なくとも2つがあるのは、オーストラリア、カナダ、韓国、スウェーデンである。例えば、韓国の多文化家族支援法12条は自治体での支援を定めており、政府は、多文化家族の若者を支援する100以上の学校を指定している。

日本では、異文化間教育も学校カリキュラムに組み込まれていない[33]。文化の多様性を奨励する政策に欠ける[34]。例えば、韓国の多文化家族支援法5条では「国・地方自治体は、多文化家族に対する社会的差別・偏見を予防し、社会構成員が文化的多様性を認め、尊重することができるように多文化理解教育および広報等必要な措置をとらなければならない」と定めている。日本では、文化の多様性に応じたカリキュラム[35]や時間割などの制度的な保障がなく[36]、移民の教員を積極的に登用し[37]、異文化間教育その他の文化の多様性を奨励する教育のための教員の訓練[38]をするような教育政策も欠けている。

4. 就労支援

労働市場へのアクセスでは、日本人の配偶者と子の場合は、永住者と同様、制約がない。親の在留資格が技能などであり、子の在留資格が家族滞在であるならば、高卒の場合は、資格外活動許可が必要であり、就労時間数などの就労制限があり、自営業も認められない。2015年の通知により、法務省は、日本で義務教育の大半を修了し、日本の高校を卒業している場合は、日本社会への十分な定着性が認められるもとして、一般に就労が可能な「定住者」への在留資格の変更を認めている[39]。しかし、ある程度の年齢から日本に来た子どもの場合には、以前として問題が残っている。

外国人労働者への特別な支援も、国外の資格[40]や技術の承認の促進[41]に乏しい。例えば、ドイツでは、国外の医師や看護師の資格でも、B2以上のドイツ語の能力があれば、ドイツ国内で医師や看護師として働くことができる。就労支援は、2009年に開始された「日系人就労準備研修」が、2015年から「外国人就労・定着支援研修」事業となり、外国人配偶者を含む永住者等の「定住外国人」に拡充された。しかし、2016年現在、18都府県にとどまり、まだ29道府県では支援事業が行われていない。また、一般に、ハローワーク職員の移民対応訓練がなされていない[42]。経済的な統合政策も[43]、女性や若者に対する統合政策も[44]、乏しい。労働者の権利については、社会保障への平等なアクセスが一般にはみられるが、生活保護の受給資格は日本人の配偶者や子を含む永住者等に限られる[45]。また、住宅金融支援は、永住者に限られる[46]。

５．永住許可と国籍取得

永住許可について、日本では、有資格者の要件は、継続居住の要件が原則10年と長く[47]、一定の短期滞在の在留資格では永住許可の申請ができない。国際結婚による国民の配偶者の場合は、（3年以上の婚姻の場合は）1年の継続居住でよく、日本人の実子も1年の継続居住でよい。

資格取得の要件として、日本では、生計要件があり[48]、退去強制忌避事由として[49]、20年以上の長期居住者、未成年者、国内生まれの居住者または18歳までに10年以上居住した者に対する退去強制禁止規定は入管法にはない。また、不許可や取消や更新拒否の場合の法的保障は[50]、行政手続法の適用が除外されており、詳しい理由の開示はなされない。行政不服審査法の適用も除外されており、不服申立の制度がない問題も日本にはある。

国籍取得の帰化について、日本では、国民の配偶者の場合は[51]、3年または（3年以上の婚姻歴があれば）1年の継続居住でよく、20歳以上であり本国法で行為能力を有するという要件は免除される。しかし、内縁関係や同性のパートナーの場合は[52]、一般の外国人と同じ居住要件である。2世[53]や3世[54]の場合でも、帰化が必要である。国籍取得要件として、言語要件は[55]、簡単な日本語で小学校3年生程度と説明されている。高齢者などへの言語要件の免除規定[56]がない。例えば、カナダでは55歳以上、オーストラリアでは60歳以上の高齢者は、言語や社会知識に関する試験を免除される。アメリカでは、20年（または15年）以上の永住者は、50歳（または55歳）以上で言語試験が免除される。

日本では、言語試験の合格支援もなく、言語試験の質問項目は公表されておらず、無料・低額の学習ガイドもない[57]。生計要件があり[58]、犯罪歴[59]その他の素行要件[60]がある。審査期間の上限規定はない[61]。資格の安定について、虚偽表明や公安上の理由以外の不許可事由があり[62]、裁量の幅が大きい[63]。本人と家族への影響、国とのつながりなどは明示されていない。不許可の場合、韓国、アメリカ、イギリス、カナダ、フランス、ドイツ、フィンランド、スウェーデン、オーストラリアでは、当然な理由開示や不服申立といった法的保障が日本にはない。複数国籍については、1世の場合も、2世や3世の場合も、帰化に際して従来の国籍放棄が原則として日本では必要である。

複数国籍を全面的に容認している、アメリカ、イギリス、カナダ、オーストラリア、フランス、スウェーデン、フィンランドとは違って、日本、韓国、ドイツでの複数国籍は、例外的に認められるにすぎない。日本の国籍法5条2項によれば「法務大臣は、外国人がその意思にかかわらずその国籍を失うことができない場合において、日本国民との親族関係又は境遇につき特別の事情があると認めるときは、その者が前項5号（国籍を有せず、又は日本の国籍の取得によってその国籍を失うべきこと＝筆者注）に掲げる条件を備えないときでも、帰化を許可することができる」と定めている。しかし、日本の例外はドイツなどと比べると狭い（近藤 2007: 4）。一方、韓国の国籍法6条2項では「①　韓国人と婚姻した状態で韓国に2年以上居住している者か、韓国人と婚姻した状態で韓国に1年以上居住していて婚姻後3年以上経過している者」、同7条1項により「②　外国人で韓国に特別の功労がある者、③　科学、経済、文化、スポーツなどの特別な分野で非常に優れた能力を有し、韓国の国益に寄与すると認められた者」は、例外として、従来の国籍放棄は不要である。したがって、韓国では、国際結婚による配偶者の場合は、複数国籍が認められる。

また、国際結婚で生まれた子どもの場合、日本の国籍法14条1項が「外国の国籍を有する日本国民は、外国及び日本の国籍を有することとなった時が20歳に達する以前であるときは22歳に達するまでに、その時が20歳に達した後であるときはその時から2年以内に、いずれかの国籍を選択しなければならない」と国籍の選択を定め、同15条1項が「法務大臣は、外国の国籍を有する日本国民で前条第一項に定める期限内に日本の国籍の選択をしないものに対して、書面により、国籍の選択をすべきことを催告することができる」とある。しかし、この催告の実例はなく、他方の国が複数国籍を容認していれば、事実上、複数国籍を維持することもできるが、法律上は認めていない国と整理される。他方、韓国の国籍法10条２項および12条１項により、出生により複数国籍を得た者は、20歳になる前に１つの国籍を選択しなければならないが、韓国で外国の国籍を使わないことを誓約した複数国籍者は、複数国籍を維持することが認められる。ドイツの場合は、国際結婚で生まれた子どもの複数国籍者には、国籍選択義務がもともとない。国際結婚で生まれた子どもにも国籍選択義務を課す日本は、今日の民主国家では、珍しい状況にある。国籍選択制度は、「何人も、ほしいままにその国籍を奪われ」ないと恣意的な国籍剥奪を禁止する世界人権宣言15条２項を解釈指針とするならば、「国籍を離脱する自由」を定める「憲法22条２項[▶64]と結びついた13条[▶65]」が保障する「恣意的に国籍を剥奪されない権利」に反し、廃止すべきである（近藤 2016: 44）。

６．保健・医療

医療サービスの受給資格について、日本では、正規滞在者の国民健康保険の加入要件は、１年の居住から３か月の居住に短縮され[▶66]、国民と同じ医療内容をカバーし[▶67]、妊婦や子どもなどには、保険の特例が認められる[▶68]。例えば、妊婦健診の一部無料受診、母子健康手帳の交付、公的医療保険加入者の場合は出産育児一時金の給付、経済的な理由によって出産費用を出せない世帯に出産費用が支給される入院助産制度がある。無料の乳幼児健診、未熟児養育医療給付、小児医療費助成制度などもあり、高齢者の医療費は１割負担の特典がある。外国人のアクセスを容易にする医療通訳派遣制度が20以上の自治体にはあり（クレア 2012: 5)、一部では医療ガイドの役割を果たしている[▶69]。例えば、愛知県では５言語について、神奈川県では11言語について有料で医療通訳を派遣しているが、福岡県は３言語について無料で派遣している。厚生労働省は、2014年に医療通訳育成カリキュラム基準を作成し、医療通訳を配置した拠点病院の整備をはじめた。将来的には、全国的に医療通訳者の養成制度と認証制度を構築する必要がある。

移民のニーズに対応した医療について、日本では、医療通訳は無償よりも有償が多く、対面通訳、電話通訳、ボランティア、文化仲介者の雇用といった方法がある[▶70]。他方、アメリカでは保健福祉省公民権局の指針が、英語能力が十分でない患者は保健福祉省の補助金をもらっている医療機関において通訳や文書翻訳を要求できるとし（石崎ほか 2004: 124）、スウェーデンでは行政手続法8条が官庁は必要な場合に通訳人を使わなければならないと定めているので（津田 2007: 187）、無料の通訳制度が整備されている。イギリスでは権利ではないが、実務上、国民保健サービスが無料の通訳を提供することが期待されている。ドイツやフィンランドも、基本は無料である。フランスでは、通訳派遣費用は、病院側の負担であり、病院の予算が限られているため、サービス利用を控える問題があるという（クレア 2012: 14）。また、日本では、「文化適応力」や「多様性配慮」サービスについての基準やガイドラインがない[▶71]。医療スタッフ訓練の支援策がない[▶72]。移民の情報提供サービスへの関与は、ネイティブ・スピーカーを通訳に配置したり、情報の多言語対応に移民が関与する場面も見られる[▶73]。医療従事者の多様性を促進し[▶74]、患者の多様性を考慮した診察・治療方法を適用し[▶75]、促進策を展開する必要がある[▶76]。

移民のニーズにより対応する政策について、日本では、移民の健康に関するデータの集積が必要である[▶77]。医療以外の政策でも移民の健康の問題を考慮する必要がある[▶78]。移民の健康に体系だった注意が払われておらず、移民の保健政策の計画や決定に移民の利害関係者の関与がない。

7．日本における多文化家族政策の課題と展望

多文化家族の支援は、外国人の権利保障全体の中でも多くの分野にかかわっている。言葉や文化・慣習の違いに受け入れ社会がどのように対応するのかといった問題が問われている。また、多文化家族の支援は、家族結合、就労支援、永住許可、国籍取得、保健・医療といった分野における外国人の権利保障にとどまらず、言葉や文化・慣習の違いに対処する必要がある。

今後、多文化家族政策を行う上で、第1に、多文化家族に関する統計を整備する必要がある。2012年から外国人住民も住民基本台帳制度の対象となったので、いわゆる国際結婚の家庭の人数の把握は、各自治体で概ね可能となる。3か月以上の正規滞在に該当しないなどの理由から、実際の数は統計上の数よりも多くなる可能性がある一方で、新たな在留管理制度後も、転出届けなしに帰国した場合などに居住地の移転が正確に把握できなかったりする問題があるとしても、概ねの政策対象の統計を作成することはできるものと思われる。ただし、本章の対象とする多文化家族は、外国人の配偶者が結婚後に帰化により日本国籍を取得した

場合や、婚姻前にすでに日本に帰化していた配偶者の場合の有無を含む統計を作成することが必要となる。もっとも、プライバシー保護の観点から、日本の行政機関では帰化の有無を含む形での多文化家族の統計の作成には、韓国の「多文化家族支援法」のような特別の法律の根拠なしに行うことは困難という問題が生じるかもしれない。この点、諸外国では、外国生まれの人の統計があり、日本でも外国生まれの人の統計を将来整備するのであれば、国籍上だけでなく、出生地上の多文化家族の概ねの統計が可能となるように思われる。

第２に、多文化家族の支援は、とりわけ弱い立場にある人々への支援が必要である。DV 対策や被害女性の支援については、自治体の男女共同参画課などの窓口では対応が不十分である。多言語で対応できる窓口が少なく、女性が帰国を促され、支援を断られるなどの問題事例があるという（山岸 2009: 82）。このため、市民団体が活動を補っている側面が強い。職員の多文化対応の研修を強化するとともに、市民団体への委託事業を増やす必要があろう。

第３に、日本人配偶者への支援も必要である。日本人配偶者が気軽に相談できる窓口やネットワークが必要である。社会保障や遺産相続などの法律相談にかぎらず、言葉や文化・慣習の違いに対処するためのアドバイスが受けられる必要がある。

第４に、外国にルーツを有する配偶者の日本語や日本社会に関する教育制度が整備される必要がある。一部の国でみられるような試験や講習を義務づける制度は、親などの家族内での講習参加に反対する人がいる場合には、有益かもしれない。しかし、すでに就労している人の場合の義務づけなどは現実的ではなく、「外国人就労・定着支援研修」事業のように、本人が望めば受講できるといった権利ベースでの参加を確保する制度の拡充が適当と思われる。「多文化家族支援研修」事業では、受講者のニーズに合わせた実践的な教育のあり方が求められ、就労支援だけでなく、言葉や文化・慣習の違いに対処するための結婚生活の知恵が身に着くような教育内容が望まれる。

第５に、外国にルーツを有する子どもの教育が重要である。国際結婚で生まれた子どもや、外国人配偶者の連れ子が学校でいじめられたり、適応に悩んだりすることもある。文科省の学校基本調査では「不就学学齢児童生徒調査」が行われているが、調査票には「外国人は調査から除外する」とわざわざ注記され、文科省が外国人の就学にいかに無頓着であるのかがわかるとの指摘もみられる（田中 2013: 207-208）。社会権規約 13 条（または子どもの権利条約 28 条１項）が「教育についてのすべての者（または子ども）の権利を認め」、「初等教育は、義務的なものとし、すべての者に対して無償のものとする」と定めている。この教育の権利に対応して、国に教育を提供する義務がある。したがって、人権条約との整合的な憲法解釈をすれば、性質上、憲法26条1項において「日本に住むすべての人（とりわけ学齢期の子ども）」に教育を受ける権利があり、学齢期の子どもに教育を提供する国の義務があることに留意すべきである（近藤 2016b: 5）。従来の日本人を育てる画一的な国民教育のあり方を見直し、多様な子どもの教育ニーズにあった教育の多様性が求められ、国際理解教育に加え、母語教育やバイリンガル教育の要素も取り入れていく必要がある。

8．おわりに

日本の多文化共生政策は、主に自治体の政策として展開されており、国の法整備は遅れた状況にあることが本章の分析によっても明らかである。また、法が必ずしも明らかに規定していないところを行政の大きな裁量により運用しているため、透明性や公平性の観点から不十分な点もある。他方、多文化家族に焦点を当てた政策に乏しく、一般の外国人政策ないしは定住外国人政策として多文化家族に対する政策が展開されている。そうした中で、多文化家族に関する問題を腑分けする本章の研究は、今後の政策検討においても重要な視座をもたらすものと思われる。本章は、MIPEXの国際比較調査のうち、多文化家族に関係する6つの分野にかぎり、10か国の事例にしぼって比較しながら、多文化家族政策の課題と展望を論じてきた。こうした限定的な研究手法の問題を前提としながらも、日本の多文化家族への支援策として何が必要であり、どのような参考事例があるのかについての理解がいささかでも広がれば幸いである。

親の呼び寄せ、配偶者への言語講習のあり方、国際離婚等の場合の滞在資格、就労支援、資格の認証制度のあり方、永住許可や退去強制忌避の要件整備、複数国籍をめぐる国籍選択制度のあり方（本章では扱わなかった国籍留保制度の問題）、医療通訳や医療・保健分野での多様性配慮・文化対応力の問題など、21世紀の日本において解決すべき課題は多い。

最後に、多文化家族政策は、多文化家族を支援する政策が不足しているのが現状であるが、多文化家族を支援する政策だけでは不十分である。多文化家族のもたらす多様性が、グローバル人材として日本社会を活性化させ、創造的な活力をもたらすことを政策の主軸に据えることも今後は検討すべきであろう。

注

▶ 1　本章は、JSPS 科研費 15K03125 および 26285123 の助成を受け、近藤敦「日本における多文化家族支援政策のあり方－日韓欧米諸国の比較－」『多文化共生年報』14 号（2017）1-12 頁を加筆修正したものである。

▶ 2　多文化共生の推進に関する研究会 (2006: 5) の定義による。参照、近藤編 (2011)。

▶ 3　ＥＵ諸国ではＥＵ市民以外であり、教育や保健医療の分野では、非正規滞在者の権利の調査項目もみられる。

▶ 4　2010 年度の調査においてアメリカ、カナダ、イギリス、フランス、ドイツ、スウェーデンと日本の調査結果を比較したものとして、近藤 (2012)。

▶ 5　MIPEX (2015)。

▶ 6　法務省入国管理局入国在留課長通知「同性婚の配偶者に対する入国・在留審査について」（法務省管在第 5357 号、平成 25 年 10 月 18 日）。なお、そこでは、「本年５月に仏で『同性婚法』が施行されるなどの近時の諸外国における同性婚に係る法整備の実情等を踏まえ」と明記されている。

▶ 7　第 26 の指標は、扶養している尊属の呼び寄せである。1 は認められる、瑞。2 は条件付きで認められる、韓。3 は認められないか、裁量による例外とする、豪、加、芬、独、仏、日、英、米。

▶ 8　第 31 の指標は、生計要件である。1 は生計要件がない、または生活保護よりも低いレベルである、豪、芬。2 は生活保護よりも高いレベルである、加、独、仏、韓、瑞、米。3 は雇用と結びついており、社会手当受給者は除く、日、英。（日では、フルタイムの正規雇用でなくても、1000 万円ぐらいの財産があればよい）。

▶ 9　第 23c の指標は、呼び寄せ人や呼び寄せ家族の入国後の社会文化的な統合対策である。1 はなしまたは任意の情報またはコースをとる。2 は統合コースをとる必要がある、仏。3 は統合試験も含む、独。

▶ 10　第 30 の指標は、住居要件である。1 は住居要件のない、日、韓、芬、米、加。2 は一般的な健康かつ安全な基準にかなう適当な住居が必要である、英、独、瑞、豪。3 はより詳細な要件が必要である、仏。

▶ 11　家族呼び寄せによりフランスへの入国を希望する 16 歳以上 65 歳未満、の人は、ビザの申請後 60 日以内に、居住国のアリアンス・フランセーズなどで口述と筆記のフランス語の A 1.1 レベルの試験と共和国の価値観に関する試験を受け、成績が不十分である場合、入国希望者は 2 か月間で 40 時間以上のフランス語講習などを無料で受講する。ただし、3 年以上フランスまたはフランス語圏での中等教育を受けたり、1 年以上フランスの高等教育を受けたりすれば、言語試験は免除される。Pascouau 2010: 177-181.

▶ 12　ただし、配偶者のみにA1レベルの平易なドイツ語での意思疎通といった言語要件が課され、インタビューでの試験やゲーテ・インスティチュートなどでの資格証明が必要であるものの、ＥＵにかぎらず、日・韓・米・加・豪・ニュージーランド・イスラエル・アンドラ・ホンジュラス・モナコ・サンマリノの国籍を有する配偶者、高度専門技術者、研究者および自営業者の配偶者の場合は、免除されている（難民の配偶者や言語などの障碍のある人やドイツ語能力なしに就職が可能と思われる学位を有する者も免除される）。Block 2012: 139.

▶ 13　Ａ１レベルの英語能力を要求することは、愛する人との同居を妨げるためではなく、統合を容易にし、参加する社会の結合に役立てるためであると政府は説明している。Blackledge 2009: 82.

▶ 14　第33の指標は、申請手続期間の上限である。1は6か月以下である、独。2は6か月より長いが、法で定められている、芬、仏。3は期間の上限の定めがない、加、日、韓、瑞、英、米、豪。

▶ 15　第35の指標は、不許可や取消や更新拒否の理由である。1は公共・国家の安全と虚偽の判明だけを理由とする、加。2は（3年未満での）家族関係の破綻も含む、韓、瑞、米。3は失業などの以前の条件を満たさない場合も含む、芬、独、仏、日、英、豪。

▶ 16　第37の指標は、不許可・取消の場合の法的保障である。1は理由開示、不服申立、独立行政機関や裁判所での代理が保障されている、加、芬、独、仏、韓、瑞、英、米、豪。2は少なくとも最初の2つが保障されている。3は最初の2つのいずれかまたはどちらも保障されていない、日。

▶ 17　第38の指標は、配偶者と成人の子の自律的な居住である。1は3年以下である、加、瑞、豪。2は3年より長く5年以下である、米、仏、独、仏。3は5年より長いか一定の条件が要る、日、韓、英。

▶ 18　第39の指標は、離婚や死別やＤＶの被害の場合の自律的な居住である。1は自動的に認められる、加、豪。2は（居住期間や婚姻などの）一定の条件のもとに認められる、芬、独、仏、韓、瑞、英、米。3はない、日。

▶ 19　法務省入国管理局「在留特別許可に係るガイドライン」（平成18年10月、平成21年7月改定）によれば、「本邦において相当期間同居」の要件も加わっている。

▶ 20　法務省入国管理局通達「日人の実子を扶養する外国人親の取扱について」（法務省管在第2565号、平成8年7月30日）。

▶ 21　第44の指標は、就学前教育へのアクセスと支援である。1は在留資格にかかわらず就学前教育へのアクセスを認め、移民の子どもへの就学促進の支援策を講じる、韓、米、瑞、豪。2はどちらか1つである、日、英、加、仏、独。英では、就学前教育に移民の子も同様に参加できるが、移民の子の参加率を高める施策はない。加では、アクセスを認めている。仏では、無料でのアクセスを認める。独では、非正規滞在者の法的なアクセスを認めていないが、移民の子の就学を促進するキャンペーン・異文化間教育の支援策がある。3 はどちらもない。

▶ 22　2013 年 7 月から、瑞では、非正規滞在の子も、国民と同様のアクセスが認められるようになった。

▶ 23　第 45 の指標は、義務教育へのアクセスであり、在留資格にかかわらず、学齢期の子どもすべてに法的な権利があるかである。1 は在留資格にかかわらず国民と同様の明示の義務が法に定められている、加、仏、韓、瑞、米。2 はすべての子どもへの黙示の義務である、芬、独、日、英、豪。3 は移民の一定のカテゴリーへの制約を法定している。

▶ 24　第 46 の指標は、移民の以前の教育や国外での言語資格の評価である。1 は標準化された評価の手段と訓練されたスタッフがある、仏。2 はどちらか一方である、加、芬、韓、英、米。3 はどちらもない、独、日、瑞、豪。

▶ 25　The Center for Applied Linguistics のホームページを参照、http: //www.cal.org/what-we-do/projects/wida.

▶ 26　第 48 の指標は、職業訓練へのアクセスである。1 は移民の生徒の職業訓練への参加促進策と、移民の生徒に職業訓練を提供するように雇用主を促す政策の両方を行う、加、芬、独、米、豪。2 はどちらか 1 つを行う、韓、瑞。3 はいずれもない、日、仏、英。

▶ 27　第 49 の指標は、高等教育へのアクセスや参加の支援である。1 は高等教育への移民の生徒の入学奨励策と（特別入学・付加的な言語支援・メンター・落第防止対策などの）参加促進策がある、芬、米、豪。2 はどちらか一方がある、独、韓、瑞。3はどちらもない、加、日、仏、英。

▶ 28　第 54 の指標は、外国人児童生徒を教える教員の訓練である。1 は採用前の教育、採用後の教育の両方がある、英、豪。2 はどちらか一方がある、加、芬、独、韓、瑞、米。3 はどちらもない、日、仏。

▶ 29　例えば、愛知県岩倉市では、日語・ポルトガル語適応指導教室において、ブラジルの教科書を使って、母語であるポルトガル語を忘れないように配慮しながら、ブラジルの文化や地理・歴史などを教える授業が、市立の小中学校の正規の授業時間内で行われている。

▶ 30　第 55 a の指標は、移民の母語を学習する選択権である。1 は国の規定または推奨がある、豪、加、芬、独、瑞、米。2 は 2 か国間協定ないし他国の財政支援がある、仏。3 はない、日、韓、英。詳しくは、近藤（2016）参照。

▶ 31　第 56 a の指標は、自己または親の出身国の文化の学習の提供である。1 は国の規定か勧告である、豪、加、韓、瑞。2 は 2 か国間条約か、他国の財政支援による制度である。日本では一部の自治体で提供がある。3 は提供がなく、私的またはコミュニティ主導のものだけである、芬、独、仏、英、米。

▶ 32　第 57 の指標は、教育現場でのセグリゲーションに対処する施策である。1 は移民の生徒が少ない学校がもっと移民の生徒を引き付け、移民の生徒の多い学校が移民でない生徒を引き付ける政策と、移民の生徒の少ない学校と多い学校を結びつける政策の両方がある。2 はどちらか一方がある、豪、瑞、英。3 はどちらもない、加、芬、独、仏、日、韓、米。

▶ 33　第 60 の指標は、異文化間教育の公式目標に文化の多様性を含んでいることである。1 はカリキュラム上の単位の科目として、またカリキュラム全体を通じて含んでいる、英、加、瑞。2 はそのうちの 1 つを含んでいる、豪、芬、韓、米、独。3 はないまたは異文化間教育が文化の多様性を含まない、日、仏。

▶ 34　第 61 の指標は、文化の多様性を奨励する国の情報政策である。1 は国の財政支援を受けた機関の任務の一部としての主導で行われる、豪、韓、英、加、仏、瑞。2 は国から任意の財政支援を受けた機関の主導で行われる、米、芬、独。3 はない、日。

▶ 35　第 62 の指標は、学校の人口の多様性の変化に応じたカリキュラムや教材の変化である。1 は国と地方の人口態様に応じたカリキュラム変更、履行状況の調査と評価の両方を含む、豪、英、瑞。2 は前者のみである、米、加。3 はない、日、韓、仏、独、芬。

▶ 36　第 63 の指標は、宗教などを配慮した時間割や休日や宗教活動や服装コードの変更である。1 は国の法やガイドラインで認める、英。2 は自治体や学校レベルでの裁量で認める、豪、米、加、仏、独、芬、瑞。3 は法的には認めない、日、韓。

▶ 37　第 59 の指標は、移民の教員の積極的な登用である。1 は移民の学習・移民としての教員資格の奨励、移民の教員への登用の促進の両方がある、英、独。2 はどちらか一方がある、豪、芬、瑞。3 はない、日、韓、米、加、仏。

▶ 38　第 64 の指標は、すべての教員に対する異文化間教育を含む文化の多様性の奨励を教える訓練である。1 は教員免許取得に必要な事前の訓練、採用後の訓練の両方がある、加。2 はどちらか一方がある、豪、韓、米、英、仏、独、芬、瑞。3 はない、日。

▶ 39　法務省入国管理局入国在留課長通知「『家族滞在』の在留資格をもって在留する者からの『定住者』への在留資格変更許可申請における留意事項について」（平成 27 年 1 月 20 日法務省管在第 357 号）。

▶ 40　第 10 の指標は、国外で取得した法規で定められた（弁護士や医師などの）職業資格の承認である。1 は国民と同じ手続と料金である、加、独、瑞、英、米、豪。2 は国民とは別の手続である、芬。3 は（相互認証などの）特別な手続か、承認しない、日、韓、仏。

▶ 41　第 11 の指標は、国外の技術と資格の承認の促進である。1 は国民と同じ手続と料金である、加、瑞、仏、韓、米、独、芬、豪。2 は国民とは別の手続である。3 は（相互認証などの）特別な手続か、承認しない、日。

▶ 42　第 15 の指標は、ハローワークへのアクセス支援である。1 は相談助言などニューカマーの統合策、移民担当のスタッフの訓練を有する、独、韓、瑞。2 は上記のいずれかを有する、芬、仏、日、米、豪。3 はいずれもない、加、英。

▶ 43　第 13 の指標は、経済的な統合措置である。1 は a.（ブリッジコースや職業別専門用語訓練などの）一般的な言語訓練以外の職業訓練、b.（雇用主へのインセンティブや有償就業体験や公共部門活用などの）雇用奨励プログラムの両方である、豪、加、芬、独、瑞。2 はどちらか一方である、日、韓、仏。3 は暫定的に（主に NGO により）実施される、英。

▶ 44　第 14 の指標は、労働市場への外国人の若者と女性の統合策である。1 は移民の若者への特別対策、移民の女性への特別対策を有する、芬、独、仏、韓、瑞、芬。2 は上記のいずれかを有する、豪。3 はいずれもない、加、日、英、米。

▶ 45　第 18 の指標は、外国人は（失業手当、老齢年金、障害手当、出産休暇、家族手当、社会扶助などの）社会保障に平等にアクセスできるかである。1 はすべて国民と同様である、加、独、仏、瑞。2 は少なくとも 1 分野で不平等である、日、韓、芬。3 は複数の分野で不平等である、英、米、豪。

▶ 46　第 19 の指標は、公営住宅や住宅金融支援への平等なアクセスができる外国人の類型である。1 は永住者等、（季節労働者を除く）短期雇用契約者、家族呼び寄せの滞在者のすべてである、加、独、仏、瑞、米。2 は永住者等とその他の一部である、芬、日、韓。3 は永住者等だけか、すべての外国人がアクセスできない、英、豪。

▶ 47　第 80 の指標は、永住許可に必要な居住期間の要件である。1 は 5 年より短い、米、加、芬、瑞、豪。2 は 5 年である、韓、仏、独。（韓では、2 年の結婚移民以外、原則 5 年）。3 は 5 年より長い、日、英　（日本では、原則 10 年）。

▶ 48　第 85 の指標は、生計要件である。1 はないまたは生活保護より低いが、無収入は除かれる、米、豪。2 は生活保護より高いが、フルタイム労働でなくてもよい、韓、加、仏、芬、瑞。3 はフルタイムで合法的な仕事でなければならない、日、英、独。

▶ 49　第 93 の指標は、退去強制忌避事由である。1 は 20 年以上の長期居住者、未成年者、国内生まれの居住者または 18 歳までに 10 年以上居住した者のすべての場合に退去強制しない、仏、瑞。2 はどれか 1 つ以上の場合に退去強制しない。3 はこれらの退去強制の忌避事由が定められていない、日、韓、芬、米、英、加、独、豪。

▶ 50　第 94 の指標は、不許可・取消・更新拒否の場合の法的保障である。1 は理由開示、異議申立、DE 立の行政機関や裁判所への審査請求や提訴のすべてが保障されている、韓、米、英、加、仏、独、芬、瑞、豪。2 は少なくとも理由開示と異議申立が保障されている。3 は理由開示と異議申立のどちらか 1 つか、どちらも保障されていない、日。

▶ 51　第 101a の指標は、国民の配偶者の場合である。1 は原則的な居住期間よりも短い居住または婚姻の期間を要件とし、原則的な帰化の要件よりも少ない要件である、日、韓、米、独、瑞。（韓では、継続 2 年以上の居住、または 3 年以上の婚姻歴のある場合は継続 1 年以上の居住でよい）。2 は原則的な居住期間よりも短い居住または婚姻の期間を要件とするにとどまる、加、芬、仏、英。3 は原則的な帰化と同じである、豪。

▶ 52　第 101b の指標は、パートナーや内縁関係の居住要件である。1 は配偶者と同じである、英、加、独、芬、瑞、豪。2 は配偶者より長いが、一般の外国人より短い。3 は一般の外国人と同じである、日、韓、米、仏。

▶ 53　第 102 の指標は、2 世の国籍取得である。1 は出生により自動的に取得する、米、英、加、独、豪。2 は出生後の届出や宣言により取得する、仏、芬、瑞。3 は（簡易化されていようと）帰化手続による、日、韓。

▶ 54　第 103 の指標は、3 世の国籍取得である。1 は出生により自動的に取得する、米、英、加、仏、独。2 は出生後の届出や宣言により取得する、芬、瑞。3 は（簡易化されていようと）帰化手続による、日、韓。（韓の国籍法 6 条（簡易帰化要件）参照）。

▶ 55　第104aの指標は、言語要件である。1はないまたはA1以下である、米、加、瑞。2はA2レベルである、日、韓、豪。3はB1以上または基準のない行政裁量による、芬、仏、独、英。

▶ 56　第104bの指標は、言語要件の免除規定である。1は教育や資格を考慮した免除、年齢や障害などを考慮した免除の両方がある、独、瑞。2はそのどちらか一方がある、韓、米、英、加、豪。3はどちらもない、日、仏。

▶ 57　第104eの指標は、言語要件合格支援である。1は公表されている質問項目に基づく審査と、無料・低額の学習ガイドに基づく審査の両方である、韓、米、加、独、豪。2はどちらか一方である、芬。3はどちらもない、日、英、仏。

▶ 58　第106の指標は、生計要件である。1はない、米、加、瑞、豪。2は最低賃金レベルである、韓、芬。3は安定雇用などのその他の要件が必要である、日、英、仏、独。

▶ 59　第107の指標は、犯罪歴である。1は5年以上の懲役・禁固または資格認定猶予期間を考慮する、芬、瑞。2は5年未満の懲役・禁固を考慮する、加。3は軽犯罪違反などのその他の犯罪の場合も考慮する、日、韓、米、英、仏、独、豪。

▶ 60　第108の指標は、素行条項である。1はない、加、独。2は（国民と同様の）基本的な要求である、日、韓、芬、瑞。3は（国民より）高い要求か曖昧な定義である、米、英、仏、豪。

▶ 61　第110の指標は、審査期間の上限である。1は6か月以内である、英。2は6か月を超えるが法定されている、仏。3はこの種の規定がない、日、韓、米、加、独、芬、瑞、豪。

▶ 62　第111の指標は、不許可の追加理由である。1は虚偽の判明だけである。2は虚偽の判明と公共・国家安全への危険だけである、日、韓、瑞、豪。3はそれら以外の理由もある、米、英、加、芬、仏、独。

▶ 63　第112の指標は、不許可に際しての裁量である。1は法の定める要件に合致していれば申請が許可される、独。2は狭い幅の裁量である、韓、米、加、瑞。3は裁量手続である、日、芬、英、仏、豪。

▶ 64　憲法22条2項は「何人も、…国籍を離脱する自由を侵されない」と定めている。

▶ 65　憲法13条は「自由…に対する国民の権利については、公共の福祉に反しない限り、立法その他の国政の上で、最大の尊重を必要とする」と定め、必要最小限を超えた自由の制約を違憲の恣意的な制約とする比例原則の根拠規定とみることができる。参照、近藤(2015)。

▶ 66　第145 aの指標は、正規滞在者の医療保険制度への加入条件である。1は無条件である、独、仏、瑞。2は一定の条件がある、加、芬、日、韓、英、米、豪。3は加入が認められない。

▶ 67　第145 bの指標は、正規滞在者の医療のカバーする範囲である。1は国民と同じ制度によるカバーである、加、芬、独、仏、日、韓、瑞、英、米、豪。2は救急医療よりは多いが、国民よりは少ない内容である。3は救急医療以下である。

▶ 68　第145 cの指標は、正規滞在者への特別な免除である。a. 産前産後の診療、b. 感染症（結核やエイズなど）、c. 未成年者の診療、d. 弱い立場にあるグループ(拷問・人身取引・トラウマの被害者など）の診療、e. その他。1 は 3 つ以上である、加、独、日、瑞、英。2 は 1 つか 2 つである、芬、仏、韓、米、豪。3 はゼロである。

▶ 69　第 154 a 指標は、移民のアクセスを容易にする「文化仲介者」や「患者を案内する人」の提供である。1 は制度上または主要な移民の分野で保障されている、芬、米。2 は小規模ないし任意ベースで利用できる、加、日、韓、瑞、仏、豪。3 は利用できない、独、英。

▶ 70　第 156 b の指標は、通訳に使う方法である。a. 対面、b. 電話通訳、c. ビデオリンク通訳、d. 信頼できるボランティア、e. 文化仲介者の雇用、f. 有能な二言語・多言語スタッフ。1 は 3 つ以上の方法が利用できる、加、芬、独、日、瑞、英、米、豪。2 は 1 つか 2 つの方法が利用できる、韓、仏。3 は 1 つもこれらの方法は利用できない。

▶ 71　第 157 の指標は、「文化適応力」または「多様性配慮」サービスの要件である。基準やガイドラインは、医療が個人や家族の特徴、経験、状況、異なる信条・宗教・文化への尊重、異文化コミュニケーション能力を考慮する必要がある。A.「文化適応力」や「多様性配慮」サービスについての基準やガイドラインが存在する。B. これらの基準やガイドラインの遵守が、当局によりモニターされている。1 は A と B の両方である、米、豪。2 は 1 方だけである、加、芬、独、英。3 はどちらもない、日、韓、瑞、仏。

▶ 72　第 158 の指標は、医療スタッフの訓練と教育である。移民のニーズに合ったサービス提供におけるスタッフ訓練の支援策が存在する。a. 訓練は、基礎的職業訓練の必修科目である。b. 訓練は、能力向上研修の必修科目である。1 は国レベルか国を超えたレベルである、英。2 は自治体か組織レベルである、加、芬、独、仏、瑞、米、豪。3 はどこでもない、日、韓。

▶ 73　第 159 の指標は、情報提供、サービス計画、サービス提供における移民の関与である。a. 移民のサービス提供への関与（例えば、「文化仲介者」への雇用による）b. 移民は情報の展開と普及に関与する。c. 移民は調査に（調査対象者としてだけでなく）関与する。d. 移民の患者や元患者は、サービスの計画や運営に関与する。e. 移民はコミュニティにおいてサービスの策定に関与する。政策手段として明示的に推奨されている移民の関与形態のみを記載しなさい。1 は 3 から 5 である、瑞、豪。2 は 1 から 2 である、加、芬、独、日、瑞、米。3 はどれもない、韓、仏。

▶ 74　第 160 の指標は、医療関係の労働力における多様性の促進である。医療関係の労働力において移民の背景をもつ人の関与を促進するための（キャンペーン、インセンティブ、支援などの）募集の施策である。1 は国レベルか国を超えたレベルである、瑞、英、米。2 は自治体か組織レベルである、加、独、豪。3 はどこでもない、日、韓、芬、仏。

▶ 75　第 161 a の指標は、方法の適用である。診察手続と治療方法は、患者の社会文化的背景の多様性をより考慮して適応されている。 1 は診察手続と治療方法を社会文化的多様性に適用させることを奨励する政策がある、英。2 は診察手続と治療方法の適用は、限定的に許されているが、奨励されてはいない、加、芬、独、仏、韓、米、豪。3 は政策が診察手続と治療方法の標準化にもっぱら焦点をあてている、日。

▶ 76　第 161 b の指標は、促進策の存在である。A. 一定の移民コミュニティの健康の問題（例えば、女性性器切除、拷問の影響、珍しい国外の病気、遺伝のリスク要因）に対する治療法の開発。B. 移民コミュニティにより役立つために通常の健康の問題に対する標準的治療法の適応。C. 肉体的および精神的な健康の問題に対する「非西洋的な」補充・代替治療法の利用。1 はすべてである、英、米。2 は 1 つか 2 つある、芬、独、仏、韓、瑞、豪。3 はどれもない、加、日。

▶ 77　第 162 の指標は、移民の健康にかんするデータの集積である。在留資格、出身国または民族性に関するデータが、医療データベースと医療記録に含まれている（医療データベースと上記の個人情報に関する国のデータとの結合が実際には可能であれば、2 番とする）。1 はその種の情報を含むことが、必須である、瑞、英、米、豪。2 はその種の情報を含むことが、選択的である、加、芬、独、韓。3 はその種の情報が、含まれない、日、仏。

▶ 78　第 164 の指標は、「すべての政策に保健を」アプローチである。すべての政策の健康への影響に注意しなさい。1 は医療関係以外の部署の政策でも、移民または民族的少数者の健康への影響の考慮が必ず行われる、英。2 は医療関係以外の部署の政策でも、移民または民族的少数者の健康への影響の考慮がケースバイケースで行われる、芬、韓、米、豪。3 は医療関係以外の部署の政策では、移民または民族的少数者の健康への影響の考慮がなされない、加、独、仏、日、瑞。

参考文献

石崎正幸・Borgman D. Patricia・西野かおる（2004）「米国における医療通訳と LEP 患者」『通訳研究』4．121-138.

クレア (2012)「医療通訳」『自治体国際化フォーラム』276 号．2-16.

近藤敦編（2011）『多文化共生政策へのアプローチ』明石書店 .

近藤敦（2012）「移民統合政策指数 (MIPEX) と日本の法的課題」『名城法学』62（1）．77-107.

近藤敦（2015）「比例原則の根拠と審査内容の比較研究――収容・退去強制の司法審査にみる（国際人権）法の支配」岡田信弘ほか編『憲法の基底と憲法論――思想・制度・運用』815-837. 信山社.

近藤敦（2016a）「教育をめぐる権利・義務の再解釈 : 教育の多様性に向けて」『名城法学』66（1・2）．305-328.

近藤敦（2016b）『人権法』日本評論社 .

近藤敦（2017）「複数国籍の現状と課題」『法学セミナー』62（3）．1-4.

坂中英徳（2001）『日本の外国人政策の構想』日本加除出版 .

佐竹眞明ほか (2015)「多文化家族への支援に向けて : 概要と調査報告」『名古屋学院大学論集 社会科学篇』51（4）．49-84.

多文化共生の推進に関する研究会（2006）「報告書」総務省.

津田守（2007）「スウェーデンの通訳人及び翻訳人公認制度についての研究」『通訳研究』7．167-187.

山岸素子 (2009)「DV の現状と NGO の取組み――DV 法と移住女性，当事者女性のエンパワメント」アジア・太平洋人権情報センター編『アジア・太平洋人権レビュー 2009 女性の人権の視点から見る国際結婚』78-85. 現代人文社.

［英文文献］

Blackledge, A. (2009) Inventing English as convenient fiction: language testing regimes in the United Kingdom. In *Language Testing, Migration and Citizenship,* eds.　G. Extra, M. Spotti and P. van Avermaet, 66-86, London: Continium.

Block, L. (2012) *Policy Frames on Spousal Migration in Germany.* Wiesbaden: Springer.

Kamiya, H. (2015) Local Municipal Measures to Support Marriage Migrants in Japan. In *International Migrants in Japan: Contributions in an Era of Population Decline*, ed. Y. Ishikawa, 256-274, Melbourne: Trans Pacific Press and Kyoto University Press.

Migrant Integration Policy Index (MIPEX) (2015), http: //www.mipex.eu/ (accessed 30 January 2017).

Niessen, J. et al. (2005) *European Civic Citizenship and Inclusion Index.* Migration Policy Group, fpc.org.uk/fsblob/416.pdf (accessed 30 January 2017).

OECD (2016) *International Migration Outlook.* Paris: OECD.

Pascouau, Y. (2010) Integration Measures in France: An Evolving Process between Integration and Migration Issues. *A Re-definition of Belonging?: Language and Integration Tests in Europe,* eds. R. van Oers, E. Ersbøll and D. Kostakopoulou, 153-183, Leiden: Martinus Nijhoff.

Song, J. (2016) The Politics of Immigrant Incorporation Policies in Korea and Japan. *Asian Perspective* 40: 1–26.

第10章　韓国の国際結婚と多文化家族支援政策の現況

金 愛慶

1. はじめに

韓国では、とりわけ2000年代後半から国際結婚による移住者が急増し、韓国の家父長的な家庭文化と結婚移住女性の固有文化の衝突による離婚や家庭内暴力などの問題が人権団体やマスコミによって盛んに取り上げられ、社会的な議論を呼ぶようになった。こうした社会的情勢を受けて韓国政府は、2008年に「多文化家族支援法[1]」を制定し、結婚移住者とその家族で構成される「多文化家族」を対象とする支援政策を推進するに至る。

多文化家族とは、韓国の行政用語であり、「多文化家族支援法（改定2011年4月）」の2条により、次のいずれに該当する家族を指す；1）在韓外国人処遇法2条3号の「結婚移民者」と国籍法2条から4条までの規定[2]に従って韓国国籍を取得した者で成る家族、2）国籍法3条および4条の規定に従って韓国籍を取得した者と同法2条から4条までの規定に従って韓国籍を取得した者で成る家族。

そして、「結婚移民者」とは、韓国籍者との婚姻による居住資格（F-2）を持つ外国籍者を意味する韓国の行政用語である。法令ならびに行政機関では「結婚移民者」という用語が使用されるが、学界や支援団体においては「結婚移住者」という用語がより多く使用される。本稿では、文脈によってその両方を用いる。

韓国政府は、多文化家族に対する政府の体系的な支援を推進にするために「多文化家族政策基本計画」を立てており、2012年からは「第二次多文化家族政策基本計画」のもとに支援を施行している。同じ東アジア圏である韓国の多文化家族支援政策とその実践は、日本の国際結婚家庭への支援を再考する上で、有意義な示唆を与えると考えられる。そこで本稿では、韓国の多文化家族支援政策を管轄している女性家族部[3]およびソウル地域の多文化家族支援団体への聞き取り調査[4]の結果に基づき、韓国の多文化家族に対する支援政策とその実践について報告する。

2．韓国の国際結婚と多文化家族の現況

(1) 韓国における国際結婚の現況

韓国における国際結婚の始まりは、1980年代から農村部における未婚男性の配偶者探しが深刻な社会問題 となったことに端を発する。この問題に対する対策の1つとして1990年代初期に中国延辺地域の朝鮮族女性との集団お見合いが自治体の斡旋によって行われるようになり、韓国における国際結婚が本格化するきっかけとなった。

韓国における国際結婚の現況を記述するにあたり、まず国際結婚の統計的な推

表1　韓国における結婚及び国際結婚件数の推移（1992～2015、単位：件）

年度	総結婚件数	国際結婚件数	国際結婚率	韓国（夫）＋外国（妻）	韓国（妻）＋外国（夫）
1993	402,593	6,545	1.6 %	3,109	3,436
1994	393,121	6,616	1.7 %	3,072	3,544
1995	398,484	13,493	3.4 %	10,365	3,128
1996	434,911	15,947	3.7 %	12,647	3,300
1997	388,960	12,473	3.2 %	9,276	3,197
1998	373,500	11,592	3.1 %	7,744	3,848
1999	360,407	9,823	2.7 %	5,370	4,453
2000	332,090	11,605	3.5 %	6,945	4,660
2001	318,407	14,523	4.6 %	9,684	4,839
2002	304,877	15,202	5.0 %	10,698	4,504
2003	302,503	24,775	8.2 %	18,750	6,025
2004	308,598	34,640	11.2 %	25,105	9,535
2005	314,304	42,356	13.5 %	30,719	11,637
2006	330,634	38,759	11.7 %	29,665	9,094
2007	343,559	37,560	10.9 %	28,580	8,980
2008	327,715	36,204	11.0 %	28,163	8,041
2009	309,759	33,300	10.8 %	25,142	8,158
2010	326,104	34,235	10.5 %	26,274	7,961
2011	329,087	29,762	9.0 %	22,265	7,497
2012	327,073	28,325	8.7 %	20,637	7,688
2013	322,807	25,963	8.0 %	18,307	7,656
2014	305,507	23,316	7.6 %	16,152	7,164
2015	302,828	21,274	7.0 %	14,677	6,597

出典：統計庁『2015年婚姻・離婚統計報告』より筆者作成。

移について述べる。韓国統計庁（https: //kostat.go.kr/）（2016年11月21日閲覧）によると、国際結婚の統計を始めた1993年から2015年までの国際結婚の件数は、2000年代に入ってから急速な増加率を示し、2005年には総婚姻件数31万4,304件のうち、国際結婚は4万2,356件（13.5%）に上り、ピークに達している（**表1**）。その後、徐々に減少傾向に転じたものの、2015年の国際結婚件数は2万1,274件と全体の7.0%を占め、依然高い水準で推移している。

その一方で、国際結婚家庭における離婚件数も2004年を境に急増した（**表2**）。2011年には全体の離婚件数11万4,284件のうち、1万1,495件が国際結婚カップルによるものであり、全体の10.1%を占めるまで増加した。その後、国際結婚家庭における離婚率は徐々に減少傾向に転じたが、2015年には2万1,274件と全体の8.4%と高い水準のまま推移しており、「韓国人妻－外国人夫」の家庭に比べて「韓国人夫－外国人妻」の家庭で離婚率が高い。

次に韓国行政自治部の2015年外国人住民現況調査（https: //www.moi.go.kr/）（2016年11月21日閲覧）による結婚移民・認知・帰化者の統計の出身国別推移を

表2　韓国における離婚及び国際離婚件数の推移（1995～2015、単位：件）

年度	総離婚件数	国際離婚件数	国際離婚率	韓国（夫）＋外国（妻）	韓国（妻）＋外国（夫）
1995	68,279	1,700	2.5 %	154	1,546
1996	79,895	1,649	2.1 %	140	1,509
1997	91,160	1,519	1.7 %	179	1,340
1998	116,294	1,356	1.2 %	141	1,215
1999	117,449	1,402	1.2 %	198	1,204
2000	119,455	1,498	1.3 %	247	1,251
2001	134,608	1,694	1.3 %	387	1,307
2002	144,910	1,744	1.2 %	380	1,364
2003	166,617	2,012	1.2 %	547	1,465
2004	138,932	3,300	2.4 %	1,567	1,733
2005	128,035	4,171	3.3 %	2,382	1,789
2006	124,524	6,136	4.9 %	3,933	2,203
2007	124,072	8,294	6.7 %	5,609	2,685
2008	116,535	10,980	9.4 %	7,901	3,079
2009	123,999	11,473	9.3 %	8,246	3,227
2010	116,858	11,088	9.5 %	7,852	3,236
2011	114,284	11,495	10.1 %	8,349	3,146
2012	114,316	10,887	9.5 %	7,878	3,009
2013	115,292	10,480	9.1 %	7,588	2,892
2014	115,510	9,754	8.4 %	6,998	2,756
2015	109,153	8,237	8.4 %	5,743	2,494

出典：統計庁『2015年婚姻・離婚統計報告』より筆者作成。
https://kostat.go.kr/portal/korea/kor_nw/2/1/index.board?bmode=read&aSeq=352513

表3に示す。総計30万5,446人が、国際結婚および認知・帰化による住民登録を行っている。その内訳としては、中国朝鮮族出身者が9万8,037人と最も多く、そのほかの中国出身者が8万1,010人であり、両方を合わせると17万9,047人と全体の58.6%を占める。そして、ベトナム、フィリピン、日本からの出身者がそれに続く。集計上その他に含まれていたカンボジア出身者は、2010年から独自に集計されるほど増加しており、これはカンボジアを対象とする結婚仲介業者が

表3　出身国別の結婚移民・認知・帰化者の推移　（単位：人）

出身国	2007	2008	2009	2010	2011	2012	2013	2014	2015
中国（朝鮮族）	59,902	70,901	77,853	87,565	88,922	97,796	100,524	103,194	98,037
中国	33,577	39,434	53,864	60,183	69,671	65,832	67,944	71,661	81,010
ベトナム	16,305	21,306	31,080	34,913	42,159	47,754	52,323	56,332	58,761
フィリピン	7,146	8,033	10,150	10,868	12,428	13,829	15,256	16,473	17,353
日本	6,742	6,653	5,742	5,594	11,070	11,705	12,338	12,875	13,239
カンボジア	-	-	-	3,354	4,422	5,316	5,684	6,184	6,468
モンゴル	1,605	2,121	2,591	2,665	2,959	3,068	3,186	3,257	3,305
タイ	1,566	1,896	2,291	2,350	2,914	2,918	2,975	3,088	3,208
アメリカ	1,436	1,750	1,911	1,890	2,598	2,747	3,081	3,350	3,473
ロシア	997	1,854	1,162	1,279	1,827	1,943	2,025	1,976	1,898
台湾	5,696	4,336	1,211	1,856	1,836	2,390	2,661	2,953	3,170
その他	7,043	9,940	11,543	9,031	11,958	12,429	13,298	14,499	15,524
全体	142,015	168,224	199,398	221,548	252,764	267,727	281,295	295,842	305,446

出典：行政自治部『地方自治団体外国人住民現況（2015）』より筆者作成。

表4　各地方自治体における結婚移民者の統計（単位：人）

広域自治体名	婚姻帰化者			国籍未取得の結婚移民者			その他の事由による帰化者			3グループ合計			
	男性	女性	計	男性	女性	計	男性	女性	計	男性	女性	計	%
ソウル特別市	1,392	16,359	17,751	7,399	21,308	28,707	11,000	17,171	28,171	19,791	54,838	74,629	24.4
釜山広域市	108	3,757	3,865	895	5,894	6,789	365	701	1,066	1,368	10,352	11,720	3.8
大邱広域市	78	2,487	2,565	589	4,178	4,767	204	291	495	871	6,956	7,827	2.6
仁川広域市	377	5,348	5,725	1,475	7,341	8,816	1,702	3,154	4,856	3,554	15,843	19,397	6.4
光州広域市	44	1,977	2,021	290	2,901	3,191	113	215	328	447	5,093	5,540	1.8
大田広域市	62	1,606	1,668	384	3,079	3,463	198	421	619	644	5,106	5,750	1.9
蔚山広域市	61	1,908	1,969	348	2,659	3,007	300	474	774	709	5,041	5,750	1.9
世宗特別自治市	0	239	239	42	372	414	32	56	88	74	667	741	0.2
京畿道	1,863	24,213	26,076	7,419	33,159	40,578	8,717	14,506	23,223	17,999	71,878	89,877	29.4
江原道	39	2,547	2,586	251	3,477	3,728	131	252	383	421	6,276	6,697	2.2
忠清北道	87	3,125	3,212	431	4,263	4,694	290	540	830	808	7,928	8,736	2.9
忠清南道	122	4,377	4,499	642	7,101	7,743	609	1,168	1,777	1,373	12,646	14,019	4.6
全羅北道	37	4,027	4,064	298	5,425	5,723	182	322	504	517	9,774	10,291	3.4
全羅南道	33	4,134	4,167	201	6,508	6,709	167	273	440	401	10,915	11,316	3.7
慶尚北道	66	4,559	4,625	532	7,072	7,604	269	547	816	867	12,178	13,045	4.3
慶尚南道	156	6,264	6,420	883	8,512	9,395	366	655	1,021	1,405	15,431	16,836	5.5
済州自治道	38	826	864	230	1,824	2,054	138	219	357	406	2,869	3,275	1.1
全体合計	4,563	87,753	92,316	22,309	125,073	147,382	24,783	40,965	65,748	51,655	253,791	305,446	100.0

出典：行政自治部『地方自治団体外国人住民現況（2015）』より筆者作成。

表5　結婚移民者における韓国籍取得状況（単位：人）

	男性	女性	計
婚姻帰化者数	4,563	87,753	92,316
（%）	1.9	36.6	38.5
国籍未取得者数	22,309	125,073	147,382
（%）	9.3	52.2	61.5
累計	26,872	212,826	239,698
（累積%）	11.2	88.8	100.0

出典：行政自治部『地方自治団体外国人住民現況（2015年1月1日基準）』より筆者作成。

増えたことに起因する。

各地域[▶5]における結婚移民・認知・帰化者の性別・帰化別の統計結果を**表4**に示す。国際結婚の地域別分布からもわかるように、全体の結婚移民者の47.2%がソウル特別市と京畿道という首都圏に集住している。そして、性別集計結果によると、女性が25万3,791人（83.1%）と圧倒的に多い。

加えて、**表5**は国際結婚による結婚移民者のみを対象にした帰化別の集計結果を示したものである。婚姻帰化者は男女合わせて9万2,316人（38.5%）であり、残りの14万7,382人（61.5%）は韓国籍の未取得者である。結婚移民者の帰化申請[▶6]には、婚姻届けの提出後、外国人登録を済ましてから2年間韓国内に居住することが求められる（国籍法第4条第2項）。

（2）韓国の国際結婚急増の背景

先述したとおり、韓国で国際結婚が本格化したのは、農村部における花嫁探しの大変さからであった。労働可能な人口の多くは都心部に流出し、農村部には老人と結婚適齢期を過ぎた独身男性がほとんどとなり、農村部での人口減少は深刻な問題となった。1992年の韓国と中国の国交正常化に伴い、韓国政府は1995年から農村の独身男性と中国朝鮮族女性との国際結婚を斡旋するプロジェクトを推進し、農村部の人口減少の危機を克服しようとした。このような政策的なバックアップがあって農村部での国際結婚が増加した。そして、2000年代半ばからは農村部のみならず都市部でも結婚仲介業者の斡旋による国際結婚が増え、とりわけ東南アジアからの移住女性との国際結婚の増加が著しい（한 건수・설 동훈 2006）。

国際結婚が全国的に広まるようになった背景としては、韓国社会における「男児選好思想」の影響も看過できない。男児選好思想とは、父系の血統を重視する社会で現れる男児を選好する観念を意味するが、韓国では男子が氏を継承し、先

祖への祭祀を執り行う儒教文化の影響を受け、家父長的な価値観が社会全般において未だ色濃く残っている。こうした男児選好思想を端的に表す指標として韓国の結婚適齢期の「性比の不均衡」が挙げられる。ヤン・ジョンソン（양 정선 2009）の報告によると、2007年の結婚適齢期の男性（29～33歳）は197万9,070人であるに比べて、女性（26～30歳）は190万8,494人と、男性が7万576人上回っていた。それだけでなく、2014年には結婚適齢期の男性が38万1,300人となり、女性の20％ほどをさらに上回るようになると推計した。医療診断技術の進歩に伴い、1980年代から男児選好思想に基づく意図的な産み分けによって結婚適齢期の性比における不均衡が発生する事態にまで至ったのである。

こうした事態を受け、韓国では両性平等の観点から従来の父系中心の戸籍制度を廃止し、2008年1月から施行された「家族関係の登録等に関する法律」によって父母のいずれの氏も任意で選べるように改定された[▶7]。しかし、結婚適齢期の世代やその親世代は、家父長的儒教文化の影響を強く受けており、都市部でも国際結婚の道を選ぶようになったのは、夫側の氏を子女に継承する社会的通念の中で独身男性に対する結婚の圧力が強いこととも関連した現象であると解釈できる。

他方で、韓国では単純労働職における外国人の「雇用許可制」（2004年8月）を開始する前に、「在外同胞の出入国と法的地位に関する法律（1999年12月制定）」に基づいて外国籍の同胞に対してはサービス業における就業を許可する「就業管理制」（2002年12月）が導入され、家事・看病・保育などにおける朝鮮族の女性労働者が増加した。国際結婚の実態調査（설 동훈ほか 2005）では、こうした就労目的で来韓した朝鮮族の中国人女性の多くが韓国籍を取得して経済的地位を上げる、いわゆるコリアンドリームを実現するために韓国人男性との国際結婚を選んでいる実態が報告された。朝鮮族を含む中国出身の結婚移住女性[▶8]が最も多いのもこうした経緯が背景にある。

韓国の国際結婚の急増におけるもう1つ重要な要因として、国際結婚仲介業者の増加も挙げられる。2000年代に入ると晩婚化によって韓国内の結婚仲介業は不況に陥った。これに加わって、結婚傾斜（marriage gradient）現象[▶9]（Bernard 1972）による経済社会的地位の低い独身男性が増加したことから、その打開策として外国人花嫁との国際結婚の斡旋業務にシフトする現象が起きた。さらに偽装結婚問題など中国人花嫁との国際結婚のトラブルが多発していたことから、ベトナム、フィリピン、カンボジアなどの東南アジア、モンゴル、ウズベキスタンなどの開発途上国の女性との国際結婚を仲介する業者が増加し、とりわけ東南アジアの女性との国際結婚を仲介する業者が乱立するようになった。

韓国における国際結婚の増加は、農村部の人口減少という人口統計学的要因のほかに、韓国の伝統的な価値観、労働市場における移住女性の増加とグローバル上昇婚[▶10]（global hypergamy）の増加、高学歴の女性の増加に伴う結婚傾斜現象、国際結婚仲介業者の乱立などの複合的な要因による結果であるといえる。韓国における結婚適齢期の性比の不釣り合いは、今後20年間は続くと推計されており、国際結婚は今後も一定水準を保って推移すると予想される。

(3) 韓国における多文化家族の現況

国際結婚の増加に伴い、多文化家庭における子女も年々増加している（**表6**）。行政自治部の「2015年人口住宅総調査結果」（http: //www.moi.go.kr/）（2016年11月21日閲覧）によると、国際結婚家庭を含む「外国につながる子女」は、20万7,693人であり、男子が10万6,077人、女子が10万1,616人であった。その中でも国際結婚家庭における子女は、19万3,509人（男子9万8,942人、女子9万4,567人）と全体の93.2%を占める。自治体別にみると、京畿道（25.4%）が最も多く、その次のソウル特別市（14.3%）を合わせると、全体の約4割を占め、首都圏に

表6　各地方自治体における移住民家庭の子女の統計（単位：人）

広域自治体名	外国籍 - 韓国籍夫婦家庭			韓国籍夫婦家庭			外国籍夫婦家庭			3グループ合計			
	男子	女子	計	男子	女子	計	男子	女子	計	男子	女子	計	%
ソウル特別市	12,139	11,818	23,957	535	480	1,015	2,425	2,393	4,818	15,099	14,691	29,790	14.34
釜山広域市	4,380	4,157	8,537	221	182	403	100	102	202	4,701	4,441	9,142	4.40
大邱広域市	2,838	2,987	5,825	158	145	303	108	133	241	3,104	3,265	6,369	3.07
仁川広域市	5,442	5,197	10,639	301	289	590	590	515	1,105	6,333	6,001	12,334	5.94
光州広域市	2,506	2,309	4,815	76	69	145	52	55	107	2,634	2,433	5,067	2.44
大田広域市	2,285	2,119	4,404	130	87	217	58	55	113	2,473	2,261	4,734	2.28
蔚山広域市	2,020	2,005	4,025	166	140	306	123	105	228	2,309	2,250	4,559	2.20
世宗特別自治市	339	332	671	16	13	29	16	10	26	371	355	726	0.35
京畿道	23,038	21,945	44,983	1,236	1,130	2,366	2,733	2,733	5,466	27,007	25,808	52,815	25.43
江原道	3,390	3,181	6,571	181	172	353	43	48	91	3,614	3,401	7,015	3.38
忠清北道	3,726	3,614	7,340	176	155	331	93	104	197	3,995	3,873	7,868	3.79
忠清南道	5,640	5,543	11,183	409	329	738	217	203	420	6,266	6,075	12,341	5.94
全羅北道	5,236	4,930	10,166	244	196	440	114	100	214	5,594	5,226	10,820	5.21
全羅南道	6,107	5,900	12,007	484	455	939	70	70	140	6,661	6,425	13,086	6.30
慶尚北道	6,072	5,748	11,820	309	330	639	120	133	253	6,501	6,211	12,712	6.12
慶尚南道	7,272	6,942	14,214	421	378	799	237	248	485	7,930	7,568	15,498	7.46
済州自治道	1,371	1,204	2,575	78	86	164	36	42	78	1,485	1,332	2,817	1.36
全体合計	93,801	89,931	183,732	5,141	4,636	9,777	7,135	7,049	14,184	106,077	101,616	207,693	100.0

出典：行政自治部『地方自治団体外国人住民現況（2015年1月1日基準）』より筆者作成。
注：「外国籍 - 韓国籍夫婦家庭」：国際結婚家庭で、外国人配偶者が韓国籍を未取得の場合
「韓国籍夫婦家庭」：国際結婚家庭で、配偶者が韓国籍に帰化した場合
「外国籍夫婦家庭」：夫婦いずれも韓国籍でない場合

表 7　多文化家庭における父母の出身国家別にみた子女の現況（単位：人）

父母の出身国	人数	%
中国	42,791	20.6
中国（朝鮮族）	39,160	18.9
ベトナム	57,856	27.9
フィリピン	20,584	9.9
日本	17,195	8.3
カンボジア	7,343	3.5
モンゴル	2,911	1.4
タイ	2,810	1.4
台湾	1,985	1.0
アメリカ	1,888	0.9
ロシア	1,304	0.6
インドネシア	760	0.4
ミャンマー	152	0.1
マレーシア	136	0.1
その他の国	10,818	5.2
合計	207,693	100.0

出典：行政自治部『地方自治団体外国人住民現況（2015 年 1 月 1 日基準）』より筆者作成。

集住している様子がわかる。

父母の出身国別多文化子女の集計（**表 7**）によると、朝鮮族を含む「中国につながる子女」が 8 万 1,951 人と最も多く、全体の 39.5%を占める。その次に、「ベトナムにつながる子女」が 5 万 7,856 人と全体の 27.9 % を占め、中国、ベトナムを合わせると全体の 67.3%をも占める。それに続いて、フィリピン、日本、カンボジアにつながる子女の順に多い。

さらに、多文化家庭における子女の年齢別統計（**表 8**）では、6 歳以下が 11 万 7,877 人（56.7%）であり、7 歳から 12 歳の小学生 5 万 6,108 人（27.0%）と合わせると全体の 83.7%に上る。従来の多文化子女の支援政策が主に幼児・児童を対象とする支援であったとしたら、今後は多文化児童生徒の成長とその発達段階に合わせて中・高・大学生への支援を強化する必要性があることが統計結果から示唆される。

以上の国際結婚による結婚移民者ならびその子女の統計を基に多文化家族を概算すると、結婚等による移民者が約 30.5 万人、その韓国人配偶者が約 30.5 万人、そしてその子女が 20 万人超で、およそ 82 万人が多文化家族であると概算できる。

表 8　結婚移民者・帰化者（多文化家族）の子どもの現況（単位：人）

男女別の現況			年齢別の現況				
男性	女性	合計	6 歳以下	7 ～ 12 歳	13 ～ 15 歳	16 ～ 18 歳	合計
106,077	101,616	207,693	117,877	56,108	18,827	14,881	207,693
51.10%	48.90%	100%	56.7%	27.0%	9.1%	7.2%	100%

出典：行政自治部『地方自治団体外国人住民現況（2015 年 1 月 1 日基準）』より筆者作成。

3．韓国の多文化家族支援政策

韓国行政自治部の外国人住民現況報告（2015年1月1日基準）によると、韓国内に居住する外国人住民は、171万1,013人であり、総人口5,106万9,375人の3.4％である。外国人住民の統計を始めた2006年には53万6,627人であった外国人数が、10年間で3倍以上に増加したこととなる。長期在留外国人の137万6,162人のうちに、未帰化者である国際結婚移民者は14万7,382人で、長期滞在外国人の10.7％を占める。これは、単純労働資格で在留中の外国人労働者60万8,116人に比べると相対的に少ない数値である。

ところが、国際結婚の多くが国際結婚仲介業者の斡旋によるものであり、韓国語能力や韓国文化に関する理解がほとんどないまま移住してきた結婚移住女性たちは、言語・生活様式・家庭文化など広範囲にわたって文化的な差による葛藤を感じており、夫および義理の同居家族との衝突と葛藤を経験している実態が報告された（김 이선ほか 2006）。結婚移住女性たちにとって最大のサポート源となるべき夫や義理の家族は、結婚移住女性たちの感じる文化的戸惑いや葛藤に対する理解が乏しく、韓国の家父長的な家庭文化の中で移住女性は孤立しがちである様子も浮き彫りになった（설 동훈ほか 2005）。それだけでなく、夫による家庭内暴力（以下、DVと記す）の被害にあう移住女性も後を絶たず、国際結婚家庭に対する政府の中長期的な支援の必要性が指摘された（설 동훈ほか 2006）。

このような事態に対して韓国政府はさまざまな支援に乗り出しており、次にその支援政策ならびに具体的な支援内容について述べる。

(1)「結婚仲介業の管理に関する法律」の制定

国際結婚仲介業者を取り締まる法律がない中、2000年代半ばから国際結婚仲介業者が乱立するようになり、仲介料を巡るトラブルや虚偽の情報による成婚で離婚するケースが増えるなど、国際結婚を巡る問題が急増した。このような状況に対いて韓国政府は、2007年12月に「結婚仲介業の管理に関する法律」を制定し、2008年6月から規制に乗り出した。にもかかわらず、相手への十分な理解のないまま結婚することによるトラブルが後を絶たず、2010年5月の法改正によって仲介業務としての通訳・翻訳サービスの提供を義務付け、損害賠償の責任を課すなどの処置がなされたが、これも大きな成果を上げられなかった。こうした事態に対して移住女性の人権の観点から人権団体などによってその改善を求める声が高まり、社会的な関心を呼んだ。

そして、2012年2月の法改定では、仲介業者の登録基準を大幅に強化し、管轄自治体の行政ホームページにおいて登録仲介業者名を公示するようにしたほか、未成年者の紹介を禁止し、同時に2名以上とのお見合いを禁じるなど、いわゆる売買婚につながる危険性に対するより積極的な法的処置が設けられた。さらに、国際結婚を望む当事者相互の個人情報を相手国言語に翻訳し、公的認証を得て交換するようにするなど、虚偽の情報による成婚の防止策を強化している[11]。そして、仲介業者に対しては、管轄する自治体に毎年事業報告を行うように義務付けた。

こうした一連の処置にもかかわらず法令を違反した成婚が報告されていたことから、2013年3月の改定においては仲介業者の違反事項がある場合、登録取り消しあるいは1年間の営業停止命令を可能にした。

以上の一連の法改定により、2012年8月に1,468か所あった仲介業者が、2013年には急激に減少し、2014年11月には463か所にまで減少した（설 동훈ほか 2014）。そして、2015年2月の更なる改定では、管轄自治体が業者に対する年1回以上の指導・点検を実施するように義務付けており、行政機関による管理・監督の責任が強化されている。

(2) 緊急支援および総合情報提供のコールセンターの設置

2006年11月から女性家族部は、DV・性暴力・性売買などの緊急状況に陥った移住女性のために「移住女性緊急支援コールセンター」を設置した。緊急状況に陥った移住女性たちが、365日24時間ホットライン（1366）による相談および緊急避難支援を受けられるようにすることで移住女性の命と人権を守ることがその目的であった。設置初期は「韓国移住女性人権センター」に支援を委託していたが、2009年9月からは「韓国女性人権振興院[12]」が支援を担当するようになる。ソウルのほかに全国6か所の地域コールセンターが設置・運営されていた。

一方で、増え続ける国際結婚移住者の適応を助けるために、2011年6月から「多文化家族総合情報コールセンター（1577-5432）」が設置され、多言語による各種情報提供事業が始まった。このコールセンターは、多言語（10か国言語[13]）によるさまざまな生活情報や行政情報を提供し、必要に応じて関係機関と連携して支援を行うなどの役割を担っていた。

そして、2014年4月からは、「移住女性緊急支援センター」と「多文化家族総合情報電話センター」の業務を統合し、両方の業務を兼務する「ダヌリコールセンター（1577-1366）」に改編され、365 日 24 時間の支援体制で韓国語を含む 13 か国語[14]での電話・面談・訪問・オンラインによる支援が行われている（女性家族部 2015）。中央コールセンター（ソウル）のほかに、全国 6 か所のコールセンター[15]で組織されている。こうした組織統合の背景には、支援事業の重複を減らし、運営の効率化を図るためである。ダヌリコールセンターの支援内容は、①緊急支援（暴力被害者の一時保護、シェルター入所連携、通・翻訳のサービス提供）、②相談支援（個人・夫婦・家族間の葛藤相談、弁護士による法律相談、オンラインによる各種相談）、③情報提供（総合生活情報および生涯周期別情報の提供）、④通訳支援（生活・専門分野での通訳、3 者通訳[16]）に大きく分けられる。緊急支援に関連しては、ワンステップケアー[17]を可能にするために、コールセンター内に一時保護のための緊急避難施設を備えており、移住女性[18]のためのシェルター（全国 26 か所）につなぐ役割を担っている。

(3) 韓国の多文化家族支援法制定

国際結婚による移民者とその子女が直面した問題に対する韓国政府の支援の始まりは、2006 年の女性家族部、文化体育観光部、教育部などが性暴力・性売買被害の外国人女性に対する支援事業や結婚移住女性を対象とした韓国語教育・社会適応支援事業からである。2006 年 4 月 26 日の第 74 回国政課題会議において各部署を超えた政策計画として「女性結婚移民者家族および混血人・移住者の社会統合支援方案[19]」が検討され、「結婚移民者家族支援センター」（現、多文化家族支援センター）が全国 21 か所に設置され、公的支援が開始された。このような政府の取り組みの始まりは、結婚移住女性たちの人権を著しく害する事件の発生に対して外国人支援団体や人権団体などが政府に対して支援の必要性を積極的に訴え続けた成果でもあった（金愛慶ほか 2016）。

しかし、韓国政府の初期の支援事業においては政府の公式的な政策目標や方向性が示されず、政策推進制度も確立されないまま各部署による小規模の個別的な事業という形で進められていた。それだけでなく、国際結婚の急増により、そのニーズは全国的なものになってきたことや 21 か所ある支援センターだけではその対応にも限界があった。

このような事態に対応するために、韓国政府は 2008 年 3 月に「多文化家族支援法」を制定し、多文化家庭の支援に対する法的・制度的基盤を整え、より体系的な支援に乗り出した。その結果、2015年1月の時点で韓国の総235の自治体のうち、217か所に「多文化家族支援センター」が設置され、さまざまな支援事業を実施している。多文化家族支援法は、いく度かの改定によって「多文化家族」の規定範囲や支援内容が拡大されている。具体的な例として、2008年法では、支援対象である多文化家族を出生時からの韓国籍者（国籍法2条）と結婚移民者（在韓外国人処遇法2条3号）から成る家庭に限定していた。しかし、2011年4月の改定により、出生時からの韓国籍者を中心とする多文化家庭という規定を捨て、認知あるいは帰化による韓国籍者による家庭も含むようになった。しかし、依然として法令上では、外国籍者夫婦は支援対象として明記されないままであり、この点で自国民中心主義の政策という批判を残している。

2009年には多文化家族支援法の第3条に依拠して「多文化家族政策委員会」が設置されるようになり、多文化家族支援に関する基本計画およびその施行計画が策定・推進されるようになる。多文化家族政策委員会は、その規定（第2条、機能）により、基本計画と施行計画の策定および評価のほかに、多文化家族関連の各種調査研究および政策の分析と評価、関係部署間の各種多文化家族支援事業の調整と協力、多文化家族政策と関連する国家間の協力、その他の多文化家族の社会統合に関連する重要事項などを審議・調整する機能を担う。

そして、2010年からは「第一次多文化家族政策基本計画（2010-2012）」が、2013年からは「第二次多文化家族政策基本計画（2013-2017）」が発表され、この基本計画に基づいて多文化家族支援事業が実施されている。

第一次多文化家族政策基本計画（2010-2012）では、「多文化家族の生活の質の向上および安定した定着支援」、「多文化家族の子女に対する支援強化およびグローバル人材の育成」を目標に掲げた。そして、①多文化家族支援政策推進の体系整備、②国際結婚仲介管理および入国前の検証システム強化、③結婚移民者の定着支援および自立力量の強化、④多文化家族子女の健康な成長環境助成、⑤多文化に対する社会的理解の再考という5つの領域における具体的な政策課題を示した。それから、11の中央行政機関および地方自治体がその政策課題に基づく支援事業を推進し、結婚移民者の韓国社会と文化への適応と統合を支援することが、その中心的な事業であった（国務総理室・関係部署合同 2010）。

多文化家族政策基本計画[▶20]やその施行計画[▶21]は、多文化家族に関するさまざまな統計ならびに実態調査結果[▶22]に基づいている。これまで、2009年、2012年、2015年の3回の実態調査が行われている（김 승권ほか 2010; 전 기택ほか 2013; 정 해숙ほ

か 2016)。女性家族部が実施した「2009 年全国多文化家族実態調査」(김 승권 ほか 2010) によると、韓国人配偶者の年齢に 40 代が 46.1% と最も多い。統計庁 (2011) の「2010 年結婚・離婚統計報告書」によると、「韓国人夫－外国人妻」の国際結婚カップルの平均年齢差は 12.1 歳であり、「韓国人同士」での 2.2 歳と「韓国人妻－外国人夫」での 3.4 歳に比べてその差が大きかった。この結果から、2020 年以降多くの多文化家庭で韓国人配偶者の退職による収入の減少が予想され、家計を支えるにあたって結婚移住女性の役割が相対的に大きくなることも予想された。

そして、3 年後に実施された 2012 年の実態調査 (전 기택ほか 2013) では、結婚移民者の 58.5%がすでに就業中であり、職種と雇用形態においては、単純労働職の非正規雇用の割合が高いことが報告された。さらに、同調査の多文化家族に対する差別経験に関する結果では、結婚移民者の 41.3% (女性の 41.1%、男性 42.2%) が職場・街中・商店などで差別を受けた経験があると報告した。韓国人を対象としたミン ムスクら (민 무숙ほか 2010) の研究報告においても、移住者の集住地域に近づきたくない (男性 41.2%、女性 49.0%)、地下鉄・バスの隣の席を避ける (男性 26.2%、女性 36.4%) という回答結果が得られ、移住者に対する国民意識の改善のためにより積極的な対策が必要であることが指摘された。

第一次の基本計画に対する学界や人権団体のさまざまな批判、そして政府の外国人ならび多文化家族に関する各種統計結果と実態調査結果に基づき、「第二次多文化家族政策基本計画 (2013-2017)」が発表された。

第二次基本計画には、①国際結婚の比率が安定的維持され多文化家族が持続的に増加していること、②結婚移民者の継続した社会進出の拡大、③結婚移民者の子女世代の成長による支援ニーズの発達的変化、④多文化家庭内の葛藤による離婚などの家族解体の可能性の増大、⑤多文化家族に対する韓国社会の否定的態度の拡散の憂慮があることなどの問題意識に基づいてその政策課題が示されている。

そして、「社会発展の動力としての多文化家族の力量強化」「多様性が尊重される多文化社会の実現」を目標に掲げ、「①多様な文化が共存する多文化家族の実現 (7 課題)、②多文化家族子女の成長と発達支援 (15 課題)、③安定した家族生活基盤の構築 (16 課題)、④結婚移民者の社会経済的進出の拡大 (16 課題)、⑤多文化家族に対する社会的受容性の再考 (21 課題)、⑥政策推進体系の整備 (11 課題)」の計 6 領域の 86 の具体的な政策課題を示した。さらに各部署間の重複政策や事業を見直す方針のもとで、その推進機関としては女性家族部を含む 13 の中央行政機関、裁判所および地方自治体に対して86の政策課題を担当する所管について規定している（女性家族部・関係部署合同 2012）。

4．韓国の多文化家族支援の実践

2008年の多文化家族支援法の制定によって公的支援の法的根拠ができて以来、韓国政府の管理・監督のもとに積極的な支援が進められてきた。その実践内容を紹介するために、ソウル特別市にある代表的な3つの支援機関を取り上げ、その事業内容を紹介する。ソウル特別市は、京畿道に続いて外国籍の住民が多く在住しており、以下の各団体へのインタビューは2014年9月から2017年3月にかけてに実施された。

(1) 永登浦区多文化家族支援センター

ソウル特別市には、25区のうち24区に多文化家族支援センターがある。2007年に設立された永登浦区多文化家族支援センターは、ソウルの「拠点センター」である。拠点センターとは、多文化家族支援センターの一般的な支援事業のほかに、同じ地域（例えばソウル特別市）内の多文化家族支援センター間のネットワーク作りを担当するほか、新たな多文化支援事業を試験的に実施する役割などを担う。

当センターが実施している基本事業としては、「韓国語教育」「相談事業」「多文化家族統合教育」「多文化家庭への訪問教育」「結婚移民者就業支援事業」「多文化家族の自助グループ活動支援」「広報事業」が行われている。

このうち、「多文化家族統合教育」とは、多文化家庭における夫婦間の関係改善および葛藤解決のための教育を意味する。韓国人配偶者に対しては外国人配偶者の文化への理解を促し、外国人配偶者が日頃経験している文化差による大変さの理解を深め、それに対する配慮を促すことによって、夫婦間の葛藤を改善・予防するという意味で重要な事業である。そして、結婚移住者は、自身の母文化と韓国文化の独自性と固有性に対する理解を深め、文化間の葛藤に対する忍耐力を強める意味もある。「多文化家庭訪問教育」とは、センターへのアクセスが不自由な多文化家庭を訪問し、個々のニーズに合わせた教育を行うことである。例えば、幼い子どもをもつ結婚移民女性の育児の悩みに対する教育支援などがそれである。「結婚移民者就業支援事業」とは、結婚移民者の就業相談・求人情報の提供ならびに就職支援業務（例えば、履歴書作成および面接の補助）などが行われる。「多文化家族の自助グループ活動支援」には、多文化家族の相互扶助が可能になるようにネットワーク作りを助けることや、入国して間もない結婚移民者と先輩結婚移民者をつなぐメントリング事業[23]などが挙げられる。「広報活動」とは、多文化家族に対するイメージを改善するために、壁画ボランティア活動[24]や地域の行事におけるナンタ（乱打[25]）講演など、多文化家族による社会奉仕活動をバックアップすることによって、地域社会における多文化家族の存在感を広める事業である。

このほかに当センターが力を入れている特別事業には、「多文化児童の言語発達支援事業」「学童期の父母教育[26]」「中国語のバイリンガル教室運営[27]」「通・翻訳支援事業」「ケースワークによる相談事業」がある。この中の「学童期の父母教育」とは、学童期の多文化児童あるいは中途入国児をもつ父母に対する教育で、韓国の学校文化への適応を助けるための事業である。

当センターには、社会福祉士5名、言語発達指導者3名、就労支援スタッフ4名がそれぞれの専門業務にあたっているほかに、中国語、ベトナム語、モンゴル語、タイ語、ロシア語の通・翻訳を担当する言語支援スタッフ5名が、週5日間の70時間勤務体制で業務にあたっている。

(2) 韓国移住女性人権センター

韓国移住女性人権センターは、移住女性の人権と福祉のために設立された社団法人であり、ソウルのほか、忠北・釜山・全北・全南・大邱の地方5支部と合わせて計6団体で構成される。外国人に対する政府の政策が全くなかった時に、移住労働者を支援するために多くの市民団体が設立された。ところが、このような市民団体の活動にはジェンダーの観点が欠けていて、移住女性に対する支援団体を設立する必要があったことから当団体が設立された。以後当団体は、韓国における移住女性ならびその子女の人権擁護するにあたって非常に重要な役割を担ってきた。当団体が実践してきた数多くの活動の中から重要な業績を抜粋して紹介する。

2001年の設立当時はソウル外国人労働者センター付属の「外国人移住労働者の家」という団体名で活動を始め、移住女性とその新生児を支援する母性保護事業と移住女性のためのジェルター事業を始めた。2003年には、「移住女性人権センター」に名称を変更し、梨花女子大学校と連携して移住女性とその子女の家庭訪問事業を始め、後の多文化家族支援センターにおける「訪問事業」の基礎を作った。2005年には、女性家族部から「韓国移住女性人権センター」として社団法人の認可を得て、「国際結婚移住女性支援事業」の実施機関となり、韓国語教材開発ならびに多言語による母性保護ガイドブックを刊行するなど、多文化支援の先駆的な役割を担った。2006年には、「移住女性緊急電話1366センター事業（女性家族部委託事業）」を開始した。2008年には、全国5か所の地方に移住女性のシェルターを増設した。2009年には、移住女性たちのエンパワーメント・プログラムを開始し、移住女性出身の活動家の全国大会の開催やDVに耐えかねて夫を殺害したカンボジア女性の支援・救済活動[28]などを実施した。2010年には、DVによる移住女性の死亡事故への積極的な対策を求める活動を実施したほか、移住女性相談所を開設した。そして、2011年には、差別禁止法[29]制定に向けてのキャンペーンを実施しており、国連における女性差別撤廃会議に参与した。2012年には、公共機関のサービス改善に向けて移住女性の視点から提案を行うプロジェクトのほかに、移住女性のための危機対応ノートの作成とその教育事業、移住女性の滞留権保証に関する社会認識改善のためのワークショップ、帰化手続きにおける永住資格前置主義[30]に対する討論会も開催した。2013年には、移住女性を対象にした「移住女性人権専門家[31]」育成講座を開講しており、従来の相談センターを「ソウル移住女性相談センター（ソウル市委託事業）」に改編し、相談部門の専門化を強化した。2014年には、結婚移住女性の労働経験に関する実態調査の実施ならびにそれに関連する討論会を開催したほかに、性暴力相談員の教育[32]事業も実施している。

以上の一連の重要事業内容からもわかるように、当センターは政府の政策に対するモニタリングを続け、移住女性と多文化家族に対する政策および制度の改善において重要な役割を担ってきた。さらに特記すべき成果としては、「家庭暴力犯罪の処罰に関する特例法」（1997年12月制定）の支援対象の範囲に2006年からは外国人女性も含めるようになったことにも当団体の役割が大きかった。また、2004年まで配偶者ビザの移住女性は、離婚するとビザの更新ができず帰国しなければならなかったが、当団体をはじめとする人権団体の「法務部」（日本の法務省にあたる）に対する問題提起と抗議活動が実り、2005年からは家庭破綻の事由が移住女性によるものでなければ滞在延長ができるように法律が変更された[33]。さらに、配偶者ビザ状態で離婚し、ビザの更新ができなかった移住女性の就労権を保障するべきであり、またこうした事情の移住女性を生活保護（基礎生活受給者）の対象にするべきであると提言し続けた結果、2007年から韓国人配偶者との間に子どもがいる移住女性の場合は、生活保護を受けることが可能になった。また、国家人権委員会の人種差別撤廃委員会と性差別撤廃委員会に対する提言や、国連における女性差別撤廃会議に参与するなどの活動を続けた結果、2012年からは「結婚移民者配偶者身元保証制度」が廃止され、ビザ更新における夫の身元保証の要項がなくなった。

韓国における移住女性の人権問題の改善は、このような団体による地道で熱心な活動による成果であったとも評価できる。

(3) ソウル移住女性ディディムト（디딤터）▶34

「ソウル移住女性ディディムト」は、DV被害を受けた移住女性の自立を支援するために設立された居住型の自立支援センターである。被害移住女性の自立・自活に必要な職業訓練ならびに就業・創業支援を行うと同時に、同伴子女の健康な発達・成長のための全人教育的支援を行うことをその目的とする。社会福祉法人である「サレージオシスターズ」が、ソウル市からの委託を受けて、2010年11月に当センターを開館した。「家庭暴力防止および被害者保護等に関する法律」の第2条2項 に依拠し、DV被害を受けた移住女性が長期にわたって居住しながら自立支援を受けられる。

運営スタッフは、院長（1名）、事務局長（1名）、行政・会計（1名）、施設管理（1名）、相談・生活支援（2名）、自活支援（2名）、保育士（1名）の常勤スタッフほかに、当センターで実施している各種支援プログラムを担当する非常勤スタッフ（17名）で構成される。そして、施設運営費ならびに総事業費を中央政府と地方政府（ソウル市）が50%ずつ支援している。

当センターは、DV被害で離婚しているあるいは離婚調整中の暴力被害移住女性とその同伴子女が入所対象であり、17世帯が入所可能である。入所にあたっては、シェルター長からの推薦と当センターの「入・退所選定委員会」の審査を受ける必要があり、年少の同伴子女をもつ希望者が優先的に入所可能で1年半から最大2年にかけて支援を受けられる。開所以来2014年までの入所者の延べ人数は、移住女性が52名、その同伴子女が60名の計112名である。入所者の出身国別の内訳は、ベトナム26名、カンボジア8名、フィリピン6名、中国6名、ネパール3名、その他3名である。同伴子女の年齢別内訳は、0～1歳1名、1

〜2歳6名、3〜4歳23名、5〜6歳18名、7歳以上12名である。2014年までの退所者の出身国別内訳は、ベトナム18名、フィリピン5名、中国4名、その他9名の計36名であり、退所者の就業職種別の内訳は、裁縫11名、通翻訳・事務職10名、調理師1名、その他14名である。

センターの支援事業は、大きく「職業訓練」、「生活支援」、「同伴子女の支援」、「退所後管理事業」に分けられるが、以下その支援内容別の概要を記述する。

1）職業訓練事業

職業訓練は、①入所初期の適応期間（1か月；心理・情緒的安定を図る期間）、②職業模索教育期間（3〜6か月）、③就・創業教育期間（6か月〜1年間；外部専門訓練機関と連携しての専門的職業訓練期間）、④インターン教育期間（3か月；現場における実務経験期間）、⑤退所準備期間（3か月；退所後の住居支援・地域の支援機関との連携による諸生活基盤の整備期間）の順に進められる。

2）生活支援事業

離婚調停や在留資格関連の法的支援など、基本的な生活基盤の安定を図るための支援のほかにも、韓国社会での適応および自活を可能にするための経済教育[35]、生涯周期教育[36]、韓国語教育などを実施している。さらに、入所者たちの同伴子女との肯定的な親子関係を強化するための子育て相談や親子活動プログラム（誕生会・キャンプ活動など）を実施している。

3）同伴子女の支援事業

同伴子女の多くが小学校就学前の幼児・児童であり、入所者の職業訓練を可能にするために地域の保育所と連携して保育サービスを提供している。また、小学生の同伴子女に対しては、放課後に学業ならび趣味活動（ピアノ、タップダンスなど）を支援している。また、韓国語の発達が著しく遅れている児童に対しては、地域の多文化家族支援センターと連携して言語発達を支援している。

4）事後管理事業

退所者の就業ならび地域社会での適応を支援するために定期的な個別訪問を実施しており、ホームカミングデイや退所者たちによる自助グループ活動の支援を行っている。

このような長期にわたる段階的な支援における当センターの基本的な運営方針を示唆するものとして、センター長のクァク ジョンナム（곽 정남）氏が語っていた次の言葉を紹介したい。「ここの入所者たちは、夫を頼りに住み慣れた母国

を離れて、全く新しい生活の場に飛び込んでいますが、言葉がたどたどしいことを理由に、その母国や実家が貧しいことを理由に差別され、生活習慣が異なるあるいは実家の生計を助けるために生活費の一部を送金したことが気に入らないと夫に暴力を振るわれています。心身共に深く傷つき、それでも幼い子どものために、また母国の家族のために何とか自立しようと頑張っています。私を含むスタッフたちは彼女たちと共に生活する家族となり、困ったことは何でも相談できる家族としての役割を担う必要があります」

5．おわりに

韓国の多文化家族支援は、女性家族部の監督・指導のもとに、その事業を推進している。政策を実践する支援団体のほとんどが従来から外国人支援を行っていたNPO/NGO団体が母体となっており、中央政府と地方自治体からの財政的支援によって安定した継続的な支援事業が可能となっている。また、多文化家族支援団体のスタッフとしては、韓国人のみならず、移住者出身のスタッフも多く、多言語による支援の実務を担っている。移住者出身のスタッフによる当事者支援は、被支援者との言語的・文化的な障碍が韓国人スタッフに比べて相対的に少ないことからラポール（心理的安心感や信頼感）の形成が容易であるほか、円滑な意思疎通による的確な支援を可能にする長所がある。この点で、エンパワーメントされた当事者の多文化家族支援への参与は、今後ますます拡大・強化されて行くことが望まれる。当事者支援の拡大は、移住者たちが「支援を受ける受動的存在」から「支援を行う能動的存在」へと成長する機会の拡大を意味するものであり、韓国社会における移住者の自立という側面からして非常に重要な意味を併せもつからである。

その一方で、韓国の学界では、韓国の外国人政策が多文化家族に偏った政策であるという批判があるほか、多文化家族支援事業が各部署による類似した重複事業が多く、より効率の良い運営の必要性が指摘されている（이 상윤 2014）。そして、多文化家庭の経済力に関係なく一律に支援（無料）していることから福祉政策上韓国民に対する逆差別につながるという批判を呼んでいる（김 혜순 2010）。このほかにも、結婚移住女性が売買婚の犠牲者であるという人権問題に依拠して多文化家族支援政策を正当化してきたことによって、多文化家族は支援すべきか

わいそうな存在というイメージが韓国社会に固定化していく問題点も指摘されている（이 종두・백 미연 2012; 황 정미 2014）。

このような批判もあるものの、多文化家族が直面する諸問題を当事者の問題として傍観せず、国のレベルで法的基盤と支援システムの整備に取り組んでいる韓国政府の姿勢は高く評価できる。政策内容においても、第一次多文化家族政策基本計画では韓国社会への同化・統合を目指した初期適応支援に重点が置かれていたが、第二次基本計画では多文化家族に対する実態調査や学界・支援団体からのさまざまな批判を踏まえた新たな政策課題が加わっている。具体的には、多文化家族に対する国民意識の改善を図る政策の強化がなされたほか、「多様な文化が共存する多文化家族の実現（7課題）」が新たな政策として明示され、多文化家庭の子女に対するバイリンガル教育への取り組みが見られるようになるなど、多文化への尊重と共生をサポートする政策が見られるようになったことも特記すべき点である。

韓国の多文化家族支援政策は、本格的に動き出してからまだ歴史が浅いが、さまざまな試行錯誤を重ねながら毎年その施行計画に更なる改善が加えられている。このような政策的な改善は、多文化家族の人口の推移を統計的に把握することや、定期的な実態調査を実施することによって可能である。こうしたデータの蓄積があってこそ、実態に合った多文化家族支援政策の実施が可能になり、目指すべき政策の方向性も見えてくる、といえる。

また、実践現場を対象とした著者の一連のインタビューにおいては、支援実務者たちから次のような意見も多く寄せられた。「多文化を当たり前とする社会の実現に向けてどのような実践がより効果的か、日々悩んでいる。政府が支援に乗り出すまでは、ボランタリーで支援活動を行っていたが、財政的な限界から思うように支援活動ができなかった。まだ政府の支援が十分であるとまではいえなくても、今は政府の支援がなかった時と比べると、財政的な安定さが保障されているので、継続した支援が可能になった。支援機関の数が増えるにつれて実務を担当するスタッフも増えてきたが、その使命感や力量の強化も伴われるべきである」。支援実務者たちのこのような意見は、韓国政府の公的支援によって多文化家族支援が急速に進められ、支援の量的拡大がなされてきたことに対しては歓迎しつつも、支援の質的向上の必要性についても認識していることが示唆される。

日本における国際結婚は1970年代末から増え始め、国際結婚の数は2013年には2万1488件で全体の3.3％を占めており、数値を公開している1992年から

2013年までの国際結婚累計総数は71万738件に上る（佐竹ほか 2015）。日本では、帰化者を含む多文化家庭やその家族数に関する統計は取っておらず、その正確な数は把握できないが、外国にルーツをもつ多文化家族の総数においては韓国よりも遥かに多いと推計される[▶37]。

日本でも1990年代以降のニューカマー外国人の増加によって外国人集住地域である東海地域や群馬県などの自治体が「外国人集住都市会議」を結成し、国に支援を要請した。その結果、2006年総務省は「地域における多文化共生推進プラン」を公表するに至り（佐竹 2011）、自治体によってはニューカマー外国人への支援を充実させると共に、地域住民との共生を目指す多文化共生施策が展開されるようになった（近藤 2011）。ところが、日本の多文化共生に関連した政策は国際結婚による多文化家族に対する支援というよりは、1990年代の日本の労働力不足を補うために受け入れた日系外国人に対する政策の色合いが濃く、国際結婚家庭の特殊性を考慮した政策とはいいにくい。

日本でも結婚斡旋業者による詐欺結婚斡旋の問題（初瀬 2009）や、外国人妻へのDVなどの人権問題（金・津田 2015）のほかに、その子女に対するいじめや中途入国児の学校適応問題（李 2011）など、対応すべき課題が多く存在する。国際結婚家庭の場合、夫婦間の２つの文化による「衝突－融合」のプロセスはよりダイナミックに引き起こり、多かれ少なかれ夫婦間・親子間に発生する文化的摩擦は日常的な不安やフラストレーションを生む。このような個人の内的世界で引き起こされる生きづらさを緩和するためには、文化的摩擦に対する個人の適応的能力を強化することが必要であるが、それは結婚移民者あるいはその子女たちの自助努力のみならず、制度的・社会的支援システムによるバックアップが求められるのである。

筆者が共同研究者たちと実施した一連の日本での聞き書き調査では、国際結婚者ならびその子女への長期にわたる継続支援を行うにあたって財政的な限界があることが浮き彫りになった。日本では、NPO／NGO団体や自治体の国際交流センターなどが外国人支援の主体となっており、韓国よりも長い支援の歴史をもつ。現場では大切な支援のノウハウが蓄積されているにもかかわらず、そうした支援をしっかりバックアップできる政府レベルでの制度的・財政的な支援基盤が整備されていない。国際結婚家庭への支援のみならず、増え続けるニューカマー外国人に対する支援の在り方を日本政府はどうように捉え、取り組んでいくのか、今後の動向に注目したい。

〔謝辞〕
インタビュー調査にご協力くださった、女性家族部・多文化家族政策課のノ ヒョンソ（노 현서）行政事務官、女性家族部・多文化家族支援課のジョン ジンヒョン（정 진현）行政事務官、Lee, Jasmine（이 자스민）韓国国会議員（第19代）、永登浦區多文化家族支援センターのカン ヒョンドク（강 현덕）チーム長、韓国移住女性人権センターのハン クキョム（한 국염）代表、韓国移住女性人権センター（釜山支部）のイ ギソン（이 기선）氏、ソウル移住女性ディディムトのクァク ジョンナム（곽 정남）センター長・ジョン イェリ（정 예리）事業チーム長、ソウル移住女性相談センターのカン ソンウン（강 성은）センター長、ソウル移住女性シェルターのチェ ジンヨン（최 진영）氏、ダヌリコールセンターのチョ ナンヨン（조 난영）氏に厚く御礼申し上げます。

注

▶1　2008年法の詳細については、‘金愛慶（2011）「韓国の多文化主義――外国人政策とその実態」佐竹眞明編『在日外国人と多文化共生』270-271. 明石書店’を参照されたい。

▶2　国籍法の2条は出生、3条は認知、4条は帰化による韓国籍取得について規定している。

▶3　女性家族部（部は、日本の省にあたる）は、女性政策の企画および女性の権益推進、青少年の育成・福祉・保護、多文化家族を含む家族政策の企画・調整・支援、女性・児童・青少年の暴力被害の予防・保護を主務とする中央政府機関である。

▶4　調査結果の詳細は、‘金愛慶ほか（2016）「韓国の多文化家族に対する支援政策と実践の現況」『古屋学院大学論集（社会科学篇）』52（1）: 113-144.’も参照されたい。

▶5　韓国の自治団体は、広域自治団体と基礎自治団体に大きく分かれる。広域自治団体としては、ソウル特別市、広域市（6つ）、道（8つ、日本の県に相当）、特別自治道（済洲島）と特別自治市（世宗市）が含まれる。そして、基礎自治団体には、市・郡・区があり、さらにその下部に邑、面、洞がある。人口100万を超える大都市を広域市としている。特別市・広域市は、道と同格の地位を有する。

▶6　国外で婚姻している場合は、婚姻から3年が経過していて、そのうち1年以上韓国内で居住していれば、申請可能である。なお、事実婚の場合は、一般的な帰化手続き同様に、継続して5年間の韓国内での居住が条件となる。

▶7　希望によって父母両方の氏をつけることも可能であるが、韓国では氏名を4音節まで登録可能となっており、長い名前を持つ外国人が帰化する際には4音節の氏名にせざるを得ず、多文化の尊重という観点から今後改善が望まれる事案である。

▶8　中国出身の移住女性は再婚のケースも多く、中国からの中途入国児も増加しており、その対応も新たな課題となっている。

▶9　年齢・教育水準などで男性は自分より多少水準の低い女性と、女性は自分より多少水準の高い男性と結婚しようとする傾向があり、結果的に社会経済的地位の最も低い男性層と社会経済的地位の最も高い女性層が残ることで結婚市場の傾斜が生じる現象である。

▶10　グローバル上昇婚とは、Constable（2005）によって提唱された概念で、身分の低い人が社会的地位の向上のために身分の高い人と結婚することを意味する上昇婚が国際結婚で起きることを指す概念である。

▶11　個人情報には、年齢、職業、所得、学歴、健康状態、結婚歴の有無、家族構成、健康状態、犯罪歴や精神的・身体的障害などの事項が含まれる 。このような法的処置は、韓国人男性が経済的能力を偽ったり、精神的あるいは身体的な障害があることを隠したりして成婚することによるトラブルに対する対策であり、人権団体などからの強い要望によって結婚移住女性たちをこのようなトラブルから守るために設けられた対策である。

▶12　女性に対するさまざまな形の暴力を根絶し、性平等社会を実現することを目的とした女性暴力予防および被害者支援事業を推進する財団法人で、2009年4月に設立された。

▶13　韓国語のほか、中国語・ベトナム語・タガログ語（フィリピン）・日本語・クメール語（カンボジア）・モンゴル語・タイ語・英語・ロシア語の10か国語による支援が行われていた。

▶14　既存の10か国語に、ウズベキスタン語・ネパール語・ラオス語が追加されている。ダヌリコールセンター日本語ウェブサイトは、「http: //www.liveinkorea.kr/homepage/jp/」を参照されたい。

▶15　地方コールセンターでは9: 00～18: 00時の業務体制であるが、この業務時間外の地方からのコールは中央コールセンターにつながるシステムになっている。

▶16　韓国語に不自由な依頼人に対して関連機関を同一回線でつなぎ、外国語支援の相談員が通訳するサービスである。

▶17　家庭内暴力・性暴力・性売買の被害を受けた女性・児童・青少年が警察や相談機関に救済を求めて一度足を運べば、相談・宿泊・医療・法律などの総合的な支援が受けられるシステムを指す。

▶18　結婚移住女性のみならず、DV・性暴力・性売買の被害にあった外国人女性も支援対象に含まれ、多言語による支援が受けられる。

▶19　初期の支援政策は、その用語からして多文化に対する支援というより国際結婚による被害に対する対策としての色合いが濃く、多文化に対する理解や尊重が不足した単なる統合政策であるという批判も多かった。

▶20　多文化家族支援法第3条2項により、女性家族部長官は多文化家族支援のために5年ごとに多文化家族政策に関する基本計画を立てなければならない。

▶21　多文化家族支援法第3条3項により、女性家族部長官・関係中央行政機関長と市・道知事は、基本計画に基づいて毎年多文化家族政策に関する施行計画を立て施行しなければならない。

▶22　多文化家族支援法第4条1項により、3年に1度多文化家族実態調査を実施するように定めている。

▶ 23　韓国での生活に慣れている移住女性がさまざまな生活上の相談に乗ることで、韓国での初期適応を助ける事業である。

▶ 24　壁画を描くことで環境美化活動を行うボランティア活動。結婚移住者たちの母文化をモティーフにした壁画が好評を得ている。

▶ 25　包丁とまな板を打楽器のように使用して韓国の伝統的なリズムを現代的にアレンジしたパフォーマンス。

▶ 26　親の再婚によって中国からの中途入国児童が増えており、その支援の一環としての事業でもある。

▶ 27　永登浦区は、中国出身の結婚移住および中国籍の外国人が最も多い地区である。

▶ 28　「民主化のための弁護士グループ」との連携で支援が行われる。「民主化のための弁護士グループ」とは、1970 年代から 80 年代までの韓国の民主化運動の中で人権運動に参加してきた弁護士たちによって 1988 年に結成された NGO である。

▶ 29　筆者が 2005 年 9 月にインタビューした韓国の Lee, Jasmine 議員（移住女性出身の 19 代国会議員）によると、差別禁止法はいく度か国会で議論されたものの、制定には至っておらず、性的少数者（LGBT）に対する差別禁止に関する宗教界の賛同が得られていないことがその背景にあるという。

▶ 30　外国籍者の帰化申請に対してすぐに帰化を認定するのではなく、先に永住資格を与える方針を意味する。

▶ 31　女性家族部からの委託機関で実施されているプログラムであり、移住女性の人権に対する感受性を向上させ、移住女性を効果的に助けるためのプログラムである。このプログラムを履修した人は、各自治体における移住女性人権講師や人権保護の相談活動ができる。

▶ 32　女性家族部の委託団体で実施する性暴力専門相談員の育成教育で、履修者は、性暴力の相談員としての活動が可能で、性暴力専門相談所を開設・運営も可能である。当センターの 2014 年度の性暴力相談員教育を修了者 38 名のうち 11 名は移住女性である。

▶ 33　ただし、破綻の理由が結婚移住女性にないことを証明する必要があり、それを証明できない移住女性に対する対応は以前難しい状態である。移住女性相談機関では、こうした相談者に対しては可能な限り韓国人夫の責任を証明できるような資料や情報を集めるように助言している。

▶ 34　ディディムト（디딤터）とは、足場という意味で、DV 被害の移住女性たちがこの施設を足場にして自立していくことを応援する意味が込められている。

▶ 35　移住女性の中には、収入と支出を管理するなどの金銭管理の経験が少ない人もいて、経済観念に関する教育が必要である。

▶ 36　再び性暴力被害にあわないための教育および女性としての生涯を計画的に生きられるようにするための教育。

▶ 37　日本における国際結婚や多文化家族の状況に関する詳細については、佐竹ほか（2015）

を参照されたい。なお、この推計は佐竹の調査結果に基づく。

参考文献

金愛慶（2011）「韓国の多文化主義——外国人政策とその実態」佐竹眞明編著『在日外国人と多文化共生——地域コミュニティの視点から』265-276. 明石書店.

金愛慶・津田友理香（2015）「日本における国際結婚家庭に関する心理社会的支援——在日フィリピン人のDV被害者支援に関する一考察」『名古屋学院大学論集（社会科学篇）』51-1: 265-276.

近藤敦（2011）「多文化共生政策とは何か」近藤敦編著『多文化共生政策へのアプローチ』3-14. 明石書店.

佐竹眞明（2011）「東海地域の外国籍住民と多文化共生論」佐竹眞明編著『在日外国人と多文化共生——地域コミュニティの視点から』15-46. 明石書店.

佐竹眞明ほか（2015）「多文化家族への支援に向けて——概要と調査報告」『名古屋学院大学論集（社会科学篇）』51-4: 49-84.

初瀬龍平（2009）「人権と国際結婚」アジア・太平洋人権情報センター編著『アジア・太平洋人権レビュー2009　女性の人権の視点からみる国際結婚』8-17. 現代人文社.

李原翔・佐野秀樹（2011）「中国系ニューカマー生徒の来日事情および適応課題について：中国系ニューカマー生徒の実態調査から」『東京学芸大学紀要（総合教育科学系）』62-1: 265-272.

［英文文献］

Bernard, J. (1972) *The Future of Marriage*. New York: Bantam Books.

Constable, N. (2005) Introduction: Cross-Border Marriages, Gendered Mobility, and Global Hypergamy. in N. Constable (ed.) *Cross-Border Marriages: Gender and Mobility in Transnational Asia*, Philadelphia: University of Pennsylvania Press.

［韓国語文献］

김 승권 외 2010.「2009년 전국 다문화가족 실태조사 연구」보건복지부・법무부・여성부.
（キム スングォンほか　2010.「2009年全国多文化家族実態調査研究」保健福祉部・法務部・女性部）.

김 이선 외　2006.「여성결혼이민자의 문화적 갈등경험과 소통 증진을 위한 정책과제」한국여성정책연구원.
（キム イソンほか　2006.「女性結婚移民者の文化的葛藤経験と疎通増進のための政策課題」韓国女性政策研究院）.

김 혜순　2010.「이민자 사회통합 정책 기초연구：결혼이민자와 다문화가족을 중심으로」『IOM Migration Research & Training Centre Working Paper』: 1 — 41.

(キム ヘスン　2010.「移民者社会統合政策の基礎研究：結婚移民者と多文化家族を中心に」『IOM Migration Research & Training Centre Working Paper』：1 － 41).
국무총리실・관계부처 합동　2010.『다문화가족지원정책 기본계획 (2010 ～ 2012)』여성가족부 다문화가족과.
(国務総理室・関係部署共同　2010.『多文化家族支援政策基本計画（2010 ～ 2012)』女性家族部多文化家族課).
민 무숙 외　2010.『한국형 다문화수용성 진단도구 개발 연구』사회통합위원회.
(ミン ムスクほか　2010.『韓国型多文化受容性の診断道具の開発研究』社会統合委員会).
변 화순 외　2008.『결혼이민자 여성의 가정폭력 피해현황과 지원체계 개선방안』한국여성정책위원회.
(ビョン ファスンほか　2008.『結婚移民者女性の家庭暴力被害現況と支援体系改善方案』韓国女性政策委員会).
설 동훈 외 2005.『국제결혼 이주여성 실태조사 및 보건・복지지원 정책방안』보건복지부.
(ソル ドンフンほか　2005.『結婚移住女性実態調査および保健・福祉支援政策方案』保健福祉部).
설 동훈 외　2006.『결혼이민자 가족실태조사 및 중장기 지원정책방안 』여성가족부.
(ソル ドンフンほか　2006.『結婚移民者家族実態調査および中・長期支援政策方案』女性家族部).
설 동훈 외 2014.『2014 년 국제결혼중개 실태조사』여성가족부 다문화가족지원과 .
(ソル ドンフンほか　2014.『2014 年国際結婚仲介実態調査』女性家族部多文化家族支援課).
양 정선　2009.「성비불균형에 따른 결혼대란의 대비. 이슈브리프제 18 호」경기도가족여성연구원.
(ヤン ジョンソン　2009.「生比不均衡による結婚大乱の備え. イシューブリーフ第 18 号」京畿道家族女性研究院).
여성가족부・관계부처 합동　2012.『제 2 차 다문화가족정책기본계획 (2013 ～ 2017)』여성가족부.
(女性家族部・関係部署共同　2012.『第二次多文化家族政策基本計画（2013 ～ 2017)』女性家族部).
여성가족부 2015.『2014 년 다누리콜센터 1577-1366 사업결과보고서』.
(女性家族部　2015.『2014 年ダヌリコールセンター 1577-1366 事業結果報告書』).
여성가족부 2016.『2015 년 다누리콜센터 사업결과보고서』.
(女性家族部　2016.『2015 年ダヌリコールセンター事業結果報告書』).
여성가족부　2017.『2017 여성・아동권익증진사업 운영지침』여성가족부 권익정책과 .
(女性家族部　2017.『2017 女性・児童権益増進事業運営指針』女性家族部権益政策課).
이 상윤　2014.「한국이민・다문화 정책 추진체계 현황 및 개선방안：사회통합 측면의 탐

색적 연구」『충남대학교 사회과학연구』25-3: 175-204.
（イ サンユン　2014.「韓国移民・多文化政策推進体系の現況および改善方案 ; 社会統合側面の探索的研究」『忠南大学校社会科学研究』25-3: 175-204）.

이 종두・백 미연 2012.「한국의 특수성과 다문화정책」윤 인진・황 정미 편저『한국 다문화주의의 성찰과 전망』아연동북아총서 20: 201-233.
（イ ジョンドゥ・ベク ミヨン　2012.「韓国の特殊性と多文化政策」ユン インジン・ファン ジョンミ編著『韓国多文化主義の省察と展望』亜研東北亜総書 20: 201-233）.

전 기택 외　2013.『2012 전국 다문화가족 실태조사』여성가족부.
（ジョン ギテクほか　2013.『2012 全国多文化家族実態調査』女性家族部）.

정 해숙 외　2016.『2015 년 전국다문화가족실태조사』여성가족부 다문화가족정책과.
（ジョン ヘスクほか 2016.『2015 年全国多文化家族実態調査』女性家族部多文化家族政策課）.

황 정미　2014.「젠더와 한국 다문화주의의 재고찰」윤 인진・황 정미 편저『한국 다문화주의의 성찰과 전망』아연동북아총서 20: 146-197.
（ファン ジョンミ　2014.「ジェンダーと韓国多文化主義の再考察」ユン インジン・ファン ジョンミ編著『韓国多文化主義の省察と展望』亜研東北亜総書 20: 146-197）.

행정자치부 2015.「결혼・이혼 통계 보고서」http: //kostat.go.kr/portal/korea/kor_nw/2/1/index.board?bmode=read&aSeq=335256/（2016 年 11 月 21 日閲覧）（行政自治部 2015.「結婚・離婚統計報告書」）.

행정자치부 2015.「외국인주민 현황 조사 보고서」http: //www.mogaha.go.kr/frt/bbs/type001/commonSelectBoardArticle.do; jsessionid=J0zDqKwoSxPsMvK3mYlYQco3hmezNA2xMbaNUhFer2HjWgAA6166ivcCtKBmlAKy.mopwas51_servlet_engine1?bbsId=BBSMSTR_000000000014&nttId=46327/（2016 年 11 月 21 日閲覧）（行政自治部 2015.「外国人住民現況報告書」）.

第11章　韓国の地方地域における多文化支援の現状

――光州広域市の地域的特色を中心に

馬 兪貞

1．はじめに

近年韓国は経済成長と共に国内に流入する外国人が急増してきた。韓国統計庁および行政自治部が2016年に発表した『地方自治団体の外国人住民現況（2015）』によると、韓国の国内に居住する外国人は韓国全体人口の約51万人の3.4%である171万人を超えた。そのうち家族形成を目的とした居住外国人は全体の25.5%、外国人住民の子どもは11.5%を占める。国際結婚による移住者は2000年頃から急激に増加し、社会不適応や家庭内暴力などの問題も増えた。このように多文化家族をめぐるさまざまな問題が社会問題として台頭すると、各地域における民間の支援団体が結婚移住女性を対象に言語教育、文化理解教育などの支援を始めた。しかし予算の不足、支援体制および支援団体間のネットワークが不備な状況においての運営は困難であった。そこで、韓国政府は2008年多文化家族支援法を制定した。この支援法に基づいて全国の各地域に多文化家族支援センターが開設され、多文化家族の生活安定および社会適応のための支援活動が行われている。

光州広域市（以下、光州（市））は韓国の西南地域に位置する広域都市であり、その位置および産業からみると都市と農村の要素を両方持つ地方都市である。また、国際結婚においても両地域の特徴が存在する特殊な都市地域である。同地域には居住人口対比国際結婚移住者の割合が高く、他の地域に比べてその歴史も長い。そして、外国人労働者や結婚移住者、その子どもを対象にした支援活動は

90年代から民間レベルで実施され、現在は光州地域および同地域の居住外国人の特徴を考慮した支援プログラムが数多く行われることで注目されている。

他方、日本では韓国より国際結婚の歴史が長く、多文化共生の推進を目指している。地域では国際交流協会が中心となり、結婚移住者とその子どもを含む外国人住民を支援している。他にも必要に応じて自ら立ち上げた民間支援団体もあるが、支援団体間のネットワークの不在や予算の不足、支援法の不在が支援活動の障害物となっている。ここで、韓国の地方地域における多文化支援の詳細を把握し、現在韓国の多文化家族支援状況をより多面的に分析することが必要とされる。そして、この分析結果は日本の地域社会における多文化家族の支援システムおよび法的装置を考える際にも重要な点となろう。本研究では光州地域の多文化家族に関わる支援条例、多文化家族支援を担当する地方行政機関および多文化家族支援センターにおける聞き取り調査に基づいて多文化家族の特徴および多文化支援活動の詳細を考察する[1]。

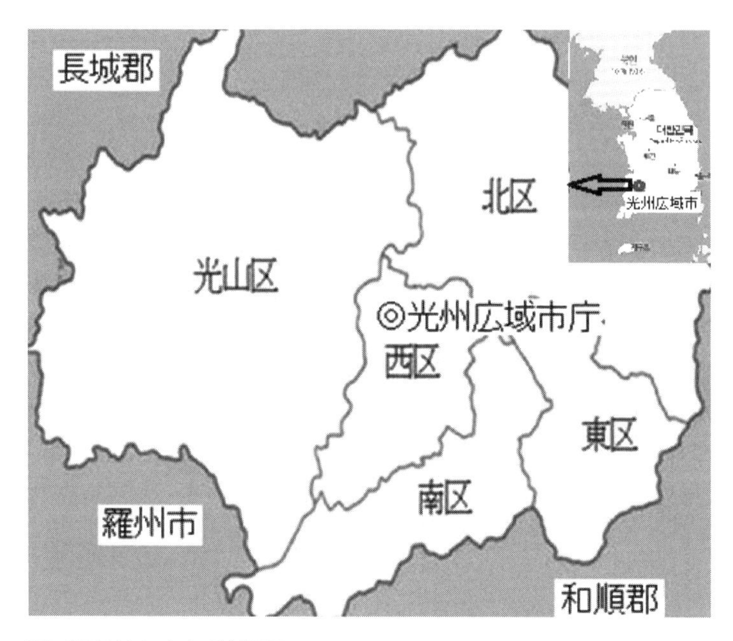

出典：光州広域市ホームページより引用。

図1　光州広域市の位置および行政区分

2．光州広域市における多文化家族の概要

(1) 地域的特徴

光州市は韓国における 6 つの広域市の 1 つであり、広域自治市である。現在光州の面積は韓国全体の面積 9 万 9,392㎢の 0.5% を占める 501.2㎢である。人口は韓国全体の 5,170 万人の約 3% である 149 万 2,000 人である（行政自治部、2016 年現在）。また、光州市の行政区分は東西南北区および光山区の基礎自治区で構成される（**図 1**）。その 5 つの区には 95 個の行政洞（日本の町に相当）がある。

光州は穀倉地帯である全羅南道の中に位置し、農耕地に囲まれている。この影響により、第 1 次産業の割合が他の広域市に比べ高い。**表 1** からその詳細が読み取れる。まず、農家の戸数のみでは光州の特徴が見えない。しかし、光州における専業農家が 5 割弱で相対的に高いことから、農業を専業とする人の割合が他の広域市より高いことが明らかである。次に、多文化家族の農家戸数が多いことに注目する。すなわち、他の広域市に比べ、光州には農業従事者の男性と結婚した移住女性が多い。特に光山区は、従来農業を中心にしてきた全羅南道の一部であったが、1998 年に光州市に編入された地域であり、他の区に比べて農村型の国際結婚も多数行われている。

また光州市では近年第 2 次産業が発達し、工場労働者が増加している。光州市の 55% 以上の産業団地が所在している光山区には 4 つの産業団地が助成され、特に平洞外国人専用工業団地を中心に外国人労働者も著しく増加傾向である。

一方、北区は光山区の次に面積が広く、人口は 5 つの区のうち最も多い地域である。国立全南大学校を代表とし、多くの教育機関が密集している。そして、文化財や博物館などが所在することから文化と芸術の町と呼ばれる。他にも国立公

表 1　広域市における第 1 次産業および農家と多文化家族

広域市別	第一次産業（%）	農家（戸）	多文化農家（戸）	専業農家（%）
釜山広域市	1	7,070	24	40.3
大邱広域市	2.4	17,290	55	38.2
仁川広域市	1.8	12,928	18	43.8
光州広域市	2.9	11,869	81	48.5
大田広域市	1.1	9,357	50	35.8
蔚山広域市	1.3	11,559	39	41.1

出典：統計庁産業別従事者（2013）、人口総調査（2014）より引用。

園などの公園が助成されており、環境にも力を入れている。

東区は以前全羅南道庁および光州市庁が所在していた商業と官庁が集まる地域であった。観光客や商人､公務員など移動人口と居住地が共存していた。しかし、2004年に光州市庁が西区へ、2006年には道庁が全羅南道の務安（ムアン）郡へ移転した。庁舎を中心に発達する商業も西区へ多く移動し、5つの区のうち最も人口が少ない地域となった。現在、光州市150万人の6.6%である10万人あまりが居住する区である。

西区は4つの区に囲まれて光州の真ん中に立地し、5つの区のうち最も小さい面積を持つ。従来はいくつかの学校や住宅街が西区の全てであったが、現在は光州市庁が所在し､光州行政の中心地とされている。そして光州高速(市外)バスターミナルができてからは光州の交通の中心地とも呼ばれるようになった。近年は庁舎の周辺を中心に商業が発達し、ビジネス街やマンションなどの集団住居も増加している。

南区は1995年に西区から分区された典型的な住居地域である。光山区や北区に比べ人口自体が少なく、伝統の家屋などの建物が多く保存されている。しかし最近は、新しいマンションやビルなどが増え始めており、今後は他の地域からの転入が予想される。

(2) 国際結婚と多文化家族の現況

国際結婚は一般的には人口密度が高い都市における結婚件数が多いが、結婚全体に対する国際結婚の割合は都市より農村の方が高い。そして都市には紹介や呼び寄せによる国際結婚の形態が多く、低所得層や工場労働者の男性が相手となりがちである。農村には国際結婚仲介業者を通じた国際結婚のパターンが多く、農業従事者との結婚が主流である｡光州は農業が主流である全羅南道の影響を受け、他の広域市に比べて農業従事者の国際結婚の比率が高い。国際結婚件数の推移をみると､2006年から2010年までのピーク期を経て､緩やかに減少する傾向である。韓国全体では国際結婚が最も多かった2005年度以降に徐々に減っている点から、光州における国際結婚は遅れて減少していることがわかる。光州における外国人妻の出身国籍をみると、2005年には中国が圧倒的に高い割合を占めていた。上述のように、1990年代からの跡継ぎのための国際結婚がその理由であると考えられる。しかし2014年にはベトナムが40%で最も多く、その次が28%を占める中国であった。これは2000年頃から東南アジア出身の女性と農村の韓国人男

表 2　光州地域の外国人住民、2015（単位：人）

		韓国国籍を取得していない者				韓国国籍を取得している者	国際結婚家庭の子ども
行政区分	合計	外国人労働者	結婚移民者	留学生	外国国籍同胞	婚姻帰化者	合計
光州広域市	22,467	7,445	3,154	3,406	1,690	1,911	4,861
東　区	1,245	256	186	415	96	74	218
西　区	2,321	597	474	57	197	268	725
南　区	1,919	251	388	365	100	203	611
北　区	5,429	943	892	1,382	293	530	1,389
光山区	11,575	5,398	1,214	1,187	1,004	836	1,918

1）韓国国籍を取得していない「その他の外国人」および韓国国籍を取得している「その他の理由」の者は除く。国際結婚家庭の子どもは外国人住民子女の次の 3 つの枠のうち②に該当し、（①親が両方とも外国人、②親の片方が外国人、③親が両方とも韓国人）全体 5,090 人の 95.5%（4,891 人）を占める。ここでは①と③の者は除く。
出典：行政自治部、地方自治団体外国人住民現況（2015）より作成。

性との国際結婚が急増したためであろう。一方、カンボジア、インドネシア、ウズベキスタンも増加しており、農村の国際結婚のみならず、多様な国際結婚の形態が増えていると思われる（光州広域市基本統計 2014）。

2015 年現在、光州では外国人住民が全体人口の 1.8% を占め、韓国全体の 3.2% より低い割合を見せている。外国人は首都および大都市に集中するのが一般的であり、この値からみると光州は典型的な地方都市であることがわかる。

表 2 は光州と各区における外国人住民の詳細を表したものであり、各地域における外国人住民の特徴が読み取れる。まず光州では、外国人労働者が全体 2 万 9,131 人の 33.2% の 7,445 人で最も多く、その次に結婚移民者と結婚帰化者を合わせたのが 22.6%、そして国際結婚家庭の子どもが 21.6% の順である[2]。しかし、結婚移民者と結婚帰化者、国際結婚家庭の子どもを全て合わせた多文化家族は全体の約 4 割を占めているのである。

各区別に詳細を見るとまず、光州における外国人の約半数が光山区に集中しており、その約半数が外国人労働者である。光山区の多文化家族は 34.3% だが、その人数は光山区の人口に比べ相対的に多い。光山区は農業地帯であり、農業従事者が多数居住し、農村の国際結婚が少なくないのである。また上述したように、産業団地の造成により、工業で働く外国人労働者も急増している。こういった現状から韓国人男性労働者と国際結婚した移住女性を含む外国人の光山区への転入増加が把握できる。さらに、光山区には外国国籍の同胞が多く、これは既存の朝鮮族結婚移住女性に加え、高麗人村という外国人同胞の密集地域が形成されたためである[3]。行政自治部と統計庁によると、光州広域市には中央アジア出身者が他の地域より 2 倍である[4]。さらに、光山区には光州市全体の高麗人の 98% が居住している。2013年に光州市からはこの高麗人への差別禁止、人権の保証を支援する条例を施行した。

次に、北区と南区は住宅地が多く、商業従事者も多数であるため、都市における国際結婚形態が相対的に多いと考えられる。多文化家族は全体外国人住民の5～6割を占めているが、その人数は光山区より少ない。特に南区に居住する外国人住民の数は、北区の3分の1、光山区の6分の1程度に過ぎない。これに比べ、両方の区における外国人労働者は1～2割のみである。そして北区では多数の学校や教育機関に従事する外国人の講師や留学生などの割合が他の区より高いことが確認される。

ここで光州における国際結婚を出身国別にみると、次のとおりである。統計庁(2014)によると、2014年度の外国人妻の国籍は光州市ではベトナム158人(41%)、中国108人(28%)が1、2位を占めた。この結果は各区においても同様であり、結婚移住女性が最も多い光山区ではベトナム55人(42%)、中国35人(27%)、カンボジア9人(7%)、北区ではベトナム43人(35%)、中国39人(32%)、フィリピン8人(7%)の順である。2014年韓国全体では中国人妻が最も多く、中国がベトナムの2倍以上を占めているソウル地域と相違する。

光州における国際離婚についてみると、2008年に全体離婚の6.7%だった国際離婚率は2013に10.1%のピークを経て、ゆっくり減少している。外国人妻の国籍別にみると、全国およびソウルでは中国人妻の離婚率が圧倒的に多く、その人数は2位のベトナム人妻の2倍以上を占める。これに比べ、光州では2015年国際離婚した妻は中国人が55人、ベトナム人が52人であり、その差は大きくないのである(統計庁 2015)。

一方、各区における国際結婚家庭の子どもは2～3割を占め、今後も増加が予想される。なかでも韓国人の父と外国人の母を持つ子どもが多数である。親の国籍別に分けると、ベトナム1,552人、中国1,299人、フィリピン742人、日本382人、韓国系中国331人などであり、各区においても同様な順である(地方自治団体外国人住民現況 2015)[▶5]。また各区における国際結婚家庭の子どもを年齢別に区分したのが、以下の**表3**である。

表3をみると2015年度の光州市では4,920人の国際結婚家庭の子女がおり、その約4割が光山区、約3割が北区に居住している。年齢別にみるとまず、6歳未満の子ども、すなわち未就学児が光州全体の6割を超えている。この年齢層の割合は各区においても同じ様子をみせる。0歳からの未就学年齢が約62%を占め、

表 3　国際結婚家庭の子ども（単位 : 人）

	0-6 歳	7-12 歳	13-15 歳	16-18 歳	合計
光州広域市	3,031	1,237	380	272	4,920
東　区	153	63	23	13	252
西　区	479	174	62	45	760
南　区	379	150	44	35	608
北　区	850	352	112	72	1,386
光山区	1,170	498	139	107	1,914

出典 : 行政自治部、地方自治団体外国人住民現況（2015）より作成。

その次が 25% を占める 7 ～ 12 歳の子どもである。この学齢期の子どもにおける学校での不適応やいじめ、不登校などの問題は韓国社会において拡大されつつある。光州ではこれから小・中学校に進学する年齢層の割合が高いため、学校におけるこのような問題はさらに増えると予想される。この子どもたちに対する学校や地域社会からの支援が求められる。

以上のように光州地域では国際結婚による移住女性とその子女、労働者や留学生など外国人住民が多く居住しており、各区によって居住する外国人の特徴も相違していた。多文化家族の人数が多い光山区、多文化家族の割合が高い北区において彼らを巡る問題が特に多いと予想される。したがって、彼らが置かれたそれぞれの環境を考慮した上で、社会適応への支援と人権保護への支援が同時に要求される。彼らを対象にした区の支援条例に基づいて、特に光山区、北区における支援活動も注目されている。

3．光州地域における多文化支援の特色

（1）多文化家族支援条例と地方行政機関の役割

韓国政府は 2008 年多文化家族支援法を制定し、各自治体も同法を根拠にして「多文化家族支援条例」をつくり始めた。「多文化家族支援条例」の主な内容も「多文化家族支援法」のそれに準ずる。また、国際結婚移住者や外国人労働者が多数居住する地域では「多文化家族支援条例」に先立って、2007 年に制定された「在韓外国人処遇基本法」に基づく「居住外国人住民支援条例」が制定される場合も少なくない。「多文化家族支援条例」は各行政地域によってその内容は少し相違するが、居住外国人の安定的な家庭生活の営為、地域社会の一員として定着するための行政的支援方案の策定を目的としている点は共通する。そのための行政の

責務、支援事業、諮問委員会の構成、支援センターへの予算の補助などが明示されている。

光州市では2007年に「外国人住民条例」が、2009年には「多文化家族支援条例」が制定された。そして同時期、光州市の各自治区においても「多文化家族支援条例」などがつくられた。

表4は多文化支援業務の詳細である。まず、光州市ならび各区に外国人住民および多文化家族に関する支援条例がある。光州市では既存の「外国人住民条例」と「多文化家族支援条例」を廃止し、2015年に「光州広域市外国人住民および多文化家族支援条例」を公布・施行した。また、2013年に「高麗人住民支援条例」がつくられ、現在は2つの外国人住民に関連する支援条例が存在する。東区と南区には「居住外国人および多文化家族支援条例」の1つが存在する。これらの条例は「在韓外国人処遇基本法」「多文化家族支援法」に基づいており、各区の実情に合わせた支援が実施できる内容に規定されている。これに比べ西区、北区と光山区では「(居住) 外国人住民支援条例」と「多文化家族支援条例」の2つに分かれている。支援の対象は「外国人住民」と「多文化家族構成員」と異なる。言い換えると、外国人労働者や留学生などの外国人住民は多文化家族構成員としての支援対象に含まれないが、結婚移住者は外国人住民として支援対象に含まれる。

ここで注目すべき条例は次の2つである。1つ目は、2016年に光山区でつくられた「外国人住民人権増進に関する条例」である[▶6]。地域社会への定着という適応支援のみならず、差別禁止、外国人住民の人権の推進、多文化社会作りを目的としている点でこの条例の特色がみられる。また、外国人住民が地域社会に定着するためという課題は同様であるが、そのために区庁、企業、市民社会団体、一般市民が行うべき事項が明示されている。特に、支援の受け手である外国人住民の

表4　光州市の5区における多文化関連支援条例と支援業務における状況

行政区分	支援条例	制定年度	担当公務員	担当部署	多文化家族支援センター
光州広域市	2	2013、2015	1	福祉健康局社会福祉課多文化家族チーム	×
東　区	1	2009	1	福祉環境局女性児童福祉課	×
西　区	2	2007	1	福祉環境局女性児童福祉課	1
南　区	1	2010	2	福祉環境局女性児童福祉課	1
北　区	2	2007、2009	2	女性家族課家族福祉チーム	1
光山区	3	2007、2010、2016	4	家庭福祉課多文化政策チーム	1

出典：光州広域市庁、東区庁、西区庁、南区庁、北区庁、光山区庁、安全行政部の自治法規情報システムにより作成。

権利および責務も書かれており、多文化共生を指向する条例として読み取れる。

2つ目は、「高麗人住民支援条例」である[7]。光州市によると、光山区には高麗人が約 4,000 人居住しており、大規模の工業団地の周辺に定着したと見られる。高麗人の地域社会への安定的適応を課題に、2009 年に高麗人村住民支援センターが開所し、高麗人の言語問題、就業問題などを支援してきた。2013 年に制定された光州市の「高麗人住民支援条例」は上記の問題点を含め、人権保護、支援業務の効率的推進のための高麗人住民統合支援センターの設置運営の内容が示されている。この条例の根拠となる上位法の不在は今後の課題となろう。しかし同条例は光山区の特徴でもある多数の高麗人を、同民族として社会に還元させるだけでなく、地域社会も彼らを地域共同体として受け入れようとする内容が含まれている。この条例が多文化共生の推進に法的基盤となることから示唆される点が多い。合わせると、これらの条例は各地域に居住する外国人住民の支援を、当地方の特色に合わせてより具体的・実践的に実施できるための法的措置であると考えられる。

一方、各区庁には 2012 年新設された多文化支援の担当部署がある。担当部署の業務は①同区に所在する多文化家族支援センターの管理・指導、②任意団体の支援機関への援助・協力、③多文化連携支援、④結婚仲介業関連、⑤多文化支援業務の 5 つが共通する。しかし**表 4** にも表示されているように、担当部署の名称や業務は必ずしも一致していない。特に、実際の多文化支援業務は各多文化家族支援センターに委託運営させており、センターとは管理・監督および相互協力関係である。各区では「多文化家族支援条例」第 12 条（業務の委託 - 多文化家族の支援を目的とする非営利法人または団体に業務を委託することができる）に基づいて、支援業務を多文化支援センターに委託している。また、各区の担当部署は同条により、予算の支援、委託機関への点検および指導を行っている。

詳しくは次の通りである。北区と西区では多文化家族支援センターに支援業務の全権を委任し、センターが支援マニュアルの範囲内において必要な支援活動を自主的に実施している。その一方で光山区は、センターに委託している業務以外に、独自の支援事業を推進している。例えば、ドリームセンター（旧光州移住女性支援センター）やセナル学校など、他の民間支援団体と協力しながら、指導を行っている[8]。

このように、光州市では基本的には全国共通のマニュアル通りに多文化家族支援センターが支援活動を実践し、担当部署はセンターを点検・指導するといった体制を維持している。しかし、実際は区によって担当部署の役割やセンターの支援活動、両方の関係には差異が存在すると予測される。特に支援活動に力を入れている北区と光山区の多文化支援において明らかにその差がみられる。

(2) 地方地域の多文化支援事業[9]

全国には「多文化家族支援法」第12条の①「多文化家族支援センターの設置·運営等」に依拠して217か所の多文化家族支援センターが設置されている(2017年1月現在)。そして、2012年からは同条の②により、各広域自治団体、基礎自治団体に多文化家族支援を担当する機構と公務員を設けている[10]。上述のように各自治体は、「多文化家族支援条例」第12条「業務の委託」①支援業務の委託、②運営費支援、③定期点検および指導④再委託の事項に依拠して支援センターに支援業務を委託し、支援センターを管理・指導している。光州市の北区と光山区にも上記の支援法、支援条例により、区の担当部署は多文化支援センターと指導・協力関係にある。センターは全国共通の基本事業および地域的特徴を考慮した特性化事業を行う。ここで両センターにおける多文化支援の背景と支援現況、そして特性化事業を比較しながら、それぞれの多文化支援の特徴を把握する。

まず、センターの開所と組織構成、運営状況は次の通りである。(A) 北区では2000年代に入ってから激増する結婚移住女性を支援するため「社会法人移住家族福祉会」という非営利法人が2005年に光州移住女性支援相談センターを開設し、自費で運営してきた。その後、2008年に多文化家族支援法の制定により、同センターは2010年に健康家庭支援センターに指定され、2013年からは拠点センターとして他の区にあるセンターの支援・管理業務を兼ねている[11]。こうして北区では多文化支援事業をセンターに全て委託し、センターは区の担当部署と協議しながら自主的に支援事業を行っている。北区の多文化家族支援センターとして業務の委託を受けるようになった。北区は支援センターへの予算まで出せない財政状況にあるため、国と光州市の補助を受けている。国費と市費で年間6億ウォン(約6,000万円)の補助金以外にも、企業などからの後援金が多い。例えばキア(起亜) 自動車からは実家訪問事業に1億ウォン(約1,000万円) を後援した。しかし、このような企業から後援はあまり持続しない。他に、中央政府の各部署における多文化関連の公募事業に応募して選ばれれば模範事業センターとして指定される場合が多い。合わせると別途の事業費は年間5億ウォンである。同センターには社会福祉士の資格を持つ正職員6人を含む約40人のスタッフがいる。そのうち

9 人が外国出身の結婚移住女性で、帰化者である。出身国は中国 2 人、フィリピン 2 人、ベトナム 2 人、モンゴル 2 人、カンボジア 1 人である。また、センターの訪問指導教育には 15 人が、妊婦の産後ケアサービスには 35 人が活動している[▶12]。同センターの 1 階には幸せ市場があり、ここでは移住女性の職員による工房、マーケット、食堂が運営され、利益はセンターの事業に使われる。

（B）光山区では 90 年代にも外国人や移住女性を支援する団体が点在していた。その中の 1 つのカトリック教会は 2000 年から外国人労働者の支援活動を行っており、2009 年に光山区の委託を受けて多文化家族支援センターとして支援事業を開始した。光山区の多文化政策チーム長のチャン氏によると、2015 年からセンターの運営は区が直接関与し、区費 30％、国費 70％の予算が提供されている。パク氏（センターのチーム長）は、民間支援団体であった時期よりセンターが自ら支援事業を組むことは少なく、光山区の多文化家族支援政策に合わせて支援事業を実施するようになったという。センターには 20 人のスタッフのうち 4 人が外国出身スタッフとしてバイリンガル環境の助成事業（家庭内で子どもがバイリンガルとして意思疎通できる環境を作ってあげるための支援プログラム）や通・翻訳事業に勤めている。通訳スタッフは中国、フィリピン、ベトナム出身の帰化者で、母国出身の移住女性ネットワーク活動も行う。また、15 人のスタッフが韓国語教育、児童養育指導を中心に訪問指導教育を実施している。受け手は滞在期間が 5 年未満のベトナム人が多数である。センターに参加するには会員登録が必要であり、原則は合法的滞在者のみが正式にプログラムに受け入れられ、データベースに登録される[▶13]。教育プログラムに参加する人は 1 日約 100 人で、特に午前中の韓国語教育の参加が多い。参加者はベトナム人、中国人、フィリピン人が多く、カンボジア人、タイ人も少なくない。必須事業（多文化家族支援事業の指針書で明示され、センターで随行すべき事業）として午後と週末には料理や文化体験プログラムが行われ、参加する人も多数である。しかしフィリピン出身のキム氏によると、夫や姑などを対象とする性平等教育や人権教育、家族教育などは同じく必須事業であるにもかかわらず、参加率が低いのである。

次に、特性化事業に焦点を当てて、両センターにおける支援事業の詳細内容をみる。

（A）北区のセンターでは、特性化事業として就労支援と多文化家族の子どもへの支援を実施している。多くの結婚移住女性は入国してから言語や文化に適応していく時期を経て、生活費や仕送りなどを理由に就労を希望する。その際に韓国語能力の証明は欠かせないものである。同センターは増加する就労希望者を対象に、初めて韓国語能力試験を実施した。事務局長のキ氏は、市・区役所や一般企業、外国人を支援するセンターなどで通訳・翻訳の職が多く求められる点に着目したものであったと語った。こうしてセンターは言語の資格を取得した移住女性を主に公共機関、病院などに紹介し、移住女性の職場も増えたという。特に北区には多様な国籍の留学生や労働者の患者のために医療通訳が必要とされる場合が多い。このことに注目したセンターは北区所在の国立全南大学付属病院と連携し、移住女性が医療コーディネーターとして仕事できるシステムを導入した[▶14]。他地域の病院からも同システムを取り入れている。次に、移住女性の就労支援として、運転免許やパソコン関連資格の取得のため、教育プログラムを実施している。チーム長のユ氏によると、運転免許の筆記試験に備えて警察の担当者がボランティアとして授業を行っている。教材は母語で用意され、合格率も高いようである。他にも移住女性が職として好む料理、ベーカリー、バリスタなど、一般企業から提供する一定の講義がセンターで受けられ、資格を取得できる支援も行っている。上述した産後ケアサービスのヘルパーを養成・派遣するシステムも同センターから始まった公募事業である。

北区には外国人住民の子女が1,440人居住している（2015年1月）。センターでは子どもに次のような支援プログラムを実施している。まず学齢期に入った多文化家族の子どもにはいじめや不登校など、学校生活における不適応問題が多い。外国人である母親の韓国語能力が低い場合、親子の関係も密接にならない。同センターは子どもの心理・情緒の相談を行うプログラムを開発し、公募事業として採択された。政府から4,000万ウォン（約400万円）の予算が補助され、現在15人の移住女性の子どもが参加している。そして、中途入国子女を対象にしたレインボースクールという支援事業がある[▶15]。未就学児童や小・中・高校まで支援対象が幅広く、一般の学校教育と韓国語、文化教育などが実施される。言語や文化の違いから学校生活に適応できない子どもは、このプログラムを通して一般の学校に復帰するケースが少なくない。このレインボースクールの継続可否は1年ごとに事業の成果によって決まる。他に、「ビッコウル（＝光の郡、光州市を意味）子ども合唱団」という事業がある。この合唱団活動は、多文化家庭の子どもの相互交流と、多文化社会のリーダーとしての力量の強化を目的としている。

センターの1階の幸せ市場では、結婚移住女性が主となって定期的にイベントを開催している。さまざまな国の伝統衣装の体験、屋台、リサイクル、工芸品の展示などが行われ、国際結婚家庭同士や地域住民との交流にも努力している。

このように、北区のセンターは同地域の多文化家族に必要とされる支援を、自らプログラムとして開発していることが特徴的である。公募事業や外部事業として多く採択されることは、センターが多文化家族のニーズを積極的に把握し、支援活動として実践している点で極めて有意義である。

（B）光山区では区庁の多文化政策チームが多文化家族支援センターを含む10か所の民間支援団体と連携し、定期的に管理・監督している。地域住民が多文化家族と共感しながら融合されることを目標としている。光山区多文化家族支援センターにおける特性化事業に関しては区の多文化政策チームの指示を受ける。その詳細は次の通りである。①移住民の力量を強化させるために4つの支援事業を行っている。1つ目は外国人の統長団構成および運営支援である[▶16]。この支援事業は2013年から持続しており、現在10人の結婚移住女性が月1回の統長団会議に参加し、外国人住民の意見を伝えるなどの外国人住民の福祉マネージャーの役割を担っている。2つ目は外国人住民施策委員会の運営である。光山区外国人住民支援条例第7条「施策委員会の設置」によるものであり、2012年から年に2回の定期会議を開催している。ここでは法律、健康、教育、就労、福祉の分野における専門家および帰化した結婚移住女性が一緒に参加し、外国人住民の支援施策や基本計画ならびに個別施策に関する諮問・審議を行う。3つ目は多文化家族支援センターが独自に行う事業である。光山区の多文化家族支援センターはカトリック光州社会福祉会に委託されており、①英語圏のネイティブ講師の養成課程の運営、②外国人住民の子女のための教育支援が実施されている[▶17]。①についてはフィリピン女性を中心にし、就労につながる機会と評価されている。②については意思疎通が困難な子どもたちに言語教育を行い、適切な言語発達をはかっている。4つ目は体系的な移住民支援対策である。光山区には外国人住民の子女が他の区より多く、0歳から8歳までが多数である（全体1,946人のうち、0～2歳が458人、3～5歳が568人、6～8歳が415人、2015年1月、光山区の集計）。この子どもたちが経験するいじめや不適応の問題を解消するため、多文化家族支援センターでの相談が行われている。そのうち、外国生まれの子どもは国際結婚家庭の子どもより言語・文化の相違に戸惑うことが多い。さらに、彼らの不適応は不登校までつながるケースが少なくない。このような中途入国子女（連れ子）のために、セナル学校がある。2007年に個人が始めた支援学校であるが、2011年国の認可を得て、現在は多言語による小・中・

高校の授業を実施している。一般教育課程の他に、母国の文化を忘れないための母国語授業も行われている。現在は国際結婚家庭、外国人労働者、留学生などの子どもをすべて対象にしている。

①光山区は多文化理解のために次のような支援に力を入れている。まず、具体的に韓国人住民と外国人移住民が共生するために地域社会の問題について意見を交わし、解決を模索する「グローバルの開かれた発言の演壇」を開催した。そして、「共に温かい町の共同体事業」は4つの村で移住民の子どもに多文化理解教育、韓国語授業、外国語教室などを実施する公募事業である。また、役所で通訳業務をしている移住女性の自助組織を活性化させるためのワークショップも月1回行われる。この他にも地域住民および学生を対象に、地域の児童センター、保育園、幼稚園、小中高校などの20か所において中国、ベトナム、フィリピン出身の移住女性を派遣講師として母国の文化紹介、体験、多文化理解教育の講義を実施している。

②そして、多文化理解事業の一環として「ともに暖かい光山づくり」がある。詳細をみると、まず、光州外国人福祉センター、光州移住女性支援センター、アジア外国人勤労者センターと協力して移住民の団体·自助集まりを支援している。具体的には区の建物を貸したり、支援金を出したり、移住民のための各種イベントを後援する。こうして、移住民の福祉の欲求を把握すると同時に、区政運営の広告にもなる。そして、企業からの援助により、シングルマザーの移住女性の子どもの1歳の誕生日パーティや高麗人の集団結婚式なども開いた。他にも、高麗人住民イベントやお盆に外国人勤労者サッカー大会が毎年開かれる。このサッカー大会には11か国30チームの1,000人余りが参加する。外国人労働者専用の工業団地内にある大きい公園に、さまざまな国籍の人々がチーム別に優勝を目指して必死に走り回る。外国人参加者の家族だけでなく、地域住民も応援に来て大きく盛り上がると多文化政策チーム長のチャン氏は語った。光山区は外国人が多いだけに、国別自助組織の支援にも積極的である。

一方、不法滞在者の子どもや、事情により出生届けが出せない子などの無国籍子女を受け入れる「移住民の乳幼児保育センター」をドリームセンターが運営している。

光山区には長年持続してきた伝統市場がある。ここに、ある変化が起きている。大型のスーパーなどによって衰退し続けていた市場が、居住外国人によって繁盛し始めたことである。平日は結婚移住女性がスーパーより新鮮で安い食材を求めて買い物に出てくる。また週末は多くの外国人労働者で店が繁盛する。市場で母国の食材を販売する外国人もいる。伝統を守ろうとする国の支援がなくても、市場経済が自ら拡大・発展されているのである。光山区はこれをアジア飲食文化連携事業として活発にさせる計画を構想中である。こうした努力も多文化共生に向けての支援の一環であろう。

このように光山区は移住女性家族のみならず、多数の外国人労働者家族までを含む支援を実施している。光山区庁の多文化政策チームが主となり、区の援助を受けて居住外国人の結束と地域住民としての共生のためにさまざまな支援事業が実施されていた。北区から全権を委任された多文化家族支援センターが主体となり、多文化家族を対象にした独自な支援プログラムが多く開発・実施されている北区とは対照的であった。

4．おわりに

本稿では光州市における多文化家族の現況を検討し、北区と光山区における地域の支援事情を調べてきた。地方都市である光州市には農工地域が多く、農業従事者と結婚した移住女性や工業団の外国人労働者も少なくない点が特徴的である。都市と農村地域の多文化家族を巡る問題が共存しているため、多文化家族支援が制定される以前の2005年頃から、民間団体からの多文化家族支援が本格化した。

光州市の５つの区では多文化家族における支援条例を制定し、これまで何度も改正を行った。国際結婚家族のみならず、外国人労働者とその子女、留学生などを含む外国人住民も地域社会で生活するために必要な支援が受けられるように支援の改善も進めてきた。そして、多文化家族支援センターや従来は行政の援助を受けていなかった民間支援団体に対し、市や区における担当部署から予算の補助などの援助を行っていることが明らかであった。

これまでの研究からは、多文化支援の内容において言語教育など重複する支援を改善する必要があると指摘されてきた（조 현상 2013）。しかし、光州地域を検討した結果では入国して間もない外国人住民には言語支援が最も必要であり、これを反映したプログラムが実践されていた。特に光山区多文化家族支援センターでは入国して間もない者が多いため、韓国語授業に多数の結婚移住女性が集

中していた。外国人住民が多数居住している地域であるため、他の支援団体においても言語支援が数多く行われており、外国人労働者など他の居住外国人もセンターを利用している。北区のセンターにおいては主に結婚移住女性を対象に各レベルに分けられた韓国語クラスがあり、言語教育を重要に考えていることが確認された。このように多文化家族支援法や多文化家族支援条例に基づき、国や地方行政の援助があるため、言語教育支援が徹底して行われることが可能になったと考えられる。

また、外国人住民の子どもの多くがすでに学齢期に入っており、さらに増えていくと見られる。これに伴い、学校の教育や学校生活での適応における積極的な支援が必要である。現在多文化家族支援センターからは国際結婚家庭の子どもを対象に全国共通のマニュアル通りに言語教育および心理相談を施行している。しかし、この対象の枠外にいる子どもを対象にした支援は足りない。この実情に対応し、光山区のドリームセンターでは無国籍の乳幼児の保育を行い、セナル学校では中途入国子女に対する母国語で教育を実施している。特に外国人労働者や外国人の転入も多い光山区ならではの対処である。こうした現況から、外国人労働者家族や帰国同胞が多いという地域の特徴を支援に取り入れていることが確認された。

ここで、日本社会に触れておこう。日本の地域社会における外国人住民の定着や共生のための支援は点在する。しかし、民間団体や定住外国人らが自ら立ち上げた支援活動は、個人が営む場合が多い。すなわち、予算や支援事業の運営面からみると、支援を持続および拡大させるのは極めて困難な状況にある。そして、法的枠に伴う予算措置がないからである。

本稿で確認されたように、韓国の地域社会では支援の体系・政策の継続を可能とさせる法的装置が整備されている。これを根拠にし、各地方行政は支援センターの特性化事業が持続的に実施されるように協力していた。このような支援システムにより、地域の多文化家族のニーズが反映された支援事業が実践され続くと、社会統合のめざす社会への帰属、そして、多文化共生の目指す共存、文化尊重が実現する。こうした支援を多文化社会への過程として考察することは、今後日本の地域社会における多文化家族のための支援政策を考える際にも多くを示唆する。

注

▶ 1　聞き取り調査の詳細は、金愛慶・馬兪貞・李善姫・近藤敦・賽漢卓娜・佐竹眞明・ダアノイ，メアリー・アンジェリン・津田友理香（2016）「韓国の多文化家族に対する支援政策と実践の現況」『名古屋学院大学論集（社会科学篇）』52-4: 113-144.」を参照されたい。

▶ 2　国際結婚家庭の子どもは一般的に韓国における多文化家族の子女とも言われ、多文化家族支援法および支援センターの支援の主な対象である。

▶ 3　高麗人とは 1860 年頃から 1945 年 8 月 15 日までの時期、農業移民、抗日独立運動、強制動員などでロシアおよび旧ソ連地域に移住した者および「民法」大 777 条によるその親族を示す（光州広域市高麗人住民支援条例、第 2 条の定義による）。

▶ 4　詳細は「2015 年度地方自治団体外国人住民現況、行政自治部・統計庁、2016」を参照されたい。

▶ 5　親の国籍取得の可否にかかわらず、国際結婚家庭の子女を全て調査した場合である。国の分類は親の国籍による。地方自治団体外国人住民現況、行政自治部、2015。

▶ 6　人権増進（Promotion of human rights）は韓国の用語で、人権を守る、擁護するという意味である。

▶ 7　高麗人については注 3 を参照されたい。

▶ 8　ドリームセンターでは結婚移住女性のシェルター、無国籍幼児の保育、移住女性のエンパワーメント活動などを行う。セナル学校は中途入国子女（外国で生まれた外国人の子どもが、親の再婚などで韓国に住んでいる場合）のために 2007 年開校し、母語での授業や韓国生活に適応するための支援を実施する。

▶ 9　JSPS 科研費 26285123 の助成を受けた調査に基づいて作成する。

▶ 10　広域自治団体はソウル、6 の広域市、9 の道における自治団体を、基礎自治団体は市、郡、区における自治団体を指す。

▶ 11　全国 16 広域市道別に拠点センターを中心に多文化家族支援センター間のネットワークを形成し、支援事業の交流、センター従事者への教育などを実施する。例えば光州市では北区のセンターに他の 3 つの多文化家族支援センターの職員が集まり、支援プログラムに関する会議やセンターの職員教育を定期的に行う（2017 年現在）。

▶ 12　センターに来られない移住女性を訪問し、生活情報の提供、韓国語の教育、児童養育の指導および家族相談などを実施する事業であり、必要に応じて移住女性の母国語での支援を実施している。妊婦の産後ケアサービスは北区のみならず光州市全体に居住している該当者を対象にしている。①韓国語可能、②出産の経験あり、③人を助けたい心の 3 つの条件をクリアした結婚移住女性を対象に、60 時間教育後、該当者のところに派遣する。光州市の補助で、1 時間 9,000 ウォンの自給が払われる。

▶ 13　現在登録された会員数は 1,000 人余りである。不法滞在者は、会員登録はできないが、一部プログラムへの参加は可能である。

▶ 14　「アジア広報使節団」と名づけられ、病院の受付から受診、緊急手術、処方箋の説明まで翻訳・通訳する。

▶ 15　移住という背景を持つ青少年を支援する公募事業であり、女性家族部（中央部署）主催である。現在は全国 23 か所で行われている。

▶ 16　韓国の行政区域は市・郡・区の下に邑・面、その下に里（リ）・統（トン）、さらにその下に番地で構成される。光州市では各区に洞があり、洞の下に統が存在する。統長は統に関する事務を執る責任者である。統長団は定期的に洞や区単位で定期的に集まる。

▶ 17　国際結婚家庭の子どもに限らない。

参考文献

金愛慶・馬兪貞・李善姫・近藤敦・賽漢卓娜・佐竹眞明・ダアノイ，メアリー・アンジェリン・津田友理香（2016）「韓国の多文化家族に対する支援政策と実践の現況」『名古屋学院大学論集（社会科学篇）』52-4: 113-144.

金愛慶（2011）「韓国の多文化主義―外国人政策とその実態」佐竹眞明編『在日外国人と多文化共生――地域コミュニティの視点から』265-276．明石書店.

金賢美（2009）「誰のための統合なのか―韓国における結婚移民女性政策と家父長的発想」アジア・太平洋人権情報センター編『アジア・太平洋人権レビュー 2009　女性の人権の視点から見る国際結婚』86-98．現代人文社.

佐竹眞明・金愛慶・近藤敦・賽漢卓娜・李善姫・津田友理香・馬兪貞（2015）「多文化家族への支援に向けて――概要と調査報告」『名古屋学院大学論集（社会科学篇）』51-4: 49-84.

中尾美智子（2010）「韓国の『結婚移民者』にみる流動と定着」『岩手県立大学社会福祉学部紀要』12-2: 41-50.

馬兪貞（2011）「韓国の都市と農村における国際結婚の比較研究」『立命館国際研究』23-3: 201-223.

馬兪貞（2013）『韓国の地域社会における結婚移住女性の社会適応と支援政策』立命館大学大学院博士論文.

李善姫（2011）「韓国における『多文化主義』の背景と地域社会の対応」『GEMCjournal』5: 7-19.

[韓国語文献]

오 세민 , 박 정훈 , 홍 성휘（2014）기초자치단체의 다문화가족지원조례 제정현황과 내용에 관한 분석. 다문화와 평화 8-1: 74-103.（オ セミン・パク ジョンフン・ホン ソンフィ「基礎自治団体の多文化家族支援条例制定現況と内容に関する分析」多文化と平和）.

조 현상（2013）국가의 다문화가족 만들기에 관한 비판적 고찰.　한국지역사회복지학회 44: 127-152.（チョ ヒョンサン「国家の多文化家族作りについての批判的考察」韓国地域社会福祉学会）.

광주광역시（2016）광주광역시의 행정구분. http: //www.gwangju.go.kr/contentsView.do?menuId=gwangju0501020100、2017 年 1 月 10 日アクセス.（光州広域市「光州広域市の行政区分」）.

자치법규정보시스템. 광주시 및 각 구의 조례. http: //www.elis.go.kr/、2017 年 1 月 20 日アクセス.（自治法規情報システム「光州市および各区における条例」）.

통계청（2014）다문화농가. http: //kosis.kr/statisticsList/statisticsList_01List.jsp?vwcd=MT_ZTITLE&parentId=A#SubCont、2017 年 1 月 4 日アクセス.（統計庁「多文化農家」）.

통계청（2014）시군구의 전/겸업별 농가. http: //kosis.kr/statisticsList/statisticsList_01List.jsp?vwcd=MT_ZTITLE&parentId=A#SubCont、2017 年 1 月 5 日アクセス.（統計庁「市郡区の専・兼業別農家」）.

통계청（2014）지역별/산업별종사자. http: //kosis.kr/statisticsList/statisticsList_01List.jsp?vwcd=MT_ZTITLE&parentId=A#SubCont、2016 年 9 月 20 日アクセス.（統計庁「地域別・産業別従事者」）.

통계청（2014）외국인의 국적별 혼인. http: //kosis.kr/statHtml/statHtml.do?orgId=205&tblId=DT_20503_B001020&conn_path=I3、2017 年 1 月 29 日アクセス.（統計庁「外国人の国籍別婚姻」）.

통계청（2015）시도 외국인 처의 국적별 이혼. http: //kosis.kr/statHtml/statHtml.do?orgId=101&tblId=DT_1B85021&conn_path=I3、2017 年 1 月 10 日アクセス.（統計庁「市道外国人妻の国籍別離婚」）.

행정자치부（2015）지방자치단체의 외국인주민 현황. http: //www.moi.go.kr/frt/bbs/type001/commonSelectBoardArticle.do?bbsId=BBSMSTR_000000000014&nttId=46327、2017 年 1 月 20 日アクセス.（行政自治部「地方自治団体の外国人住民現況」）.

第12章　多文化家族への支援

――共同調査を踏まえて

佐竹 眞明

1．問題の所存――行政の認識

多文化家族への支援に関して、2014年から2016年までの共同調査に基づき、どのような施策・取り組みがなされているのか、検証する。その上で何が不十分で、どのような支援がさらに必要なのか、考察する。

多文化家族への支援を振り返ってみよう。1990年以降、ニューカマーの増大に対して、住民団体、自治体は国に対して、善処を要請した。その結果、2006年総務省は『地域における多文化推進プラン』を公表し、全国の都道府県・指定都市に通知した後、多文化共生にかかわる指針、計画を策定するように指示した。その結果、自治体レベルでは多文化共生に向けた施策がいっそう展開されるようになった（山脇 2011: 34）。「多文化共生」は自治体、国の行政用語として、定着していった（近藤 2009: 26）。そして、2009年、国レベルでも内閣府の政策の1つ「共生社会」に定住外国人施策が加えられた（佐竹 2011: 38）。「はじめに」で記したように、『日系定住外国人施策に関する基本指針』（2010年8月）、『日系定住外国人施策の推進について』（2014年3月）によって、施策は南米日系人を主な対象としつつ、日系人以外の外国人にも定住外国人施策を適用しようとしている。しかし、「可能な限りこれらの他の外国人に対しても施策の対象とすることが望ましい」とするだけで十分といえるであろうか。

すなわち、「第1章　多文化家族のあらまし」（以下、あらまし）で述べたように、国際結婚やそこに生まれる子どもの増加により、多文化家族の当事者は100万人を超えている。さらに、「あらまし」1（3）で論じたように、国際結婚には日本人同士の結婚とは異なった人権問題がある（初瀬 2009: 9）。結婚成立での仲介業者による詐欺的な結婚斡旋、離婚裁判における費用負担の困難の問題もある（初瀬 2009: 12-14）。子どものいじめ[1]、連れ子の学校における適応（李 2011）も深刻である。

しかし、自治体施策や国の外国人施策では、地域の多文化家族は独立して取り上げられず、十分な考慮が払われていない。前述の『地域における多文化共生推進プラン』では「外国人住民」と外国人はほぼ一括され、「外国人」「外国人労働者」「外国人の子ども」という語が散発的に使われているだけである。定住外国人施策の主な対象も南米日系人である。

共同調査でも、2014 年 9 月総務省を訪問した際、国際結婚の家庭を独立した分野として支援を展開すべしと、主張したが、担当職員はカテゴリー別の支援には慎重であった（佐竹ほか 2015a: 68-69）。しかし、当事者の多数さ、問題の深刻さを踏まえて、政府、自治体は多文化家族への支援に努めるべき、と思われる。さらに、共同調査で日本の行政機関、自治体、住民団体などを訪れ、また韓国で多文化家族支援を知るにつれ、日本における支援の必要をより感じるようになった。日本では明確な移民政策が策定されていない実情を踏まえ[2]、移民法の制定と合わせて、多文化家族の支援に向けた施策・政策、立法を検討すべきである。

2．支援の実情

(1) 多文化共生

多文化共生に取り組む国の機関としては　総務省（2014 年 9 月）がある。2006 年総務省が全国の自治体に「多文化共生」の施策を策定するように指示するが、総務省で聞いた話によると、施策の実施率は高いとは言えない。すなわち、2014 年 4 月現在、47 都道府県中、42 都道府県が多文化共生の推進にかかわる指針および計画を策定している。5 県のみが策定しておらず、県レベルでは高い数字である。また、20 の全指定都市で指針が作られている。だが、全国の 790 市の 448 市、745 町の 134 町、183 村の 20 村のみが多文化共生の指針を策定している（佐竹ほか 2015a: 68）。計算してみると、全市町村 1,718 のうち、策定しているのは 602 で 35％にしかならない。特に町、村に占める割合が少ない。これは通達に強制力がないためであり、多文化共生の推進としては寂しい。在留外国人、多文化家族の支援に向けた施策が不十分になると思われる。

自治体レベルでは次のところを訪ねた。宮城県国際化協会（2015年2月）、仙台国際交流協会（同）、気仙沼市小さな国際大使館（同）。次いで春日井国際交流会（2015年11月）であるが、これは同市に国際交流協会がないため、国際交流に取り組む住民団体が連合している。他に大阪市市民局ダイバーシティ推進室（2016年2月）ではヘイトスピーチへの対処に関する条例についても伺った。とよなか国際交流協会（2016年2月）、かながわ国際交流財団（同）も訪れた。

市民団体としては、多文化共生リソースセンター東海（2015年4月）を訪問した。

それぞれに多文化共生の実情、取り組みを聞き、熱心な実現に向けた努力を伺った。

各地を訪れて、特に神奈川・大阪・名古屋ではオールドカマー在日韓国・朝鮮人への対応がニューカマー支援につながってきている、ということを感じた。在日韓国・朝鮮人による人権の擁護活動が外国人行政を突き動かしてきた。その延長線上にニューカマーや多文化家族への支援が展開されるようになった。また、大阪では同和問題への取り組みが在日外国人支援の土壌ともなっていることに気付いた（佐竹ほか 2017: 135）。

なお、内閣府の政策「共生社会」に「定住外国人施策」が入ったことから、内閣府の担当者に話を聞きたかった。なぜ、「日系定住外国人施策の推進について」（2014）などで日本に居住する他の外国人にも可能な限り、日系定住外国人施策の対象にすることが望ましい、としたのか、他の外国人として、外国人配偶者をどの程度意識しているのか、伺いたかった。しかし、内閣府はインタビューを拒否した。大阪のコリアン団体、多文化共生に取り組む団体にもインタビューを拒否された。いずれもこちらの調査趣旨が伝わらず残念であった。

(2) 外国人配偶者・子どもの人権擁護

日本人の夫による外国人妻への暴力（以下、DV）、国際結婚の子どもに対する学校や地域におけるいじめについて、国は実態や統計を十分に把握していない。DVやいじめに関して、法務省に電話照会すると、「人権侵犯事件」は外国人、日本人に分けて集計しておらず、実態の把握は難しいという。外国人の人権を守る基本法の制定については「人権擁護法案」が国会で審議されたが、廃案になったといわれた[▶3]。しかし、2016年　ヘイトスピーチ対策法（「本邦外出身者に対する不当な差別的言動の解消に向けた取組の推進に関する法律」）が制定され、特定の民族・人種に対する差別をあおる言動の解消を目指す法律がつくられた。罰則は付かなかったが、国や自治体は、相談体制の整備や教育・啓発活動などの施策を求められた。国際結婚を規制するように主張する団体もあることから[4]、国際結婚当事者がヘイトスピーチの対象ともなり得る。よって、初めて外国人を保護対象とした同法の制定は注目される。

DV、子どもへのいじめについて、自治体の国際（化）協会の中でも宮城県国際化協会、とよなか国際化協会などの話を聞いた。

市民団体としてはカラカサン（2014 年 9 月）が外国人女性の保護、エンパワーメントに向けて、活動を展開している。2003 年の DV 法改正に向けて、国籍の差別をなくために移住女性自ら議員にロビー活動し、成果を上げた旨、伺った。他に、カパティラン（同）が電話で結婚移住女性に対して、カウンセリングを提供していること、カトリック東京国際センター（同）が宗教の立場から支援を行っていることを知った。後者については 2011 年東日本大震災の際、結婚移民を含むフィリピン人に緊急避難所を提供したことがある。また、アジア・太平洋人権情報センター（2016 年 2 月）ではジャパニーズ・フィリピーノ・チルドレン（JFC）が国際結婚のひずみであることを知った。JFC とは日本人父・フィリピン人母の間に生まれ、日本人父に養育を放棄された子どもを指す。妻の同意を得ずに離婚する、連絡を絶つなど夫の一方的行為によって、JFC やその母親の苦境が生まれてきたのである。

ヘイトスピーチ対策法を除き、外国人に対する包括的な法が存在しない中、自治体（国際協会、国際化協会）、市民団体が対応している。市民団体の中には、省庁交渉を行い行政に提言を行っている組織、「移住者と連帯する全国ネットワーク（移住連）」に積極的に関わっている組織もある（カラカサン、アジア・太平洋人権情報センター）。

(3) 外国人配偶者の就労支援

外国人の配偶者については本書の国際結婚夫婦に関する論文（第 2, 3 章。主婦化について第 4 章）や髙谷ほか（2015）が記すように、教育経験を生かせず、工場労働や現場労働、サービス業におけるパート就労が多く、専門職・管理職・技能職への就労は極めて少ない。言語の壁もあり、友人を頼りに職を探し、収入は一般的に低い（カラカサン・川崎市男女共同参画センター 2013: 10）。特に、収入の限られる女性配偶者やシングル・マザーに対する支援が求められる。

この点、2014年9月、共同調査で厚生労働省を訪問した際、興味深い情報を得た。2008年のリーマンショックで職を失った南米日系人を対象に始まった「日系人就労準備研修」では受講対象の拡大がみられるという。すなわち、研修は南米日系人を対象にしていたが、受講案内には小さく「南米諸国国籍以外の方はご相談ください」と記入してあり、他の外国人が研修を受けたい場合、受講場所であるハローワークの所長に申し出れば、受講可能であったという[5]。実態に即して、「定住外国人就労準備研修」という名称への変更を考えているとのことだった（佐竹ほか 2015a: 75-78）。ぜひ、そうしていただきたい、と私たちは申し上げていたが、果たして2015年度から「外国人就労・定着支援研修」と名称を変えた。

これは、前述・内閣府の定住外国人施策の担当室として、定住外国人施策室が作られ、「日系定住外国施策に関する基本方針」（2010年）、『同施策の推進について』（2014年）で、南米日系人向けの施策を可能な限り、他の外国人に対しても施策の対象とすることが望ましい、としたことが背景である。「他の外国人」である外国人配偶者も受講しやすくなった。ただし、研修は関東、東海、関西の16都道府県にとどまる[6]。東北、四国、九州などにはなく、今後、拡大が求められる。

合わせて、共同調査で訪れた宮城県気仙沼市地域づくり推進課　小さな国際大使館で伺った話が興味深い。認定NPO法人「難民支援協会」が資金を出し、市が場所、人材を提供して、地域のフィリピン女性たちにホームヘルパー2級の資格を取得させる就労支援プロジェクトを実施したという。2011年の東日本大震災のあと、同年6月からのことだった。さらに、2012年7月から半年、日本聖公会とも連携して同じプロジェクトを実施した。震災によって、勤務先の水産加工所が破壊され、職を失っていた外国人配偶者にとって意味のある事業であった。31人（フィリピン24、中国6、チリ1）がヘルパーの資格をとった。ただし、資格取得者は訪問介護の担当となり、何か所も訪問し、日常の家事も手伝い、重度の要介護の高齢者も多いため、離職率が高いという。現在ヘルパーを続けている者は4～5名である（佐竹ほか 2015a: 221）。

また、NPO法人「多文化共生センター大阪」のHPによれば、センターは2013、2014年度独立行政法人福祉医療機構 社会福祉振興助成事業「外国人母子の生活支援モデル事業」による親子教室を通じて、外国人配偶者を含め、介護ヘルパーの資格取得を支援したという。就職につながったケースもある[7]。民間団体による意欲的な取り組みであった。訪問を希望したが、レスポンスを受け取れず、かなわなかった。

就労支援は国が行っているが、地理的に拡充の必要がある。また、民間団体が行政と連携して、行っているが、まだ数が少ない。拡大されるべき分野である。

(4) 日本人配偶者等への働きかけ

日本人配偶者やその親族が外国人配偶者の異なる文化、習慣、言葉を学べるように、行政や市民団体が機会を提供すべきである。フィリピン人の妻が母国の親、親戚に送金するのは家族を大切にする気持ちの表れであり、背景として、拡大家族的な価値観がある。しかし、日本人の夫や家族は妻の行動を理解できず、不快に感じる（初瀬 2009: 14）。実際、徳島県三好市東祖谷の日比夫婦ではこれが原因となり、離婚の背景となった（佐竹 2016: 90）。

また、日本人配偶者を対象に、家庭における役割分業を見直すジェンダー教育を提供すべきである。家事、育児を分担し、仕事優先の姿勢を見直すべきであろう。

異なった文化の理解は外国人配偶者を人として尊重することにつながる。家事の分担はジェンダー平等な感覚をもたらす。こうした意識をもてば、DVの減少につながると思われる（佐竹 2009: 44）。しかし、国や自治体はこうした活動を行わず、山形・最上広域市町村圏事務組合　国際交流センターが異文化交流活動を行ってきた程度（柴田 1997: 35; 渡辺 2002: 20）である。

民間団体では、藤田（2010: 1-3）が紹介する秋田県能代市のボランティア団体「のしろ日本語学習会」が興味深い。「教室でヘタなことを教えてもらっては困る」「外国人同士知り合いになって逃げられては困る」と考え、妻の参加に反対する夫や家族に対して、妻がなぜ日本語を学習すべきか、その目的と必要性を説き、意識改革に務めてきたという。外国文化やジェンダーを教えるわけではないが、夫や家族への意識改革として、意義がある。

国際結婚をした日本人の夫が中心になって2008年結成した「多文化ファミリー会とめ」（宮城県登米市）は、日本で数少ない当事者団体である（2015年2月）。代表の小野寺正幸氏によると、「多文化」とは2007年施行の宮城県多文化共生条例を意識したという。また、国際結婚の問題は夫、妻、子どもだけの問題ではなく、舅、姑、親族の協力も必要であることから、「ファミリー会」という名前にしたという（佐竹ほか 2015 b : 224-226）。さらに、「冠婚葬祭のマナー」「外国人の雇用」「フィリピンの旅」といったセミナーを開き、日本人側だけでなく、外国人配偶者の文化、習慣がわかるような講座を開いている。

国際結婚における日本人配偶者等への対応は手薄な分野である。多文化家族への支援における「穴」でもある。今後、国、自治体、市民団体のより多くの参入を期待したい。

(5) 子どもへの教育支援

国際結婚で生まれる子どもや、外国人配偶者の連れ子が学校の授業についていけない、いじめられる事例がある。そうした例について、文部科学省初等中等教育局　日本語指導係に電話した（2014 年 7 月）。日本語指導が必要な子に国際結婚に関連する例は知っているが、そうした子どものみ取り出して対応していない。いじめを含め、詳しい事情は個々の学校、自治体に問い合わせてほしい、とのことだった。

ちなみに、文科省は、日本にいる外国人の親には子どもを就学させる義務はないが、国際人権規約などを踏まえ、公立の小、中学校等では外国人の子どもを無償で受け入れる措置を講じ、外国人の子どもの教育を受ける権利を保障しているという[▶8]。しかし、同省の学校基本調査「不就学学齢児童生徒調査」では、調査票にはわざわざ「外国人は調査から除外する」と記され、同省がいかに外国人の就学に無頓着か、を示す（田中 2013: 207-208）。実際、確認すると、その通りの補注がある[▶9]。国際結婚の連れ子も「定住」もしくは「日本人の配偶者等」の資格を持つ外国人であり、調査から除外されてしまう。外国人の教育が十分保障されているとは言い切れないのである。

また、2012 年、公立学校（小中高、中等教育及び特別支援学校）で日本語指導が必要な外国人児童生徒 2 万 7,013 人を母国語別にみると、ポルトガル語 8,848 人（32.8%）、中国語 5,515 人（20.4%）、フィリピン語が 4,495 人（16.6%）、スペイン語 3,480 人（12.9%）などである。4 言語で全体の 82.7%を占める。中国、フィリピン語を母語とする生徒は国際結婚のおける連れ子も含まれている、と推測される。他に日本語指導が必要な日本国籍の生徒も 6,171 人おり、帰国児童の他、国際結婚の家庭内言語が日本語以外の場合が考えられるという[▶10]。

対して、訪問先の自治体の国際交流協会は子ども、親、教員、ボランティアを支援するという。宮城・仙台国際交流協会では「日本語を母語としない親と子のための進路ガイダンス」「外国につながる子どもサポーターモデル事業の夏休みこども教室」を提供し、子ども、親支援を展開する（佐竹ほか 2015b: 218-220）。

かながわ国際交流財団も学校の教員やボランティアを対象に、外国につながる子どもに対する理解を深めようと、多言語パンフレットを配布してきた（佐竹ほか 2017: 131-133）。

さらに、民間の団体は事業が活発である。東京・三鷹のピナツボ復興むさしの（2014年9月。現・ピナット〜外国人支援ともだちネット）（佐竹ほか 2015a）、名古屋のフィリピン人移住者センター（2015年2月）（佐竹ほか 2015b）、川崎ふれあい館（2016年2月）（同）、東大阪の曙光クラス（2016年2月）（佐竹ほか 2017）もさまざまな日本語学習の機会を提供している。そして、NPO法人「多文化教育ネットワークかながわ」が行う「たぶんかフリースクールよこはま」では毎年30名を対象に日本語、国語、英語、数学を教え、先生は元の学校教諭である（佐竹ほか 2017: 129-131）。高校進学のため、授業を行っている。

以上のように、文科省は外国人の子どもが教育を受ける権利を保障しているというが、不就学調査から外国人をはずしている。日本語指導が必要な児童の数は文科省が把握しているが、実際の対応は各自治体、民間団体が行っている。

（6）人材教育

多文化家族を支援する人材を育てる教育である。国の対応は弱い。例えば、文科省の唱えるグローバル人材とは、「産学官によるグローバル人材育成のための戦略」（産学連携によるグローバル人材育成推進会議 2011年4月）によれば以下のようである。「世界的な競争と共生が進む現代社会において、日本人としてのアイデンティティを持ちながら、広い視野に立って培われる教養と専門性、異なる言語、文化、価値を乗り越えて関係を構築するためのコミュニケーション能力と協調性、新しい価値を創造する能力、次世代までも視野に入れた社会貢献の意識などを持った人間」を指すという。「日本人としてのアイデンティティを持ちながら」という部分に制約がみられ、日本生まれの外国籍子女や国際結婚家庭の子女に見られる多文化のアイデンティティを持つ人々の参加を拒んでいる。この趣旨に基づき、文科省は「グローバル人材育成推進事業」を国公私立の大学に呼びかける[▶11]。これでは多文化社会にふさわしい人材を育成することはできない。

自治体では仙台・国際交流協会が支援する人々を支援する。「外国につながる子どもサポーターモデル事業の夏休み子ども教室」を開き、「子どもサポーター」を支援している（佐竹ほか 2015 b : 218-220）。愛知県や岐阜県、神奈川県の医療通訳NPOが行っている医療通訳の養成・派遣事業も多文化家族支援につながる。

そのニーズについては本書3章を思い起こしてほしい。また、多数の外国人が自ら通訳となって、同胞を助けている[12]。

東京外国語大学多言語・多文化教育研究センター（2014年9月）も「多文化社会コーディネーター」、「コミュニティ通訳養成」を育成する講座を開いている。前者は自治体、国際交流協会、NPO、大学の職員が100人、後者は言語の専門教育を受けた人々70人が修了している（佐竹ほか2015a: 80-81）。共同調査でも仙台国際交流協会や多文化共生教育ネットワークかながわ（及びMICかながわ）の職員が「多文化社会コーディネーター」の講座を修了され、資格を生かして活動されていることを知った。

市民団体では「多文化家庭支援センター」（2014年9月）が「多文化家庭支援アドバイザー養成」を開講していた。多文化家族の悩みに応じられるアドバイザー養成のためである。「多文化家庭支援セミナーⅠ（自尊心）」、「Ⅱ（日本の文化）」、「Ⅲ（共生）」を受講の上、カウンセリングマインドなど6科目を受講し、小論文を提出する。アドバイザーとして認定されれば、センターの講師、支援活動にも参加しうる。2009年から認定を受けた者は20名おり、18名が日本人、2名が外国人（フィリピン人、ロシア人）である（佐竹ほか2015a: 74-75）。

以上、国際交流協会、東京外大、多文化家庭支援センターの取り組みを紹介した。国の支援は皆無に等しいのに対し、自治体、市民団体による試みには興味深いものがある。

（7）外国人自助団体

当事者自らが活動する外国人による自助団体は自らを助け、外国人自身のエンパワーメントをもたらす意味で重要である。共同調査では宮城・南三陸町にある「サンパギータのF.L.多文化会」（2015年2月）が印象的だった。フィリピン人の佐々木アメリアさんが代表を務め、日本語・英語教室、PCクラス、ホームヘルパー資格の勉強会を行う。2011年大震災の折にはフィリピンのお嫁さんが救援物資を探し、近所のおじいちゃん、おばあちゃんに持っていき、舅、姑がフィリピン人の花嫁を見直したという。自己財源であり、団体のキーパーソンの存在が大きい。周辺の「多文化ファミリー会とめ」の小野寺さんと、外国人のど自慢大会を開こうと話しているという。キーパーソン間のネットワークがある。

宮城・石巻市　NPO法人国際支援地球村（同）は韓国人・梶原美佳さんが2009年に立ち上げたコミュニティカフェである。特に2011年大震災の後、相談窓口としての機能を果たす。文化庁の「『生活者としての外国人』のための日本語教育事業」を委託するだけでなく、国際結婚の子どもを対象とした学習支援、買い物代行、地域の見回り、被災者支援など数多くの活動を行うようになったという（佐竹ほか 2015b: 226-228）。

最後に、愛知県知多郡東浦町にある「ユナイテッド・フィリピーノ・コミュニティ・イン・ヒガシウラ」（2015年11月）は2009年からフィリピン人のため、活動をする。きっかけは代表の千葉真理杏（マリアン）さんが名古屋市の「フィリピン人移住者センター」（FMC）石原バージさんに自分の問題を相談したことである。自分もフィリピン出身の人を助けたいと考え、自助団体のない東浦につくることにした。移住団体のスピンオフ（派生）である。フィリピンの踊り（自分たちから若い世代に受け継がす）、クリスマス・パーティーの他、防犯パトロールを組織し、地域の人と一緒に夜の街を歩くという。DV被害に対する援助も行っている。

これら、外国人の自助団体には地域に根ざした活動をつづけ、それぞれキーパーソンがいる。自己財源が多いだけに国、賛助団体からの支援が望まれる。

(8) 外国人配偶者への日本語学習

外国人配偶者の日本語教育に対する必要性は、日比夫婦の調査結果から示唆された。国としての支援は前述・文化庁の「『生活者としての外国人』のための日本語教育事業」がある。自治体として、名古屋国際センター（名古屋市の国際協会といえる）は毎日曜に「日本語の会」を開いている（DIVE 2017: 08）[▶13]。親を対象に日本語を教える講座を開く例もある。例えば、仙台国際交流協会の「親子でLet's コミュニュニュケーション」という支援講座がある（佐竹ほか 2015a: 219）。とよなか国際交流協会では日本語学習が必要な外国人を対象に日本人市民ボランティア400人によって、日本語交流活動が行われる（佐竹ほか 2017: 123）。

市民団体でも日本語教育は盛んであり、ピナットでは1994年から「ピナット日本語教室」を開いており（佐竹ほか 2015a: 78）、東大阪の曙光グループでは中国人の結婚移住者などを対象に「曙光大人クラス」を毎週土曜6時半から8時半まで開く（佐竹ほか 2017: 118）。愛知県では県の国際交流協会、民間団体が開講する日本語教室は50を超える[▶14]。愛媛県四国中央市では部落解放同盟が隣保館を教室にフィリピン人の結婚移民を含む外国人に隔週で週1回、日本語を教えている（2016年10月筆者の見分）。

このように、外国人配偶者に対する日本語教育については国では文化庁の支援があるが、あくまで自治体、市民団体が中心である。

(9) 支援の実情のまとめ

主に共同調査に基づいて、多文化共生、外国人配偶者・子どもの人権擁護、外国人配偶者の就労支援、日本人配偶者等への働きかけ、子どもへの教育支援、人材教育、外国人自助団体、外国人配偶者への日本語学習といった具合に、日本の多文化家族の支援の実情を見てきた。国の関わりも見受けられるが、自治体、市民団体、当事者中心に支援が展開されている、といえよう。

3．総括

(1) 韓国の事例

中央政府が法的根拠、行政組織を整備した韓国と比べると（金ほか 2016; 本書第10章・第11章）、日本の外国人行政（多文化共生）、多文化家族支援は自治体、民間団体まかせである。制度として安定的・継続的である意味では、韓国の多文化家族支援が注目される。つまり、国が2007年「在韓外国人処遇基本法」を制定した。在韓外国人が個人の能力を十分に発揮でき、社会統合することを目的として、国、自治体が不合理な差別防止、人権擁護に努めなければいけないとした（金 2011: 269）。その上で、2008年「多文化家族支援法」をつくり、結婚移民者等が生活の質的向上と社会統合をはかれるように、社会適応のための教育と職業教育・訓練などを受けられるようした（金 2011: 270-271）。つまり、在韓外国人の権利を定めた法律をつくってから、結婚移民者等向けの法律をつくったのである。

「多文化家族支援法」では、家族女性部（部は日本の省に相当）の中に主幹部局を置く。そして、全国に「多文化家族支援センター」を設立している。全国のセンターは国の予算と一部独自予算を組み合わせて、多文化家族のための諸プログラムを組み、執行する（本書第10・11章）。基本的に、全国一律に国から地方のセンターに通じるトップダウンの形式である。

ここで、韓国政府の取り組みに関して現場の人たちはどのような意見を持っているかについて、紹介する。広州市光山区の福祉文化局女性保育課課長チェ・

クァンクックさんに多文化家族支援法について聞くと、法ができてよかったという。政府がリーダーとして、施策やマニュアルをつくって提供する。下部機関がそれに従い、全国的に支援活動が行われることになった。自治体だけの活動だと、支援の維持が難しいかもしれない、とのことだった（金ほか 2016: 132）。

翌日、同州西区の「多文化家族支援センター」を訪れると（2015年9月19日）（金ほか 2016: 131-132）、多文化家族事業チーム長・李ミラン氏からも多文化家族支援法ができてよかった、と伺った。体系的な支援ができ、地域の外国人結婚移民者も安心できるからである。移住女性の安心感という視点である。

この後、同区センターが支援する「多文化食づくり」を参観するために仏教のお寺を訪ねた。韓国の伝統的な餅のようなお菓子を10人くらいの結婚移住女性と子どもたち、数人の韓国男性がつくっていた。その中で中国出身34歳の妻と2007年結婚し、7歳、5歳の子どもがいる43歳の韓国男性に会った。純朴な顔をした工場労働者である。彼は土曜にお寺で開かれる「食づくり」には「妻と一緒に全部参加している」という。彼に多文化家族支援法に聞いてみた。「法ができてよかった。やはり国のちがいがあるから」と語られた。こうして、行政や当事者の声として、法があってよかった、できてよかったという声を聴いたのである。

さらに、韓国の政策は法の制定に続き「第一次多文化家族基本計画 2010-2012」では、結婚移民者等の韓国社会への統合が強調されていた。しかし、「第二次多文化家族基本計画 2013-2017」（以下「第二次計画」）では、多様な文化が共存する多文化社会を目指して、国民意識の改善を求め、バイリンガル教育も重視されるようになるなど、相手国の文化への尊重と共存をサポートする政策が加わるようになった（金ほか 2016: 142）。第一次基本計画は統合を目指した支援であった。だが、多文化共存への考え方からシフトし、第二次計画では多文化児童がグローバル人材として、多文化に対するプライドが持てるようにバイリンガル教育強化がはかられ、多文化家族の中でもバイリンガル教育に対する意識を持てるように推奨する支援が加わっている。現在、韓国で行われている多文化家族支援はいっそう注目される。

（2）日本の事例

対して、日本における多文化家族支援の現状は自治体、市民・当事者団体中心的なボトムアップ方式である。つまり、中央の法律があって、地方がそれに従うトップダウン方式ではなく、各現場が1つひとつの課題に取り組むことによって、全体が成り立っている方式である。

多文化共生の施策では総務省が2006年各自治体に施策の指針、計画をつくるように指示したが、通達に強制力はなかった。不完全なトップダウン方式である。その中で、自治体、市民団体は取り組むべき課題に懸命に取り組んでいる場合もあり、結果として、多文化共生もボトムアップ方式となっている。多文化家族の支援については中央からの通達もない。法律もない。多文化家族支援の施策は自治体、市民・当事者団体の該当すると考えられる施策を我々研究者が抽出しているだけに過ぎない。その中の多くは多文化共生の施策とも重なっており、外国人配偶者の就労支援、日本人配偶者への働きかけなどは国際結婚家族独自の施策といえよう。いずれにせよ、多文化家族支援は自治体、市民・当事者団体が主に取り組むという意味で、ボトムアップの形成過程ともいえる。では、どうすればよいか。

(3) 何をすべきか

①政策・法律

本論冒頭で述べたように、日本では移民政策が不在である。外国人に向けた法律として、ヘイトスピーチ対策法（2016）があるのみである。ヘイトスピーチ規制の一助になっているが、より積極的に外国人の権利を保障する法律が求められる。日系定住外国人施策が南米日系人のためであり、たとえ他の外国人にも可能な限り適用を認めていても、より広い範囲で、在住外国人全体を含む立法が望まれる。その点で、まず、韓国のように、日本でも先ず外国人人権法もしくは多文化共生法の制定[▶16]をつくったらどうだろか。在住外国人の権利を保障する法律である。なお、多文化共生法（外国人人権法）の成立においては、多文化共生庁のような行政機関が必要になってくる。その上で当事者数の大きさ、問題の深刻さを踏まえて、多文化家族の支援に向けた法律の検討を進めるべきではなかろうか。法があることのメリットとして、1．韓国のように、トップダウンで全国一律に支援ができ、自治体の支援だけでは維持が難しい施策が実施できる、2．法のみならず、多文化家族支援センターのような実施機関が身近にできて、結婚移住者、結婚当事者が安心できる、ことが挙げられる。さらに、実施機関ができた場合、職員として務める結婚移住者のように、移住者のエンパワーメントがもたらされるメリットがある。

②体制

韓国では女性家族部に多文化家族政策課、同支援課がある。また、235自治体のうち、217に多文化家族支援センターがある。中央の政策がトップダウン形式のもと浸透している。しかるに、日本の国際結婚に関しては、中央官庁、自治体に担当課はない。多文化家族の支援に向けた法律が制定された場合、国として、多文化家族支援のため、しかるべき省、もしくは多文化共生庁（仮）の中に部局をつくるべきである。

③どのような支援がさらに必要か

共同調査の結果を踏まえると、外国人配偶者・子どもの人権擁護、外国人配偶者の就労支援、日本人配偶者等への働きかけ、子どもへの教育支援、人材教育、外国人自助団体、外国人配偶者への日本語学習などの支援が求められる。国の支援としては就労支援、外国人配偶者への日本語学習（文化庁）で一定の支援が認められるが、他の分野では国際交流協会、市民団体に任される。あるいは市民団体でも手が薄い（日本人配偶者等への働きかけ）ものもある。それぞれ支援の充実が求められる。

最後に、多文化共生とは「国籍や民族などの異なる人々が、互いの文化的な違いを認め合い、対等な関係を築こうとしながら、地域社会の構成員として共に生きていくこと[▶17]」であった。文化的な相互認証、対等（権利）、共に生きるというが根本である。結婚移住者、配偶者、子どもがお互い及び地域や社会の人々との間で、文化を認め合い、権利を保障され、平等な関係を築き、ともに生きていくにはどうしたらよいか。そのためには韓国の事例を学び、日本の文脈で考える。つまり、法の制定、体制の整備が必要なのではないか。それこそが多文化家族にとって、より多文化共生が保障される道なのではないだろうか。

注

▶1　2010年群馬県で起きた小学生の自殺事件は痛ましい。学校でのいじめが原因だった（吉野2017）。

▶2　安倍晋三首相は参院本会議で、人口減や人手不足からくる外国人労働者の受け入れ拡大の必要性について「いわゆる移民政策をとることは全く考えていない」と述べ、移民政

策を否定した (『産経新聞』2016 年 1 月 28 日付)。

▶ 3　法務省人権擁護局調査救済課　2014 年 7 月 24 日。

▶ 4　研究者の倫理から同団体の URL は控える。同団体は外国人の帰化にも規制を課すべしと主張する。

▶ 5　2013 年受講生 3,155 人、うち男性 886 人、女性 2,269 人である。ブラジル : 男 405、女 856、ペルー : 男 273、女 501、フィリピン : 男 45、女 362、中国 : 男 55、女 234、日本 : 男 39、女 122 だった。すでに、外国人配偶者が受講していた。訪問時、資料参。

▶ 6　受託機関・日本国際協力センターの案内による。http: //sv2.jice.org/jigyou/tabunka_gaiyo.htm　2017 年 2 月 16 日アクセス。

▶ 7　http: //tabunka.jp/osaka/reports　　同日。

▶ 8「初等中等教育における外国人児童生徒教育の充実のための検討会　外国人児童生徒教育の充実方策について（報告）」平成 20 年 6 月。http: //www.mext.go.jp/b_menu/shingi/chousa/shotou/042/houkoku/08070301.htm　2017 年 2 月 18 日、アクセス。

▶ 9　様式１８「不就学学齢児童生徒調査票」http: //www.mext.go.jp/b_menu/toukei/chousa01/kihon/sonota/1344432.htm　同上。

▶ 10「日本語指導が必要な児童生徒の受け入れ状況等に関する調査（平成 24 年度）の結果について」http: //www.mext.go.jp/b_menu/houdou/25/04/1332660.htm、同上。

▶ 11　http: //www.mext.go.jp/b_menu/houdou/24/09/attach/1326084.htm　2017 年 2 月 20 日。

▶ 12　筆者は愛知県の医療通訳支援において、フィリピン語の通訳養成にかかわった。11 名養成したが、2 人の日本人以外、9 人が日本人と結婚したフィリピン女性であった。多文化共生教育ネットワークかながわで話を伺った三木紅紅さんも NPO 法人 MIC かながわで、中国語医療通訳に務める中国出身の結婚移住女性であった（佐竹ほか 2017: 127）。

▶ 13　2016 年 7 月 17 日　金、津田、佐竹が共同研究会主催のシンポジウムのゲスト李ジャスミン氏（韓国籍・元国会議員）とともに名古屋国際センターを訪問し、加藤理絵さんにお話を伺った。

▶ 14　愛知県の日本語教室。http: //u-biq.org/volunteerAichi.html　2017 年 2 月 22 日。

▶ 15　結婚移民者等とは次のいずれかの１つである。ア.「在韓外国人処遇基本法」第 2 条第 3 号の結婚移民者。イ.「国籍法」第 4 条により帰化許可を受けた者（金 2011: 270）。

▶ 16　近藤は多文化共生社会基本法を将来制定することも必要であろうとして、『多文化共生社会基本法の提言』を示している（近藤 2011: 9）。また、外国人の人権のためにも多文化共生推進について、国の立法化を提案している（近藤 2015: 22）。

▶ 17「多文化共生の推進に関する研究会報告書」2006 年 3 月総務省。

参考文献

金愛慶ほか（2016）「韓国の多文化家族に対する支援政策と実践の現況」『名古屋学院大学論

集』（社会科学篇）. 52（4）: 113-144.
近藤敦（2009）「移民と移民政策」川村千鶴子・近藤敦・中本博皓編『移民政策へのアプローチ――ライフサイクルと多文化共生』20-27. 明石書店.
近藤敦（2011）「多文化共生政策とは何か」近藤敦編『多文化共生政策へのアプローチ』3-14. 明石書店.
近藤敦（2015）「序章　外国人の態様と権利の性質」近藤敦編『外国人の人権へのアプローチ』11-26. 明石書店.
佐竹眞明（2009）「フィリピン・日本結婚のありようとこじれ――日本男性の変化と離婚を中心に」、アジア・太平洋人権情報センター編『アジア・太平洋人権レビュー 2009　女性の人権の視点から見る国際結婚』32-44. 現代人文社所収.
佐竹眞明（2011）「東海地域の外国籍住民と多文化共生論」佐竹眞明編『在日外国人と多文化共生――地域コミュニティの視点から』15-46. 明石書店.
佐竹眞明（2016）「四国の山村における国際結婚――フィリピンからの『小さな民』の生き方」甲斐田万智子・佐竹眞明・長津一史・幡谷則子共編著『小さな民のグローバル学――共生の思想と実践を求めて』85-110. 上智大学出版.
佐竹眞明ほか（2015a）「多文化家族への支援――概要と調査報告」『名古屋学院大学論集』（社会科学篇）51（4）: 49-84.
佐竹眞明ほか（2015b）「東北・宮城、東海・愛知における多文化家族への支援――調査報告」『名古屋学院大学論集』（社会科学篇）52（2）: 211-236.
佐竹眞明ほか（2017）「多文化家族に対する支援――愛知・大阪・神奈川の事例から」『名古屋学院大学論集』（社会科学篇）53（3）: 105-137.
柴田義助（1997）「最上地域――国際結婚の進展による農村社会の国際化」駒井洋・渡戸一郎編『自治体の外国人政策――内なる国際化への取り組み』369-389. 明石書店.
DIVE(2017)「日本語教室」『多文化市民メディア Dive.tv』2017　Spring: 8.
髙谷幸ほか（2015）「2010 年国勢調査にみる在日外国人女性の結婚と仕事・住居」『文化共生学研究 』14: 89-107.
田中宏（2013）『在日外国人　第 3 版』岩波書店.
初瀬龍平（2009）「人権と国際結婚」アジア・太平洋人権情報センター編『アジア・太平洋人権レビュー 2009　女性の人権の立場から見る国際結婚』8-17. 現代人文社.
藤田美佳（2010）「日本語教室における『対話』と『意識化』を通じた夫の変容――海外出身女性の社会参加とエンパワメントに向けて」（東北大学　比較移民研究会　第 8 回研究会　報告レジュメ）. 2010 年 10 月 3 日報告.
山脇啓造（2011）「第 1 章　日本における外国人政策の歴史的展開」近藤敦編、前掲書、『多文化共生政策へのアプローチ』: 34.
李原翔（2011）「中国系ニューカマー生徒の来日事情及び適応課題について――中国系ニューカマー生徒の実態調査から」『東京学芸大学紀要　総合教育科学系』62（1）: 265-272.
渡辺雅子（2002）「ニューカマー外国人の増大と日本社会の変容　農村外国人妻と地域社会の

変容を中心に」宮島喬・加納広勝『変容する日本社会と文化』15-39. 東京大学出版会.

［ウェブ資料］

吉野太一朗（2017）「いじめ自殺の小 6 女児、遺族の裁判終結まで 6 年。母は「私がガイジンだから」と唇を噛んだ　いじめ自殺の小 6 女児、遺族の裁判終結まで 6 年。母は『私がガイジンだから』と唇を噛んだ」The Huffington Post 投稿日 : 2017 年 02 月 17 日。2017 年 7 月 15 日 アクセス。

資料：調査　2014-2016

——共同調査の軌跡

首都圏調査　2014 年 9 月 16 日〜 19 日

日時	訪問団体	応対者	場所	訪問者
9 月 16 日（火） 午前 10 時〜 12 時	カパティラン	守戸エイプリル氏 （ディレクター）	団体事務所	金 津田 馬
同 午前 10 時〜 11 時 30 分	厚生労働省 職業安定局派遣・ 有期労働対策部 外国人雇用対策課	伊藤安博氏（課長補佐） 磯貝典子氏 （雇用指導係主任）	霞が関 厚生労働省	賽漢卓娜 佐竹 李善姫
9 月 16 日（火） 午後 2 時 30 分〜 5 時 30 分	カラカサン - 移住女性のための エンパワーメント センター	山岸素子氏（プログラムディレクター） 西本マルドニア氏、 レニー・トレンティーナ氏（ボランティア）	神奈川・川崎市の団体事務所	金 賽漢卓娜 佐竹 津田 李善姫 馬
9 月 17 日（水） 午前 11 時〜 午後 4 時	ピナツボ復興 むさしのネット（現ピナット外国人支援ともだちネット）	出口雅子氏（事務局） 新居みどり氏 （ボランティア コーディネーター） 他ボランティア 3 名	三鷹市すぺーす はちのこ	金 賽漢卓娜 佐竹 津田 馬
9 月 18 日（木） 午前 10 時〜 11 時 30 分	総務省 自治行政局国際室	井戸佳予子氏 （課長補佐） 西原美絵子氏 （総務事務官）	霞が関 総務省	金、近藤 賽漢卓娜 佐竹、李善姫 津田、馬
9 月 18 日（木） 午後 2 時〜 4 時	東京外国語大学 多言語・多文化教育 センター	杉澤経子氏 （プロジェクト コーディネーター）	東京・府中市 同センター	金、近藤 賽漢卓娜 佐竹、津田
9 月 19 日（金） 午前 10 時 30 分〜 12 時 30 分	カトリック東京 国際センター	中村潔氏 （プロジェクト コーディネーター） 奥山メリル―マリア ルイサ氏（職員）	東京都品川区の 団体事務所	同
同 日午後 2 時半〜 4 時 45 分	NPO 法人 多文化家庭支援 センター	岡本千明氏（事務局長） 伊藤章氏（職員）	世田谷ボラン ティアセンター	同

東北・宮城調査　2015 年 2 月 6 日〜 8 日

日時	訪問団体	応対者	場所	訪問者
2 月 6 日（金） 午前 10 〜 12 時	宮城県国際化協会	大村昌枝氏 （企画事業課長） 大泉貴広氏 （同課長補佐） 一条玲香氏 （臨床心理士）	仙台市同協会	李仁子、 李原翔、近藤 佐竹
同 午後 2 〜 4 時	仙台市国際交流協会	菊池哲佳氏 （企画事業課企画係主任） 渡辺芳人氏 （仙台国際センター）	仙台市同協会	李仁子、 李善姫、 李原翔、 近藤、佐竹
2 月 7 日（土） 午前 10 時 30 分〜 12 時 30 分	気仙沼小さい大使館	村上伸子氏 （国際交流員）	気仙沼市役所	李善姫、李原翔、 近藤、佐竹、 津田
同 午後 3 時〜 5 時 30 分	サンパギータの F．L．多文化会	佐々木アメリア氏 （代表）	南三陸	同
2 月 8 日（日） 午前 10 〜 12 時	多文化ファミリ会 とめ	小野寺正幸氏（代表）	登米市民活動 プラザ	李仁子、李善姫、 李原翔、 近藤、佐竹、 津田
同 午後 1 時 30 分〜 3 時 30 分	NPO 国際ボランティア 地球村	梶原美佳氏（代表）	石巻地球村 事務室	同

東海・愛知調査　2015 年 4 月 19 日

日時	訪問団体	応対者	場所	訪問者
4 月 19 日（日） 午前 10 〜 12 時	多文化共生リソース センター東海	土井佳彦氏（代表）	名古屋市内 団体事務所	近藤、賽漢卓娜、 佐竹、津田、 李原翔、
同 午後 2 〜 4 時	フィリピン人移住者 センター	後藤美樹氏（ボランティア職員）	名古屋市内 団体事務所	同

東海・愛知調査　2015 年 11 月 29 日

日時	訪問団体	応対者	場所	訪問者
11 月 29 日（日） 午前 9 時 50 分〜 11 時 30 分	春日井国際交流会（KIF）	二村みどり氏 （事務局長）	春日井市 市民活動 センター	金、近藤、 賽漢卓娜、 佐竹、李原翔、 李善姫
同 午後 1 時 45 分〜 3 時 30 分	ユナイテッド・ フィリピーノ・ コミュニティ・ イン・ヒガシウラ （UFCH）	千葉真理杏氏（代表） レオ・フラー氏 ロレックス氏 マルビン氏（役員）	愛知県知多郡 東浦町文化 センター	近藤、 賽漢卓娜、 佐竹、李原翔

大阪府調査　2016年2月15日～16日

日時	訪問団体	応対者	場所	訪問者
2月15日（月） 午前10時～12時	曙光グループ	松原康之氏 （立ち上げ人） 蘇恵（法村恵）氏 （ボランティア）	東大阪市 リージョン センター	金、近藤、 賽漢卓娜、 佐竹
同 午後2時～5時	アジア・太平洋 人権情報センター （ヒューライツ 大阪）	藤本伸樹氏（研究員）	センター事務室	同
2月16日（火） 午前10～ 11時30分	とよなか国際交流 協会	山本愛氏（総括主任）	協会事務室	同
同 午後1時半～4時	大阪市市民局 ダイバーシティ 推進室	薮中昭二氏 （人権企画課長） 森浩一氏　（同課長代理） 田中聡氏　（多文化共生 担当係長） 柴田昌美氏（同課長）	大阪市役所	同

神奈川調査　2016年2月22日～23日

日時	訪問団体	応対者	場所	訪問者
2月22日（月） 午前9時10分～ 10時15分	多文化共生教育 ネットワーク かながわ	三木紅虹氏 （コーディネーター）	かながわ県民 センター 302会議室	近藤、佐竹、 李原翔、李善姫
同 10時30分～ 12時00分	（公益財団法人） かながわ国際交流 財団	富本潤子氏 （多文化共生・協働推 進グループ）	財団事務室	近藤、佐竹、 津田、李原翔、 李善姫
同 午後2時30分～ 3時30分	たぶんかフリー スクールよこはま	井草まさ子氏（代表） 三木紅虹氏 （コーディネーター）	横浜市浦舟複合 福祉施設内 みなみ市民活動 多文化共生ラウ ンジ	近藤、佐竹、 李善姫
2月23日（火） 午前10時30分～ 12時00分	川崎市ふれあい館	鈴木健氏（職員）	同館	近藤、佐竹、 津田、李原翔、 李善姫

韓国調査

1．2015年9月6日（月）～11日（金）

1）調査地域：ソウル特別市

2）参加者：金、近藤、賽漢卓娜、津田、李善姫

3）主な調査先

①女性家族部　多文化家族政策課
②女性家族部　多文化家族支援課
③永登浦区多文化家族支援センター
④韓国移住女性人権センター
⑤ソウル移住女性足場（自立支援機関）
⑥ソウル移住女性シェルター

2．9月15日（水）～20日（日）

1）調査地域：光州広域市
2）参加者：馬、佐竹、ダアノイ、李善姫
3）主な調査先
①光山区福祉文化局
②光山区多文化家族支援センター
③北区多文化家族支援センター
④光州移住女性支援センター
⑤西区多文化家族支援センター

（編著者作成）

あとがき

本書は次の報告書に向けて書かれた論考に加筆・修正を加えたものである。

『多文化家族の支援に向けて——国際結婚と多文化共生』（研究課題番号：JSPS科研費26285123）2014～2016年度　科学研究費助成事業（基盤研究B）報告書、2017年3月、研究代表者　佐竹眞明（名古屋学院大学）、166ページ。

加筆・修正にあたっては、子ども・若者の論文（第5章～第8章）、佐竹の論文（第1章、第3章、第12章）を金が、夫婦の論文（第2章、第4章）、政策の論文（第9章）、韓国の論文（第10章、第11章）を佐竹が読み、コメントを記し、執筆者に返して、修正してもらった。

なお、第1章（佐竹）は報告書の文章に加筆・修正し、名古屋多文化共生研究会のウェブ年報『多文化共生研究年報』第14号、2017年3月、13～26ページに「多文化家族の概要」として、掲載された文を金のコメントに基づき、さらに加筆・修正したものである。第2章（賽漢卓娜）、第4章（李善姫）の文章は本書のために書かれたものであり、上記のように佐竹が読み、コメントをつけ、修正してもらった。

科研費による調査は2014年7月、第1回目の会合からスタートした。初顔合わせの多国籍の研究メンバーはそれぞれの研究テーマを引き受け、語り、新しいプロジェクトの前途を祝った。それから、9月の首都圏調査、2月の東北・宮城の調査という具合に共同調査が続いた。なお、近藤はサバティカルを終えて、9月から研究に参加した。日中国際結婚における子ども・若者についての研究を強化するために、11月から李原翔が研究メンバーに新たに加わった。

そして、2015年、研究2年目、4月の会合、愛知の共同調査に続いて、9月には韓国への共同調査を行った。5人がソウル特別市、4人が光州広域市で見聞を広めた。11月の会合、愛知での共同調査を経て、2月には大阪、神奈川で共同調査を行った。

さて、2016年の3年目。4月の会合の後、7月にはほぼ全メンバーによって、公開シンポジウム「世界につながる――国際結婚家族と私たち」を開き、研究成果を披露した。シンポには韓国の元国会議員（第19代）でフィリピン出身の李ジャスミン氏もゲストスピーカーとして、登壇してもらった。もう少し発表時間を長くとり、質疑応答の時間も十分取れていれば尚よかったという思いもあるが、研究メンバーによる多様な話題を提供できた。会場に足を運んでくださった方も多く、議論を深めることができた。その後、一息つく間もなく、11月の会合、そして、2月締切で報告書の原稿を揃えた。そして、3月、刊行した。その原稿がこの本のもととなっている。

振り返ると、3年間、重大な健康問題を抱える研究メンバーが3人も発生するなど、研究を継続するにあたり困難なことも多々あった。支援の現場における実態を把握するための共同調査も多かったと思う。調査をまとめた論文も4本に及んだ。その合間を縫って、各自個別の調査を行ってきたわけである。メンバーはさぞ忙しい思いだったのではないだろうか。とはいえ、会合、共同調査での議論は得るところが多かった。各研究者の個性がぶつかり、調査の手法をめぐっての議論も興味深かった。また、国際結婚や移民政策に関する議論からは学問的に学ぶことが多かった。

共同研究、個別の調査で多くの方々からお話を伺った。忙しい中、こちらの調査に丁寧に応じてくださり、感謝のしようがない。あらためて感謝申し上げたい。

編者の勤務校の総合研究所には科研費の執行でお世話になった。第6章（ダアノイ）論文を翻訳していただいた勤務校の同僚・工藤泰三先生にも感謝したい。

最後に、出版を手掛けていただいた明石書店会長・石井昭男氏、社長・大江道雅氏、編集部部長・神野斉氏、編集担当・寺澤正好氏に感謝申し上げる。

2017年8月

編　者

編著者・執筆者略歴

佐竹 眞明（さたけ まさあき）

〔編著者・はじめに、第1章、第3章、第12章、資料、あとがき執筆〕

① 1957年東京生まれ②名古屋学院大学国際文化学部・教授／ニュー・サウスウェルズ大学社会政策研究センター客員シニア・レクチュアラー（2017年9月～2018年8月）③上智大学大学院外国語学研究科博士後期課程修了・博士（国際関係論）④フィリピン移民研究／開発研究⑤『フィリピンの地場産業ともう一つの発展論——鍛冶屋と魚醤』明石書店、1998／*People's Economy-Philippine Community-based Industries and Alternative Development.* Solidaridad Publishing House and Shikoku Gakuin University: Manila and Kagawa, 2003／『フィリピン - 日本国際結婚——移住と多文化共生』（メアリー・アンジェリン・ダアノイと共著）めこん、2006／編著『在日外国人と多文化共生——地域コミュニティの視点から』明石書店、2011／「四国の山村における国際結婚——フィリピンからの『小さな民』の行き方」甲斐田万智子・佐竹眞明・長津一史・幡谷則子共編著『小さな民のグローバル学——共生の思想と実践をもとめて』上智大学出版、2016。

金 愛慶（キム エキョン）**〔編著者・はじめに、第10章、資料、あとがき執筆〕**

① 1969年韓国（慶州）生まれ②名古屋学院大学スポーツ健康学部・教授③筑波大学大学院博士課程心理学研究科単位取得・認定臨床心理士④臨床心理学／多文化カウンセリング⑤心理アセスメントとＥＢＭ——心理臨床実践への提案——白梅学園大学教育・福祉研究センター教育実践叢書(8)、2006／「多文化共生に向けた心理学的観点からの提案——ステレオタイプ・偏見・差別の改善に向けて」佐竹眞明編著『在日外国人と多文化共生——地域コミュニティの視点から』明石書店、2011／「韓国と日本の若者における価値観の比較」欒竹民ほか編著『グローバル化をめぐる日・中・韓の伝統的な価値観の相違——東北アジア地域統合の文化指標への試み』溪水社、2012／「韓国における国際結婚の増加と支援政策」『名古屋学院大学論集（社会科学篇）』54(1): 41-56、2017。

賽漢卓娜（サイハンジュナ）**〔第2章執筆〕**

①中国北京生まれ・モンゴル民族②長崎大学多文化社会学部・准教授③名古屋大学大学院教育発達科学研究科博士後期課程修了・博士（教育学）④家族社会学／移民研究⑤「中国人女性の「周辺化」と結婚移住: 送り出し側のプッシュ要因分析を通して」日本家族社会学会『家族社会学研究』19 (2)、2007／単著『国際移動時代の国際結婚ー日本の農村に嫁いだ中国人女性』勁草書房、2011／Did Their Marriage Migration Succeed?: Family Strategies of Chosonjok

Women and Their Families、Kayoko Ishii Ed, *Dynamics of Marriage Migration in Asia,* Research Institute for the Language and Cultures of Asia and Africa(ILCAA), Tokyo University of Foreign Studies, Japan. 2013／「国際結婚した中国出身母親の教育戦略とその変容――子供の成長段階による比較」異文化間教育学会『異文化間教育』39 号、2014／「新たなライフステージに至った結婚移住女性への支援――地域ボランティアと移住女性の認識のズレをめぐって」移民政策学会『移民政策研究』6 号、2014／「『ナショナルな標準家族』としての日本の国際結婚 」、比較家族史学会編『出会いと結婚』日本経済新聞出版社、2017。

李 善姫（イ ソンヒ）〔第 4 章、第 8 章執筆〕

①韓国（ソウル）生まれ②東北大学東北アジア研究センター・教育研究支援者③東北大学大学院国際文化研究科博士後期課程修了・博士（国際文化学）④文化人類学（ジェンダー）／結婚移住女性と地域コミュニティ研究⑤ 編著『移動の時代を生きる――人・権力・コミュニティ』東信堂、2012／「ジェンダーと多文化の狭間で――東北農村の結婚移住女性をめぐる諸問題」『GEMC journal』no.7、東北大学グローバル COE「グローバル時代の男女共同参画と多文化共生」センター編 : 88-103、2012／「多文化共生――自らを可視化する被災地の結婚移住女性」萩原久美子・皆川満寿美・大沢真理編『復興を取り戻す――発信する東北の女たち』岩波書店、2013／「移住女性の震災経験から問う日本の課題――なぜジェンダー平等と多様性が減災につながるのか」『学術の動向』20、2015／「『外国人花嫁』として生きるという事――再生産労働と仲介型国際結婚」『移民政策研究』7 号、移民政策学会、2015。

李 原翔（リー ゲンショウ）〔第 5 章執筆〕

① 1964 年中国江蘇省生まれ②玉川大学教育学部・非常勤講師③東京学芸大学大学院連合学校教育研究科博士課程修了・博士（教育学）④異文化適応 / 中国につながる子どもと若者の教育課題⑤ Cross-Cultural Adjustment of Chinese Students in Japan: School Adjustment and Educational Support、*International Journal of Progressive Education*, 9（3）: 154 ～ 168、2013／『じっくり学ぶ中国語』木村 淳・泉田 俊英・李 原翔 共著、金星堂出版、2015 ／「異文化環境での子育て不安と体験について――在日中国人母親の調査を通して」『多文化共生研究年報』14 : 27-34、2017。

Mary Angeline Da-anoy（メアリー・アンジェリン・ダアノイ）〔第 6 章執筆〕

①フィリピン共和国西ネグロス州出身②愛知大学非常勤講師／ニュー・サウスウェールズ大学社会政策研究センター客員研究員（2017 年 9 月～ 2018 年 8 月）③名古屋大学大学院博士課程国際開発学専攻修了・博士（国際開発学）④フィリピン研究⑤『フィリピン - 日本国際結婚

――移住と多文化共生』めこん（佐竹眞明と共著）、2006。

津田 友理香（つだ ゆりか）〔第7章執筆〕

① 1983年香川県生まれ②都内の総合病院小児科／精神科クリニックにて臨床心理士として勤務③明治学院大学大学院心理学研究科臨床心理学コース博士前期課程修了・修士（心理学）④多文化カウンセリング／コミュニティ心理学⑤「文化的マイノリティのセルフアドボカシー――フィリピン系日本人青年の地域グループ活動を例に」井上孝代編著『臨床心理士・カウンセラーによるアドボカシー：生徒、エイズ、吃音・精神障害者、性的・民族的マイノリティ、レイプ・DV被害児（者）の声を聴く』風間書房、2003、pp.195-210／「日本におけるフィリピン系移民2世の文化的アイデンティティと心理学的課題」津田友理香・いとうたけひこ・井上孝代共著『マクロ・カウンセリング研究』(9)、2011、pp.60-67。

近藤　敦（こんどう あつし）〔第9章執筆〕

① 1960年名古屋生まれ②名城大学法学部・教授③九州大学大学院法学研究科博士後期課程単位取得､博士（法学）④憲法／国際人権法／移民政策⑤『「外国人」の参政権――デニズンシップの比較研究』明石書店、1996／『政権交代と議院内閣制』法律文化社、1997／『新版　外国人参政権と国籍』明石書店、2001／『外国人の人権と市民権』明石書店、2001年／『人権法』日本評論社、2016。編著書：*Citizenship in a Global World* Palgrave Macmillan、2001／『外国人の法的地位と人権擁護』明石書店、2002／『Migration and Globalization』明石書店、2008／『多文化共生政策へのアプローチ』明石書店、2011／『外国人の人権へのアプローチ』明石書店、2015。

馬 兪貞（マ ユジョン）〔第11章執筆〕

① 1979年韓国・光州生まれ②なし③立命館大学大学院国際関係研究科博士後期課程修了・博士（国際関係学）④国際結婚／韓国の多文化政策⑤「日本と韓国の農村における国際結婚――実態と原因、問題点を中心に比較・分析」『国際関係論集』9、2009、pp.159-186／「韓国の都市と農村における国際結婚の比較研究――全羅南道における二つの地域を中心に」『立命館国際研究』23(3)、2011、pp.201-223／Married Immigrant Women's Support Demand in the Local Areas On the Case of Life and Social Adjustment: Korea and Japan Compared, *Jounal of Family Relations*,16 (3), 2011, pp.195-223.

国際結婚と多文化共生
──多文化家族の支援にむけて

2017年12月5日　初　版 第1刷発行

編著者　佐　竹　眞　明
　　　　金　　　愛　慶
発行者　石　井　昭　男
発行所　株式会社 明石書店
〒101-0021 東京都千代田区外神田6-9-5
電話 03（5818）1171
FAX 03（5818）1174
振替　00100-7-24505
http://www.akashi.co.jp/

進　　行　寺澤正好
組　　版　デルタネットデザイン
装　　丁　明石書店デザイン室
印刷・製本　モリモト印刷株式会社

（定価はカバーに表示してあります）　ISBN978-4-7503-4598-7

異文化間教育 文化間移動と子どもの教育
佐藤郡衛 ◉2500円

多文化共生のためのテキストブック
松尾知明 ◉2400円

多文化共生キーワード事典【改訂版】
多文化共生キーワード事典編集委員会編 ◉2000円

多文化共生のための異文化コミュニケーション
原沢伊都夫 ◉2500円

対話で育む多文化共生入門
ちがいを楽しみ、ともに生きる社会をめざして
倉八順子 ◉2200円

多文化社会の偏見・差別 形成のメカニズムと低減のための教育
加賀美常美代、横田雅弘、坪井 健、工藤和宏編著 異文化間教育学会企画 ◉2000円

多文化教育がわかる事典 ありのままに生きられる社会をめざして
松尾知明 ◉2800円

多文化共生政策へのアプローチ
近藤 敦編著 ◉2400円

異文化間介護と多文化共生 誰が介護を担うのか
川村千鶴子、宣 元錫編著 ◉2800円

3・11後の多文化家族 未来を拓く人びと
川村千鶴子編著 ◉2500円

多文化社会の教育課題 学びの多様性と学習権の保障
川村千鶴子編著 ◉2800円

人権と多文化共生の高校 外国につながる生徒たちと鶴見総合高校の実践
坪谷美欧子、小林宏美編著 ◉2200円

思春期ニューカマーの学校適応と多文化共生教育
実用化教育支援モデルの構築に向けて
潘 英峰 ◉5200円

ヨーロッパにおける移民第二世代の学校適応
スーパー・ダイバーシティへの教育人類学的アプローチ
山本須美子編著 ◉3600円

トランスナショナルな「日系人」の教育・言語・文化
過去から未来に向って 森本豊富、根川幸男編著 ◉3400円

トランスナショナル移民のノンフォーマル教育
女性トルコ移民による内発的な社会参画
丸山英樹 ◉6000円

〈価格は本体価格です〉